ZADIE SMITH
FREIHEITEN

ZADIE SMITH

FREIHEITEN

ESSAYS

AUS DEM ENGLISCHEN
VON TANJA HANDELS

Kiepenheuer & Witsch

Die vorliegende Übersetzung wurde mit dem Übersetzerstipendium des Freistaats Bayern 2018 ausgezeichnet.

Vorangestellte Mottos entnommen aus:
Hurston, Zora Neale, Ich mag mich, wenn ich lache:
Autobiographie. Zürich, Ammann, 2000.
Übersetzt von Barbara Henninges.
Daniel Kehlmann, F.

MIX
Papier aus verantwortungsvollen Quellen
FSC® C083411

Verlag Kiepenheuer & Witsch, FSC®-N001512

1. Auflage 2019

Titel der Originalausgabe: *Feel Free*

Aus dem Englischen von Tanja Handels

Umschlaggestaltung: Rudolf Linn, Köln,
nach dem Originalumschlag von Hamish Hamilton
Umschlagmotiv: © gray318
Foto der Autorin: © Dominique Nabokov
Gesetzt aus der Adobe Garamond
Satz: Dörlemann Satz, Lemförde
Druck und Bindung: CPI books GmbH, Leck
ISBN 978-3-462-05214-5

Für Kit und Hal
und
für Robert B. Silvers, in memoriam

»Menschen können wandelnde Sklavenschiffe sein.«

ZORA NEALE HURSTON

»Augen sind keine Fenster. Da sind Nervenimpulse, aber niemand liest sie, zählt sie, übersetzt sie und denkt über sie nach. Such, so lange du willst, niemand ist zu Hause. Die Welt ist in dir, und du bist nicht da.«

DANIEL KEHLMANN

INHALT

VORWORT

Ich saß in Rom beim Abendessen mit alten Freunden, als mich einer von ihnen plötzlich ansah und meinte: »Eigentlich ist dein bisheriges Schreiben doch ein einziges, fünfzehn Jahre währendes Psychodrama.« Alle lachten – ich auch –, aber ein wenig getroffen fühlte ich mich schon und quälte mich über mehrere Wochen mit diesem Gedanken herum. Jetzt schreibe ich ihn sogar in dieses Vorwort. Es stimmt schon, ich denke seit vielen Jahren laut und habe mich oft gefragt, ob ich mich damit nicht auf die eine oder andere Weise lächerlich mache. Ich glaube, diese Sorge entspringt dem Wissen, dass ich eigentlich gar nicht richtig qualifiziert dafür bin, so zu schreiben, wie ich es tue. Ich bin keine Philosophin oder Soziologin, keine echte Literatur- oder Filmprofessorin, keine Politikwissenschaftlerin, keine professionelle Musikkritikerin, keine ausgebildete Journalistin. Ich unterrichte in einem Studiengang, der mit dem Master of Fine Arts abschließt, habe aber selbst keinen solchen MFA und auch keinen Doktortitel. Meine Beweisführung – soweit vorhanden – ist praktisch immer sehr intim. Ich empfinde das so – Sie auch? Dieser Gedanke beschäftigt mich – und Sie? Essays, die von der affektiven Erfahrung eines einzelnen Menschen handeln, stehen schon ihrem Wesen nach auf verlorenem Posten. Sie haben nur ihre Freiheit. Und die Leserin ihrerseits ist ebenso ungewöhnlich frei, weil ich ihr absolut nichts voraus-, keine Macht über sie habe. Sie darf meine Gefühle jederzeit von sich weisen, sie darf sagen: »Nein, so habe ich das noch nie empfunden«, oder auch: »Mein Gott, dieser Gedanke ist mir wirklich noch nie gekommen!«

Schreiben existiert (aus meiner Sicht) an der Schnittstelle dreier recht heikler, unsicherer Elemente: Sprache, Welt und Ich. Ersteres gehört mir niemals ganz, zweiteres kann ich allenfalls teilweise erfassen, und das dritte Element ist eine formbare, improvisierte Antwort auf die ersten beiden. Wenn mein Schreiben also ein Psychodrama ist, dann liegt das, glaube ich, nicht daran, dass ich zu emotional wäre – *so many feels*, wie es im Internet so schön heißt –, sondern daran, dass die richtige Balance und Gewichtung jedes einzelnen dieser drei Elemente für mich niemals offensichtlich ist. Dieses Ich, dessen Grenzen unsicher bleiben, dessen Sprache niemals rein, dessen Welt in keiner Hinsicht »offensichtlich« ist – das ist es, aus dem heraus, an das ich zu schreiben versuche. Ich hoffe dabei auf eine Leserin, die sich wie die Autorin häufig fragt, wie frei sie wirklich ist, und es als selbstverständlich hinnimmt, dass Lesen genau dieselben Freiheiten und Erfordernisse umfasst wie Schreiben.

Ein Hinweis noch: Mir ist klar, dass mein recht ambivalenter Blick auf das menschliche Ich komplett aus der Mode ist. Die Essays, die Sie jetzt in Händen halten, wurden während der achtjährigen Präsidentschaft Barack Obamas in England und Amerika verfasst und sind folglich Produkte einer vergangenen Welt. Angesichts der Dinge, mit denen wir seither konfrontiert sind, ist es natürlich nahezu unmöglich, sich noch irgendein Gefühl der Ambivalenz zu erhalten – weder diesseits noch jenseits des Atlantiks. Millionen mehr oder weniger formloser Ichs werden sich jetzt notgedrungen zu Protestlern, Aktivistinnen, Demonstranten, Wählerinnen, Aufwieglern, Anklägerinnen, Lobbyisten, Soldatinnen, Verfechtern, Verteidigerinnen, Historikern, Expertinnen, Kritikern verdichten. Ein Feuer lässt sich nicht mit Luft bekämpfen. Genauso wenig kann man aber um eine Freiheit kämpfen, die man nicht mehr als solche erkennen kann. Der Leserin, dem Leser, die sich ihre Neugier auf die Freiheit erhalten haben, bringe ich diese Essays dar –

um sie zu verwenden, zu verändern, zu zerlegen, zu zerstören oder gar nicht zu beachten, ganz nach Bedarf!

Zadie Smith
New York
18. Januar 2017

IN DER WELT

NORDWESTLONDON-BLUES

Als ich das letzte Mal in Willesden Green war, ging ich zusammen mit meiner Tochter meine Mutter besuchen. Die Sonne schien. Wir schlenderten über die Brondesbury Park in Richtung Hauptstraße. Gerade war der sogenannte »Französische Markt« im Gange, eine einigermaßen erstaunliche Ansammlung von Ständen, die auf der Betonfläche zwischen den hübsch verwinkelten Überresten der ursprünglichen Willesden Library samt Türmchen (beides von 1894) und dem brutal-backsteinernen gestrandeten Kreuzfahrtschiff des sogenannten Willesden Green Library Centre (von 1989), einem maßgeblichen örtlichen Wahrzeichen, das jährlich fast fünfhunderttausend Besucher verzeichnet, französische Produkte feilbieten. Wir gingen im Sonnenschein die Großstadtstraße entlang zu der Betonfläche – zum Markt. Es war völlig anders als der Gang über den schattigen Feldweg eines urigen Marktfleckens zum perfekt erhaltenen Platz aus dem 18. Jahrhundert. Es war sogar anders als der Gang zu einem der vielen Bauernmärkte, die in ganz London an den Kreuzungen aus dem Boden schießen und persönlichen Reichtum mit einem markanten Interesse an ungewöhnlichen Käsesorten vereinen.

Trotzdem war es aber sehr schön. Der Französische Markt von Willesden verkauft billige Handtaschen. Er verkauft CDs mit altmodischem Jazz und Rock 'n' Roll. Er verkauft Schirme und Kunstblumen. Er verkauft Nippes und Krimskrams und Kinkerlitzchen, die in Thema und Ausführung nicht immer auf den ersten Blick als französisch zu erkennen sind. Er verkauft Wasserpistolen. Er verkauft französisches Brot und Gebäck für kaum mehr Geld, als man bei Greggs an der Kilburn High Road für die Backwaren bezahlen würde. Er verkauft Käse, aber erschwingliche und leicht identifizierbare Sorten – Brie, Ziegenkäse, Blauschimmel –, als hätte der komplette Markt unverändert aus einem leicht verlotterten Pariser Vorort über den Ärmelkanal gesetzt. Wer weiß, vielleicht hat er das sogar? Das Entscheidende am Französischen Markt von Willesden ist aber, dass er die Betonfläche vor dem Willesden Green Library Centre betont und feiert, die immer ein allgemeiner Treffpunkt ist, wenn auch nie so stark wie am Markttag. Alle stehen dort herum, reden, kaufen Käse oder kaufen keinen, je nach Lust und Laune. Das ist wirklich nett. Man könnte fast vergessen, dass nur zehn Meter weiter die Willesden High Road liegt. So etwas ist wichtig. Wenn man auf dem Markt steht, ist man nicht unterwegs zur Arbeit, unterwegs zur Schule, man wartet nicht auf den Bus. Man will nicht zur U-Bahn oder macht notwendige Besorgungen. Man ist nicht auf der Hauptstraße, wo all das üblicherweise stattfindet. Man ist ein kleines Stück davon entfernt, man hängt einfach herum, an einem Ort mitten in der Großstadt, wo sich die großstädtischen Hauptstraßen doch gerade ganz konkret dahin entwickelt haben, die Menschen genau daran zu hindern.

Nun ist es ja bekannt, dass Menschen, wenn sie über längere Zeit zweckfrei an einem Ort in der Großstadt herumhängen, Gefahr laufen, »asozial« zu werden. Und tatsächlich hocken da drüben vier obdachlose Trinker auf einer der seltsamen architektonischen Ausbuchtungen der Bibliothek und trinken Special Brew aus der Dose. Auf dem Dorf säßen sie vielleicht unter einem Baum oder wären längst von einem Bauern mit der Mistgabel verjagt worden. Ich will gar nicht behaupten, dass ich wüsste, wie es auf dem Dorf zugeht. Hier in Willesden jedenfalls hockten sie auf ihrem Vorsprung, und wir anderen versammelten uns ohne jeden Sinn und Zweck auf der wenig ansprechenden Betonfläche und standen einfach im Sonnenschein herum, als wären wir so etwas wie eine Gemeinschaft. Von diesem Standort aus konnten wir geradeaus auf das hübsch verwinkelte Türmchen blicken oder nach links zu dem viktorianischen Polizeirevier (von 1865) oder auch nach rechts auf die fast schon gespenstische Fassade des Pubs, The Spotted Dog (von 1893).

Wir hatten Gelegenheit, ansatzweise ein Gefühl für den Fortbestand dessen zu entwickeln, was vor uns war. Natürlich nicht so sehr wie die Bewohner von Hampstead oder die Leute, die in den pittoresken Marktflecken im ganzen Land leben, aber hier und da ist auch in Willesden die Vergangenheit noch erhalten. Und darüber sind wir froh. Was gar nicht heißen soll, dass wir übertrieben nostalgisch wären, was Architektur betrifft (da muss man sich ja nur die Bibliothek anschauen!), aber wir finden es trotzdem schön, uns daran zu erinnern, dass wir das gleiche Recht auf Lokalgeschichte haben wie alle anderen auch, obwohl viele von uns erst kürzlich hier eingetroffen sind und aus allen Winkeln der Welt stammen.

Am Markttag gönnen wir uns das Gefühl, dass unser Viertel mit seinem vielfältigen Gemisch aus Menschen und Architekturstilen trotzdem ein Ort von einer gewissen Schönheit bleibt, der ein Mindestmaß an Erhalt und Fürsorge verdient. Es ist, will ich damit nur sagen, eine schöne Abwechslung für uns. Allerdings gibt sich ein Kleinkind nur eine gewisse Zeit damit zufrieden, seiner Großmutter dabei zuzusehen, wie sie all die vielen Leute aus Willesden begrüßt, die die Großmutter so kennt. Also drehten meine Tochter und ich eine Runde. Und weil sich auf der Hauptstraße nicht gut Runden drehen lassen, wandten wir uns rückwärts, zur Bibliothek. Naturgemäß auch rückwärts in der Zeit, auch wenn ich meine Tochter nicht mit meinen Erinnerungen gelangweilt habe, sie gar nicht damit langweilen konnte: Sie ist noch klein und außerhalb der Reichweite jeder Nostalgie. Stattdessen langweile ich jetzt Sie damit. Da, an dem Tisch dort, habe ich immer gelernt. Dort drüben, wo früher die Telefonzellen waren, habe ich mich mit einem

Jungen getroffen. Und hier habe ich mit meinen Schulfreundinnen *Das Piano* und *Schindlers Liste* geschaut (den Kinoraum gibt es längst nicht mehr), und anschließend waren wir dahinten Kaffee trinken (auch das Café gibt es längst nicht mehr) und haben eine echte Diskussion über Kunst geführt, weil wir damals schon ahnten, dass es Unterschiede zwischen einem gut gemeinten und einem wirklich guten Film geben könnte.

Derweil rennt meine Tochter wie eine Verrückte den langen Flur der Bibliothek entlang, zusammen mit einem anderen Kleinkind, das den gleichen Einfall hatte. Dann biegt sie ab und flitzt direkt in den Willesden Bookshop, einer bibliotheksunabhängigen Buchhandlung, die ihre Räumlichkeiten von der Stadt gemietet hat und, allen Aussagen der Stadtteilverwaltung von Brent zum Trotz, ein unentbehrlicher lokaler Dienstleister ist. Geführt wird der Laden von Helen. Helen ist eine unentbehrliche lokale Größe. Ich würde ihre Unentbehrlichkeit etwa wie folgt umschreiben: »Den Menschen geben, was sie wollen, bevor sie wissen, dass sie es wollen.« Eine wichtige Kategorie. Ganz anders als das von Mr Rupert Murdoch berühmt gemachte Konzept, den Leuten zu geben, was sie wollen. Mit dieser Version von Gemeinwohl, wie sie der *Dirty Digger* darstellt, sind wir inzwischen alle bestens vertraut – schließlich leben wir seit dreißig Jahren damit. Helens Version ist anders und spielt sich zwangsläufig in sehr viel kleinerem Umfang ab.

Helen gibt den Menschen aus Willesden das, was sie wollen, obwohl sie noch gar nicht wussten, dass sie es wollen. Kluge Bücher, sonderbare Bücher, Bücher über das Land, aus dem sie kommen, oder über das Land, in dem sie angekommen sind. Kinderbücher mit Kindern, die zumindest ein klein wenig so aussehen wie die Kinder, die sie lesen. Radikale Bücher. Klassische Bücher. Abstruse Bücher. Bekannte Bücher. Sie liest sehr viel, sie hat immer eine Empfehlung parat. Hoffentlich haben auch Sie so eine Helen in einem Buchladen in Ihrer Nähe und wissen, wovon ich spreche. 1999 hatte ich keine Ahnung, dass ich David Mitchell lesen will, bis Helen mich auf *Chaos* hinwies. Und ich habe noch sehr lebhaft in Erinnerung, wie ich hier einmal ein Buch von Sartre gekauft habe, weil es im Regal stand und ich es dort sah. Ich weiß nicht, woher ich hätte wissen sollen, dass ich Sartre lesen will, wenn ich ihn nicht im Regal gesehen hätte – sprich: wenn Helen ihn nicht dorthin gestellt hätte. Jahre später habe ich meine erste Buchpremiere in diesem Buchladen gefeiert, und als es zu voll wurde, was vor allem an den vielen Bekannten meiner Mutter aus dem Viertel lag, gingen wir alle zusammen ein Stück die Straße hinauf in ihre Wohnung und feierten dort weiter.

Und während ich mit Helen nostalgisch in solchen Erinnerungen schwelgte und schon überlegte, ob es nicht möglich wäre, wieder einmal eine Buchpremiere an diesem Ort abzuhalten, hörte ich zum ersten Mal von den Plänen der Stadtteilverwaltung, das Library Centre abzureißen, mitsamt dem Buchladen, dem Türmchen aus dem 19. Jahrhundert, der Betonfläche und dem Vorsprung, wo die vier Trinker hockten. An seine Stelle sollten Luxus-Eigentumswohnungen treten, eine stark verkleinerte Bibliothek, »Geschäftsräume«, aber kein Buchladen. (Steve, der Besitzer, konnte sich die gestiegene Pacht nicht mehr leisten. Das Gleiche ist ihm mit seinem Buchladen in Kilburn passiert, der kürzlich nach dreißig Jahren schließen musste.) Meine Mutter kam herein, mit Käse im Gepäck. Zu dritt beklagten wir die Veränderungen und den Kulturvandalismus, den sie aus unserer Sicht bedeuteten. Oder aus der Gegenperspektive betrachtet: Wir standen sinnlos herum, wie es von fortschrittsfeindlichen, wirtschaftlich ahnungslosen Liberalen wie uns zu erwarten war, und jammerten über das Unvermeidliche.

Ein paar Tage später stieg ich ins Flugzeug zurück nach New York, wo ich einen Teil des Jahres unterrichte. Von der Logik her sollte es einfacher sein, schlechte Nachrichten aus der Heimat mit Fassung zu tragen, wenn man selbst weit weg ist, doch wer schon einmal unter Exilanten gelebt hat, weiß, dass genau das Gegenteil der Fall ist: Keiner empört sich mehr über die Ereignisse in Rom als der junge Italiener, der am Broadway den Cappuccino serviert. Ohne das ausgleichende Umfeld des Alltagslebens bleiben einem ja nur die Nachrichten, und Nachrichten sind schon ihrem Wesen nach durchweg schlecht. Da wird man schnell hysterisch. Ich kann also nicht sagen, ob die Nachrichten aus meiner Heimat wirklich so schlecht sind, wie sie mir vorkommen, oder ob ein Gegenstand, den man aus fast fünftausend Kilometern Entfernung betrachtet, nicht schweren Übertreibungen hinsichtlich Größe und Farbgebung unterworfen ist. Hat die Labour-geführte Stadtverwaltung wirklich im Rahmen einer frühmorgendlichen Razzia Schlägertrupps in die Kensal Rise Library geschickt, um alle Bücher und Mark-Twain-Plaketten gewaltsam zu entfernen? Werden die Menschen aus Willesden Green allen Ernstes ihre Buchhandlung verlieren, dafür eine kleinere Bibliothek (die wegen der anderen Bibliotheken, die der Brent Council bereits geschlossen hat, von mehr Kunden genutzt werden wird) und einen hässlichen Luxus-Wohnblock – und das alles als »Kultur« präsentiert – bekommen?

Ja. Genau das passiert gerade. Mit minimalster Rücksprache und unter Einsatz von Einschüchterungstaktik, Geheimniskrämerei sowie ein wenig unverblümter Betrügerei. Die Mitglieder der örtlichen Behörde befinden sich zweifellos in einer schwierigen Lage: Die prozentualen Kürzungen in Brent zählen landesweit zu den höchsten und wurden von der Regierung verordnet. Aber die chronische finanzielle Misswirtschaft lässt sich ohne weiteres bis zur letzten Labour-Regierung zurückverfolgen, und so wird der Staffelstab der Schuldzuweisungen immer weiter herumgereicht. Die derzeitigen Planungen für Willesden Green verschaffen der Baubranche derart offensichtlich einen profitablen Grundstücksdeal – und entheben sie gleichzeitig der Verpflichtung zum Bau von Sozialwohnungen –, dass man sich, wenn man darauf hinweist, fast schon vorkommt wie ein Kind. Wer außer einem Kind würde in der aktuellen Wirtschaftslage überhaupt etwas anderes erwarten?

Liest man solche ungeheuer ortsgebundenen Geschichten mit der Geschichte des ganzen Landes zusammen, entsteht ein weiterer Effekt, vielleicht auch nur eine optische Täuschung in anderer Form: eine Spiegelung. Denn im Bericht über die Leveson-Untersuchung zur »Ethik der britischen Presse« finden sich sämtliche genannten Charakterzüge ebenfalls, nur noch deutlicher. Minimalste Rücksprache, Einschüchterungstaktik, Geheimniskrämerei, unverblümte Betrügereien. Werden die größten Entscheidungen des politischen Lebens Großbritanniens wirklich zum Teil bei privaten Abendessen einer winzig kleinen Elite getroffen? Warum schreibt Jeremy Hunt, seinerzeit Minister »für Kultur, Olympia, Medien und Sport«, SMS-Nachrichten an Murdoch? Was hat Rebekah Brooks dem Premierminister und der Premierminister Rebekah Brooks in dem pittoresken kleinen Marktflecken namens Chipping Norton damals tatsächlich versprochen? Während einer früheren Phase als Exilantin in Italien saß ich auf einer Renaissance-Piazza in Rom am Tisch eines Cafés und verdrehte die Augen über die Seifenoper des politischen Lebens in Italien: abgehörte Politiker, Fußballer und Fernsehstars, Mediengeschäfte im Hinterzimmer, himmelschreiende Interessenkonflikte, eine völlig aus dem Ruder gelaufene Boulevardpresse, Zeitungen, die Einfluss auf Politiker ausübten. Kichernd las ich *La Repubblica* und zog meine italienischen Freundinnen und Freunde mit Problemen auf, die wir in unserer grundsätzlich intakten britischen parlamentarischen Demokratie überhaupt nicht hatten.

Also muss ich mir jetzt eine ungeheure Naivität bescheinigen. Das trifft auf die meisten Romanautoren zu, allen vielfach behaupteten tiefen gesellschaftspolitischen Einsichten zum Trotz. Und ich bewahre mir zudem noch eine besondere Naivität im Hinblick auf Großbritannien, die vielen, vor allem vielen jüngeren Menschen, wahrscheinlich ziemlich lustig vorkommt. Richtig erklären kann ich das nur, indem ich noch einmal kurz auf die Vergangenheit zurückgreife. Es handelt sich um eine kurze Geschichte über Schulden – ich schulde diesem Staat nämlich eine ganze Menge. Manche Menschen verdanken alles, was sie haben, dem Bankkonto ihrer Eltern. Ich verdanke es dem Staat. Kurz zusammengefasst hat der Staat für meine Schulbildung gesorgt, er hat mir das Bein gerichtet, als es gebrochen war, und mir ein Stipendium verschafft, mit dem ich studieren konnte. Er hat mir die Zähne gerichtet (halbwegs zumindest) und meinem Vater, dem Kriegsveteran, eine Unterkunft für seinen Lebensabend gesichert. Als mein jüngster Bruder von einem Laster überfahren wurde, hat der Staat ihm das Leben und vor allem auch die zertrümmerte rechte Hand gerettet, ein Vorgang, der ein halbes Jahr in Anspruch nahm und auf dem freien Markt eine Million Pfund gekostet hätte, wie mir ein Arzt damals erzählte. Das sind die richtig großen Dinge, es gab aber auch noch genügend kleine: mein subventionierter Sportverein und die Praxis meines Hausarztes, der Musikunterricht in der Schule, für den wir nur ein paar Pennys bezahlten, meine Studiengebühren. Mit neun meine Brille, vom NHS finanziert. Mit dreiunddreißig die Geburt meines Kindes, vom NHS finanziert. Und meine öffentliche Bibliothek. Um den Titel eines Autorenkollegen abzuwandeln: Ich bin eine Tochter Englands. Mir ist es niemals schwergefallen, Steuern zu zahlen, weil ich das als Tilgung einer gewaltigen, im Grunde sogar unermesslichen Schuld auffasse.

Aber die Dinge ändern sich. Ich brauche den Staat heute nicht mehr so wie damals, und der Staat ist nicht mehr, was er damals war. Er ist an dieser neuen, gemeinsamen globalen Realität beteiligt, in der Staaten deregulieren, um Gewinne zu privatisieren, und dann re-regulieren, um die Verluste wieder zu verstaatlichen. Ein mit großem Elan von der Labour-Regierung angestoßener Prozess wird jetzt von David Camerons Koalition aus Torys und Liberal Democrats zur Perfektion geführt. Die oben beschriebene reizende Geschichte vom gütigen Vater Staat ist längst ins Reich der Märchen verbannt: Sie ist nicht mehr nur naiv, sondern phantastisch im wahrsten Sinne des Wortes. Die Erfahrung, dass die eigene Geschichte so plötzlich und unerwartet irreal wird, betrifft eine ganze Generation von Britinnen und Briten, die jetzt vermutlich alle herumlaufen wie Coleridges alter Seebär und Fremde mit Geschichten darüber langweilen, wie sie noch umsonst studieren durften und an jeder Hauptstraße ein Zahnarzt des National Health Service zu finden war.

Ich langweile mich ja selbst damit, wenn ich solche Geschichten erzähle. Und ganz besonders langweilig ist die Unterstellung, jedes Argument zur Verteidigung öffentlicher Bibliotheken müsse zwangsläufig ein sozialliberales Argument sein. Ich habe erst vor Kurzem überhaupt mitbekommen, dass die persönliche Haltung zu Bibliotheken – nicht zu Schulen oder Krankenhäusern, sondern zu Bibliotheken! – Ausdruck eines ideologischen Bruchs sein kann. Ich dachte immer, eine Bibliothek sei einer der wenigen Schauplätze, an dem sich der Drang zur Erhaltung und der Wunsch nach Verbesserung – diese beiden Pole unseres politischen Geistes – problemlos und natürlich verbinden ließen. Und außerdem, was soll denn das für eine Liberale sein, die keine Partei mehr findet, für die sie noch stimmen kann, und dem Staat nicht mehr mit Dankbarkeit begegnet, sondern vielmehr mit Abneigung und mitunter sogar Angst?

Am nächsten komme ich einem Gefühl von Zugehörigkeit oder einem politischen Imperativ inzwischen eigentlich nur noch mit der Aussage des altgedienten Sozialdemokraten Tony Judt: »Wir müssen den Staat wieder neu denken.« Vor allem aber muss ich weniger naiv werden. Das Geld ist weg, und die Bedingungen, die Judts Generation bereits ererbt und die meine Generation von Judts geerbt hat, werden, falls überhaupt je, zu meinen Lebzeiten ganz sicher nicht wieder eintreten. Das sind die schlechten Nachrichten aus der Heimat. In politischer Hinsicht bleibt einer Sozialliberalen nur noch die Fähigkeit, sich ins Gedächtnis zu rufen, dass Fatalismus bloß eine Falle ist und man nicht nur auf eine Art naiv sein kann. Noch einmal Judt:

> Wir haben uns von der in den Nachkriegsjahrzehnten verbreiteten Annahme befreit, dass der Staat die beste Lösung für jedes Problem ist. Nun müssen wir uns von der entgegengesetzten Vorstellung befreien, dass der Staat – grundsätzlich und in jedem Fall – die schlechteste Lösung ist.

Was für ein Problem ist denn eine Bibliothek? Es liegt auf der Hand, dass sie für viele Menschen überhaupt kein Problem darstellt, sondern nur eine Art Relikt. Am äußersten Pol dieser Sichtweise steht der unerschütterliche Glaube des Technokraten: Wozu brauchen wir noch die physische Realität, wo doch jedes Buch der Welt online zu finden ist? Ein solches Argument denkt die Bibliothek als Funktion, nicht als eine Vielzahl einzelner Räume. Dabei ist jede Bibliothek ein ganz eigenes Problem, und »das Internet« kann all diese Einzelprobleme ebenso wenig lösen, wie es ihnen in ihrer Gesamtheit den Todesstoß versetzen würde.

Jeden Morgen erkämpfe ich mir einen Platz in der überfüllten Unibibliothek, in der ich auch diesen Text schreibe, obwohl doch jede einzelne Studentin hier zu Hause sitzen und mit ihrem MacBook auf Google Books herumstöbern könnte. Und die Kilburn Library, die, ihrem Namen zum Trotz, ebenfalls der Stadtteilverwaltung von Brent untersteht, aber im begüterten Queen's Park liegt, floriert nicht nur, sondern ist auch wegen Renovierung geschlossen. Die Kensal Rise Library wird nicht etwa geschlossen, weil sie nicht beliebt wäre, sondern weil sie keinen Profit macht, wobei die Tatsache, dass der Förderverein der Bibliothek bereit wäre, sie selbsttätig weiterzuführen (sofern das All Souls College in Oxford, dem die Bibliothek gehört, ihm das erlaubt), völlig außen vor bleibt. Da fällt es doch schwer, nicht zu dem Schluss zu kommen, die Bibliothek von Willesden Green solle nicht zuletzt deswegen verstümmelt werden, weil die Behörden die Möglichkeit eines lukrativen Immobiliengeschäfts wittern.

Jede Bibliothek hat ihren eigenen Charakter, ihr eigenes Umfeld. Manche wenden sich hauptsächlich an Kinder, an Studierende oder an die allgemeine Öffentlichkeit, sie beherbergen hauptsächlich Bücher oder Mikrofilme oder digitalisiertes Material, sie haben vielleicht ein Café im Keller oder einen Markt vor der Tür. Bibliotheken scheitern nicht, weil sie Bibliotheken sind. Bereits vernachlässigte Bibliotheken werden weiter vernachlässigt, und mit der Zeit bietet dieser Kreislauf dann den Vorwand, sie zu schließen. Gut geführte Bibliotheken sind voller Menschen, weil das, was eine gute Bibliothek zu bieten hat, sich anderswo nicht so ohne weiteres finden lässt: ein geschlossener und doch öffentlicher Raum, in dem man kein Geld ausgeben muss, um bleiben zu dürfen.

Der moderne Staat hält nur sehr wenige Orte bereit, an denen das möglich ist. Die einzigen anderen, die mir spontan einfallen, stellen den Glauben an einen allmächtigen Schöpfer als Bedingung für eine Mitgliedschaft. Man sollte meinen, dass es kaum offensichtlicher sein könnte, warum der freie Markt keine effiziente Lösung für Bibliotheken ist: Der freie Markt braucht keine Bibliotheken. Aber anscheinend müssen wir heutzutage auch auf das Offensichtliche immer wieder hinweisen. Es gibt nicht mehr viele Einrichtungen, auf die John Maynard Keynes' Definition von Dingen, die einzig und allein der Staat noch zu übernehmen bereit ist, so genau zuträfe. Und das Bibliothekserlebnis lässt sich auch nicht online reproduzieren. Es geht nicht nur um Bücher, die man kostenlos lesen kann. Eine Bibliothek ist eine andere Form sozialer Realität (in ihrer dreidimensionalen Variante), sie vermittelt durch ihre bloße Existenz ein Wertesystem, das über das Finanzielle hinausreicht.

Ich glaube gar nicht, dass Argumente zugunsten einer Bibliothek sonderlich ideologisch oder ethisch sind. Ich würde ja sogar denen zustimmen, die sagen, sie seien nicht einmal sonderlich logisch. Ich glaube, für die meisten Menschen ist das eine emotionale Frage. Keine von Logos oder Ethos, sondern eine von Pathos. Das soll keine Abwertung sein: Auch Emotionen haben ihren Platz in der politischen Öffentlichkeit. Wir sind Menschen, keine Roboter. Die Leute, die gegen die Schließung der Kensal Rise Library protestiert haben, lieben diese Bibliothek. Sie wären jedem Lösungsvorschlag von links oder rechts gegenüber aufgeschlossen gewesen, wenn das bedeutet hätte, dass die Bibliothek erhalten bleibt. Sie waren – von wegen *Big Society* – sogar jederzeit bereit, sich dafür zivilgesellschaftlich zu engagieren. Eine Bibliothek zählt zu den gesellschaftlichen Gütern, die Menschen mit ganz unterschiedlicher politischer Ausrichtung etwas bedeuten. Die Freunde und Förderer der Kensal Rise und der Willesden Library und ähnlicher Einrichtungen im ganzen Land sagen doch im Grunde nur eines: Diese Orte sind uns wichtig. Wir verstehen ja, dass das Geld knapp ist, wir begreifen, dass es eine Bedürfnishierarchie gibt und dass der Französische Markt und eine Erinnerungsplakette an Mark Twain nicht mit Krankenhausbetten und größeren Klassenzimmern gleichzusetzen sind. Trotzdem sind sie aber ein bedeutender Teil unserer gesellschaftlichen Realität, die letzte Bastion an der Hauptstraße, die uns nicht entweder das Geld oder die Seele abknöpfen will.

Wenn die Verluste privater Firmen schon unbedingt auf die bereits schwer belasteten Kommunen umgelegt werden sollen, ist es doch wohl das Mindeste, den Menschen zuzuhören, die uns mitteilen wollen, wo in der Bedürfnishierarchie Dinge wie öffentlicher Raum, Zugang zu Kultur und Erhalt des gewohnten Umfelds aus ihrer Sicht angesiedelt sind. »Aber ich geh da doch nie hin!«, schreibt Mr Nicht-mit-meinen-Steuergeldern auf der Leserbriefseite. Das glaube ich Ihnen gern, Sir. Aber trotzdem. Im vergangenen Jahr konnten britische Bibliotheken insgesamt mehr als dreihundert Millionen Besucher verzeichnen, und das trotz der ganz alltäglichen Vernachlässigung, die sie durch die diversen zuständigen Behörden erfahren. Im Nordwesten Londons sind die Leute sogar bereit, eine Menschenkette vor ihrer Bibliothek zu bilden.

Sie schreiben lange Zeitungsartikel zu ihrer »Verteidigung«. Und sie sagen alle dasselbe, immer und immer wieder. Rettet unsere Bibliotheken. Wir mögen unsere Bibliotheken. Können wir bitte unsere Bibliotheken behalten? Wir müssen dringend über die Bibliotheken reden. Sie betteln wie die Kinder. Ist es wirklich so weit mit uns gekommen?

Nachtrag: Kurz nachdem dieser Text in der *New York Review of Books* erschienen war, wurden Bibliothek und Buchhandlung abgerissen. Doch eine Wirkung hatte der gemeinschaftliche Aufstand der Aktivisten immerhin: Die Bibliothek, die an ihrer Stelle gebaut wurde, läuft tatsächlich gut. Es gibt zwar weniger Bücher dort, das stimmt, dafür beleben viele Studierende, Familien und Leserinnen und Leser die neonlichthellen Räume, und im zweiten Stock hat ein kleines, aber feines Ortsmuseum den Bauunternehmern mehrere hundert Quadratmeter ihrer Topimmobilie abgerungen.

KLAGELIED AUF EIN LAND UND SEINE JAHRESZEITEN

Was mit unserem Wetter geschieht, wird in der Sprache der Wissenschaft und der Sprache der Ideologie abgehandelt, es gibt aber so gut wie keine persönlicheren Äußerungen dazu. Wen wundert's? Trauernde neigen zum Euphemismus, und denen, die sich schuldig fühlen oder schämen, geht es genauso. Und der wehmütigste all dieser Euphemismen ist »das neue Normal«. Das ist jetzt das neue Normal, denke ich, wenn ein geliebter Birnbaum halb ertrunken seinen Halt im Boden verliert und umstürzt. Die Bahnstrecke nach Cornwall wird weggeschwemmt: das neue Normal. Wir schaffen es nicht einmal mehr, das Wort »unnormal« voreinander laut auszusprechen: Es erinnert uns nur an das, was einmal war. Und man vergisst doch besser, was einmal normal war, wie die Jahreszeiten einmal aufeinanderfolgten, mit maßvoller Anmut, wie sie nur die Dichter zu schätzen wussten.

Es schmerzt, sich zu erinnern, wie es früher war. Wie wir den Stecken einer ungezündeten Silvesterrakete in den kalten, trockenen Boden rammten. Auf dem Weg zur Schule den Raureif auf den Ilexbeeren bewunderten. Am zweiten Weihnachtstag im grellen Winterlicht einen langen, belebenden Spaziergang machten. Mit knirschenden Schritten ganze Fußballfelder überquerten. Ein bisschen Sonne am Karnevalsdienstag; ein bisschen mehr zum Grand National Anfang April. Kühle Aprilschauer, Wärme zu Wimbledon. Juli-Hochzeiten, die auf schönes Wetter zählen konnten. Die reelle Chance, sich beim Glastonbury Festival einen Sonnenbrand zu holen. Wenigstens, versichern wir uns gegenseitig, wenigstens im August ist es noch verlässlich heiß – in Cornwall, wenn auch nicht beim Notting Hill Carnival. Und es ist doch auch schön für die Schotten, dass sie ein etwas wärmeres Klima mitnehmen können, wenn sie sich demnächst aus dem Staub machen wollen.

Vielleicht werden wir uns ja an dieses neue England gewöhnen und es – so wie die sehr Jungen und die frisch Zugezogenen – für selbstverständlich halten, dass im April die Zeit für Shorts und Sandalen gekommen ist und das Neue Jahr sich traditionell mit einer Sintflut ankündigt. Es heißt, es werde an ganz neuen Orten Schmetterlinge geben, und die Zugvögel würden früher eintreffen und später fortziehen – das könnte doch auch ganz spannend werden, neu und nicht zwingend schlechter. Womöglich haben wir die Vergangenheit ja ganz falsch in Erinnerung! Die Themse war schon seit Generationen nicht mehr zugefroren, und der Traum von der weißen Weihnacht ist nur eine kollektive Dickens-induzierte Wahnvorstellung. Und war es nicht immer schon feucht in diesem Land?

Erstaunlich, durch was für Schotterpisten man sich zwängt, um die vierspurige Schnellstraße direkt vor der Nase zu vermeiden. Es war nie so feucht in England, wie es die bekanntesten Romane behaupten oder unsere amerikanischen Verwandten es glauben. Das Klima hat sich verändert, es verändert sich immer weiter, und mit ihm gehen – neben Bahnstrecken und Häusern, Lebensgrundlagen und sogar Menschenleben – so viele scheinbar unbedeutende Dinge verloren. Nichts war beispielsweise leichter, als davon auszugehen, dass wir in irgendeiner Ecke eines Londoner Gartens immer einen Igel finden würden, den wir mit beiden Händen vorsichtig aufheben und für unsere Kinder auseinanderrollen konnten, oder dass wir beim Picknick den dicken Hummeln dabei zusehen konnten, wie sie am Rand des offenen Marmeladenglases entlangkrochen. Jedes Land hat seine eigene Version solcher ortsgebundener Traurigkeit. (Und jedes Land hat auch seine eigenen Argumente, was die Kausalität betrifft. Autos oder Klimawandel? Klimawandel oder Mobilfunkmasten?) Die kleineren Verluste darf man nicht erwähnen, sie scheinen gar nicht erwähnenswert – zumindest nicht im Vergleich mit den apokalyptischen Visionen, die von Klimaforschern und Kinoregisseuren heraufbeschworen werden. Und dann sind da noch all die Leute, die glauben, es passiere doch eigentlich kaum etwas.

Trotz der vielen strengen Worte zu den kindlichen Reaktionen der Öffentlichkeit auf den bevorstehenden Ernstfall wundert mich auch diese Reaktion nicht weiter. Es fällt schwer, ständig die Apokalypse im Hinterkopf zu haben, vor allem wenn man morgens noch aus dem Bett kommen will. Und in der Darstellung fehlt eben immer der Aspekt, wie emotional viele unserer Reaktionen sind. Würde das berücksichtigt, dann wäre die ganze Debattenkultur eine andere. Wir können uns beispielsweise problemlos eine Welt ausmalen, in der die Leugner gar keine Leugner sind, sondern einfach nur knallharte Pragmatiker, Leute, die sagen: »Ich weiß sehr wohl, was da auf uns zukommt, aber meine Enkelkinder interessieren mich nicht; ich interessiere mich nur für mich, meine Aktionäre und die Konkurrenz in China.« Und es gibt tatsächlich einige, die das sagen, wenn auch längst nicht so viele, wie man realistischerweise erwarten könnte.

Eine andere, ebenso natürlich scheinende Reaktion wäre die, ein Gefühl tiefer Religiosität auf die Sorge um die Umwelt zu projizieren, denn diejenigen, die das Land als seliges Geschenk des Herrn betrachten, sollten, rational betrachtet, doch unter den Ersten sein, die es schützen wollen. Auch davon gibt es durchaus einige, aber wiederum nicht einmal halb so viele, wie ich vermutet hätte. Stattdessen soll man die Belege »glauben« oder »leugnen«, als wären wissenschaftliche Abhandlungen nichts weiter als ein paar ans Tor genagelte Luther'sche Thesen. In den USA hat sich sogar ein eigentümliches Schlupfloch in Gottes Schöpfung gefunden, das sich die Hierarchie zunutze macht. Die Argumentation geht dahin, dass

Gott den Menschen schließlich über die sogenannten »Dinge« gestellt hat – über die Tiere, die Pflanzen und das Meer – und wir diese Dinge daher guten Gewissens vor die Hunde gehen lassen können. (In England lässt sich die traditionell christliche Liebe zum Land dagegen sehr viel leichter ins Umweltbewusstsein überführen, vor allem unter den Adligen, denen so viel vom Land gehört.)

Trotzdem glaube ich nicht, dass wir wissenschaftliche Themen aus bloßer Dummheit zu Glaubensfragen machen. Glaube hat immer auch einen emotionalen Anteil, er ist verkapptes Verlangen. Sicher, bei unseren Regierungen lässt sich die Politisierung der Problematik größtenteils mit Zynismus und böser Absicht sowie wirtschaftlichen Motiven erklären, doch hier unten bei uns ist das Verlangen nach Unschuld die treibende Kraft. Denn beide sogenannten »Seiten« sind voller Schuldgefühle, voller Selbsthass – Martin Amis hat das einmal als »Speziesscham« bezeichnet –, und das projizieren wir nach außen. Es befeuert den kleinlichen Eifer unserer Debatten, selbst noch mitten in der Krise.

Als der Supersturm Sandy tobte, stieg ich, ziemlich schwanger, im Stockdunkeln fünfzehn Stockwerke hinunter, nur um ein WLAN-Signal zu finden und einem Klimawandelleugner aus meinem Bekanntenkreis eine Mail zu diesem neuesten Beleg seiner Blödheit zu schicken. Und oft reicht schon ein Polarwirbel, damit mein Posteingang von hämischen Gegenerzählungen der konservativeren Verwandtschaft überquillt – als wäre das alles nur ein Spiel, als ginge es letztlich nur um die Frage, wer jetzt »alarmistisch« oder »realistisch« ist, man selbst oder der verrückte Onkel aus Florida. Währenddessen fallen auf Jamaika, wo Sandy zuerst auf Festland traf, die stetig zunehmenden tropischen Tiefdruckgebiete, die Unwetter, Wirbelstürme, Dürren und Erdrutsche längst nicht mehr in die Kategorie ontologischer Argumente, zumindest nicht für die Jamaikaner.

Singt ein Klagelied auf die Fortgespülten! Auf die Lebenszyklen, die Salzwiesen, die Häuser, die Menschen – ganze Inseln voller Menschen. Schluss, aus, vorbei! Aber noch nicht gleich. Die Apokalypse liegt immer noch günstig in der Zukunft – wenn man nicht gerade auf Mauritius lebt oder auf Jamaika oder an einem der vielen anderen gefährdeten Orte. Jüngsten Berichten zufolge könnte es, wenn der weltweite Ausstoß von Treibhausgasen weiter »konstant« bleibt, etwa um 2050 richtig ernst werden, gerade rechtzeitig zum siebten Geburtstag meiner Enkelin. (Künftige Enkelkinder werden in Klageliedern wie diesem häufig heraufbeschworen.) Manchmal ist das weltumspannend Gebetsmühlenartige solcher Klagen so erschöpfend und traurig – und so abgetrennt von jeglichem Versuch sinnvoller Maßnahmen –, dass man nicht umhinkann, bei den Klagesingenden ein fatalistisch-liberales Bewusstsein wahrzunehmen, das, wenn man ihm auf den Zahn fühlt, ein mindestens ebenso verdrehtes Verlangen nach der Apokalypse hegt, wie es die religiösen Fundamentalisten tun, die wir angeblich so verachten.

Neuerdings lässt sich beobachten, wie beide Seiten ein wenig die Ohren spitzen, um den optimistischen Argumenten der Technokraten zu lauschen. Durch irgendeinen Taschenspielertrick bewegen wir uns aktuell weg von Gesprächen über Kampf und Aufhalten, hin zu Diskussionen über CO_2-Abscheidung und -Speicherung, über höhere Dämme, Generatoren auf Dächern und darüber, ganz allgemein die Schotten dicht zu machen. Beide Seiten treffen sich im Scheitern. Sie sagen zueinander: »Ja, vielleicht hätten wir vor einiger Zeit anders streiten sollen, aber jetzt ist es zu spät, jetzt müssen wir mit dem arbeiten, was wir haben.«

Das alles wird meiner siebenjährigen Enkelin mit Sicherheit reichlich merkwürdig vorkommen. Ich rechne nicht damit, dass sie mir verzeihen wird, aber es wäre sicher ganz sinnvoll, wenn sie Einblick in diese Denkweise bekäme, und sei es nur zum besseren Verständnis. Was werde ich ihr also sagen? In der Schule wird sie bereits gehört haben, dass das, was 2014 mit dem Wetter geschah, eine unbequeme Wahrheit darstellte, finanziell wie politisch – aber das kann ja selbst jetzt schon jeder sehen. Eine weltweite Protestbewegung könnte es am Ende vielleicht doch noch auf die politische Agenda gesetzt haben, ungeachtet aller Kosten. Aber meine Enkelin wird sicher wissen wollen, warum sich diese Bewegung erst so spät formiert hat. Da könnte ich ihr vielleicht sagen: Sieh mal, du musst auch bedenken, dass wir gerade ein ganzes Jahrhundert des Relativismus und der Dekonstruktion hinter uns hatten, in dem uns vermittelt wurde, dass die allermeisten unserer bestgehegten Prinzipien entweder ungewiss oder einfach nur Wunschdenken sind, und in sehr vielen Lebensbereichen wurde längst von uns verlangt, uns damit abzufinden, dass nichts wirklich wesentlich ist und alles sich verändert – das hat uns wohl ein bisschen demoralisiert.

Und dann darf man natürlich auch nicht vergessen, dass unsere Lebensgrundlagen – all die Dinge, von denen wir glauben, sie seien unverrückbar da – nicht nur Diskussionsgegenstand für Physiker und Philosophen sind, sondern auf irrationale Weise auch in unser aller Köpfen fortbestehen, vom Verstand zwar allenfalls belächelt, von uns aber dennoch als dauerhafte Tatsache erlebt. Zu diesen Tatsachen gehörte auch das Klima. Wir konnten einfach nicht glauben, dass es sich ändern würde. Sprich: Wir wussten immer schon, dass wir dem Planeten erheblichen Schaden zufügen, doch selbst die Hochmütigsten unter uns konnten sich nicht vorstellen, dass wir jemals in der Lage wären, seinen Rhythmus und sein Wesen grundlegend zu verändern, so wie ein kleines Mädchen, das den ganzen Tag herumschreit und dabei doch nie damit rechnet, dass sein Vater irgendwann heulend auf dem Küchenboden zusammenbrechen könnte. Mal ehrlich, glauben Sie, dass meine (nicht ganz unanstrengende und durchaus kritische) künftige Enkelin mich damit vom Haken lässt? Ich habe Bedenken.

Oh, was haben wir nur getan! Ein Ausruf wie aus der Bibel, und offenbar sind wir nicht fähig, uns aus seinem vertrauten – und letztlich religiösen – Kreislauf aus Scham, Leugnung und Selbstgeißelung zu befreien. Und deshalb (werde ich meiner Enkelin sagen) haben die ganzen Weltuntergangsszenarien auch nichts genützt – die schreckliche Wahrheit ist nämlich, dass der Weltuntergang einen tief sitzenden, historischen Reiz auf uns ausübt. Am Ende konnte nur eins noch die nötige Schubkraft in unseren Köpfen auslösen: der persönliche Verlust der Dinge, die wir geliebt haben. Als sich beispielsweise die Jahreszeiten auf unserer geliebten kleinen Insel veränderten, als im fünfzehnten Stock das Licht ausging. Oder als ich einmal Anfang Juli in einen Garten in Italien trat, zusammen mit seiner Besitzerin, einer Frau über achtzig. Da sah ich die gelb verbrannte Erde und die verdorrten Rosen, ich hörte das Eingeständnis, zu dem sich nur die sehr Betagten durchringen können – *mein ganzes Leben lang habe ich so etwas noch nicht gesehen* –, und ich merkte, wie mein Kopf doch noch anfing, das klagende *Was haben wir getan?* in ein pragmatisches *Was können wir tun?* zu verwandeln.

ZÄUNE: EIN BREXIT-TAGEBUCH

Nach längerer Abwesenheit zurück in der alten Gegend im Nordwesten Londons kam ich an der örtlichen Grundschule vorbei und bemerkte eine Veränderung. Viele meiner ältesten Freundinnen und Freunde waren hier zur Schule gegangen, und vor einiger Zeit – als uns ein Krankheitsfall in der Familie für ein Jahr nach England zurückholte – hatte ich auch meine Tochter dort angemeldet. Das Schulhaus ist ein ausgesprochen schöner viktorianischer Backsteinbau und wurde lange Zeit unter *»special measures«* geführt, ein Urteil der Schulaufsichtsbehörde Ofsted und die niedrigste Bewertung, die eine staatliche Schule bekommen kann. Naturgemäß geraten viele Eltern in Panik, wenn sie ein solches Urteil lesen, und nehmen ihre Kinder von der Schule; andere hingegen, die mit eigenen Augen sehen, was die Ofsted – deren Urteil hauptsächlich auf Daten beruht – nach menschlichem Ermessen nicht erkennen kann, zweifeln an der Weitsicht der Bewertung und bleiben. Und wieder andere können vielleicht gar kein Englisch lesen oder haben kein Internet zu Hause, oder sie haben noch nie von der Ofsted gehört und kämen folglich nicht auf die Idee, zwanghaft auf deren Website zu schauen.

In meinem Fall kam mir die Ortsgeschichte zugute: Mein Bruder hat an dieser Schule jahrelang die Nachmittagsbetreuung für Einwandererkinder geleitet, und ich wusste genau, wie gut die Schule war, immer schon war, und wie herzlich sie ihre bunt durchmischte Belegschaft begrüßte, die vielfach noch gar nicht lang im Land war. Jetzt, ein Jahr später, hat die Ofsted die Schule offiziell als »gut« eingestuft, und wie ich die Gegend kenne, dürfte das wohl bedeuten, dass viele mittelständische und in aller Regel weiße Eltern das von ihnen empfundene »Risiko« eingehen, in den Einzugsbereich der Schule ziehen und ihre Kinder dorthin schicken werden.

Falls dieser Prozess auch nur ansatzweise so abläuft wie in New York, wird die weiße Mittelstandsbevölkerung, im Einklang mit einer generellen Gentrifizierung der Gegend, immer mehr zunehmen, und die Grenzen des sogenannten »Einzugsbereichs« der Schule werden immer enger werden, bis sie irgendwann, nach etlichen Jahren, nahezu homogen sein wird, mit ein paar multikulturellen Einsprengseln. Das dürfte dann auch der Zeitpunkt sein, zu dem die Aufsichtsbehörde endlich ihre Bestnote vergibt. Bisher ist in der alten Gegend aber nichts dergleichen passiert, und angesichts der langen, stolzen Geschichte jeder denkbaren Form von Multikulturalität, auf die sie zurückblickt, passiert es vielleicht auch nie, und im Übrigen war das auch gar nicht die Veränderung, die mir im Vorbeigehen auffiel.

Meine ganz persönliche Ausprägung liberaler Paranoia konzentrierte sich zu diesem Zeitpunkt nämlich auf etwas anderes: Ich bemerkte den Zaun. Denn die viktorianische Schule, der es über hundert Jahre hinweg vollkommen genügt hat, ihr Territorium mit einer niedrigen gusseisernen Brüstung zu markieren, hatte zwischen den einzelnen Pfeilern jetzt hohe Latten aus Bambusholz angebracht sowie eine Begrünung, die an diesen Latten fast zwei Meter hinaufrankte und den Blick von der Straße auf den Schulhof und damit auch auf die dort spielenden Kinder versperrte. Ich ging nach Hause und schrieb eine unbeherrschte Mail an zwei Vertreter des Elternbeirats:

> Gerade bin ich zum ersten Mal seit meiner Rückkehr (gestern) an der Schule vorbeigekommen und habe diese hölzerne Verschleierung bemerkt – ein besseres Wort will mir nicht einfallen –, die

rings um das Schulgelände hochgezogen wurde. Das hat mich furchtbar traurig gemacht. Ich wohne jetzt seit vierzig Jahren hier in der Gegend. Ich habe zugesehen, wie vor zehn Jahren eine Mauer vor der jüdischen Schule errichtet wurde und dann vor ein paar Jahren eine vor der muslimischen. Aber ich hätte nie damit gerechnet, auch eine vor der – zu sehen. Ich würde wirklich zu gern wissen, wie es dazu gekommen ist, wer das beantragt hat, wie die Entscheidung gefallen ist, ob die Eltern alle damit einverstanden sind und was überhaupt die offizielle Funktion sein soll? »Sicherheit«? »Privatsphäre«? Oder etwas ganz anderes?

Eine unbeherrschte Mail voll liberaler Paranoia. Im Gegensatz dazu war die Antwort, die ich bekam, maßvoll und höflich. Als Gründe wurden »Privatsphäre und Luftverschmutzung« angegeben, wobei vor allem die Luftverschmutzung »gerade ein ganz großes Ding« sei, das von der Bezirksverwaltung als Problem an die Schule herangetragen worden war. Außerdem sei der Schulhof viel zu betonlastig, die Pflanzen machten den Anblick insgesamt weicher, und der Elternbeirat sei wahrhaftig nicht auf die Idee gekommen, dass diese Neukonstruktion auf Passanten in irgendeiner Form abschreckend oder seltsam wirken könnte. Ich las meine Mail noch einmal durch und schämte mich ein bisschen, sie abgeschickt zu haben. Was für eine Geisteshaltung hatte mich bloß dazu veranlasst, eine schlichte kosmetische Veränderung so negativ auszulegen?

Ich bin Veränderungen gewohnt: Sie sind hier die Regel. Die einstige Grammar School oben auf dem Hügel ist jetzt eine der größten muslimischen Schulen Europas, die alte Synagoge ist zur Moschee geworden, die alte Kirche zum privaten Wohnhaus. Die Einwanderungs- und Gentrifzierungswellen schwappen mit der Regelmäßigkeit von Linienbussen durch die Straßen. Doch diese örtliche Schule war für mich wohl so etwas wie ein Symbol. Und wenn wir in letzter Zeit eines über Großbritannien gelernt haben, dann doch, dass wir Briten uns mitunter sehr eigenartig verhalten, wenn wir zulassen, dass Realien zu Symbolen werden.

Mir hat diese kleine Schule besonders und symbolhaft als bunt gemischte Institution etwas bedeutet, in der die Kinder vergleichsweise Reicher und Armer, die Kinder von Muslimen, Juden, Hindus, Sikhs, Protestanten, Katholiken, Atheisten, Marxisten und Menschen mit religiösen Gefühlen für Pilates allesamt gemeinsam im selben Klassenzimmer unterrichtet werden, auf demselben Schulhof zusammen spielen, sich miteinander über ihren Glauben – oder den Mangel daran – austauschen, während ich draußen vorbeigehen, häufig hineinschauen und auf diese Weise immer wieder die wesentliche, symbolische Bestätigung bekommen konnte, dass die Welt meiner Kindheit noch nicht vollständig verschwunden ist. Die jüdische Schule sieht inzwischen aus wie Fort Knox. Die muslimische Schule ist auf dem besten Weg dorthin. Würde auch unsere kleine Schule jetzt zu einem Ort mit einem Zaun werden, sich abgetrennt, privatisiert, paranoid, sicherheitsbesessen von der größeren Gemeinschaft abwenden?

Zwei Tage später stimmten die Briten für den Brexit. Ich war gerade in Nordirland bei meinen Schwiegereltern, zwei reizenden, sanft konservativen nordirischen Protestanten, mit denen ich zum ersten Mal in unserer gemeinsamen Geschichte in einer politischen Frage einer Meinung war. Den gleichen Schockmoment wie vor dem Schultor erlebte ich jetzt vor ihrem riesigen Fernseher, während wir gemeinsam zusahen, wie England sich vom Rest Europas abschottete, fast ohne einen Gedanken daran zu verschwenden, was das für die schottische und irische Verwandtschaft im Norden und Westen bedeuten würde.

Seither wurde viel über das entsetzlich unverantwortliche Verhalten sowohl von David Cameron als auch von Boris Johnson geschrieben, aber ich glaube gar nicht, dass ich persönlich mich so umfassend auf Boris und Dave eingeschossen hätte, wenn ich an diesem Tag in meinem eigenen Bett in London aufgewacht wäre. Nein, dann wären meine ersten Überlegungen grundsätzlich hermeneutischer Natur gewesen. Was hat diese Wahl zu bedeuten? Worum ging es wirklich dabei? Um Einwanderung? Ungleichheit? Historisch motivierte Fremdenfeindlichkeit? Souveränität? Europäische Bürokratie? Einen anti-neoliberalen Aufstand? Einen Klassenkampf?

In Nordirland allerdings war klar, dass es vor allem um eins explizit nicht gegangen war, nicht einmal im Ansatz, und zwar um Nordirland, und das wiederum führte zu einer Fixierung auf den beispiellos solipsistischen Akt, der dieses vielgeschundene kleine Land sehenden Auges zum Kollateralschaden einer Spaltung innerhalb des konservativen Lagers macht. Und Schottland! Es ist kaum zu fassen. Dass zwei angeblich gebildete Männer, die aller Vermutung nach die britische Geschichte gut kennen müssten, derart leichtfertig – und nur zur Befriedigung des eigenen professionellen Ehrgeizes – einen hart erkämpften, dreihundertjährigen Bund aufs Spiel setzten, das erschien mir an diesem Morgen ein noch viel größeres Verbrechen als die Aufkündigung des jahrzehntealten europäischen Pakts, der das alles ausgelöst hatte.

»Konservativ« ist für keinen von beiden mehr die richtige Bezeichnung: Das Wort enthält zumindest einen Anklang von Sorgfalt und der Bewahrung eines Erbes. »Brandstifter« erscheint da schon passender. Michael Gove und Nigel Farage hingegen sind die wahren rechten Ideologen mit ganz klaren Absichten, auf die sie bereits seit vielen Jahren hinarbeiten. Ersterer hatte vor allem das trojanische Pferd der »Souveränität« im Visier, ein hohles Symbol, aus dessen Bauch angeblich ein ungehindert deregulierter Finanzsektor entspringen sollte. Zweiterer, am 4. Juli 2016 zurückgetreten, schien von einer waschechten Rassenobsession ergriffen, die mit dem festen Entschluss einherging, Großbritannien nicht nur hinsichtlich der Frage der Freizügigkeit, sondern auch eines ganzen weiteren Themenspektrums, vom Klimawandel über Waffengesetze bis hin zur Rückführung von Einwanderern, vom europäischen Konsens abzuschotten.*

Ein Referendum verstärkt die schlimmsten Seiten eines ohnehin unvollkommenen Systems – der Demokratie –, indem es eine überwältigend breite Vielfalt von Themen durch einen äußerst schmalen Durchgang schleust. Es gibt sich den Anschein einer Intensivierung – die ultimative demokratische Entscheidung! Daumen hoch oder Daumen runter! –, erzielt in der Praxis aber nur eine gefährlich irreführende Reduktion. Selbst unter denen, die für *»Leave«* gestimmt haben, hatten viele am Ende den Eindruck, dass ihr Votum ihren Gefühlen nicht ganz entsprach. Sie hatten ihre Stimme aus einer Vielzahl von Motiven abgegeben, und das *»Remain«*-Lager war zu großen Teilen ähnlich zersplittert.

Manche Argumente gingen auf fast schon komische Weise an der binären Fragestellung vorbei. Eine Freundin, deren Mutter noch in unserer Gegend wohnt, berichtet von einem Gespräch am Gartenzaun zwischen ihrer Mutter und einer weiteren Nordlondoner Linken, die der Mutter meiner Freundin auseinandersetzte, sie habe für *»Leave«* gestimmt, um »endlich diesen grässlichen Gesundheitsminister loszuwerden«! Ach, wie so viele Angehörige unserer großartigen Nation sehne auch ich mich danach, endlich frei zu sein von diesem fast perfekt benamsten Jeremy Hunt (man müsste nur das H gegen ein C austauschen), aber ein Referen-

* Farage glaubt, dass die Polarkappen in der Arktis wieder anwachsen und die Berichte über ihr Abschmelzen bewusste Übertreibungen seien, Teil einer Verschwörung von Umweltaktivisten, die, wie könnte es anders sein, mit den »EU-Föderalisten« unter einer Decke stecken. Er findet, dass die strengen Waffengesetze, die nach dem Massaker von Dunblane eingeführt wurden, abgeschafft gehören, und er hält das »Grundprinzip« aus Enoch Powells Rede von den »Strömen von Blut« – Powell erklärt darin, die geplanten Einwanderungs- und Antidiskriminierungsgesetze würden zu Gewalteskalationen führen – für zutreffend.

dum erweist sich doch als wenig effizienter Hammer, um so vielen schiefen Nägeln zu Leibe zu rücken.

Der erste Eindruck vieler linker »*Remain*«-Wähler bestand darin, dass es eigentlich nur um die Einwanderung ging. Als dann die Zahlen kamen und die Statistiken nach Alter und sozialer Schicht aufgeschlüsselt wurden, zeichnete sich hingegen eine populistische Revolte der Arbeiterschicht ab, wenn auch eine von der Sorte, wie sie mittelständische Liberale, die ebenso sehr zur politischen Naivität wie zur sentimentalen Betrachtung der Arbeiterklasse neigen, immer sehr verblüfft. Den Tag über rief ich viel zu Hause an, schrieb Mails und versuchte, gemeinsam mit großen Teilen von London – zumindest des London, das ich kenne –, diesen gewaltigen Schock zu verarbeiten. »Was haben sie nur getan?«, fragten wir einander und meinten damit manchmal die Politiker, die, wie wir fanden, doch hätten wissen müssen, was sie da tun, und manchmal auch die Bevölkerung, die das, wie wir stillschweigend implizierten, nicht wusste.

Inzwischen bin ich versucht zu glauben, dass es genau umgekehrt war. Auf eine irgendwie unausgereifte Weise bestand das Ziel darin, etwas zu tun, egal was: Die auffälligste Eigenschaft des Neoliberalismus ist es doch, den Eindruck zu vermitteln, man könne nichts tun, um ihn zu ändern, während diese Wahl die rare Gelegenheit verhieß, einem System, das sonst immer alles niederwalzt, was sich ihm in den Weg stellt, einen Riss aus Chaos zuzufügen. Doch selbst diese optimistischste linke Deutung – dass es sich nur um eine heftige, mehr oder weniger durchdachte Reaktion auf vorangegangene Entbehrungen und den neoliberalen Wirtschafts-Crash handelt – kann den Alltagsrassismus nicht wegreden, der dabei offenbar als Nebenprodukt entfesselt wurde, sowohl im Wahlkampf als auch durch das Wahlergebnis.

Den vielen diesbezüglichen Anekdoten möchte ich zwei hinzufügen, die von meiner auf Jamaika geborenen Mutter stammen. Eine Woche vor der Abstimmung kam in Willesden ein Skinhead auf sie zugerannt und brüllte ihr »Deutschland über alles!«* ins Gesicht, wie ein Echo aus den späten siebziger Jahren. Am Tag nach der Abstimmung trat in einem Geschäft für Bettwäsche und Handtücher an der Kilburn High Road eine Dame zu meiner Mutter und dem halben Dutzend weiterer Leute anderer Herkunft und sagte etwas unbestimmt in die Runde: »Na, ihr müsst dann ja jetzt auch alle zurück nach Hause!«

Was hast du bloß getan, Boris? Was hast du bloß getan, Dave? Und doch enthält die Fabel von unseren solipsistischen Anführern, die gedankenlos Feuer an die Lunte legen, auch die weit weniger angenehme Geschichte unseres eigenen London-zentrischen Solipsismus, der mir gleichermaßen real erscheint und eine andere Form von Verschleierung darstellt, womöglich sogar ebenso undurchsichtig wie der grelle persönliche Ehrgeiz eines Mannes wie Boris. Mein tief sitzender Schock angesichts des Ergebnisses – den so viele andere Londoner ebenfalls erlebt haben – legt doch zumindest nahe, dass wir offenbar selbst hinter einem Schleier gelebt und unser Land nicht als das erkannt haben, was es geworden ist.

Am Abend vor meinem Aufbruch nach Nordirland saß ich mit alten Freunden, Nordlondoner Intellektuellen von genau der Sorte, auf die der Labour-Abgeordnete Andy Burnham symbolisch verwies, als er sagte, die Labour-Partei habe so viel Terrain an die UKIP verloren, weil sie »zu viel Hampstead und zu wenig Hull« enthalte (wobei wir Hampstead in Wahrheit natürlich längst an die vermögenderen Banker und russischen Oligarchen verloren haben), beim Abendessen. Wir bedachten den Brexit. Wahrscheinlich ging es allen anderen Abendgesellschaften in London genauso. Doch wie sich herausstellen sollte, hatten wir ihn wohl nicht gründlich genug bedacht, denn niemand von uns glaubte auch nur eine Sekunde daran, dass er womöglich eintreten könnte.

* Im Original ebenfalls Deutsch.

Wie sollte er auch? Er war doch so offensichtlich falsch, und wir hatten so offensichtlich recht.

Nachdem wir diese Frage geklärt hatten, gingen wir dazu über, die eigentümliche Neigung der Generation jüngerer Linker zu beklagen, jede Äußerung oder Meinung, die sie in irgendeiner Form für falsch hielten, zu zensieren oder zum Schweigen zu bringen: durch Plattformentzug, geschützte Räume und dergleichen mehr. Auch damit hatten wir alle recht. Dann aber ließ sich aus der Sofaecke die Klügste von uns allen vernehmen, die gerade ihr neugeborenes Baby stillte; sie wartete, bis wir zu Ende schwadroniert hatten, dann sagte sie: »Na ja, die Angewohnheit haben sie wohl von uns übernommen. Wir wollten doch auch immer als die wahrgenommen werden, die recht haben. Die auf der richtigen Seite der Diskussion stehen. Das war noch wichtiger als konkretes Handeln. Recht haben war immer schon das Allerwichtigste.«

In den Tagen nach dem Wahlergebnis habe ich viel an diese Erkenntnis gedacht. Immer wieder las ich Artikel stolzer Londoner, die stolz von ihrer multikulturellen, aufgeschlossenen Stadt berichteten, so ganz anders als diese engstirnigen, fremdenfeindlichen Orte im Norden. Es klang richtig, und ich wollte, dass es stimmte, doch was ich mit eigenen Augen beobachtete, bot mir eine Gegenerzählung. Denn die Menschen, die in dieser Stadt ein wahrhaft multikulturelles Leben führen, sind die, deren Kinder in einer durchmischten Umgebung heranwachsen, die selbst in einer wirklich durchmischten Umgebung leben, in Sozialsiedlungen also oder in der Handvoll historisch durchmischter Viertel, von denen es längst nicht mehr so viele gibt, wie wir gern glauben möchten.

Für viele Menschen in London repräsentiert sich der angeblich so multikulturelle und klassenübergreifende Aspekt ihres Lebens aktuell vor allem in ihren Angestellten – den Kinderfrauen, dem Putzpersonal, denjenigen, die ihnen Kaffee ausschenken oder sie im Taxi fahren – und allenfalls noch in der Handvoll nigerianischer Adliger, auf die man in den Privatschulen trifft. Die schmerzhafte

Wahrheit lautet, dass auch überall in London Zäune hochgezogen werden. Um Schulbezirke, um ganze Viertel, um einzelne Leben. Eine nützliche Folge hat der Brexit zumindest: Er fördert den tiefen Riss durch die britische Gesellschaft, der bereits seit dreißig Jahren im Entstehen ist, endlich ganz offen zutage. Die Gräben zwischen Norden und Süden, zwischen den sozialen Schichten, zwischen den Bewohnern von London und allen anderen, zwischen reichen und armen Bewohnern von London und zwischen Weiß und Braun und Schwarz sind real, und wir müssen uns ihnen alle stellen, nicht nur diejenigen von uns, die für *»Leave«* gestimmt haben.

Inmitten all der hysterischen Darstellungen ebenjener *Leavers* unmittelbar nach der Abstimmung – darunter nicht zuletzt auch meine eigene – hielt ich inne und dachte an die junge Frau, die mir in dem Jahr, das meine Tochter in der damals mit *»special measures«* bewerteten Schule verbracht hatte, oft am Schulhof aufgefallen war. Sie war ebenfalls Mutter, so wie wir alle, wenn auch mindestens fünfzehn Jahre jünger. Nachdem ich auf der Straße, die den Hang hinauf zu meinem Haus führte, ein paarmal hinter ihr gegangen war, wurde mir klar, dass sie in demselben Sozialwohnungsblock leben musste, in dem ich aufgewachsen war. Sie war mir überhaupt nur deswegen aufgefallen, weil meine Tochter ihren Sohn heiß und innig liebte. Eine Verabredung zum Spielen wäre der naheliegende nächste Schritt gewesen.

Aber ich ging diesen Schritt nie, und sie ging ihn auch nicht. Ich wusste nicht, wie ich die Angst und Abscheu überwinden sollte, die sie mir nach meinem Gefühl entgegenbrachte, gar nicht, weil ich schwarz war – ich sah sie häufig ganz fröhlich mit anderen schwarzen Müttern plaudern –, sondern weil ich zur Mittelschicht gehörte. Sie hatte mich ja genauso die glänzend schwarze Tür des Hauses gegenüber der Sozialsiedlung aufschließen sehen, wie ich sie jeden Tag ins Treppenhaus ihres Wohnblocks treten sah. Ich konnte mich noch gut an ähnlich aufgeladene Episoden aus meiner Kindheit erinnern, als es umgekehrt gewesen war. Konnte ich das Mädchen aus dem schönen, großen Haus am Park in unsere beengte Sozialwohnung einladen? Und konnte ich später, nachdem wir in eine richtig schöne Wohnung im richtigen Teil von Willesden umgezogen waren, noch meine Freundin in ihrem verranzten Zuhause im falschen Teil von Kilburn besuchen?

Die Antwort lautete in aller Regel »Ja«. Nicht ohne Spannungen, nicht ohne gelegentliche hochnotpeinliche Gesellschaftskomödien-Momente oder Einblicke in häusliche Zustände, die an eine Tragödie grenzten – aber trotzdem: »Ja«. Damals waren wir alle noch bereit, das »Risiko« einzugehen, falls »Risiko« überhaupt das richtige Wort dafür ist, ins Leben der anderen einzutreten, nicht einfach nur symbolisch, sondern ganz real. In diesem neuen England schien es zumindest mir aber unmöglich. Und ich glaube, ihr auch. Der Graben zwischen uns war zu groß geworden.

Das hohe, schmale viktorianische Haus, das ich vor fünfzehn Jahren gekauft habe, ist zwar noch genau die Art Haus, die meine Mittelschichtsfreundinnen in meiner Jugend bewohnt haben, sein Wert beläuft sich aber inzwischen auf eine obszön hohe Summe, und ich war in Sorge, sie könnte glauben, ich hätte diese obszön hohe Summe tatsächlich auch dafür bezahlt. Die Entfernung zwischen ihrer Wohnung und meinem Haus – in der Realität höchstens zweihundert Meter – ist symbolisch sehr viel weiter als früher. Und irgendwo über dieser Kluft lag die potenzielle Verabredung zum Spielen und kam nie zustande, weil ich nie danach zu fragen wagte.

Extreme Ungleichheit spaltet Gemeinschaften, und nach einer Weile klaffen die Spalte so breit, dass das ganze Gebäude einstürzt. Ein Prozess, bei dem es schon seit geraumer Zeit nur Verlierer gibt, wenn auch womöglich keinen größeren als die weiße Arbeiterschicht, die buchstäblich nichts mehr hat, nicht einmal die vermeintliche moralische Überlegenheit, die sich aus einem zugestandenen Trauma oder einem anerkannten Opferstatus ergibt.

Die Linke schämt sich fürchterlich für sie. Die Rechte sieht sie als nützliches Werkzeug, um ihre eigenen Ambitionen zu fördern. Die unbequeme Arbeiterrevolte, die wir jetzt erleben, wurde bereits der Dummheit bezichtigt – ich selbst habe am Tag, als es passierte, so darauf geschimpft –, doch je länger man sie betrachtet, desto mehr stellt man fest, dass sie in anderer Hinsicht ans Geniale grenzt, denn sie hat die Schwäche ihrer Feinde erspürt und sie effizient ausgenutzt. Die Mittelschichts-Linke hat doch solchen Spaß daran, recht zu haben! Und so viele der entrechteten Arbeiter haben sich entschieden, offen und schamlos falsch zu handeln.

In Großbritannien hat es Tradition, die Armen lächerlich zu machen, weil sie sich »selbst eins reinwürgen«, weil sie »gegen die eigenen Interessen stimmen«. Doch die neoliberale Mittel- und obere Mittelschicht hat sich in ihren goldenen Londoner Käfigen genauso selbst eins reingewürgt. Falls Sie das für übertrieben halten, gehen Sie doch einfach mal nach Notting Hill und schauen sich die Wagen der privaten Sicherheitsfirmen an, die im Auftrag der Anwohner langsam in den Straßen Patrouille fahren, vorbei an all den Zwanzig-Millionen-Pfund-Wohnhäusern, vielleicht aus Furcht vor den letzten Bewohnern der Sozialsiedlung, die sich auf der anderen Seite der Portobello Road noch halten. Oder gehen Sie ins Savoy und werfen Sie einen Blick auf die Karte mit den Jahrgangscocktails, von denen der billigste für hundert Pfund angeboten wird (der hochpreisigste ist der sogenannte Sazerac – angeblich der teuerste Cocktail der Welt –, der mit fünftausend Pfund veranschlagt wird). Seltsame Zeiten.

Selbstverständlich ist auch diese Cocktailkarte nur ein weiteres unsinniges Symbol, aber sie entspricht ihrer Zeit und ihrem Ort. Seit einer Weile herrscht in London jetzt schon eine Art Geldwahn, und uns, die wir zuschauen, fällt es schwer, in solchen Symbolen irgendwelche Anzeichen für ein schönes, harmonisches oder gar glückliches Leben zu finden (welcher glückliche Mensch muss sich denn mit einem fünftausend Pfund teuren Cocktail zeigen?), wobei man sich, wenn man so reich ist, zumindest bequem einreden kann, man sei glücklich, unter Zuhilfenahme dessen, was die alten Nordlondoner Marxisten immer als »falsches Bewusstsein« bezeichnet haben. Zur Beschreibung der ökonomisch und sozial Entrechteten des Landes taugt dieser verstaubte Allgemeinplatz allerdings nicht mehr: Sie mühen sich ab, sind zutiefst unglücklich und wissen das auch.

Ich glaube, wenn man die wahrhaft ideologisch Gläubigen der Rechten und die hochfliegenden Linken, die die EU als Instrument des weltweiten Kapitalismus ablehnen, einmal beiseitelässt, hat die Mehrheit derer, die für *»Leave«* gestimmt haben, das aus Wut, Verletztheit und Enttäuschung getan, befördert durch eine jahrelange bewusste Manipulation gewisser niederer Gefühle und Instinkte durch Politik und Presse. So schmerzhaft es auch ist, das zu schreiben – wenn Google in den Stunden nach der Abstimmung große Zahlen britischer Staatsbürger verzeichnet, die »Was ist die EU?« als Suchanfrage eingeben, lässt sich wirklich schwer bestreiten, dass ein erheblicher Anteil unseres Volkes seine demokratischen Pflichten am 23. Juni 2016 schmählich vernachlässigt hat.

Wie die Menschen auch wählen, wir müssen auf sie hören, trotzdem sollte Unverstand an der Wahlurne nicht noch gefeiert oder arglistig verteidigt werden. Jenseits allen Unverstands ist es auch schlichtweg falsch, sich vor einer ernsthaften Tat nicht ernsthaft damit auseinanderzusetzen, was für Folgen sie für andere haben wird, in diesem Fall für ganze souveräne Staaten nördlich und westlich des eigenen, vom übrigen Europa ganz zu schweigen. Aber für mich bilden die Menschen, die für *»Leave«* gestimmt haben, mit ihren niederen Motiven ohnehin in keiner Hinsicht eine Ausnahme.

Während wir lauthals und zu Recht die irregeleiteten rassistischen Haltungen verteufeln, die Millionen dazu geführt haben, von »denen« zu verlangen, sie sollten »uns« wieder verlassen, von unseren Arbeitsstellen, aus unseren Sozialwohnungen, unseren

Krankenhäusern und Schulen und aus unserem Land verschwinden, könnten wir auch einmal auf die letzten dreißig Jahre zurückblicken und uns fragen, was für Haltungen eigentlich eine ganz andere Klasse von Menschen dazu befähigt haben, heimlich im Hintergrund die Fäden zu ziehen, die sicherstellen, dass »die« und »wir« uns niemals anderswo als im Symbolischen begegnen. Ob nun rot oder blau, das reiche London konnte sich die konkrete Art seiner multikulturellen und klassenübergreifenden Beziehungen immer schon selbst aussuchen, dem ganzen übrigen Land Engstirnigkeit vorwerfen und seine eigenen Vorteile zugleich unauffällig abschotten. Wir mögen zwar auf der Straße ständig an »denen« vorbeilaufen, in ihre Taxis steigen und das essen, was sie uns in ihren landestypischen Restaurants servieren, aber die Wahrheit ist doch, dass sie so gut wie nie in unseren Schulen oder in unseren gesellschaftlichen Kreisen in Erscheinung treten und dass sie nur sehr selten unsere Häuser betreten – falls sie nicht gerade da sind, um unsere endlos oft umgestalteten Küchen zu renovieren.

Anderswo in Großbritannien leben die Menschen tatsächlich dicht an dicht mit den erst kürzlich Zugezogenen und erleben, wie ihre Gehälter von den Neuankömmlingen unterboten werden. Sie müssen tatsächlich um Ressourcen kämpfen, unter einer strengen Sparpolitik, die es ihnen nur allzu leicht macht, die Schuld für das fehlende Krankenhausbett auf die Einwandererfamilie nebenan abzuwälzen oder aber auf eine undurchschaubare Bürokratie jenseits des Ärmelkanals, die von den Deppen-Demagogen aus dem Fernsehen immer wieder als Grund für den Geldmangel des NHS angeführt wird. Und in dieser Atmosphäre aus Heuchelei und Betrug sollen die armen Angehörigen der Arbeiterschicht sich als die »besseren Menschen« erweisen, während um sie herum nur Korruption und Käuflichkeit herrschen? Wenn alle Zäune bauen, sind die wahren Narren dann nicht diejenigen, die im Offenen leben?

Derzeit wirbelt das Nachrichtenkarussell so schnell, dass man fürchten muss, es könnte entgleisen, und es ist viel von einem zweiten Referendum die Rede, was den grundlegenden Verdacht der Entrechteten, dass nur wir, die wohlhabenden *Remainers* mit den richtigen Ansichten, es sind, deren Entscheidung wirklich zählt, natürlich nur noch verstärken würde. Nein: So haben wir uns gebettet, und so müssen wir jetzt wohl auch liegen. Die Aussage, dass wir alle unsere Rolle dabei gespielt haben, soll allerdings nicht diejenigen verdecken, die bei dieser blamablen Abschlussaufführung die zentrale Rolle der Regie übernommen haben. Cameron und Johnson sind bereits gestürzt und/oder gezwungen worden, sich selbst in ihr Schwert zu stürzen, Gove ist ihnen nachgefolgt, nur der verheerend untaugliche Jeremy Corbyn rührt sich nicht vom Fleck, trotz Dutzender Messer im Rücken. Sollte es tatsächlich stimmen, dass Corbyn der *»Remain«*-Kampagne nicht nur nichts genützt, sondern sie sogar »bewusst sabotiert« hat – wie es Phil Wilson, Abgeordneter und parlamentarischer Geschäftsführer der Kampagne *Labour In For Britain*, behauptet –, dann hat er die Jungwähler, die ihm erst vor Kurzem zur Macht verholfen haben, von Grund auf betrogen.* In diesem Fall muss er gehen.

Wenn wir hier in England eine Schule mit *»Special Measures«* belegen, dann murmeln die optimistischeren Mittelschichtsmütter – zu denen auch ich mich zähle – beim morgendlichen Kaffee vor sich hin: »Na ja, *›Special Measures‹* ist doch eigentlich gar nicht schlecht, jetzt müssen sie wenigstens wirklich mal was unternehmen.« Nun hat ganz Großbritannien diese Wertung erhalten, die Krise, die immer da war, ist offenbar geworden, und anstatt das ganze Fiasko jetzt wieder zu verschleiern, könnten wir ebenso gut anfangen, von dort, wo wir stehen, weiterzubauen. Der erste Posten auf der Tagesordnung bestünde – wie jede Brennpunktschule weiß – darin, das »Direktorium« auszutauschen und anschließend das, was von der Linken noch übrig ist, auf den Kampf einzu-

* Jonathan Freedland, »The Young Put Jeremy Corbyn In, But He Betrayed Them over Brexit« im *Guardian* vom 27. Juni 2016.

schwören. Die Rechte und Vergünstigungen, so unvollkommen sie auch sein mögen, mit denen Europa die britische Bevölkerung ausgestattet hat, dürfen jetzt nicht durch die unsinnige Farage'sche Vision eines souveränen Großbritannien ersetzt werden, in der ein verstümmelter Sankt Georg trotz zweier abgehackter Gliedmaßen zum Schwert greift und loshumpelt, um den Kampf mit dem Drachen EU aufzunehmen und aus einer sehr viel schwächeren Position heraus all die Bedingungen neu zu verhandeln, die wir in den letzten Jahrzehnten überhaupt erst eingeführt haben.

Als ich mit diesem Essay begann, konnte man Farage triumphierend, angetan mit einem Paar Union-Jack-Schuhe, bei einer privaten Gartenparty beobachten, wo er mit Rupert Murdoch, Alexander Lebedew, dessen Sohn sowohl den *Evening Standard* als auch den *Independent* besitzt, und Liam Fox – der da gerade für den Parteivorsitz bei den Konservativen kandidierte – hinter verschlossenen Türen öffentliche Angelegenheiten besprach. Als ich fast mit dem Schreiben fertig war, trat Farage zurück, mit der Begründung, er wolle sein früheres Leben wiederhaben. Die Nigels kommen und gehen in Großbritannien, doch die Ruperts sind unvergänglich. Mein Leben und das meiner britischen Landsleute wird allzeit zumindest in Teilen von einer fortdauernden, nicht gewählten sozialen Schicht der Milliardäre regiert, denen die Zeitungen und große Teile des Fernsehens gehören und mit deren Hilfe Witzfiguren wie Farage sich leicht hochjubeln lassen und dadurch Wahlen entscheiden und die Politik prägen. Noch so eine höchst nützliche Lektion: Der britische Nachkriegspakt zwischen Regierung und Bevölkerung stellt keine Garantie dar, er kann gemeinschaftlich zersetzt oder von einigen wenigen böswilligen Akteuren niedergerissen werden. Deshalb brauchen die zivilisierenden liberalen Argumente, die auf den Trümmern des Krieges ein umfassendes Gesundheitsfürsorgesystem, staatliche Bildung und sozialen Wohnungsbau errichtet haben, jetzt auch eine Partei, die bereit ist, diese Argumente in einem neuen Zeitalter des globalen Kapitalismus erneut zu wiederholen, wobei es abzuwarten bleibt, ob diese Partei dann noch den Namen »Labour« tragen wird.

Die kürzlich Zugezogenen sind genau aufgrund dieses kulturellen Erbes in unser Land gekommen – wegen der Wohnungen, der Bildung und der Gesundheitsfürsorge –, und darunter sind fraglos auch einige, die das bloß ausnutzen wollen. Die große Mehrheit aber ist gekommen, um daran teilzuhaben: Sie meldet ihre Kinder an unseren staatlichen Schulen an, sie zahlt britische Steuern, sie bemüht sich, ihren Weg zu finden. Es ist ganz sicher kein Verbrechen und auch keine Sünde, im Ausland ein besseres Leben zu suchen oder aus einem von Kriegen gebeutelten Land zu fliehen, Kriege, an denen wir häufig einen Anteil haben. Die große Frage ist jetzt, ob wir hier in Großbritannien noch wissen, was ein besseres Leben ist, worin die Voraussetzungen dafür bestehen und wie man sie erreichen kann.

Ein paar Tage nach der Abstimmung reiste ich nach Frankreich, um meine Studierenden von der NYU während einer Summer School in Paris zu unterrichten, was in Zukunft vermutlich nicht mehr ganz so einfach sein dürfte. Vom Zug aus ging ich direkt zu meiner Abendverabredung, nahm im Restaurant neben einem meiner Kollegen, dem Schriftsteller und gebürtigen Bosnier Aleksandar Hemon, Platz, bestellte mir etwas zu trinken und bezeichnete den Brexit ganz melodramatisch als »totale Katastrophe«. Romanautorinnen neigen zur Melodramatik. Hemon seufzte nur, lächelte traurig und sagte: »Nein: einfach nur eine ›Katastrophe‹. Die totale Katastrophe wäre ein Krieg.« Es verleiht wohl ein gewisses Augenmaß, wenn man die blutige Implosion um die Macht in Jugoslawien durchlebt hat. Einen europäischen Krieg dieses Ausmaßes unmittelbar zu erleben, das hat Großbritannien jetzt seit mehr als einem halben Jahrhundert vermeiden können, und die EU ist nicht zuletzt als Bollwerk dagegen entstanden. Ob wir dem Wegweiser, der uns in Richtung »Katastrophe« führt, noch weiter folgen, liegt ganz bei uns.

ÜBER OPTIMISMUS UND VERZWEIFLUNG

Zuallererst muss ich festhalten, in was für einer absurden Lage ich mich befinde. Ein klein wenig absurd mag es ja immer sein, wenn man einen literarischen Preis bekommt, doch in Zeiten wie diesen empfinden nicht nur die Empfängerin, sondern auch die Gebenden bei dem ganzen Unterfangen eine gewisse Verlegenheit.* Aber da sind wir nun. Im Westen erhebt sich Präsident Trump, auf der anderen Seite des Großen Teiches geht das vereinigte Europa allmählich unter – und trotzdem sind wir hier, vergeben einen literarischen Preis, bekommen ihn. Die Ereignisse des 8. November lassen so viele andere, wichtigere Dinge absurd erscheinen, dass ich zögere, mein eigenes Schreiben auch auf diese Liste zu setzen, und ich erwähne es heute nur, weil mir die Frage, die mir in letzter Zeit am häufigsten zu meiner Arbeit gestellt wird, durchaus in Bezug zu unserer aktuellen Situation zu stehen scheint.

Die Frage lautet: »In Ihren früheren Romanen klangen Sie immer so optimistisch, heute schwingt in Ihren Büchern etwas wie Verzweiflung mit. Kann man das so sagen?« Meistens wird mir diese Frage in einem hinterhältig-beflissenen Tonfall gestellt – wenn Sie jemals gehört haben, wie ein Kind für etwas um Erlaubnis fragt, was es schon längst gemacht hat, wissen Sie, was ich meine. Manchmal wird sie auch um einiges expliziter formuliert, etwa so: »Sie waren immer eine solche Verfechterin des sogenann-

* Dieser Essay entspricht dem Text einer Rede, die ich am 10. November 2016 in Berlin bei der Verleihung des *Welt*-Literaturpreises gehalten habe.

ten Multikulturalismus. Wollen Sie jetzt nicht zugeben, dass er gescheitert ist?« Wenn ich solche Fragen höre, macht mir das immer wieder klar, dass eine Kindheit in einer ganz homogenen Kultur, in einem ländlichen Eckchen Englands beispielsweise oder Frankreichs oder Polens während der siebziger, achtziger oder neunziger Jahre, einfach nur ein Leben in der Welt bedeutet, unbelastet von aller Geschichte, während eine Kindheit in London zur gleichen Zeit, zwischen, sagen wir, pakistanischen Muslimen ein Haus weiter, indischen Hindus ein Stockwerk tiefer und lettischen Juden schräg gegenüber, von anderen als Beleg für ein konkretes historisches soziales Experiment betrachtet wird, das längst in Verruf geraten ist.

Als Kind war mir natürlich nicht klar, dass das Leben, das ich führte, von anderen in irgendeiner Form als provisorisch oder experimentell betrachtet werden könnte: Für mich war es einfach mein Leben. Und als ich dann einen Roman über das London schrieb, in dem ich aufgewachsen bin, war mir genauso wenig klar, dass ich mich durch die Schilderung eines Umfelds, in dem Menschen ganz unterschiedlicher Herkunft einigermaßen friedlich miteinander leben, für einen Zustand »engagiere«, der tatsächlich zur Disposition stand und dessen Grundbedingungen von jetzt auf gleich aufgehoben werden könnten. Damit will ich nur sagen, dass ich mit einundzwanzig noch sehr ahnungslos war. Ich hielt die Kräfte der Geschichte, die den schwarzen Teil meiner Familie durch die Sklaverei von der Westküste Afrikas in die Karibik und von dort durch den Kolonialismus und den Postkolonialismus nach Großbritannien geführt hatten, für ebenso stabil und real wie die historischen Kräfte, die, nur als Beispiel, ein kleines Dorf in Italien von seinen Juden gesäubert und besagtes Dorf dann, kraft seiner geographischen Distanz zu Mailand, genau in den Jahren, als sich in meinem Eckchen Englands eine ethnische Vielfalt und verschiedenste Glaubensrichtungen herausbildeten, weitgehend weiß und katholisch halten konnten. Ich hielt mein Leben für ebenso kontingent wie das Leben in diesem ländlichen italienischen Dorf und glaubte, dass die historische Zeit in beiden Fällen nur in eine Richtung lief: vorwärts. Ich hatte nicht begriffen, dass ich mich für Multikulturalismus »engagierte«, indem ich ihn einfach beschrieb beziehungsweise ihn nicht als aufkeimende Tragödie beschrieb, sondern anders.

Gleichzeitig glaube ich aber nicht, dass ich jemals, nicht einmal mit einundzwanzig, so naiv war zu glauben, ethnisch homogene Gesellschaften seien allein kraft ihrer Homogenität automatisch glücklicher oder friedlicher als unsere. Schließlich wussten selbst Kinder, die halb so alt waren wie ich, was die alten Griechen und die Römer einander angetan hatten, die Briten im 17. und die Amerikaner im 19. Jahrhundert. Der beste Freund meiner Jugend – inzwischen mein Mann – kommt aus Nordirland, einer Gegend, in der sich Menschen, die einander absolut gleichen, das Gleiche essen, denselben Gott anbeten, dieselbe Heilige Schrift lesen, die gleichen Kleider tragen und dieselben Feiertage begehen, trotzdem vierhundert Jahre lang bekriegt haben, und zwar wegen einer relativ geringfügigen Abweichung in Glaubensfragen, die sich in der Folge zu einem alles umfassenden Konflikt hinsichtlich Territorium, Regierung und nationaler Identität entwickeln konnte. Ethnische Homogenität ist also genauso wenig eine Friedensgarantie, wie ethnische Heterogenität zum Scheitern verurteilt ist.

Ich stelle dieser Tage fest, dass eine wehmütige Form der Zeitreise zum dauerhaften Teil der politischen Agenda wird, sowohl im rechten als auch im linken Spektrum. In ihrer Ausgabe vom 10. November berichtet die *New York Times*, dass sich von zehn Republikanern sieben ein Amerika wünschen, wie es in den Fünfzigern war, eine Nostalgie, auf die jemand wie ich natürlich unmöglich zurückgreifen kann, denn in dieser Zeit hätte ich nicht wählen, meinen Mann nicht heiraten, meine Kinder nicht bekommen, nicht an der Universität arbeiten dürfen, an der ich arbeite, und auch nicht in meinem Viertel leben dürfen. Zeitreisen sind

Ermessenssache: für die einen eine Vergnügungsreise, für die anderen ein Horrortrip. Unterdessen geben sich auch manche Linke ihren eigenen Zeitreisephantasien hin und malen sich aus, man könnte dieselben rigiden ideologischen Prinzipien, die früher in Fragen der Rechte, des Schutzes und des Gewerbes für Arbeiter zum Tragen kamen, unverändert auf die Kapitalflüsse einer globalisierten Welt übertragen.

Vollkommen abwegig ist die Frage nach dem Scheitern des Projekts – soweit sie sich auf die kleine, irreale Welt meiner Romane übertragen lässt – allerdings trotzdem nicht. Es stimmt ja durchaus, dass meine Bücher einmal sonnigere Orte waren, an denen jetzt Wolken aufgezogen sind. Zum Teil schreibe ich das ganz einfach den Erfahrungen der Lebensmitte zu: Ich habe *Zähne zeigen* als Kind geschrieben und bin mit ihm zusammen erwachsen geworden. Die Kunst der Lebensmitte ist sicherlich immer wolkenverhangener als die Kunst der Jugend, weil auch das Leben wolkenverhangener wird. Aber es wäre auch unredlich, so zu tun, als wäre es bloß das. Ich bin nicht nur ein einzelner Mensch, ich bin auch Bürgerin, und zu den Dingen, die wir in unserem langen Leben als Bürgerinnen und Bürger lernen, gehört, dass es in menschlichen Belangen keine Vollkommenheit gibt. Diese Tatsache, die der Einundzwanzigjährigen noch verborgen war, sieht die einundvierzigjährige Erwachsene ein wenig klarer.

Wie der scheidende Präsident sehr wohl wusste, lässt sich in dieser Welt nur schrittweise Fortschritt erzielen. Nur wer sich bewusst blind stellt, kann übersehen, dass die Geschichte menschlichen Seins zugleich auch eine Geschichte des Schmerzes ist: der Brutalität, der Morde, der massenhaften Ausrottung, jeder denkbaren Form von Korruption und wiederkehrendem Grauen. Kein Land ist frei davon, kein Volk ohne blutigen Makel, kein Stamm vollständig unschuldig. Aber uns bleibt immer noch der Lichtblick des schrittweisen Fortschritts. Für diejenigen mit der apokalyptischen Perspektive nimmt er sich vielleicht klein aus, doch auf eine, die vor gar nicht so langer Zeit noch nicht wählen, nicht aus demselben Brunnen wie ihre Mitbürger trinken, nicht heiraten durfte, wen sie wollte, und auch nicht in bestimmten Vierteln leben, wirken solche schrittweisen Veränderungen ganz gewaltig.

Unterdessen bleibt der Traum von der Zeitreise – für neue Präsidenten, Literaturkritiker und Autorinnen gleichermaßen – nur, was er ist: ein Traum. Noch dazu einer, der sich bloß lohnt, wenn einem die Rechte und Privilegien, die man heute genießt, auch damals schon zugestanden wurden. Es überrascht nicht, dass manche weißen Männer den Lauf der Geschichte im Augenblick sentimentaler betrachten als alle anderen: Ihre Rechte und Privilegien reichen sehr weit zurück. Für eine schwarze Frau ist die Strecke einer lebbaren Geschichte beträchtlich kürzer. Was wäre ich 1360, 1760, 1860 oder 1960 gewesen, was hätte ich getan – oder genauer gefragt: *Was hätte man mit mir getan?* Das sage ich jetzt nicht, um mir einen Platz auf dem Siegerpodest als perfektes Opfer oder historische Unschuld zu sichern. Ich weiß sehr genau, dass meine westafrikanischen Vorfahren ihre Stammesbrüder und -schwestern, ihre Nachbarn versklavt und verkauft haben. Ich glaube nicht an reine Unschuld und absolute Rechtschaffenheit als politische oder persönliche Identität.

Aber an Zeitreisen glaube ich auch nicht. Ich glaube an die Begrenztheit des Menschen, nicht aus einem fatalistischen Gefühl, sondern aus einer erlernten Vorsicht heraus, die sich sowohl aus der neueren als auch aus der fernen Vorgeschichte ableiten lässt. Wir werden nie perfekt sein: Darin besteht unsere Begrenztheit. Aber wir können doch kurze Momente haben und hatten sie auch, auf die wir wirklich stolz sein können. Ich war damals, 1999, stolz auf mein Viertel, auf meine Kindheit. Sie waren nicht perfekt, aber voller Möglichkeiten. Wenn seither die Wolken über meinen Romanen aufgezogen sind, dann nicht, weil sich etwas Perfektes als schal entpuppt hätte, sondern weil das, was allmählich möglich wurde – und von Millionen immer noch als möglich erlebt wird –, jetzt bestritten wird, als hätte es nie existiert, als könnte es gar nicht existieren.

Während ich das alles schreibe, ist mir durchaus klar, dass ich mich recht weit von der Freude entfernt habe, die doch rechtmäßigerweise mit der Entgegennahme eines literarischen Preises einhergehen müsste. Verstehen Sie mich bitte nicht falsch – ich freue mich wirklich sehr darüber, diese große Ehrung entgegenzunehmen. Ich freue mich nicht nur – ich staune. Als ich mit dem Schreiben anfing, hätte ich mir nie träumen lassen, dass irgendwer außerhalb meines Viertels diese Bücher lesen würde, geschweige denn außerhalb Englands, geschweige denn »auf dem Kontinent«, wie mein Vater zu sagen pflegte. Ich weiß noch, wie überwältigt ich war, als ich zu meiner ersten Lesereise nach Europa aufbrach, nach Deutschland, zusammen mit meinem Vater, der das letzte Mal 1945, als junger Soldat beim Wiederaufbau, hier gewesen war. Für ihn war es eine Reise voller Nostalgie: Er war damals in eine junge Deutsche verliebt gewesen, und wie er mir auf dieser Reise gestand, gehörte es zu den Dingen, die er am meisten bereute, dass er sie nicht geheiratet hatte und stattdessen zurück nach Hause gekommen war, nach England, wo er erst eine und dann eine weitere Frau, meine Mutter, geheiratet hat.

Wir haben auf dieser Reise bestimmt ein lustiges Paar abgegeben: eine junge Schwarze und ihr alternder weißer Vater, die, mit Reiseführern in der Hand, die Orte in Berlin aufsuchten, an denen mein Vater vor fast fünfzig Jahren gewesen war. Von ihm habe ich sowohl meinen Optimismus als auch meine Verzweiflung geerbt, denn er war unter den Befreiern von Bergen-Belsen und hatte folglich das Schlimmste gesehen, was diese Welt zu bieten hat, doch von dort aus ist er weiter vorwärtsgegangen, mit einem Herzen und einem Geist, die immer noch offen genug waren, hat er eine gescheiterte Ehe und dann noch eine weitere durchlaufen, hat beide Male über diverse Grenzen aus Gesellschaftsschicht, Hautfarbe und Naturell hinweg geheiratet und doch immer noch

Grund genug zur Fröhlichkeit im Leben gefunden, Grund genug sogar zur Freude.

Er war, das wird mir jetzt klar, einer der unideologischsten Menschen, die mir je begegnet sind: Alles, was ihm zustieß, betrachtete er als Einzelfall und war nicht fähig oder nicht bereit, es zu verallgemeinern. Er hat seine Lebensgrundlage verloren, aber nicht das Vertrauen in sein Land. Das Bildungssystem hat ihn hängen lassen, aber er blieb trotzdem voller Wertschätzung dafür und baute all seine Hoffnungen für seine Kinder darauf. Seine Beziehungen zu Frauen waren durchweg desaströs, trotzdem hasste er die Frauen nicht. In seiner Wahrnehmung hat er keine Schwarze geheiratet, sondern Yvonne, und er hat auch keine Versuchsanordnung aus ethnisch gemischten Kindern bekommen, sondern mich und meinen Bruder Ben und meinen Bruder Luke.

Wie selten solche Menschen doch sind! Selbst jetzt bin ich nicht so naiv zu glauben, dass wir jemals, zu irgendeinem historischen Zeitpunkt, so viele von ihnen haben werden, um eine anständige, tolerante Gesellschaft zu begründen. Aber ich werde auch niemals bestreiten, dass es sie gibt und dass ein Leben wie seines möglich ist. Er gehörte zur weißen Arbeiterschicht, ein Mann, der oft von Verzweiflung gebeutelt war, dem es aber immer noch gelang, sich einen optimistischen Kern zu bewahren. Vielleicht wäre er in einer anderen Zeit, unter anderen kulturellen Einflüssen und in einer anderen Gesellschaft ja auch einer dieser zornigen alten weißen Männer geworden, vor denen sich die heutige Linke so fürchtet. So aber hat er, 1925 geboren und 2006 gestorben, mitansehen dürfen, wie seine Kinder von den zivilisierten Nachkriegsprivilegien wie freier Bildung und freier Gesundheitsfürsorge profitierten, und fand, dass er sehr viele Gründe hatte, dankbar zu sein.

Das ist die Welt, wie ich sie kannte. Die Dinge haben sich verändert, doch Geschichte lässt sich von Veränderung nicht auslöschen, und die Beispiele aus der Vergangenheit halten immer noch neue Möglichkeiten für uns alle bereit, Gelegenheiten, die Bedingungen, von denen wir selbst profitiert haben, neu zu gestalten, für eine neue Generation. Auf den relativ sonnigen Höhen, wie sie in *Zähne zeigen* geschildert werden, hält sich heute weder meine Leserschaft noch ich mehr auf. Aber die Lektion, die ich daraus ziehe, lautet nicht, dass das Leben in diesem Roman eine Illusion wäre, sondern vielmehr, dass Fortschritt nie von Dauer ist, dass er immer bedroht bleiben wird, dass er immer neu verstärkt, neu formuliert und neu *erdacht* werden muss, wenn er überleben soll. Ich will gar nicht behaupten, dass das einfach wäre. Ich habe keine Antworten. Ich bin vom Wesen her kein politischer Mensch, und die jetzigen politischen Zeiten sind die dunkelsten, die ich je erlebt habe. Mein Gebiet, wenn man das so sagen kann, ist das private Leben der Menschen. Die Leute, die mich nach dem »Scheitern des Multikulturalismus« fragen, wollen mir damit suggerieren, dass nicht nur eine politische Ideologie gescheitert sei, sondern dass sich die Menschen selbst verändert hätten und nun von Grund auf unfähig seien, all ihren vielen Unterschiedlichkeiten zum Trotz noch friedlich zusammenzuleben.

In dieser Argumentation soll die Autorin als naives Kind dastehen, doch ich behaupte, dass Menschen, die an grundlegende und unwiderrufliche Veränderungen in der menschlichen Natur glauben, ihrerseits unhistorisch und naiv denken. Wenn man als Autorin eines weiß, dann, dass jeder einzelne Bürger, jede einzelne Bürgerin im Innern viele ist: Alle haben sie die ganze Palette jeder denkbaren Handlungsmöglichkeit in sich zur Verfügung. Sie sind wie komplexe Partituren, denen sich bestimmte Melodien entlocken lassen, während andere übersehen oder unterdrückt werden, zumindest teilweise auch abhängig davon, wer gerade dirigiert. Zurzeit haben überall auf der Welt – Amerika ist nur das jüngste Beispiel – die Dirigenten, die vor diesem Menschenorchester stehen, nur die niedrigsten und banalsten Melodien im Sinn. Hier in Deutschland kennen Sie diese martialischen Lieder noch gut; sie sind keine allzu ferne Erinnerung. Aber auf der ganzen

Welt gibt es keinen Ort, an dem sie nicht zum einen oder anderen Zeitpunkt erklungen wären. Diejenigen unter uns, die sich auch noch an die schönere Musik erinnern, müssen jetzt versuchen, sie zu spielen, und, soweit sie können, andere ermuntern, mitzusingen.

IM PUBLIKUM

GENERATION WHY?

Wie lang ist eigentlich eine Generation heutzutage? Ich muss wohl noch zur selben Generation wie Mark Zuckerberg gehören – zwischen uns liegen nur neun Jahre –, aber es fühlt sich irgendwie nicht so an. Und das trotz der Tatsache, dass ich (wie auch alle anderen auf dem Campus von Harvard im Herbst 2003) von mir behaupten kann, bei den Anfängen von Facebook »dabei« gewesen zu sein, mich noch an Facemash und die ganze Aufregung darum erinnere, an den zauberhaften, zierlichen Filmstar, auf Schritt und Tritt von männlichen Fans durch den Schnee verfolgt, und natürlich an diesen schauderhaften Schnee, der uns die Zehen grau färbte, uns jeden Mut raubte und an der Ecke zu meiner Straße einem Eichhörnchen ein blutleeres Ende bereitete: eisig, leblos, perfekt – wie eine der Glasblumen aus der Sammlung der Blaschkas. Bestimmt werde ich mich in späteren Jahren ganz falsch an meine Nähe zu Zuckerberg erinnern, so wie im Liverpool der sechziger Jahre alle Welt John Lennon kannte.

Damals allerdings spürte ich große Distanz zu Zuckerberg und den ganzen jungen Studierenden in Harvard. Auch jetzt spüre ich noch Distanz zu ihnen, umso mehr, als ich mich zunehmend (freiwillig, automatisch) aus all dem ausklinke, was sie sich zu eigen gemacht haben. Wir haben unterschiedliche Vorstellungen von den Dingen. Ganz konkret haben wir unterschiedliche Vorstellungen davon, was eine Persönlichkeit ist oder sein sollte. Ich bin oft in Sorge, dass meine Vorstellung von Persönlichkeiten nostalgisch ist, irrational, ungenau. Vielleicht hat die Generation Facebook ihre virtuelle Heimstatt ja nach Treu und Glauben für die Menschen 2.0 errichtet, die sie wahrhaftig sind, und ich fühle mich darin nur deshalb unwohl, weil ich noch auf dem Level Mensch 1.0 festsitze. Je mehr Zeit ich allerdings (in Gestalt meiner Studierenden) mit den letzten Ausläufern der Generation Facebook verbringe, desto größer wird meine Überzeugung, dass die Software, die ihre Generation derzeit prägt, ihrer eigentlich gar nicht würdig ist. Sie sind viel spannender. Sie haben Besseres verdient.

Mit *The Social Network* bekommt die Generation Facebook einen Film, der ihrer fast schon würdig ist, und dieser so unerwartete Umstand lässt den Film sehr viel erfreulicher erscheinen, als er es objektiv betrachtet wahrscheinlich ist. Von der Eröffnungsszene an wird klar, dass dieser Film von Zwei-Nuller-Menschen handelt und von Eins-Nuller-Menschen gemacht wurde (Aaron Sorkin und David Fincher, 49 respektive 48 Jahre alt). Mein Gott, das ist ein waschechter Redefilm, mit mindestens so vielen Wörtern pro Minute wie *Sein Mädchen für besondere Fälle*! Ein junger Mann, Mark, und sein Mädchen, Erica, sitzen in einer Kneipe in Harvard an einem kleinen Tisch und nehmen sich gegenseitig verbal in die Zange, in dem erbarmungslosen Sorkin-Stil, der mit *The West Wing – Im Zentrum der Macht* berühmt geworden ist (wobei die Beteiligten hier zu keinem Zeitpunkt »*Walk with me*« sagen – dafür können wir dankbar sein).

Doch irgendetwas stimmt nicht mit diesem jungen Mann: Sein Blick schweift ständig ab, alltägliche Redewendungen und sprachliche Mehrdeutigkeiten scheint er nicht zu verstehen, er klebt bis zur Unhöflichkeit am Wort, ist pedantisch bis hin zur Aggression. (»Final Clubs«, korrigiert er Erica, als sie sich über diese exklusiven Einrichtungen in Harvard austauschen, »*nicht* Finals Clubs.«) Als sie versucht, mit ihm Schluss zu machen, versteht er erst gar nicht, was da passiert. (»Warte, warte, ist das wahr?«) Und er versteht auch nicht warum. Er begreift nicht, dass etwas, das er vielleicht für eine schlichte Feststellung hält, für sein Gegenüber auch eine persönliche, verletzende Dimension haben kann:

ERICA: Ich muss noch lernen.
MARK: Du musst nicht lernen.
ERICA: *Warum erzählst du mir dauernd, dass ich nicht lernen muss?!*
MARK: Weil du auf der Uni Boston bist!

Kurzum, Mark ist ein Computernerd, eine Art Sozialautist: ein Typus, der für Finchers Publikum genauso leicht erkennbar ist wie der zynische Zeitungsfritze für das von Howard Hawks. Sorkin braucht kaum etwas zu Papier zu bringen, um diesen Zuckerberg zu erschaffen. Wir sind mit der Erwartung ins Kino gekommen, genau so einem Menschen zu begegnen, und es ist eine Freude zu sehen, wie Sorkin einfach nur das ausmalt, was wir uns schon ganz selbstbewusst im Kopf zurechtgepinselt haben. Denn manchmal errät die Kultur kollektiv auch eine einzelne Persönlichkeit. Oder glaubt das zumindest. Wissen wir denn nicht alle, weswegen Nerds tun, was sie tun? Um an Geld zu kommen, das ihnen Beliebtheit verschafft, die ihnen wiederum Mädchen verschafft. Im Vertrauen auf seinen Gründungsmythos entwickelt Sorkin die anregende Geschichte einer doppelten Zurückweisung – verschmäht von Erica und dem Porcellian, dem finalsten aller Final Clubs, tritt Zuckerberg seinen wutbefeuerten Weg an die Spitze an. Das Stichwort für Betrug ohne Ende. Zahllose Szenen in Anwaltsbüros mit elend entlarvenden eidesstattlichen Aussagen (»Ihr bester Freund verklagt Sie«). Sorkin hat die Marinesoldaten aus *Eine Frage der Ehre* gegen eine andere, rein männliche Gemeinschaft eingetauscht, die eine andere Art Uniform trägt: GAP-Hoodies und Trainingshosen von »The North Face«.

Bei meiner Vorführung, nur wenige Straßen von der New York University entfernt, begeisterte sich das Publikum in inniger Identifikation. Die Hipster und Nerds allerdings, die auf Finchers übliches Feuerwerk hoffen, dürften enttäuscht sein: Eine Anwaltskanzlei lässt ihm einfach nicht viele Möglichkeiten. Er muss sich mit brillanten, raschen Schnitten zwischen Harvard und den späteren Verhandlungen begnügen und mit den stilleren Freuden einer weiteren, weniger häufig kommentierten Fincher-Fähigkeit: einem großartiges Händchen bei der Rollenbesetzung. Es wird lange dauern, bis ein weiterer Leinwand-Geek auftaucht, um Jesse Eisenberg, der Zuckerberg spielt, vom Spitzenplatz unserer Nerd-Typologie zu verweisen. Diese passiv-aggressive Nulllinienstimme. Das gelangweilt Nervöse, wenn jemand anderes als er spricht. Das kaum verborgene Feixen. Eisenberg hat sogar den korrekten Nerd-Schritt gewählt: kein halb geducktes Über-die-Flure-Schlurfen (nach dem Motto *Tu mir nichts!*), sondern ein kerzengerader Laufschritt mit geschwellter Brust (nach dem Motto *Ich bin nicht 1,77, sondern 1,80!*). Mit Rucksack, versteht sich. Eine ausgedehnte, vierminütige Einstellung folgt ihm dabei über den gesamten Campus von Harvard, bis er schließlich dort landet, wo er hingehört, am einzigen Ort, an dem er sich wirklich wohlfühlt, vor seinem Laptop, allein mit seinem Blog:

> Erica Albright ist ne Schlampe. Liegt das daran, dass ihre Familie früher mal Albrecht hieß, oder sind alle Weiber der Uni Boston Schlampen?

O ja. Wir kennen diesen Typ. Überprogrammiert, wütend, einsam. Um ihn herum gruppiert Fincher ein überzeugendes Häuflein Eins-Nuller-Menschen, die nacheinander von ihm betrogen und gedemütigt werden und ihn im weiteren Verlauf des Films reihenweise verklagen. Es ist auch deshalb ein Film mit drei Akten, weil Zuckerberg so viele Leute bescheißt, dass sie nicht ohne weiteres in zwei Akte gepasst hätten: die Winklevoss-Zwillinge und Divya Narendra (von denen Zuckerberg das Konzept für Facebook angeblich geklaut haben soll), seinen besten Freund Eduardo Saverin (den Finanzchef, den er aus dem Unternehmen gedrängt hat) und schließlich Sean Parker, den kindlichen Kaiser der Musiktauschbörse Napster, wobei man fairerweise sagen muss, dass der das Bescheißen durchaus selbst übernimmt. In Eduardo – im lebhaften, schönen Gesicht des Schauspielers Andrew Garfield – scheinen sich all die Betrügereien zu bündeln und werden zu etwas Persönlichem, Verletzendem. Die Schlichtungsszenen, die doch eigentlich langweilig sein müssten, weil sie so ungeheuer statisch sind, ziehen ihre Kraft aus dem gespenstischen Kontrast zwischen Eisenbergs unbewegter Miene (seine Augenbrauen bewegen sich kaum einmal – die Brauen des echten Zuckerberg bewegen sich nie) und Garfields flehentlicher Fassungslosigkeit, fast so wie Spencer Tracy, der sich in einem anderen Gerichtsepos, *Wer den Wind sät*, neben dem stocksteifen Fredric March schrecklich in Rage redet.

Trotzdem gönnt Fincher sich eine Sequenz, in der die Zurückhaltung (buchstäblich) aus dem Ruder läuft. Etwa nach der Hälfte des Films platziert er eine zauberhafte, wenn auch ziemlich überflüssige Szene, die die hübschen Winklevoss-Zwillinge (für eine Geschichte über Computernerds sind die Männer allesamt erstaunlich ansehnlich) bei der Henley-Regatta zeigt. Die beiden blonden Hünen rudern wie die Weltmeister. (Ein einzelner Schauspieler, Armie Hammer, wurde für die Rollen digital verdoppelt. Ich bin so durch und durch 1.0, dass ich während des Films fast eine Stunde lang versucht habe, Unterschiede zwischen den Zwillingen zu entdecken.) Ihre Arme bewegen sich verdächtig schnell, viel schneller als echte Menschenarme, die Muskeln wirken wie mit feinem Stift gezeichnet, das Wasser spritzt in einzelnen Tropfen empor, wie von Caravaggio gemalt, und dann die Musik! Trent Reznor von den Nine Inch Nails verfährt auf erlesenst brutale Weise mit Edvard Griegs ohnehin schon recht brutalem Stück »In der Halle des Bergkönigs«. Nichts als Synthesizer und weißes Rauschen. Das ist der Stoff, aus dem Musikvideos sind – die Kunstform, in der meine Nicht-ganz-Generation so richtig glänzen kann –, und Fincher beweist hier sein Geschick für das Hyperreale, das den Film *Fight Club* so fesselnd und die reale Welt für viele seiner Fans zur ständigen vergleichsweisen Enttäuschung macht. Jedenfalls verlieren die Zwillinge am Ende ganz knapp die Regatta, was Fincher die Möglichkeit gibt, die Szene als Variation zum Thema zu rechtfertigen: Manchmal ist auch knapp daneben immer noch vorbei. Oder wie Mark es einmal am Konferenztisch so nett formuliert: »Wärt ihr beide die Erfinder von Facebook, hättet ihr Facebook auch erfunden.«

Zuckerberg bleibt nichts anderes mehr übrig, als sich an der Kreuzung mit dem Teufel zu treffen: Der ist natürlich Internet-Musikunternehmer. Es entspricht dem Instinkt der Generation Facebook, damit zu rechnen (darauf zu hoffen?), dass ein Popstar im Kino auf die Nase fällt, doch Justin Timberlake geht in der Rolle des Sean Parker ganz geschickt über diese Erwartung hinweg: Ob man ihn jetzt persönlich für einen Fiesling hält oder nicht, die Rolle des Fieslings spielt er jedenfalls hervorragend. Akkurat gezupfte Brauen, schwitzige Stirn und dieses koksbedröhnte, hauchzarte Selbstbewusstsein, das jederzeit in Verfolgungswahn umzukippen droht. Timberlake flattert im dritten Akt ins Bild, um dem Publikum und Zuckerberg im Grunde genau das zu bieten, was er uns schon die vergangenen zehn Jahre hindurch in seinen Videos präsentiert: eine Vision vom guten Leben.

Auch diese Vision ist hauchzart, und Fincher nimmt sie erbarmungslos aufs Korn. Wieder erkennen wir die Grundausstattung: ein separater Eingang, eine Bedienung, von der man wie ein König behandelt wird, nur das Beste im Ausschank, ein eigenes Separee, überteuert-edle Häppchen (»Könntest du uns was bringen? Das glasierte Schweinefilet mit dem Ingwerconfit, Thunfischtatar und die Hummerscheren, damit geht's gut los«), Appletinis, ein Victoria's-Secret-Model als Begleitung, wilde Partys in großen Häusern, schicke Autos, aalglatte Anzüge, Kokain und ein klares »Uns steht die Welt offen«-Ziel: »Eine Million Dollar ist nicht cool. Wisst ihr, was cool ist? … Eine Milliarde Dollar.« Bei Cocktails in einem glamourösen Club blendet Parker Zuckerberg mit Geschichten über das Leben, das jenseits der Milliarde auf ihn wartet. Fincher dreht den stampfenden Euro-House genauso laut auf, wie er auch im richtigen Leben wäre: Die Schauspieler müssen regelrecht brüllen, um ihn zu übertönen. Und wie so manchen Nerd vor ihm macht die Vorstellung, im Himmel zu sein, Zuckerberg viel zu high, um zu merken, dass er eigentlich in der Hölle ist.

Wie besessen die Generation Facebook von dieser Art »Celebrity-Lifestyle« ist, wissen wir nur zu gut. Es ist jämmerlich, es schmerzt, und wir erkennen es genau. Aber würde auch Zuckerberg, der echte Zuckerberg, es erkennen? Sind das wirklich *seine* Motivationen, *seine* Obsessionen? Nein – und das weiß der Film auch. Das Drehbuch versucht mehrfach, das scheinbar gleichgültige Verhältnis des echten Zuckerberg zum Geld mit dem Handlungsbogen von *The Social Network* in Einklang zu bringen – es gelingt ihm aber nie so ganz. In einer Szene, in der Mark mit einer Anwältin diskutiert, versucht Sorkin einen Taschenspielertrick und tauscht die Gier nach Geld gegen die Gier nach Macht aus:

> Ma'am, Sie haben Ihre Hausaufgaben gemacht, von daher wissen Sie, dass mich Geld nicht juckt, aber momentan könnte ich mir die Mount Auburn Street samt Phoenix Club kaufen und daraus meinen Pingpongraum machen.

Das erklärt aber trotzdem nicht, warum Zuckerberg als Teenager seine Gratis-MP3-Player-App (die der höchst populären Pandora-App insofern ähnelt, als sie den Musikgeschmack ihrer Nutzer erkannte) lieber verschenkte, als sie an Microsoft zu verkaufen. Welche Macht wollte er mit siebzehn, auf der Highschool, dadurch erringen? Mädchen, oder? Nur ist die Mädchenmotivation nachweislich ebenfalls frei erfunden – mit kurzer Unterbrechung ist Zuckerberg seit 2003 mit derselben Amerikanerin chinesischer

Herkunft zusammen, die inzwischen Medizin studiert, ein Umstand, den der Film komplett ausspart. Am Ende, als auch all die vielen juristischen Klagen ein Ende haben (»Bezahlen Sie sie. Unterm Strich ist es ein Strafzettel«), wird uns ein Zuckerberg präsentiert, der vor seinem Laptop hockt und der lange verlorenen Erica, die ihn immer noch nicht loslässt, eine »Freundschaftsanfrage« über Facebook schickt und die Seite dann immer und immer wieder aktualisiert, während er auf ihre Antwort wartet ... Finchers Aktualitätskulisse ist so überzeugend, dass ich tatsächlich erst hier, in der allerletzten Szene, den offensichtlichen Vorläufer dieses irrsinnig unterhaltsamen und irrsinnig ungenauen Biopics erkannte. In Hollywood glaubt man immer noch, hinter jedem hohen Tier stünde eine fixe Idee: Darf ich vorstellen? Rosebud – Erica.

Aber wenn es nicht ums Geld geht und auch nicht um die Mädchen – worum dann? Bei Zuckerberg haben wir es mit einem echten amerikanischen Rätsel zu tun. Vielleicht ist es auch gar nicht weiter rätselhaft, und er verfolgt einfach die langfristige Strategie, ganz beharrlich: nicht eine Milliarde, sondern hundert Milliarden Dollar. Oder wäre es denkbar, dass er *einfach nur gern programmiert*? Diese Möglichkeit haben die Filmemacher sicherlich in Erwägung gezogen, aber man begreift das Dilemma: Wie lassen sich die Freuden des Programmierens – falls es die überhaupt gibt – auf eine Weise vermitteln, die ebenso leinwandwirksam wie nachvollziehbar ist? Filme sind ohnehin notorisch schlecht darin, die Freuden und Härten künstlerischer Arbeit darzustellen, selbst wenn deren Medium uns vertraut ist.

Programmieren ist eine völlig neue Problematik. Fincher versucht sich heroisch daran, die Intensität aktiven Programmierens darzustellen (»Er ist im Tunnel«, sagen die einen zu den anderen, damit diese einen Dritten nicht stören, der mit Noise-Cancelling-Kopfhörern vor seinem Laptop sitzt), und in Zuckerbergs Wohnheimzimmer findet einmal eine »Wodka-und-Programmier-Party« statt, die uns einen gewissen Eindruck von diesen

Freuden gibt. Aber selbst wenn wir den halben Film hindurch auf solche geschäftigen Monitore schauen würden (und wir bekommen durchaus etliche Einblicke), wären wir hinterher auch nicht schlauer. Wenn man den Film sieht, kann man, obwohl man weiß, dass Sorkin es auf Ablehnung anlegt, einen gewissen Stolz auf die Generation 2.0 trotzdem nicht unterdrücken. Zehn Jahre lang wurden sie dafür gescholten, dass sie nicht die richtigen Bilder, die richtigen Romane, die richtige Musik oder die richtige Politik machen. Und dann stellt sich heraus, dass die schlauesten dieser jungen Zwei-Nuller etwas ganz anderes, Außergewöhnliches geschafft haben. Sie haben eine Welt gemacht.

Weltenmacher, Soziale-Netzwerk-Macher, stellen als Erstes immer eine Frage: Wie kriege ich das hin? Das hatte Zuckerberg in etwa drei Wochen geklärt. Der anderen, der ethischen Frage hat er sich erst später gewidmet: Warum? Warum Facebook? Warum dieses Format? Warum so? Warum nicht anders? Am echten Zuckerberg, in Videoaufnahmen ebenso wie schriftlich, frappiert vor allem, wie vergleichsweise banal seine Überlegungen zum »Warum?« von Facebook sind. Das Wort »verbinden« verwendet er wie Gläubige den Namen »Jesus«, als wäre es an und für sich bereits heilig: »Also, eigentlich ist die Idee, dass die Seite allen, ähm, dabei helfen soll, sich mit anderen zu verbinden und Informationen mit den Leuten zu teilen, mit denen sie verbunden bleiben wollen ...« Das Ziel ist die Verbindung. Die Qualität dieser Verbindung, die Qualität der Informationen, die über sie laufen, die Qualität der Beziehungen, die von der Verbindung zugelassen werden – das ist alles unwichtig. Dass viele Elemente der Software sozialer Netzwerke die Menschen explizit dazu ermuntern, schwache, oberflächliche Verbindungen zueinander zu knüpfen (wie Malcolm Gladwell unlängst erläutert hat*), und dieser Umstand vielleicht nicht

* Siehe »Small Change: Why the Revolution Will Not Be Tweeted«, in: *The New Yorker*, 4. Oktober 2010.

nur positiv zu bewerten sein könnte, ist ihm offenbar nie in den Sinn gekommen.

Er ist gelinde gesagt leidenschaftslos, wenn es um die philosophischen Fragen hinsichtlich Privatsphäre oder auch Sozialität geht, die sein genialisches Programm aufwirft. Während ich mir ein Interview mit ihm ansah, ertappte ich mich dabei, wie ich auf den verbalen Scharfsinn, den beherrschten, wortgewandten Sarkasmus des berühmten jungen Zuckerberg wartete – bis mir einfiel, dass das ja alles nur Sorkin war. Der echte Zuckerberg ähnelt eher seiner Website, auf der er seinerzeit (2004) überall den Schriftzug *A Mark Zuckerberg Production* prangen ließ. Beherrscht, aber geistlos, klar und sauber, aber durchweg nichtssagend, unideologisch, ohne Gefühl.

Ein Porträt über Zuckerberg im *New Yorker* offenbart, dass seine eigene Facebook-Seite unter »Interessen« Minimalismus, Revolutionen und das »Besiegen aller Begierden« aufführt.* Außerdem erfahren wir von seiner Vorliebe für die Kultur und die Schriften des antiken Griechenland. Vielleicht ist das ja die Trennlinie zwischen dem echten und dem falschen Zuckerberg: Der Film verortet ihn in einer römischen Welt aus Betrug und Exzessen, während der echte Zuckerberg eigentlich nach Griechenland gehört, womöglich sogar zu den Stoikern (»Besiegen aller Begierden«?). Ein Hinweis liegt in der jeweiligen Physiognomie der beiden Zuckerbergs: Der echte ist (vor allem im Profil) ein griechisches Standbild, edel, ausdruckslos, ein wenig wie der Doryphoros (wohlgemerkt nur in Bezug auf sein Gesicht – sein Oberkörper entspricht ganz sicher nicht dem Siebenfachen seines Kopfumfangs). Der falsche Mark sieht römisch aus und ergänzt das durch präzise mimische Details. Mit seiner festen Beziehung, seinem Mietshaus und der Weigerung, im Fernsehen wütend zu werden, selbst wenn man ihn regelrecht

* Siehe Jose Antonio Vargas, »The Face of Facebook: Mark Zuckerberg Opens Up«, in: *The New Yorker*, 20. September 2010.

unverschämt behandelt (stattdessen schwitzt er), hat Zuckerberg tatsächlich etwas von einem jugendlichen Stoiker. Und wenn man alle Begierden besiegt hat, dann hat man ja schließlich auch nichts mehr zu verbergen.

Mit einem solchen Jungen haben wir es hier also zu tun, einem, der niemals auf dem Klo einer Bar Groupies vögeln würde – wie es im Film passiert – oder seine Mediziner-Freundin für ein Victoria's-Secret-Model verlassen. Ein Junge, der es vermutlich für eine gute Idee hält, den Menschen weniger Privatsphäre zu lassen. An Zuckerbergs Vision eines offenen Internets frappiert vor allem die inhaltliche Leere, ohne die es nicht funktionieren kann; das durften Facebook-Nutzer feststellen, als das Netzwerk seine Privatsphäre-Einstellungen dahingehend änderte, dass sehr viel mehr öffentlich wurde, mit dem (unabsichtlichen?) Ergebnis, dass nun auch Tante Dora verfolgen konnte, ob man vergangenen Dienstag der Gruppe »Queer Nation« beigetreten ist. Schwule Jugendliche waren plötzlich nicht mehr schwul, Partygänger entfernten ihre Partybilder, politische Zündler löschten ihre Zündschnüre. Im echten Leben können wir all das nach unseren eigenen Spielregeln sein, auf unsere eigene Weise und mit wem wir wollen. Das hat Facebook für einen entlarvenden Augenblick vergessen. Vielleicht hatte es aber auch nur lange genug darauf gewartet, dass wir uns endlich auf die Art verändern, auf die es spekuliert. Hinsichtlich der Frage zur Privatsphäre hatte Zuckerberg der Welt zu verkünden: »Das ist doch auch nur eine soziale Norm, die sich im Lauf der Zeit entwickelt hat.« In diesem Fall zumindest hat die Welt lauthals protestiert, und Facebook reagierte darauf mit einem Umbau der Seite, der den Menschen jetzt erlaubt, ihre Freunde in »Listen« einzuordnen, von denen manche mehr von unserem Profil mitbekommen und andere weniger.

Wie sich diese Neuerung mit »Facebook Connect« verträgt, bleibt abzuwarten. Facebook Connect ist die »nächste Entwicklungsstufe von Facebook Platform«, die es den Nutzern »erlaubt«, sich »über ihre Facebook-Identität samt Freunden und Privatsphäre-Einstellungen mit jedem anderen Webdienst zu verbinden«. In diesem neuen, offenen Netz sollen wir unsere wahre Identität auf der Reise durch das Internet immer bei uns haben. Auf den ersten Blick scheint das Konzept gleich mehrere stoische Vorteile zu bieten. Kein gesichtsloses Geifern mehr, kein hetzerisches Getrolle: Wenn der Name und das soziale Netzwerk einem auch jenseits von Facebook durch die virtuelle Welt folgen, muss man sich zusammenreißen, genau wie alle anderen auch. Andererseits führt man natürlich auch seine Vorlieben und Abneigungen mit sich, seinen Geschmack, seine Einstellungen, allesamt verknüpft mit dem eigenen Namen, über den einem dann neue Kaufangebote gemacht werden können.

Vielleicht wird das ja nur die verstärkte Form des Internets, in dem ich jetzt schon lebe, wo mir auf Schritt und Tritt die Werbeanzeigen für Zahnbehandlungen folgen und ich ständig dazu aufgefordert werde, meine eigenen Bücher zu kaufen. Vielleicht wird auch einfach nur das ganze Internet wie Facebook: falsch fröhlich, pseudofreundlich, eigenwerberisch, aalglatt hinterhältig. Aus all diesen Gründen habe ich Facebook etwa zwei Monate nach meinem Beitritt wieder aufgegeben. Wie bei allen Dingen, die ernsthaft süchtig machen, erwies sich das Aufhören als ungleich schwieriger als das Anfangen. Ich entschied mich immer wieder um: Facebook ist und bleibt die größte Ablenkung von der Arbeit, die ich je erlebt habe, das habe ich sehr daran geschätzt. Ich glaube, das schätzen viele. Andere Arbeitsvermeidungstechniken – rauchen, essen, Leute anrufen – sind ja oft in sich schon sehr aufwendig und lassen die Zeit trotzdem nicht sonderlich schnell vergehen. Mit Facebook gingen Stunden, Nachmittage, ganze Tage vorbei, ohne dass ich es gemerkt hätte.

Als ich mich schließlich durchgerungen hatte, ein für alle Mal damit Schluss zu machen, blieb ich mit der Frage zurück, die alle quält: Wird man wirklich je ein für alle Mal gelöscht? In einem

Interview in der *Today Show* hat Matt Lauer Zuckerberg genau diese Frage gestellt, doch da Matt Lauer seinen Gästen nie zuhört, wenn sie antworten, gab er sich mit dem Folgenden zufrieden und ging gleich zur nächsten Frage über: »Ja, also, das läuft so, dass von da an keine Informationen mehr mit anderen geteilt werden können.«

Man möchte der eigenen Generation gegenüber optimistisch bleiben. Man möchte mit ihr Schritt halten und sich nicht vor dem fürchten, was man nicht begreift. Anders formuliert: Wenn man sich mit der Welt, die sie macht, unwohl fühlt, dann möchte man einen guten Grund dafür haben. Der Meisterprogrammierer und Virtual-Reality-Pionier Jaron Lanier (Jahrgang 1960) gehört nicht zu meiner Generation, er kennt und versteht uns aber bestens und hat ein kurzes, beängstigendes Buch geschrieben, *Gadget: Warum die Zukunft uns noch braucht*, das meinem eigenen Unbehagen sehr entspricht, dabei aber sowohl in pragmatischer wie auch in philosophischer Hinsicht aus echtem Wissen und echter Erkenntnis heraus argumentiert. Lanier interessiert sich dafür, wie Menschen »sich selbst herabsetzen«, damit die vom Computer vorgenommene Beschreibung ihrer selbst besser zutrifft. »Informationssysteme«, schreibt er, »benötigen Informationen, wenn sie funktionieren sollen, doch in der Information *ist die Realität unterrepräsentiert.*« Aus Laniers Sicht gibt es keine perfekte Computeranalogie für das, was wir als »Person« bezeichnen. Im Leben behaupten wir, das alles zu wissen, aber sobald wir online gehen, lässt es sich ganz leicht vergessen. Bei Facebook wie bei anderen sozialen Onlinenetzwerken wird das Leben zur Datenbank, und das, so Lanier, ist eine Herabsetzung, die »auf einem philosophischen Irrtum [basiert], auf dem Glauben nämlich, Computer seien in der Lage, das menschliche Denken oder zwischenmenschliche Beziehungen abzubilden. Zumindest heute können Computer das jedoch nicht.« Die Folgen davon erkennen wir instinktiv; wir spüren sie. Wir wissen; es ist nicht das, wonach es aussieht, wenn man zweitausend Facebook-Freunde hat. Wir wissen, wir nutzen diese Software, um uns auf eine ganz bestimmte oberflächliche Weise zu anderen zu verhalten. Wir wissen, was wir »in« der Software machen. Aber wissen wir auch, sind wir wachsam dafür, was die Software mit uns macht? Ist es möglich, dass das, was online zwischen Menschen kommuniziert wird, »am Ende zur Wahrheit des betreffenden Menschen« wird? Lanier, der Softwareexperte, verhilft mir, der Software-Analphabetin, zu einer Erkenntnis, die (für Softwareexperten) sicher auf der Hand liegt: Eine Software ist nie neutral. In jede Software ist eine eigene Philosophie eingebettet, und diese unterschiedlichen Philosophien werden unsichtbar, je allgegenwärtiger sie sind.

Lanier fordert uns beispielsweise auf, einmal über die harmlose Datei nachzudenken oder vielmehr uns eine Welt ohne »Dateien« zu denken. (Die erste Generation des Macintosh, die nie ausgeliefert wurde, hatte noch keine Dateien.) Ich muss gestehen, dieses Gedankenspiel hat mich mindestens so sehr aus der Fassung gebracht, als hätte mich jemand aufgefordert, mir ein Dasein in einer Welt ohne »Zeit« auszumalen. Und dann denken wir uns weiter, dass solche Designs, die oft hopplahopp und in letzter Minute entwickelt werden, einen sogenannten »Lock-In« erfahren, quasi »eingefroren« werden, und dadurch, weil es sich eben um Software handelt, die von Millionen verwendet wird, viel zu oft nicht mehr angepasst oder verändert werden können. MIDI, ein wenig flexibles Programm, das Anfang der Achtziger zur digitalen Darstellung von Musik und Verknüpfung verschiedener musikalischer Komponenten, etwa eines Keyboards mit einem Computer, entwickelt wurde, ist beispielsweise nicht in der Lage, die fließende Linie eines Koloratursoprans zu verarbeiten; trotzdem ist es bis heute die Grundlage all der blechernen Musik, die wir tagtäglich hören – auf unseren Handys, in den Charts, im Aufzug –, einfach nur, weil es aus Softwaresicht längst zu groß war, um noch zu scheitern, zu groß, um sich noch zu verändern.

Lanier möchte unsere Aufmerksamkeit für die Software schärfen, in der wir unsere »Lock-Ins« erleben. Erfüllt sie wirklich unsere Bedürfnisse? Oder schrauben wir die von uns empfundenen Bedürfnisse herunter, um uns einzureden, die Software sei nicht beschränkt? In Laniers Worten: »Unterschiedliche Mediendesigns stimulieren unterschiedliche Potenziale der menschlichen Natur. Wir sollten nicht versuchen, die Rudelmentalität so effizient wie möglich zu machen. Wir sollten lieber versuchen, die individuelle Intelligenz zu fördern.« Doch genau diese Rudelmentalität wird durch Open Graph, eine Facebook-Innovation von 2008, befördert. Open Graph ermöglicht uns, ganz genau zu verfolgen, was unsere Freunde lesen, gucken oder essen, damit wir dann das Gleiche lesen, gucken oder essen können wie sie. In seinem Porträt im *New Yorker* legt Zuckerberg seine persönliche »Philosophie« sehr klar dar: »Die meisten Informationen, die uns wirklich interessieren, sind doch die Dinge in unserem Kopf. Und die kommen nicht nach außen und lassen sich also auch nicht erfassen. [...] Das ist sozusagen ganz tief in uns angelegt: Eigentlich will man doch immer nur wissen, was bei den Leuten um einen rum so abgeht.«

Haben wir online wirklich nichts Besseres zu tun? Im Film äußert Sean Parker im Zuge einer seiner koksbefeuerten »Seanathons« den Satz, der eine ganze Generation definieren soll: »Einst lebten wir auf dem Land, dann lebten wir in Städten, und von jetzt an leben wir im Netz.« Gegen dieses Konzept kann Lanier, einer der ursprünglichen Internetvisionäre, nichts Grundlegendes einwenden. Seine skeptische Befragung des »Nerd-Reduktionismus« des Web 2.0 führt allerdings auch uns zu der Frage: Was denn für ein Leben?* Sicher doch keines, bei dem 500 Millionen

* Lanier: »Als in den frühen 1990er Jahren die ersten individuellen Webseiten auftauchten, hatten sie noch etwas Persönliches. Bei MySpace blieb davon noch etwas erhalten, auch wenn die Regulierung der Formate bereits begonnen hatte. Facebook setzte diesen Prozess fort und organisierte die Menschen

miteinander verbundene Menschen allesamt beschließen, das Reality-TV-Format *Bride Wars* zu gucken, nur weil ihre Freunde das auch tun? »Man muss jemand sein«, schreibt Lanier, »bevor man etwas mitzuteilen hat.« Bei Zuckerberg hingegen ist man jemand, wenn man seine Entscheidungen allen mitteilt (und alles tut, was sie auch tun).

Ich glaube ja persönlich nicht, dass es jemals um die Final Clubs ging; ich glaube auch nicht, dass es um Exklusivität ging oder auch nur um Geld. *E pluribus unum* – darum geht es. Meine Vermutung ist: Er will so sein wie alle anderen. Er will gemocht werden. Diese Eins-Nuller, die Zuckerbergs scheinbar so ungeschickten PR-Coup, just an dem Tag, als der Film in die Kinos kam, 100 Millionen Dollar für das Schulsystem in Newark zu spenden, nicht begreifen konnten – die kapieren es einfach nicht. Für unsere unsichere Generation (und darin sind Zuckerberg, ich und alle anderen, die in den Achtzigern und Neunzigern mit dem Fernsehen groß geworden sind, ein Herz und eine Seele) gibt es nichts Schlimmeres, als *nicht gemocht zu werden*. Kaum auszuhalten, wenn nur eine Minute, auch nur eine Sekunde lang jemand schlecht von uns denkt. Er musste der Story also nicht nur »zuvorkommen«. Er musste sie niederringen und ihr die Luft abdrücken. Zwei Wochen später ging er dann selbst ins Kino. Warum? Weil alle den Film mochten.

Wenn Menschen auf einer Website wie Facebook zur bloßen Datenansammlung werden, reduziert sie das. Alles schrumpft. Der jeweilige Charakter. Die Freundschaften. Die Sprache. Das persönliche Empfinden. In gewisser Weise ist das eine Transzendenzerfahrung: Wir verlieren unseren Körper, unser Gefühlschaos, unsere Begierden, unsere Ängste. Mich erinnert es vor allem daran, dass diejenigen unter uns, die sich angeekelt von einem aus unse-

zu Multiple-Choice-Identitäten, während Wikipedia den persönlichen Standpunkt gänzlich zu eliminieren versucht.«

rer Sicht übermäßig aufgeblasenen bürgerlich-liberalen Selbstbild abwenden, lieber aufpassen sollten, was sie sich wünschen: Unser entblößtes vernetztes Ich wirkt kein bisschen freier, es wirkt nur noch fremdbestimmter.

Offenbar möchte Zuckerberg mit Facebook eine Art Noosphäre erschaffen, ein einiges Internet, eine gleichgeschaltete Umgebung, in der es wirklich völlig egal ist, wer man ist, solange man nur »Entscheidungen« trifft (was letztlich auf Kaufen hinausläuft). Wenn das Ziel darin besteht, von immer mehr Menschen gemocht zu werden, wird alles, was einzelne Menschen außergewöhnlich macht, weggeglättet. Ein Volk unter einem Format. Für uns selbst sind wir etwas ganz Besonderes, was wir mit wunderbaren Fotos dokumentieren, und hin und wieder kommt es auch vor, dass wir etwas kaufen. Letzteres ist für uns eher nebensächlich. Die Werbeeinnahmen allerdings, die auf Facebook herabregnen werden, sollte Zuckerberg es tatsächlich schaffen, 500 Millionen Menschen dazu zu bringen, ihre Facebook-Identität ins Netz hinaus zu tragen – diese Einnahmen betrachten uns genau umgekehrt. Für die Werbeträger sind wir unsere Kaufkraft, zu der noch ein paar unwichtige persönliche Fotos gehören.

Ist es denkbar, dass wir angefangen haben, uns auch selbst so zu sehen? Es scheint mir bezeichnend, dass ich auf dem Weg ins Kino bei einer kleinen internen Berechnung (mein Alter damals in Harvard und mein aktuelles Alter) von einer Mensch-1.0-typischen Panikattacke erfasst wurde. Bald bin ich vierzig, dann fünfzig und wenig später schon tot: Mir brach ein Zuckerberg'scher Schweiß aus, mein Herz klopfte wie verrückt, ich musste stehen bleiben und mich auf den nächstbesten Mülleimer stützen. Kann man so ein Gefühl auch auf Facebook haben? Mir ist aufgefallen – und ich habe mich angemessen dafür geschämt, dass es mir überhaupt aufgefallen ist –, dass, zumindest in Großbritannien, nach dem Mord an einem jungen Mädchen häufig Nachrichten auf ihrem Facebook-Profil auftauchen, die die Tragweite des Geschehenen offenbar nicht ganz erfassen. Man kann es sich ungefähr vorstellen: *Tut mir so leid, Süße! Vermiss dich!!! Bist jetzt hoffentlich schon im Himmel. Ich denk dran, wie voll lustig wirs immer hatten LOL! PEACE xxxxx*

Wenn ich so etwas lese, führe ich immer einen kleinen Disput mit mir: »Das ist nur mangelnde Schulbildung. Sie empfinden genauso wie alle anderen, sie haben nur einfach nicht das Sprachvermögen, es auszudrücken.« Aber ein anderer Teil von mir hat düsterere, beängstigendere Gedanken. Glauben die vielleicht wirklich, dass ihre Freundin in irgendeiner Form weiterlebt, weil ihr Profil noch aktiv ist? Allzu groß ist der Unterschied schließlich nicht, wenn sämtliche Kontakte rein virtuell sind.*

Software reduziert Menschen vielleicht, aber es gibt durchaus Abstufungen. Auch Literatur reduziert Menschen, schlechte Literatur allerdings mehr als gute, und wir können uns immer entscheiden, gute Literatur zu lesen. Jaron Lanier will darauf hinaus, dass der Web-2.0-»Lock-In« bald passieren wird, bereits passiert, in mancher Hinsicht längst passiert ist. Was ist von diesem »Lock-In« betroffen? An diesem Punkt könnte es wichtig sein, uns ins Gedächtnis zu rufen, dass Facebook, unsere geliebte neue Schnittstelle zur Realität, von einem Harvardstudenten mit den typischen Interessen eines Harvardstudenten entwickelt wurde. Wie ist dein Beziehungsstatus? (Wähl einen aus. Es kann nur eine Antwort ge-

* Vielleicht liegt der Grund, dass es unter den Älteren nicht mehr Widerstand gegen soziale Netzwerke gab, ja darin, dass Eins-Nuller die Software des Web 2.0 nicht auf die gleiche Weise nutzen wie Zwei-Nuller. Eine vergleichbare Situation findet sich bei der Handynutzung beider Generationen. Für mich ist SMS-Schreiben einfach nur ein neues Medium für eine altgewohnte Kommunikationsform: Ich schreibe meinen Freunden in satzzeichengespickten, voll ausformulierten englischen Standardsätzen – und sie antworten mir auf die gleiche Weise. SMS-Sprache kommt bei uns nicht vor. Unsere Beziehung zur englischen Sprache ist älter als die Beziehung zu unseren Mobiltelefonen.

ben. Die Leute müssen das wissen!) Hast du ein sogenanntes »Leben«? (Beweise es. Biete uns Bilder!) Magst du die richtigen Dinge? (Mach eine Liste. Zu den Dingen, die man mögen kann, gehören: Filme, Musik, Bücher und Fernsehsendungen, nicht aber Architektur, Konzepte und Pflanzen.)

Aber ich fürchte, hier werde ich nostalgisch. Ich träume von einem Netz, das sich um Personen kümmert, wie es sie längst nicht mehr gibt. Privatpersonen, Personen, die ein Rätsel sind, der Welt und – viel wichtiger noch – sich selbst. Die Person als Rätsel: Diese Vorstellung von Persönlichkeit verändert sich ganz gewaltig, hat sich vielleicht schon verändert. Ich stelle nämlich fest, dass ich in einem mit Zuckerberg übereinstimme: Ein Ich entwickelt sich.

Natürlich ist Zuckerberg überzeugt, dass dieses Ich das von alleine tut und die Technologien, die er und andere erschaffen haben, auf den Vorgang keinen Einfluss nehmen. Das sollen Technikjünger und Philosophen diskutieren (idealerweise Technikjünger-Philosophen wie Jaron Lanier). Aus welcher Richtung die Veränderung aber auch kommen mag, für mich ist völlig klar, dass die Studierenden, die ich heute unterrichte, nicht mehr wie die Studierende sind, die ich einmal war, und nicht einmal mehr wie die Studierenden, die ich noch vor sieben kurzen Jahren in Harvard unterrichtet habe. Im Augenblick lese ich mit meinem Seminar ein Buch mit dem Titel *Das Badezimmer*, verfasst von dem experimentellen belgischen Autor Jean-Philippe Toussaint – zumindest habe ich ihn früher immer für experimentell gehalten. Das Buch handelt von einem Mann, der sich entschließt, den Großteil seiner Zeit im Bad zu verbringen, doch für meine Studierenden ist dieser Roman absolut realistisch: ein zutreffendes Porträt ihres eigenen entblößten Ich-Seins oder, neutraler formuliert, eine genaue Analogie zu der unbestreitbaren Langeweile einer urbanen Existenz im 21. Jahrhundert.

In der berühmtesten Szene wirft der namenlose Protagonist in einem der wenigen »Action«-Momente einen Dartpfeil nach seiner Freundin und trifft sie in die Stirn. Später, im Krankenhaus, versöhnen sie sich mit einem Kuss und keinerlei Erklärung. »Das betrifft halt nur die beiden«, sagte eine Studentin mit glücklicher Miene. Auf eine Leserin meiner Generation wirken Toussaints Figuren auf den ersten Blick, als hätten sie kein Innenleben – dabei sind sie gar nicht abwesend, sie verweigern sich nur, und diese Verweigerung ist eine ethische. *Was ich in mir habe, geht euch nichts an*. Für meine Studierenden ist *Das Badezimmer* eine regelrechte Romanze.

Toussaint schrieb sein Buch 1985, in Frankreich. In Frankreich steht die Philosophie über der Technologie; hier in der angloamerikanischen Welt rennen wir mit der Technologie weit voraus und hoffen, dass die philosophischen Konzepte alleine klarkommen. Letztendlich enttäuscht doch vor allem das *Konzept* von Facebook. Würde es sich um eine wahrhaft spannende Schnittstelle handeln, extra für das Leben dieser wahrhaft anderen jungen Zwei-Nuller entwickelt – das wäre doch wirklich mal bemerkenswert. Aber so ist es nicht. Es ist der Wilde Westen des Internets, so weit gezähmt, dass er den Vorstadtphantasien einer Vorstadtseele entspricht. Dazu Lanier:

> Diese Designs sind erst vor sehr kurzer Zeit entstanden und haben etwas Willkürliches oder Zufälliges. Widerstehen Sie den angenehmen Stimmungen, die sie auslösen! Wenn Sie ein aus Software bestehendes Medium lieben, laufen Sie Gefahr, schon bald in den wenig durchdachten Ideen anderer Menschen gefangen zu sein. Dagegen sollten Sie angehen.

Sollten wir nicht auch gegen Facebook angehen? Alles daran wird auf die Größe seines Gründers zurechtgestutzt. Die blaue Farbe, weil Zuckerberg, wer hätte es gedacht, rot-grün-blind ist. »Blau ist für mich die reichhaltigste Farbe – bei Blau sehe ich alles.« Anstupsen, weil schüchterne Jungs das eben so machen bei Mädchen, die sie sich nicht anzusprechen trauen. Persönliche Belanglosigkeiten im Zentrum, weil Mark Zuckerberg glaubt, der Austausch von persönlichen Belanglosigkeiten sei »Freundschaft«. Eindeutig eine Mark-Zuckerberg-Produktion! Wir wollten online leben. Es sollte der Hammer werden. Aber was ist das für ein Leben? Betrachten Sie Ihr Facebook-Profil einmal kurz mit etwas Abstand: Wirkt es dann nicht plötzlich ein wenig lächerlich? *Ihr* Leben in *diesem* Format?

Die letzte Verteidigung aller Facebook-Süchtigen lautet: *Aber es hilft mir, mit Menschen Kontakt zu halten, die weit weg sind!* Nun, das können auch E-Mail-Programme und Skype, die zudem noch den Vorteil haben, dass sie uns nicht zur Interaktion mit Mark Zuckerbergs Hirn zwingen – aber das wissen Sie ja. Das wissen wir alle. Würden wir diesen weit entfernten Menschen wirklich schreiben oder sie besuchen *wollen*, dann würden wir es tun. Aber eigentlich wollen wir alle nur das Allernötigste tun, so wie jeder neunzehnjährige Collegestudent, der lieber etwas anderes oder auch gar nichts täte.

Als ich im Kino saß und eine der Filmfiguren die frühe Blog-Plattform LiveJournal erwähnte (in Russland nach wie vor sehr beliebt), fing das Publikum an zu lachen. Ich kann mir zwar kein Leben ohne Dateien vorstellen, aber mir eine Zeit auszumalen, in der Facebook ebenso komisch veraltet erscheinen wird wie LiveJournal, das kriege ich gerade noch hin. In diesem Sinne ist *The Social Network* auch kein grausames Porträt eines bestimmten Menschen aus dem echten Leben namens »Mark Zuckerberg«. Sondern vielmehr ein grausames Porträt von uns allen: 500 Millionen gefühlsbegabter Menschen, die in den neuesten sorglosen Gedanken eines Harvardstudenten festsitzen.

In Hovas Haus

Es ist schwierig, sich zu überlegen, was man einen Rapper fragen soll. Durchaus vergleichbar (könnte ich mir vorstellen) mit der Schwierigkeit, ein Rapper zu sein. Was immer man äußert, muss aus mindestens drei Blickwinkeln betrachtet werden, und das ist eine heikle Dreiecksbildung. In der einen Ecke haben wir die klassischen Hardcore-Hip-Hopper des Typus, für den der wahre Jay-Z immer dieser begabte Fünfundzwanzigjährige mit dem schnellfeuernden Flow bleiben wird, der auf einer angeblich »seltenen« (auf YouTube aber ohne weiteres aufzufindenden) Aufnahme von 1995 mit dem visionären Teenager Big L – *»I'm so ahead of my time, my parents haven't met me yet«* – freestylt. Derweil steht hier drüben die Pop-Rap-Freundin. Sie liebt den Jiggaman mit seiner Begeisterung für das Empire State Building und seinem dreisten Anspruch, die Stadt zu regieren (»Run This Town«). Und in der überfüllten dritten Ecke schließlich sammeln sich all die vielen Leute, die glauben, Rap sei eigentlich gar keine Musik, sondern vielmehr eine Art Sozialproblem. Sie haben nur eine Frage an den Rapper, und die betrifft seine Wortwahl. (Die Jahre vergehen. Die Frage bleibt bestehen.) Wie soll man so unterschiedlichen Publikumsgruppen gleichzeitig gerecht werden? Wie auch immer: Ich sitze an dem kleinen Tisch eines gemütlichen Italieners an der Mulberry Street und warte auf Mr Shawn Carter, der die Kunst der Dreiecksbildung zur Perfektion geführt hat. Hier isst er am liebsten seine Hähnchen-Parmigiana.

Er kommt pünktlich. Gekleidet ist er wie ein Teenager, mit

Mütze und Jeans, und wenn er behaupten würde, er wäre dreißig, nähme man ihm das sofort ab. (Er ist zweiundvierzig.) Er wirkt ungeheuer vertraut, was natürlich eine Auswirkung des Ruhms ist – als Rap-Superstar, als Ehemann von Beyoncé, als Anteilseigner der Brooklyn Nets, deren neue Heimat, das Barclays Center in Brooklyn, diesen Monat eröffnet wird –, aber auch der Tatsache, dass wir ihn schon so lange im Ohr haben. Keiner guckt. Der selbst ernannte »größte lebende Rapper« wird behandelt, als gehörte er zum Inventar. Ach, aber einer ist doch immer dabei: ein geschniegelter Weißer, der klammheimlich mit seinem iPhone Fotos zu machen versucht. Ein alter Trick – Jay muss darüber schmunzeln: »Die glauben immer, sie sind die Ersten, denen so was einfällt.«

Er bestellt gern für andere. Anscheinend bin ich der Typ Fischsandwich. Auf die Frage, ob es gerade eine gute Zeit für Hip-Hop sei, schwärmt er von der verbindenden Wirkung des Hip-Hop: »Er hat Gespräche in Gang gebracht, die es normalerweise nie gegeben hätte.« Und nachdem Rap inzwischen auf nie da gewesene Weise kulturell akzeptiert ist, bekommen wir vielleicht auch endlich die Freiheit, die Form zu feiern, ohne sie ständig verteidigen zu müssen? *»Say that I'm foolish I only talk about jewels / Do you fools listen to music or do you just skim through it?«* Er ist sich da nicht so sicher: »Schon komisch, man sagt solche Dinge, ganz klar für alle verständlich, und die Leute tun trotzdem das Gegenteil.« Ein wenig enttäuscht ist er schon, dass ihm auch nach der Veröffentlichung seiner Autobiographie *Decoded* 2010 noch dieselben alten Fragen gestellt werden. Es ärgert ihn, wie oberflächlich, wie leichthin Rap immer noch auf etwas reduziert wird, »wo obszöne Sprache verwendet wird und irgendwelche Typen Frauen abwerten – vom Künstlerischen und Poetischen kriegen die gar nichts mit«. Vielleicht gehört das ja zu den Nachteilen des *»flow of the century«*.

Bei Tupac hört man die Mühe, die Kunstfertigkeit. Und bei Biggie, dem Notorious B. I. G., mussten sich die Worte erst einmal vom schieren Umfang des Sängers selbst freikämpfen. Wenn Jay rappt, fließt uns das direkt ins Ohr wie Wasser aus dem Wasserhahn.

Das Fischsandwich kommt. Das Gespräch wendet sich erst dem Schüler Trayvon Martin zu, der erschossen wurde – »Es bricht einem doch das Herz, dass so was heutzutage noch passieren kann« –, und kurz darauf Obama: »Ich hab ja schon gesagt, dass die Wahl von Obama der Figur des ›Hustler‹ die Bedeutung nimmt.« Als er das zum ersten Mal geäußert hat, »haben die Leute das eher als eine Art Selbstabwertung verstanden. Und ich so: Nein, das ist gut!« Als er aufgewachsen ist, hatte er keinen Obama, nur den Hustler aus der Hood. »Bei uns kam keiner ins Viertel, der einen ordentlichen Job gehabt und uns gezeigt hätte, dass es auch anders geht. Wenn ich andere Vorbilder gehabt hätte, vielleicht hätte ich mich dann an die gehalten.« Schwierig genug, diese beiden unterschiedlichen Amerikas im Kopf zu behalten. Man stelle sich vor, sie dann auch noch beide zu leben – in ein und demselben Leben!

In seiner Autobiographie schreibt Jay-Z, Rap sei dazu ausgelegt, mit Widersprüchen umzugehen, und viel widersprüchlicher als Hova, wie er auch genannt wird, geht es kaum. Nicht zuletzt, weil er Generalist ist. Biggie war besser im Boasten, Tupac der weisere Wahrheitsapostel, Eminem ist – man sieht es an »Renegade« – formal geschickter. Aber Hova ist der Allrounder. Seine Platten sind Hip-Hop-Ausstellungen, die die verschiedenen Möglichkeiten dieses Musikstils demonstrieren. Seine Kunstfigur ist cool, entspannt, fast schon frustrierend beherrscht: »Ja, das hat mir 50 Cent auch mal gesagt. Er meinte: ›Mich machst du hier zum Barksdale‹« – dem hochfahrenden Drogenboss aus der HBO-Serie *The Wire* – »›und du spielst Stringer Bell!‹« (Barksdales besonnenen Partner). Der Rapper Memphis Bleek, der Jay-Z schon kennt, seit er, Bleek, vierzehn ist, bestätigt diesen Eindruck: »Die Entspanntheit war bei ihm schon lange vor der Musik da. Jay wollte ans Ruder, das war von Anfang an der Plan. Wahrscheinlich lacht er deshalb so viel und ist so gelassen, weil er genau das erreicht hat, was er in den Neunzigern geplant hatte.« Und da er zweiundvierzig und noch am Leben ist, kann er nun auch noch ein ganz persönliches Alleinstellungsmerkmal für sich beanspruchen: Er ist als Künstler genauso alt wie seine Kunst. Er ist mit ihr erwachsen geworden.

Wie die des Rap waren auch Jay-Zs Anfänge explosiv. Extrem schnell, vielschichtig, dicht. Aber die Zeit verging, und sein Flow wurde langsamer, offener. Warum? »Ich hatte noch zu wenig Lebenserfahrung, was ich machte, war also alles noch sehr technisch. Ich wollte mit Technik Eindruck schinden. Sachen machen, die andere nicht hinkriegen. Ich meine, so was kriegst du nicht hin« – denken Sie sich hier bitte eine Beatbox-Einlage mit gleichzeitigem Freestyling –, »so was kriegst du doch niemals hin.« Nee. Mir fällt ja nicht mal eine Notationsform ein, um das, was er gerade gemacht hat, aufzuschreiben. Jay-Z im Technik-Modus, das ist die reine Synkopierung der menschlichen Stimme. Auf einem Stück wie »I Can't Get with That« von 1994 liegt der manifeste Gehalt der Musik nie in den eigentlichen Wörtern – er liegt im Rhythmus, den sie erzeugen. Und wenn man sich für die Beats nicht interessiert, dann sagt er: »Du hast nicht kapiert, worum es geht.«

Das ging damals vielen so, sie hörten nur den jungen schwarzen Boaster: *»I got watches I ain't seen in months / Apartment at the Trump I only slept in once.«*

Aber wenn man einen Rapper fragt, warum er ständig mit seinem ganzen Kram protzt, könnte man genauso gut Milton fragen, wieso er zeilenlang die Attribute himmlischer Heerscharen auflistet. Dieses Protzen, das Boasten, gehört nämlich zu den technischen Voraussetzungen der epischen Form. Und wer gelernt hat, ihm stünde nichts zu, hat das Recht, es zu genießen, wenn er auf eine Art erfolgreich ist, die seine Kultur auch versteht. Aber dann änderte sich etwas: »Je mehr Lebenserfahrung ich gesammelt habe, desto klarer wurde mir, dass meine Stärke darin liegt, das auszudrücken, was die Leute fühlen.« Er verglich sich mit einem Comedian, dessen Witze ein »Ey, das stimmt haargenau« als Reaktion auslösen. Er fing an, Geschichten zu erzählen – und alle waren wie gebannt. »Friend or Foe« (1996), das von einer Auseinandersetzung zwischen zwei Hustlern handelt, ist Rap in meisterhafter, voll entwickelter, erzählerischer Form. Nicht einfach nur ein Monolog, sondern eine komplette Geschichte mit Dialog, Schauplatz und Charakterisierung. In seinem humoristischen Flow und seiner Leichtigkeit – ganz frei von Tupacs erbarmungsloser Wahrhaftigkeit – hört man schon 50 Cent, Lil Wayne, Eminem und so viele andere heranreifen. »Das war das erste Mal, dass es so offensichtlich war«, bemerkt Jay. Für ihn markiert dieser Song einen wichtigen Wendepunkt, den Moment, in dem er erkannte, »dass ich es hinkriege«.

Manchmal erlegt er sich auch formale Zwänge auf, so wie bei Oulipo, der experimentellen französischen Literatengruppe aus den Sechzigern. Der Song »22 Twos« von 1996 präsentiert uns zweiundzwanzig hinreißende Wortspiele mit den Wörtern »too« und »two«.

Zehn Jahre später folgt die Fortsetzung, »44 Fours«, und dreht die Schraube mit derselben schrägen Grundidee noch ein Stückchen weiter. »Nach dem Motto: Mach den Spielraum doch noch etwas kleiner.« Kann er das erklären? »Ich glaube, der Hauptgrund, dass ich immer noch Musik mache, ist die Herausforderung.« Er glaubt nicht daran, sich nur auf angeborene Talente zu verlassen. Und was das Talent betrifft, »da weiß man nie. Es gibt ja keinen Pegelstandsanzeiger. Man sieht nicht, wann es aufgebraucht ist.«

In den Jahren seit seinem Meisterwerk, dem Album *Reasonable Doubt*, wurde dem Rapper oft vorgeworfen, er laufe allmählich leer, habe sich zu weit von dem entfernt, was ihn früher wahrhaftig gemacht habe. In seiner Autobiographie gibt er darauf eine existenzialistische Antwort: »Wie weit kann man sich je von der eigenen Lebensgeschichte entfernen?« In seinen Texten ist die Antwort pragmatisch: *»Life stories told through rap / Niggas actin' like I sold you crack / Like I told you sell drugs, no, Hov' did that / So hopefully you won't have to go through that.«* Aber hat ein Rapper denn nicht, so wie jeder andere Künstler auch, Anspruch auf eine fiktive Realität, in der er immer noch an der Straßenecke herumlungert, obwohl er längst die Penthouse-Suite bewohnt? *»Out hustlin', same clothes for days / I'll never change, I'm too stuck in my ways.«* Kann er nicht weiterhin für die Straße stehen? Für Jay-Z war der Stolz auf die Straße immer essenziell, und er erkennt auch, welche Rolle der Rap dabei spielt, »einem die Scham zu nehmen. Da sagten zum ersten Mal Leute: Hier komm ich her – und das ist okay.« Dann zitiert er Mobb Deep mit einer Zeile aus »Survival of the Fittest«: *»No matter how much loot I get I'm staying in the projects!«* Aber auch hier sieht er Veränderungen: »Früher war's vorbei mit deiner Karriere, wenn du nicht authentisch warst. Vanilla Ice hat erzählt, er wär mal niedergestochen worden oder so was, dann haben sie rausgefunden, dass er gelogen hat, und er war am Ende.« Ich gebe zu bedenken, viele Leserinnen und Leser dieser Zeitung* würden sich vermutlich wundern, wie sehr der Ruf des Rappers Rick Ross vor ein paar Jahren gelitten hat, als herauskam, dass er einmal als Gefängniswärter gearbeitet hat. »Trotzdem«, sagt Jay, »ich glaube, Hip-Hop ist inzwischen davon weg, dass alles authentisch sein muss. Die Kids heute wachsen doch ganz anders auf.«

Allerdings. Odd Future. Waka Flocka Flame. Chief Keef. Alle greifen sie wieder auf das zurück, was wohl die Grundbausteine des Rap sind: Schocktaktik, unanständige Ausdrücke, übertrieben vereinfachende Sprache. Sind wir nach der Raffinesse von Rakim, Q-Tip, Nas, Lupe Fiasco, Kanye West und Jay also doch wieder an der Straßenecke gelandet? »Klar, aber verglichen mit Künstlern wie denen war Tupac der reinste Engel!« Er schüttelt den Kopf, sicht-

* Der Essay erschien am 6. September 2012 im Magazin der *New York Times.*

lich belustigt über die eigene Bemerkung. Aber es stimmt ja: Wenn man heute ein Tupac-Album hört, kommt einem das vor wie eine schöne Aufnahme von Sinatra. Jay-Z leidet allerdings nicht unter Nostalgie. Er liebt Odd Future mit ihrem Punkrock-Vibe. Ihren Zorn sieht er als generelle »Abneigung gegen das Amerika der Firmenbosse«, vor allem, was die Plünderung unseres Planeten betrifft. »Die Menschen haben eine echte Abneigung gegen das, was die Typen an der Macht mit dem Land gemacht haben. Also schlagen sie jetzt zurück, nach dem Motto: ›Das ist der Sohn, den ihr gezeugt habt. Schaut euch euren Sohn mal an. Schaut euch an, was ihr getan habt.‹«

Im Sinne von Harold Blooms »Einflussangst« lehnen sie sich aber bestimmt auch noch gegen etwas anderes auf: gegen das leuchtende, 460 Millionen Dollar schwere Denkmal Hova höchstpersönlich.

Vor Jahren hat Martin Amis eine lustige Geschichte mit dem Titel »Career Move« geschrieben, in der Drehbuchautoren wie arme Poeten in ihren Mansarden darben, während die Lyriker am Pool ausspannen, ihre Verse per Fax ihren Agenten in Los Angeles schicken und mit einem Sonett Millionen verdienen. Auf dem Album *Watch the Throne*, der Zusammenarbeit mit Kanye West von 2011, wird das Eintreten einer solchen alternativen Realität zum Thema. *»Hundred stack / How you get it?«*, will Jay-Z in »Gotta Have It« von Kanye wissen. Die Antwort erscheint vollkommen unwahrscheinlich und ist doch die Wahrheit: *»Layin' raps on tracks!«* Ein Vermögen, das mit gereimten Versen verdient wurde. Genau das macht *Watch the Throne* auch so spannend: Es bringt die aktuellen Widersprüche des schwarzen Amerika zum Ausdruck. *»It's a celebration of black excellence / Black tie, black Maybachs / Black excellence, opulence, decadence.«* Aber es ist auch die bittere Aufrechnung der Verluste in einem langen, längst nicht beendeten Krieg. *»I feel the pain in my city wherever I go / 314 soldiers died in Iraq / 509 died in Chicago«*, rappt Kanye. Geschrieben von zwei millionenschweren Geschäftsmännern, ganz nebenbei (»›New Day‹, also den eigentlichen Rap, hat mir Kanye letztes Jahr auf dem Met Ball beim Abendessen ins Ohr gesagt«), dürfte die Platte eigentlich längst nicht so gut sein. Doch irgendwie erzeugt die brüderliche Rivalität zwischen den beiden echte Energie, trotz der Mammutproduktion. Und in einer ganz entscheidenden Hinsicht war auch der Produktionsprozess ungewöhnlich intim: »Mit der ganzen Technik heutzutage schicken die meisten sich ihre Stücke einfach hin und her.« Hier aber saßen zwei Männer einfach »zusammen rum und haben richtig drüber geredet«. Im erhabensten Moment – dem unfassbar tollen Stück »Niggas in Paris« – spürt man bei beiden den starken Drang nach reiner Hingabe, bloßem Abfeiern. Haben wir uns das nicht verdient? Können wir uns nicht einfach zurücklehnen und uns daran freuen? Dieser Song will nicht verantwortungsbewusst sein, nicht die alten schmerzhaften Fragen gestellt bekommen. Wen interessiert da noch, ob die zwei sich treu bleiben? Oder sich überhaupt noch verständlich machen? Dieser Beat! Und dann auch noch das N-Wort. »Dahinter, darunter liegt jede Menge Schmerz, jede Menge Verletzung und auch sonst noch alles Mögliche.« Jay greift zur Analogie: »Wenn dein Kind sich aufführt, fragst du doch auch: ›Was ist los mit dir?‹ Und wenn es Bauchweh hat – ›Na, du hast ja auch die ganze Zuckerwatte gegessen‹. Du ziehst Vergleiche, suchst Verbindungen. Du analysierst die Lage.«

Rapper nutzen die Sprache als eine Art asymmetrischer Kriegsführung. Wie sonst soll man sich George W. Bushs erstaunliche Behauptung erklären, die Äußerung eines Rappers – »George Bush interessiert sich nicht für Schwarze« – sei »einer der abscheulichsten Momente« seiner Präsidentschaft gewesen? Aber es hat sie ja immer gegeben, diese Leute, für die die Sprache des Rap den größeren Skandal darstellt als die urbane Verwahrlosung, die der Rap beschreibt. In »Who Gon Stop Me« bittet Jay-Z uns um Entschuldigung für all die Schimpfwörter *(»please pardon all the curses«)*, denn wenn man ohne jeden Wert aufwächst *(»when you're growing up worthless«)*, tja, dann klingt das nun mal so. Schwarzer Schmerz, schwarzes Selbstwertgefühl. Darin liegt die widersprüchliche Anziehungskraft des »Cipher«, in der Rapterminologie der Ausdruck für den Kreis, der sich um freestylende Jungs bildet, wie Jay-Z mal einer war. Was für ein Wort! *Cipher* (engl. Substantiv): 1. Eine Geheimschrift, ein Code. 2. Der Schlüssel zu einem solchen Code. 3. Ein Mensch oder Gegenstand ohne größere Bedeutung. *Watch the Throne* zelebriert zwei Männer, die dem Zirkel der Negation erfolgreich entkommen sind. Es färbt die ganze Welt schwarz: schwarze Bar-Mizwas, schwarze Autos, schwarze Frauen auf den Gemälden im MoMA, alles schwarz, als ließen sich die negativen Konnotationen aus tausend Jahren mit einem einzigen Album einfach abstreifen. Schwarz nicht mehr als Schatten, als Kehrseite oder als Gegenteil von etwas, sondern als das Eigentliche. Das Ausleben dieser Phantasie erweist sich allerdings als problematisch: *»Only spot a few blacks the higher I go / What's up to Will? Shout-out to O / That ain't enough, we gon need a million more / Kick in the door, Biggie flow / I'm all dressed up with nowhere to go. You're 1 percent of the 1 percent.«* Und jetzt? *»Power to the people, when you see me, see you!«* Aber so läuft es nicht. Am Ende ist dann doch Jay-Z in Paris und nicht die Kids aus den Marcy Houses, der Sozialsiedlung in Brooklyn, wo er aufgewachsen ist. Jay-Z weiß das. Als wir auf den Zuccotti Park und Occupy Wall Street zu sprechen kommen, regt er sich ein wenig auf: »Worum geht es da, wofür wird gekämpft?« Er erzählt, dass er dem Rapmogul Russell Simmons genau das Gleiche gesagt hat: »Ich geh doch nicht einfach im Park picknicken, ich weiß nicht, was ich da soll, ich weiß nicht, worum es bei diesem Kampf geht. Was wollen wir da, weißt du das?«

Jay-Z schätzt Klarheit: »Ich glaube, das muss sich wirklich mal alles irgendwie genauer erklären. Wenn man nämlich einfach nur sagt: ›Das eine Prozent ist so und so‹, dann stimmt das einfach nicht. Klar, wenn dieses eine Prozent Leute bestiehlt und Leute betrügt, mit festen Hypotheken und dem ganzen Mist, und ihnen trotzdem ihr Zuhause wegnimmt, dann ist das kriminell, dann ist das schlimm. Das ist nicht unternehmerisch. Das ist die freie Wirtschaft. Darauf gründet Amerika.«

Etwas seltsam ist es schon, zuzuschauen, wie aus Rappern Staatsmänner werden. *»I'm out for presidents to represent me.«* Tja, jetzt sind sie da, die Präsidenten, die ihn repräsentieren – und nicht nur auf den Dollarscheinen. Eine schwere Verantwortung lastet auf den Schultern dieser inoffiziellen Gesetzgeber, deren Dichtkunst schließlich erst vier Jahrzehnte jung ist. Jay-Z ist bereit dafür. Er hat die großartige Shawn Carter Scholarship Foundation gegründet, eine Stiftung, die benachteiligten jungen Menschen ein Collegestudium ermöglicht. Er hat sich für die Rechte Schwuler ausgesprochen. Er leitet Musikfestivals und investiert in umweltfreundliche Technologien. Diesen Oktober beziehen seine geliebten Brooklyn Nets ihr neues Zuhause – das Barclays Center. Und er besitzt einen klugen, zukunftsweisenden politischen Instinkt: »Neulich habe ich mit meinem Freund James geredet, der aus London ist, wir sprachen eigentlich über was ganz anderes, und plötzlich höre ich auf und sage so: ›Was passiert eigentlich in London?‹ Das war vielleicht einen Monat vor den Ausschreitungen. Und er so: ›Was?‹ Ich sage: ›Die Kultur der Schwarzen dort, die wird gar nicht in die Veränderungen im Land einbezogen. Was wird da noch passieren?‹ Als es dann losging, hat er mich tatsächlich angerufen und gesagt: ›Weißt du, jetzt verstehe ich erst, warum du mich das gefragt hast, genau in dem Moment.‹«

Trotzdem bin ich immer noch der Meinung, dass die »Bewussteren« unter den Rapfans sich eigentlich mehr von ihm erhoffen, vielleicht ein endgültiges Kappen der Verbindung zwischen materiellem Reichtum und echter Freiheit im Hip-Hop. (Wobei nicht ganz klar ist, warum wir das als Erstes von den Rappern erwarten sollten, noch vor dem Rest der USA.) Das würde echtes Zukunftsdenken erfordern. Über seine eigenen Ziele für die Zukunft sagt er: »Ich will nichts mehr machen, was nicht wahrhaftig ist.« Vielleicht erstreckt sich der nächste Horizont ja zwischen den Polen Menschenliebe und Maybach-Sammlung.

An der Basis hört man unterdessen erneut den alten Ruf: Hip-Hop ist tot! Was eigentlich nur bedeutet, dass unsere Version davon (die wir noch aus unserer Jugend kennen) Vergangenheit ist. Aber es gibt doch auch nichts Langweiligeres als diese Hip-Hop-Schlaftabletten aus den Neunzigern! Lil Wayne? Dann lieber Ol' Dirty Bastard. Nicki Minaj? Also bitte. Foxy Brown! Odd Future? WU-TANG CLAN 4EVAH. Wenn man dann Jay-Z hört – immer noch so beweglich und begeistert, mit weit offenen Ohren –, ertappt man sich dabei, dass man fast schon wie die Leute ist, die glauben, mit Dizzy Gillespie sei der Jazz gestorben. Die Rechnung kommt. Es wird Sie sicher nicht überraschen, dass der Jiggaman gezahlt hat. In letzter Sekunde fällt mir noch ein, ihn nach seiner Familie zu fragen. »Oh, meine Familie ist unglaublich!« Und das Baby? »Ist jetzt vier Monate.« *»Marcy raised me, and whether right or wrong / Streets gave me all I write in the song.«* Was wird TriBeCa aus der kleinen Blue machen? »Darüber habe ich viel mehr nachgedacht, bevor sie geboren wurde. Als sie dann da war, stand ich erst mal unter Schock, so bis circa letzte Woche.« Ihre Kindheit wird anders sein als seine, und diese Tatsache nimmt er ziemlich locker. »Wir haben ständig gekämpft. Mein Bruder hat mich verprügelt«, sagt er, aber das hat ihn auf die Welt da draußen vorbereitet. »Ich musste ja kämpfen lernen. Ich musste eine ganze Menge durchstehen, darauf haben sie mich vorbereitet.« Er lächelt: »So tough muss Blue nicht werden. Sie soll sich selbst lieben, sie soll wissen, wer sie ist, sie soll respektvoll sein und ein moralischer Mensch.« Ein neuer Tag ist angebrochen.

BRÜDER IM GEISTE

Kein Haarteil im Showgeschäft arbeitet härter als die Perücken aus der Comedyreihe *Key & Peele*. Jede einzeln von Hand gefertigt, unter Verwendung von Haaren aus deutlich beschilderten Gefäßen – »Kurzes, schwarz-braunes Menschenhaar«, »Langes, schwarzes Menschenhaar« –, sind sie für die Köpfe eines überwältigenden Figurenspektrums bestimmt: alte weiße Sportreporter und junge arabische Muskelprotze, rivalisierende albanisch-mazedonische Restaurantbetreiber, zwei afroamerikanische Damen, Kirchgängerinnen und echte Lästertanten sowie der Präsident der Vereinigten Staaten, um nur einige zu nennen. Gemeinsam spielen Keegan-Michael Key und Jordan Peele all diese und noch weitere Gestalten in ihrer erfolgreichen Sketchshow auf Comedy Central, deren vierte Staffel derzeit läuft. (Zugleich sind sie auch die wichtigsten Autoren und Producer der Sendereihe.) Dabei scheuen sie den von Monty Python verewigten und in *Saturday Night Live (SNL)* immer noch praktizierten Zufallsansatz – wir nehmen, was sich gerade in der Kostümkiste findet – und bevorzugen einen perfektionistischen, cineastischen Stil. Keine vermasselten Textzeilen, keine kriminellen Fummel oder wackligen Kulissen, keine unkontrollierten Lachanfälle. Falsche Bärte hängen nicht einfach schlaff herunter: Mit Yakhaaren verstärkt bekommen sie Form und Volumen. Die Bearbeitung einer Sendung dauert drei Monate, oft länger. Der Gegenstand wird durch genaue Nachahmung aufs Korn genommen – man lacht umso mehr, weil es so echt aussieht. Einmal ging eine gastierende schwarze Schauspielerin Key bis in seinen Wohnwagen nach, weil sie überzeugt war, die Perücke sei sein echtes Haar. (Key ist – um es mit Nabokov zu sagen – »vollkommen kahl«.) »Und sie wollte nicht wieder gehen, bis sie gesehen hatte, wie ich die Haare abnahm, weil sie glaubte, die anderen Gaststars und ich wollten sie einfach nur verarschen«, erzählt er. »Sie meinte die ganze Zeit: ›Mann, das sind doch deine Haare. Das *sind* deine Haare! Hinten hast du sie noch genauso, wie deine Mutter sie dir früher geschnitten hat.‹ Ich sag zu ihr: ›Ich schwör dir, die sind angeklebt.‹ Sie hat gequietscht vor Freude. Die ganze Zeit: ›Oh! Ist das irre! Das ist so irre!‹ Sie konnte es gar nicht fassen.« Man könnte auch von Method-Comedy sprechen.

Körperlich passen die beiden Männer kaum zusammen. Key ist groß, hat hellbraune Haut, betörend hohe Wangenknochen und einen L.-A.-tauglichen durchtrainierten Körper; Peele ist kleiner, dunkler, runder und niedlich wie ein Teddybär. Peele, 35, trägt die Gammleruniform der Neunziger: Sneakers, Hoodie und Hipsterbrille. Key liebt gut geschnittene Sakkos und schicke Hemden – wie der Geschäftsführer einer Werbeagentur am Casual Friday – und sieht genauso nach 43 aus wie Will Smith, als er noch 43 war, nämlich kaum. Selbst ohne perfekte Perücke und Make-up könnte Key schon als Schwarzer, Latino, Südostasiate, amerikanischer Ureinwohner, Araber oder auch Italiener durchgehen. Er ist der Sohn einer weißen Mutter und eines schwarzen Vaters, genau wie Peele. Doch obwohl Peele äußerlich erst einmal weniger vielseitig wirkt – man sieht ihm seine gemischtethnische Herkunft nicht auf den ersten Blick an –, kann er mit Stimme und Gestik derart überzeugen, dass er uns Dinge sehen lässt, die gar nicht da sind. Seine Obama-Darstellung ist regelrecht gruselig, und das liegt nicht so sehr am aufhellenden Make-up, sondern vielmehr an seiner Stimme und seinen Händen, die uns vergessen lassen, dass er dem Präsidenten eigentlich kein bisschen ähnelt. Eine seiner erfolgreichsten Schöpfungen – eine grauenhafte, übertrieben anspruchsvolle junge Frau namens Meegan – bringt eine besonders frappierende Wandlung mit sich: Obwohl Peele sie mit seiner eigenen dunkelbraunen Haut spielt, empfindet man Meegan trotzdem irgendwie als junge Weiße von der Küste New Jerseys.

Zwischen ihren chamäleonhaften Volten verkörpern die beiden auch sich selbst, führen ihre Sketche lässig ein oder ziehen wohlig-vertraut darüber her, als würden sie ein Video auf YouTube empfehlen, wo sie ungeheuer beliebt sind. Eine Comedyshow mit einzelnen Sketchen mag als Format vielleicht etwas antiquiert erscheinen, doch wie sich zeigt, vertragen sich diese althergebrachten Freuden – drei Minuten lange Szenen, memetaugliche Pointen – bestens mit dem Onlinegeschmack. Mit durchschnittlich zwei Millionen Fernsehzuschauern führen Key und Peele ein ebenso populäres zweites Leben im Internet, wo ihre visuell glanzvollen, bytegerechten, in sich abgeschlossenen Episoden, die sich leicht aus den zweiundzwanzigminütigen Einzelfolgen herauslösen lassen – noch einmal viele Millionen Klicks generieren. Angesichts solcher Zahlen erstaunt es umso mehr, wie wenig Onlineerbitterung sie auslösen, trotz ihrer Zielsetzung, sich in wiederholten Akten absolut chancengleicher Beleidigung ausnahmslos über alles und jeden lustig zu machen – Männer und Frauen, jegliche sexuelle Orientierung, jede Subkultur, Ethnie oder Nation. Sie ziehen nicht einmal ansatzweise so viel Kritik auf sich wie eine Sitcom wie *Girls* durch ihre bloße Existenz. Stattdessen, gesteht Peele, als wäre es ihm ein bisschen peinlich, bekommen sie »jede Menge Liebe«. Das liegt teilweise sicher an dem Freibrief, den wir (männlichen) Clowns gern ausstellen, ist aber womöglich auch eine Folge der inhärenten possenhaften Freiheit von Sketchen, die, anders als eine Sitcom, viele unterschiedliche Welten zugleich präsentieren können.

An einem warmen Novembervormittag in Los Angeles wird diese kreative Freiheit geradezu körperlich fassbar, als eine halbe Vorortstraße für *Key & Peele* beschlagnahmt wird, um in zwei benachbarten Ranch-Häusern zwei Sketche zu drehen: eine häusliche Szene zwischen Meegan und ihrem begriffsstutzigen Boyfriend

André (dargestellt von Key) und eine Genreparodie auf den Sidney-Poitier-Klassiker *Rate mal, wer zum Essen kommt?*. »Eine unserer Nummern bringt dich zum Lachen? Dann haben wir dich, und von da an bist du auf unserer Seite«, erklärt Peele in einer Drehpause. »Und wenn dich doch mal was kränkt, findest du eine Entschuldigung dafür.« Er sitzt im Frauenkostüm im verwilderten Garten hinter »Meegans Haus« an einem langen aufgebockten Tisch und verdrückt zusammen mit der ganzen Belegschaft sein Mittagessen, trotzdem fällt er – als Mann mit komplettem Make-up und falschen Wimpern – zwischen ihnen fast gar nicht auf, er spricht sehr leise, ohne jede Gestik. Am Set ist Peele merklich in sich gekehrt, so sanft und besonnen im persönlichen Umgang, wie er in seinen Rollen zum Extremen neigt. Mit Blick auf sein Dekolleté raunt er: »Man hört ja oft, gerade als Schwarzer, dass es irgendwie unmännlich wäre, ein Kleid anzuziehen. Da mag was dran sein, aber ich habe solchen Spaß dabei. Es hat überhaupt nichts Abwertendes an sich.«

Als Key sich neben Peele setzt, wirkt auch er nicht gerade wie der typische Provokateur, wenngleich aus den entgegengesetzten Gründen. Extrovertiert und verbindlich bis zur Erschöpfung, verwickelt er jeden in ein fieberhaftes Gespräch: Er diskutiert Fantasy-Football-Teams mit einem Kameramann, schwärmt mit seiner PR-Beauftragten von dem Off-off-Broadway-Stück *An Octoroon* und pflichtet seinem Comedypartner stürmisch bei, als es um den eigenartigen Niedergang der kurzlebigen Serie *Voll daneben, voll im Leben* (»Die waren ihrer Zeit voraus!«), den aktuellen sozialhistorischen Triumph der Nerdkultur sowie ein komisches Kernprinzip geht, das vielen ihrer Sketche zugrunde liegt: »Wir nennen das immer das ›Herz-und-Seele-Prinzip‹: zwei Figuren, die eine Leidenschaft für die gleiche Sache haben.«

Peele schätzt »Comedyszenen, bei denen man weinen muss« – wie bei der letzten Folge der britischen Kultserie *The Office* –, und führt Bezirksdirektor David Brent, Ricky Gervais' Schöpfung, als seinen ganz persönlichen Maßstab an. Auch Key verehrt Gervais, sein »Lieblingsschauspieler aller Zeiten und auf ewig« ist aber ein anderer Brite, Peter Sellers. »Bei ihm ist alles Pathos, Pathos, Pathos!« Während es um diese Fragen geht, lachen beide über die Witze des anderen und beenden gegenseitig ihre Sätze, sichtlich frei von allen Komikerduo-internen Psychodramen, wie sie durch vergiftete Partnerschaften wie Martin und Lewis, Crosby und Hope oder Abbott und Costello berühmt-berüchtigt geworden sind. Wie ihre Kolleginnen aus dem Comedy-Central-Stall, Abbi Jacobson und Ilana Glazer von der Sitcom *Broad City*, bringen auch Key und Peele das außergewöhnliche Kunststück fertig, ihrer Freundschaft Lacher abzuringen. Zu den ursprünglichen Konzepten des Senders für die Reihe gehörte auch eines namens »Key vs. Peele«, das aber schnell wieder verworfen wurde, weil die beiden Stars nicht genug Themen fanden, bei denen sie uneins sein konnten, und sei es nur um der Komik willen.

Beide kommen aus dem Improvisationstheater, und die dort herrschende Kultur gegenseitiger Unterstützung färbt ihr gesamtes Material. (Angesichts einer leeren Bühne erläutert Key: »Wenn ich erst gegen einen unsichtbaren ›Tisch‹ renne, kommt Jordan fünf Minuten später herein und umrundet diesen ›Tisch‹. Man agiert nicht, man reagiert.«) Von den engagierten Hoteldienern aus L. A., glühende Fans des Schauspielers, den sie »Liam Neesons« nennen (der Slogan dazu: »Liam Neesons – heißer Scheiß!«), bis hin zu den beiden homoerotisch gefärbten arabischen Herren, die sich gegenseitig befummeln, während sie angeblich die vorbeiflanierenden Sahneschnitten in voller Burka bewundern (»Hast du da auch'n Stückchen Knöchel gesehen?«), wird die natürliche Chemie zwischen ihnen – das Produkt einer echten Beziehung – voll aufgedreht. »Wir sind Brüder«, sagt Peele. »Sogar mehr als beste Freunde. Da ist vollkommenes brüderliches Einverständnis.«

Zwanzig Minuten später haben Key und Peele einen Riesenkrach – in ihren Rollen als Andre und Meegan. Andre versucht, mit Meegan Schluss zu machen, und Meegan lässt ihn einfach nicht. Sie sitzt auf einem weißen Sofa, umgeben von weiterem Realityshow-inspiriertem Mobiliar, feilt sich die Nägel und wird, unter dem Mäntelchen ihrer Ratgeberfloskeln, zunehmend zorniger. (»Darf ich fragen, warum? Weißt du, ich versuche ja wirklich, viel an mir zu arbeiten, mich weiterzuentwickeln.«) Peele hat perfekt gespielt, aber der Kamerawinkel erwies sich als schlecht, außerdem kam unter dem Bündchen von Meegans rosa Nicki-Trainingsanzug immer wieder seine Armbehaarung hervor. Beim zweiten Take improvisiert Peele dann ein wenig. Der Moment, als Meegan eine Erklärung verlangt – »Erwachsene begründen ihre Entscheidungen!« –, verwandelt sich in »Reife Personen sollten auch Beispiele anführen!«, ein deutlich höheres Register, das sich unerklärlicherweise als viel witziger erweist. Der überrumpelte Andre kann als Reaktion darauf nur noch frustriert brüllen und sich winden.

»Meegan und Andre« gehört zu den beliebtesten Sketchreihen von Key und Peele und bedient ihre jeweiligen Stärken: Peeles absolutes Gehör für sprachliche Ticks und Keys langgliedrig-körperliche Komik. In der Rolle der spitzfindigen Quasselstrippe Meegan dringt Peele bis an den Kern heutigen Anspruchsdenkens vor – Sorge um die persönlichen Rechte, kombiniert mit absolutem Desinteresse an den Pflichten – und platziert Meegan damit genau an dem komödiantischen Idealpunkt, wo Frauenpower auf guten alten Narzissmus trifft. Key setzt derweil seinen ganzen angeborenen Elan daran, den liebenswerten Macker zu markieren, der völlig unter ihrer Fuchtel steht und nie ganz begreift, warum. »Ich war doch schon fast draußen«, brummt Andre zweimal vor sich hin, während sich Meegan, zufrieden, die Trennung abgewendet zu haben, bereits wieder langweilt und in der Küche verschwindet. Key lässt den Kopf in die Hände sinken und zeigt mit seiner ganzen Körperhaltung einen Mann ohne jede Hoffnung. Diese weitere Improvisation löst das Problem, die explosive Szene am Ende nicht einfach versickern zu lassen, und Key setzt sie mit einer Wahrhaftigkeit um, die die Waagschale ganz sanft vom Komischen ins Tragische verschiebt.

Kurze Zeit später sitzen Key und Joel Zadak – der sowohl Key als auch Peele managt – auf einer Holzterrasse hinter dem Haus auf Barhockern und sichten das Material. Es wird klar, dass Key seinen Andre vom verwirrten Deppen früherer Folgen zu einem Menschen ausgebaut hat, den man fast schon als emotional misshandelt werten kann. Die Tiefe, die er komischen Momenten verleiht, mag zwar erstaunen, das eigentlich Überraschende ist aber, dass er überhaupt Comedy macht: Ursprünglich wollte er nämlich ein ernsthafter Schauspieler werden. Nach einem Grundstudium an der University of Detroit Mercy schloss er die Pennsylvania State University School of Theater mit dem Titel »Master of Fine Arts« ab und behauptet, doch ein klein wenig gekränkt gewesen zu sein, als man ihn 1997 ins Ensemble des Second City Detroit, eines reinen Comedytheaters, holte: »Ich hatte schließlich einen MFA! Einen Scheiß-MFA! Daran habe ich echt Anstoß genommen!« (Bis heute träumt er davon, den dänischen Prinzen zu spielen, angesichts seines Alters und seines Terminkalenders wird er aber wohl eher auf König Lear warten müssen. »›Weißt du noch, der Abend, als du gesagt hast, du würdest gern *Hamlet* spielen?‹«, zitiert er mit leiser Wehmut die Anfrage eines befreundeten Schauspielers aus Chicago. »Und ich konnte nur sagen: ›Frag mich 2017 noch mal.‹«) Aber gerade diese Mischung aus klassisch und zeitgemäß – seine Stimme, die einen Ausdruck wie »Anstoß nehmen« ebenso natürlich klingen lässt wie »Scheiß-MFA« – macht einen Großteil seines komischen Charmes aus.

Vielleicht liegt es ja am Theaterhintergrund, dass Key der Showman ist, das Allroundtalent, während Peeles Kunst eine Detailversessenheit und eine Form von Subtilität enthält, die nur im richtigen Rahmen zur Geltung kommen. Man kann ihn sich, jenseits von *Key & Peele*, nur schwer in einem Medium vorstellen, das nicht um eine von ihm selbst erdachte komische Figur konstruiert ist, so wie die *Rosaroter-Panther*-Filme im Wesentlichen nur eine aufwendige Präsentationsfläche für Peter Sellers' wundersamen Inspektor Clouseau waren. Key hingegen sieht man in ganz verschiedenen Projekten: als Hamlet in einem Off-Broadway-Theater, aber auch als Moderator bei der Oscarverleihung, schwerelos neben Sandra Bullock im Weltraum oder mit Tom Hanks, dem er beim Überbringen einer schlechten Nachricht die Hand auf die Schulter legt. Welche Szene man ihm auch vorlegt, Key gibt alles, was er hat. Genau die Eigenschaften, die ihn am Set so umgänglich und freundlich wirken lassen – Liebenswürdigkeit, Flexibilität, eine undogmatische Haltung –, machen es aber auch schwer, ihn als Persönlichkeit zu fassen. Er ist so geschult im Reagieren, so feinfühlig für die Empfindungen anderer, dass es nicht leichtfällt einzuschätzen, was er selbst empfindet. »Meistens habe ich keine Ahnung, was genau meine Leidenschaft anfacht«, gesteht er, während sich jemand an Andres albernem Haarbürzel zu schaffen macht. »Ich gehe einfach pragmatisch mit den Begabungen um, die ich habe.«

Am Nachmittag, während der Poitier-Sketch gedreht wird, an dem nur Key beteiligt ist, befreit Peele sich von Meegan, wirft sich wieder in seine gewohnte Kleidung und nimmt im Tüpfelschatten eines Orangenbaums Platz, um über seine Karriere zu reflektieren: »Ich habe schon vor fünfzehn, zwanzig Jahren beschlossen, dass ich Sketche spielen will.« Vielleicht kein ganz ungewöhnlicher Traum für einen lustigen Jungen, der an der Upper West Side aufwächst, zwei Kilometer von den *Saturday Night Live*-Aufnahmestudios entfernt, doch die wenigsten hätten ihn wohl mit so entschlossener Hartnäckigkeit verfolgt wie Peele. Während seiner Schulzeit an der P. S. 87 veranstaltete die Met einen Workshop mit der fünften Klasse, in die er ging; Peele bekam den Job für die Schüchternen zugewiesen und durfte dem Stage Manager assistieren, was aber auch die Zweitbesetzung für eine der Hauptrollen umfasste. Als der Schauspieler tatsächlich krank wurde, sprang Peele für mehrere

Vorstellungen ein, spielte die Rolle des »coolen Typen« (schwarze Lederjacke, Sonnenbrille, Kette) und stellte dabei fest, wie sehr er es genoss, ein Publikum zu haben. Später, beim Studium am Sarah Lawrence College – wo er eigentlich Puppenspiel belegen wollte –, schloss er sich einer Improvisationstheatertruppe an, die bald das Wichtigste für ihn war; nach zwei Jahren brach er das Studium ganz ab, um ein Comedyduo mit seiner Mitbewohnerin und Ensemblekollegin Rebecca Drysdale zu gründen, die heute als Autorin bei *Key & Peele* arbeitet. (Ihm sei, so erzählt er es, klar geworden, dass er keine Puppen brauchte. Er wollte mit sich selbst arbeiten, »der diffizilsten Puppe überhaupt«.) Drysdale und Peele nannten sich »Two White Guys«, obwohl sie, wie ihr Pressematerial sehr deutlich machte, eigentlich »ein Schwarzer und eine weiße, lesbische Jüdin« waren, und hatten bereits mit guter Resonanz zwei Sketchshows am ImprovOlympic Theater in Chicago gespielt, noch ehe der Rest von Peeles Jahrgang am Sarah Lawrence überhaupt seinen Abschluss gemacht hatte. Kurze Zeit später schloss Peele sich Boom Chicago an, einer Impro-Truppe mit Sitz in Amsterdam, die den Anspruch hat, mit ihrer Comedy »niederländische, amerikanische und weltweite soziale und politische Themen« anzusprechen, wobei Peele sich vor allem als Ute hervortat, ein hohlköpfiges dänisches Supermodel, das hin und wieder den Eurovision Song Contest moderiert. (Sie sprach mit klassischem Eurotrash-Akzent und äußerte Sätze wie: »Ja, also, weißte, wenn du Englisch nur als Zweitsprache hast, weißte, dann kriegst du deinen Kopf nur ganz schwer zum Reden!«)

Jemand anders werden: Das ist Peeles Gabe. Die kleinen Schnipsel, die man über seine Vorstöße ins Stand-up-Fach online finden kann, zeigen einen Mann, der nicht so recht weiß, wer er auf der Bühne sein soll – es gibt keine Rolle, mit der er sich richtig wohlfühlt –, und weil ihm das klar war, hat er diese Form bald wieder aufgegeben. »Das Einzige, was man als Impro- oder Sketch-Schauspieler nie ganz herausfindet, ist die Antwort auf die Frage ›Was bin ich?‹«, merkt er an. Sein Talent ist im Kern vielstimmig, und er hat das schon oft seiner ewigen Kindersorge zugeschrieben, mit der falschen Stimme zu sprechen, in seinem Fall mit der seiner Mutter – also »weiß«. (»Es kann ja kein Zufall sein«, erzählte er Terry Gross in der Radiosendung *Fresh Air*, »dass ich mir einen Beruf ausgesucht habe, bei dem es eigentlich nur darum geht, meine Art zu sprechen zu verändern, diese unterschiedlichen Figuren zu erleben und mir vielleicht ganz tief in der Seele auch zu beweisen, dass die Art, wie jemand spricht, nichts damit zu tun hat, wer er oder sie ist.«) Beim Impro-Theater wird die Frage nach dem Authentischen unwichtig: Es geht nur um das Als-ob.

Um beim Nachmittagsdreh zuzusehen, gehe ich nach nebenan, in ein hochmodernes Wohnzimmer, das in eine Kulisse aus den späten Fünfzigern verwandelt wurde, samt Anrichte, Hausbar, halb mit falschem Whisky gefüllten Kristallgläsern und allem Drum und Dran. Key kämpft sich gerade durch ein verkrampftes Abendessen mit seiner weißen Freundin und deren Eltern, die ihn, wie er glaubt, ablehnen, weil er schwarz ist. Erst als er empört aufsteht und Anstalten macht, zu gehen – »Es hat keinen Sinn, Leute zur Vernunft bringen zu wollen, die Unterschiede bei anderen nicht anerkennen!« –, sehen wir, dass er einen langen, auffälligen Schwanz hat (der erst in der Postproduktion eingefügt wird). Die Mutter sagt: »Ich kann nicht fassen, dass du uns einen Schwarzen ins Haus bringst!« Einen Moment später zieht die Kamera auf und enthüllt die Pointe: Alle Anwesenden haben einen Schwanz. In einer Drehpause – während das Team noch über das Timing bei der Schwanzenthüllung diskutiert – wendet sich Bonnie Bartlett, eine Schauspielerin Mitte achtzig, die die Mutter spielt, an Key und sagt leise: »Sie zum Sohn zu haben, muss ja auch interessant gewesen sein, wo Sie doch so …« Sie fasst sich an das eigene, rosige Gesicht. Gleich darauf blickt sie erschrocken drein, vielleicht weil sie fürchtet, ihn gekränkt zu haben, doch Key lächelt nur freundlich. »Das bringt es ziemlich gut auf den Punkt«, sagt er. »Wo kommen Sie denn her, Bonnie?« »Aus Illinois.« »Ist nicht Ihr Ernst!« Ermutigt fängt die Schauspielerin an, ihre Geschichte zu erzählen: »Mein Heimatort wurde von Männern gegründet, die als Arbeiter dorthin geholt wurden … Schweden …« Sie bricht ab. »Ach ja?«, hakt Key voller Wärme nach. »Das ist ja wirklich spannend!« Das Team hat die Kameras wieder eingestellt. Und diesmal sagt Bonnie Bartlett, als ihr Einsatz kommt: »Ich kann nicht fassen, dass du uns einen Dunkelhäutigen ins Haus bringst!« Cut. Bonnie Bartlett blickt wieder erschrocken drein. »Ich kann nicht glauben, dass ich ›Dunkelhäutiger‹ gesagt habe! Aber wir hätten früher nie ›Schwarzer‹ gesagt …« Key schaltet in den anthropologischen Modus objektiver Neugier: »Was hätten Sie dann gesagt? ›Neger‹?« Erleichtert denkt Bonnie Bartlett über die Frage nach: »Nein, ›Farbiger‹, glaube ich …« Key bedankt sich für die kluge Korrektur: Sie nehmen ›Farbiger‹.

Key und Peele – so hat es Key unlängst Jimmy Kimmel erzählt – haben sich 2003 kennengelernt, als sie an zwei Abenden direkt nacheinander im Second City Theater in Chicago auftraten. Es war »Comedyliebe auf den ersten Blick«. Peele war mit Boom Chicago zu Gast und präsentierte seine Ute; Key spielte einen psychopathischen Highschool-Sportlehrer, Coach Hines, der seine jugendlichen Schülerinnen und Schüler »anspornt«, indem er ihnen regelmäßig die vielen unterschiedlichen Methoden aufzählt, mit denen er sie umbringen wird, wenn sie auch nur einen kleinen Fehler machen. In der Impro-Szene sind andere Hautfarben als die weiße nicht unbedingt stark vertreten, trotzdem gab es keine Gebietsstreitigkeiten, als sie kurz darauf beide für die derb-satirische Sketchshow *MADtv* des Senders Fox vorsprachen. Am Ende wurden beide engagiert und auch schnell eingesetzt, hauptsächlich für die Darstellung schwarzer Prominenter – Ludacris, Bill Cosby, Snoop Dogg –, aber auch bereits für erste Ansätze der detaillierteren fiktiven Arbeit, die sie später bei *Key & Peele* weiterentwickeln sollten. Coach Hines wurde zum Dauerbrenner, und Peele baute seine Parodie des Rappers 50 Cent zu einer Charakterstudie aus, in deren Verlauf Key (in der Rolle von Fiftys Manager) den Rapper anruft, um ihm zu erzählen, dass sein Rivale Kanye West die Charts dominiert. Am Boden zerstört, singt 50 Cent ein rührseliges Liedchen mit dem Titel »Sad 50 Cent«. (Kleines Textbeispiel: *»I walk around my prostitute garden and my carousel. Nothing seems to make me smile today.«* Der Song bekam 2008 sogar eine Emmy-Nominierung.) Das Humorspektrum bei *MADtv* war breit – und griff etwas zu oft auf Prominente als Thema zurück –, aber es erwies sich als hervorragender Ort, um die eigenen Fähigkeiten beim Sketcheschreiben zu verfeinern, und weckte bei beiden, vor allem aber bei Peele, den nützlichen Hunger nach einer Zeit, in der sie nicht mehr jeden Witz von einem Dutzend Produzenten absegnen lassen müssten, um ihn senden zu dürfen.

Gegen Ende ihres fünf Staffeln dauernden Gastspiels machte ein ethnisch gemischter Senator mit großen Ohren zunehmend Schlagzeilen und wurde wenig später zum Präsidenten gewählt. Bei *Saturday Night Live* brauchten sie einen Imitator. Für Peele war das »der Traum schlechthin. Genau das, wofür ich angetreten war.« Doch als der Anruf kam, stand er noch bei *MADtv* unter Vertrag. Es erschütterte ihn sehr, dass ihm eine solche juristische Angelegenheit den Hals brechen sollte, vor allem nachdem er seiner Ansicht nach »alles perfekt geplant« hatte. Die anderen Obamas bei *SNL* zu sehen, das war »eine sehr, sehr seltsame Phase« für ihn, die ihn aber auch motivierte: »Ich glaube, der Stratege in mir hat sich einfach gesagt: ›Okay, was genau heißt das jetzt? Es heißt, da muss irgendwas anderes kommen, in das ich dieses Talent investieren kann; am Ende muss es irgendeinen Grund dafür geben, dass ich das jetzt nicht mache.‹« Als Peele 2009 endlich aus dem *MADtv*-Vertrag herauskam – und ein Pilotfilm für Fox verpufft war –, fing er an, sich zusammen mit Key Gedanken über eine eigene Sketchshow zu machen, und sie kamen schnell auf den jungen Regisseur Peter Atencio.

Key hatte Atencio kennengelernt, als sie vor einem Greenscreen in der »verratzten Zweizimmerwohnung in Hollywood«, die Atencio nach eigener Aussage damals bewohnte, eine Internetserie drehten (»Für MySpace, daran kann man sehen, wie lange das her ist«). Mit neunzehn war er aus Boulder, Colorado, nach Los Angeles gezogen, in der Hoffnung, Filme drehen zu können. Die beiden hatten sich auf Anhieb gemocht und waren in Kontakt geblieben; jetzt machte Key Peele mit Atencio bekannt. Heute 31, war Atencio 27, als Key und Peele bei Comedy Central durchsetzten, ihn als Regisseur zu engagieren, nachdem die erste Wahl des Senders wieder abgesprungen war. Mit einem kleinen Team aus acht Autorinnen und Autoren und vier Producern wurde über dreizehn Wochen hinweg die erste Staffel geschrieben; sie entwickelten zweihundertsechzig Sketche, die in der Folge auf vierundfünfzig reduziert wurden. Atencio hat bei jeder einzelnen Folge von *Key & Peele* Regie geführt, mit Ausnahme der laufenden Staffel. Weil der Sender doppelt so viele Folgen bestellt hatte, überschnitt sich die Postproduktionsphase der ersten Hälfte mit dem Beginn der Dreharbeiten für die zweite, und weil Atencio die Kontrolle über Farbgebung und Ton nicht aus der Hand geben wollte, trat er ein Drittel dieser Staffel an ein Regisseurstrio ab. Doch obwohl er nicht selbst Regie führt, schaut er regelmäßig am jeweiligen Drehort von *Key & Peele* vorbei. Am Tag unseres Gesprächs ist das die klassische Studio-Blackbox irgendwo in den Tiefen des Geländes der Universal Studios.

Vom sonnenheißen Parkplatz schieben sich Statisten herein, die bei einem Basketballspiel das Publikum darstellen sollen, und Atencio lehnt wie ein freundlicher Hausgeist in der Tür des Studios, sieht ihnen nach, nickt den Producern zu und geht dann quer durch den Raum, um Key und Peele zu begrüßen, die sich am »Spielfeldrand« ihre Perücken anpassen lassen. Groß und schwer, mit sanftem, blassem, pausbäckigem Gesicht, das halb hinter einer dicken Nerd-Brille und einer Baseballkappe verschwindet, trägt er weite Streetwearklamotten, die alle ein bisschen unordentlich an seinem massigen Körper sitzen, und ähnelt eher einem Dealer auf Stippvisite als einem Mann, der hier normalerweise den Laden schmeißt. Draußen blinzelt er wie ein Maulwurf in die Sonne. »Ich lebe darin«, sagt er und meint damit die Serie. »Das ist mein Leben. Ich wüsste nicht, wie ich das anders machen sollte. Wahrscheinlich geht es auch nur so.«

Atencio wollte von Anfang an einen klar erkennbaren Stil für *Key & Peele*. Er erinnert sich, dass sein Pitch damals lautete, »jeden einzelnen Sketch wie die komischste Schlüsselszene eines Films zu behandeln«. Er wollte nicht auf die wortreichen Expositionen zurückgreifen, auf die sich Comedysketche häufig stützen, sondern sich stattdessen auf »visuelle Informationen« verlassen, »scharfe Schnitte, Dinge, die sozusagen den Ton und die Stimmung setzen, damit man das nicht im Drehbuch machen muss«. Eine alberne Szene über den Frust, einen Boardingpass mit der Aufschrift »Gruppe 1« zu haben und zuzusehen, wie alle möglichen anderen Gruppen vor einem ins Flugzeug dürfen – »Militärangehörige in Uniform [...] Rollstuhlfahrer. Priester, Nonnen, Rabbis und Imame. Senioren im Rollstuhl mit Säuglingen. Religiöse Senioren mit Militärangehörigen im Säuglingsalter. Jason Schwartzman. Alle mit einem blauen Koffer« –, endet damit, dass Key, das Flugticket immer noch in der Hand, inmitten der kinotauglichen Trümmer eines Passagierflugzeugs sitzt. Das alles wirkt so kolossal und kostspielig, dass man gleichzeitig entsetzt sein und lachen möchte, dabei hat Atencio es vergleichsweise günstig in der Kulisse zu *Krieg der Welten* auf dem Universal-Studiogelände gedreht.

Comedy Central bewarb die erste Staffel mit dem Slogan »Wer diese Show nicht schaut, ist ein Rassist«, aber *Key & Peele* greift nur selten auf den dualen Rassenhumor zurück, wie ihn Homer Simpson so liebt – *Schwarze tun dies, Weiße tun jenes* –, und die Farbfrage ist keineswegs das einzige Thema. (Und es ist auch nicht alles nur Pathos, Pathos, Pathos. Ein Sketch widmet sich der ewigen

Frage: »Was, wenn Namen Fürze wären?«) Wo es in der Comedy doch einmal um Fragen der Hautfarbe geht, wird die gewohnte, konkrete »Rassenkarte« gegen etwas ausgetauscht, das eher einem komplett aufgefächerten Kartenspiel ähnelt und sich auf »das Absurde an Rasse generell« konzentriert, wie Peele es formuliert. »Ich schaue mir immer diese Standardformulare an«, sagt er, während er in der Maske sitzt und einen kleinen, aber entscheidenden Perückenwechsel vornehmen lässt, der ihn vom »Sportkommentator« zum »Sportreporter« macht. »Die zwingen dich, anzugeben, welche Rasse du hast, wo du zugeordnet werden kannst, und ich halte das für eine grundsätzlich ungesunde Tradition.« Er reißt die von Natur aus eher schmalen Augen theatralisch weit auf. »Ist doch Wahnsinn, dass man uns als Kind schon eintrichtert: ›Welche Identität hast du?‹ Das fragen die einen allen Ernstes!« Key, der auf der anderen Seite des Garderobenwagens sitzt und den Prozess von Haaren zu Glatze zu neuen Haaren durchläuft, zeigt sich ähnlich verwundert über die irrationalen Grundsätze von Rassenkategorien. »Dem limbischen System geht es prächtig«, sagt er. »Es sagt die ganze Zeit: ›*Ich brauche Kategorien. Ich brauche Kategorien. Wenn ich keine Kategorien kriege, bin ich in Gefahr.*‹«

Offenbar bezieht er sich damit auf eine neurologische Theorie, der zufolge das limbische System für unsere ursprünglichsten Reaktionen zuständig ist – beispielsweise für das klare Zuordnen der Mitglieder eines bestimmten Stammes –, weil es nach äußerlichen Ähnlichkeiten zwischen den Dingen sucht, während der präfrontale Cortex, der sich erst später entwickelt hat, zu komplexen, kognitiven Entscheidungen fähig ist. »Es ist also so: Das limbische System mischt sich immer noch mächtig ein«, fährt Key fort. »Und die Leute kämpfen zwar dagegen an, aber natürlich wollen sie sich auch selbst einer Kategorie zuordnen. Denn als wir damals nur unser limbisches System hatten, hieß es: ›Leute, es gibt uns, und es gibt den verfickten Säbelzahntiger, darum *müssen wir alle zusammenhalten.*‹« Das führt zu einer Diskussion darüber, wie schon winzige Unterschiede im Phänotyp – beispielsweise Peeles im Vergleich zu der von Keys eher »flache« Nase – Unterschiede im Leben der Betreffenden hervorrufen können, sowohl in der Art, wie wir von anderen begriffen werden, als auch in der Art, wie wir uns selbst begreifen, vor allem als Kinder.

KEY: »Jordan und ich sind … also, wir sind bi-ethnisch.«
PEELE: »Ja. Halb schwarz, halb weiß.«
KEY: »Und dadurch stellen wir fest, dass wir beide ziemlich gut lügen können, weil wir ja im Alltag ständig austarieren müssen, wie schwarz wir gerade sind.«

Diese Szene spielt sich auf der Bühne ab, in der allerersten Folge von *Key & Peele*, als die beiden gerade nicht in einer Rolle sind und sich live ans Studiopublikum wenden, und sie hat etwas von der typischen Stand-up-Comedy-Beichte. Manchmal, erzählen sie weiter, muss dieses Austarieren einfach nur stattfinden, um »Weiße zu schocken«. (Ohne »klingen wir weißer als der Schwarze im College-A-cappella-Chor. Wir klingen weißer als Mitt Romney im Schneesturm.«) Aber manchmal bietet es auch die Möglichkeit, sich auf der anderen Seite Anerkennung zu sichern. »Wenn wir mit anderen *brothers* und *sisters* zusammen sind«, sagt Peele mit verschmitztem Grinsen, »müssen wir schon mal'n bisschen hochdrehen.« Das führt zu einer direkten Demonstration hochgedrehten Schwarzseins (»Du weißt schon, was ich mein, *brother* – und du weißt, dass ich weiß, was du meinst; und du weißt, dass ich weiß, dass du's weißt; geht klar geht klar geht klar …«), samt passender Gesten, die nicht den gewohnten, angeblich typisch »schwarzen« Gesten aus anderen Comedysendungen entsprechen (keine Gangzeichen, kein übertriebenes Kopfwackeln), aber natürlich trotzdem klischeehaft sind. Die Köpfe bewegen sich durchaus, aber jede Bewegung ist sehr viel präziser und treffender beobachtet und wird dann erweitert: Peeles kleines Freudentänzchen, Key, der die

Augen schließt, um Zustimmung auszudrücken. Ich würde es eine liebevolle Nachahmung nennen.

Die kleine Einlage macht uns auf eine gemeinsame Eigenschaft aufmerksam, die uns vielleicht gar nicht aufgefallen wäre, hätten wir sie nicht gezeigt bekommen. Es handelt sich allerdings nicht um die sanfte, Seinfeld-artige Gemeinschaft aus Kaffeetrinken und gutem Benehmen im Flugzeug. Es betrifft die Gemeinsamkeiten innerhalb von Rassen, über die wir nur ganz selten überhaupt lachen dürfen. Wenn man sagt, dass beide Männer in diesem Moment »schwärzer« werden, unterwirft man sich in gewisser Weise einem rassistischen Klischee – aber wenn es die Kategorie »Schwarz« eigentlich nicht gibt, woran hängt »Schwarzsein« dann überhaupt? (Um sich liebevoll mit einer Gemeinschaft zu identifizieren, muss man ihre Mitglieder schließlich kollektiv betrachten, so wie man es auch tun muss, um sie zu hassen. Womöglich ist der gemeinsame Glaube an die kollektive Identität »Jüdisch« das Einzige, was der Rabbi jemals mit dem Antisemiten teilt.) »Man will schließlich nicht der Typ im Saal sein, der am weißesten klingt«, schließt Peele. (Worauf Key sich der Überlegung hingibt: »Wenn du fünf Schwarze, die normalerweise wie Weiße reden, zusammen in ein Zimmer sperrst … und eine Stunde später schaust du wieder rein? Du kommst dir vor wie bei Ladysmith Black Mambazo!«)

Ein paar Monate nach Ausstrahlung des Sketchs war Obama – der mit Sicherheit in praktisch jedem Saal der Schwarze ist, der am weißesten klingt – bei Jimmy Fallon zu Gast und äußerte unerwartete Begeisterung für *Key & Peele*. Er bezog sich dabei auf den Sketch »Obama Loses His Shit« (Obama rastet aus), bei dem Peele als Obama im Sessel sitzt und seine wöchentliche präsidiale Ansprache hält. Ruhig und gelassen schildert er die Probleme des Jahresanfangs 2012 – der Irak, Nordkorea, der Widerstand gegen die Tea Party, die Frage seiner eigenen Staatsbürgerschaft –, während Key als Zorndolmetscher Luther aufgeregt durchs Zimmer rennt und das Unsagbare ausspricht (»Ich hab eine Geburtsurkunde! Ich hab eine scheißheiße, mordsamtliche Diggity-Doggity-Mamase-Mamasa-Mamakusa-Geburtsurkunde, ihr verfickten Arschgeigen!«). Offenbar gab der Sketch einer stummen Sehnsucht etlicher Obama-Anhänger und vielleicht sogar der gesamten Gemeinschaft der Schwarzen Ausdruck. Mir zumindest war nie klar gewesen, wie groß mein Bedürfnis nach Luther war, bis ich ihn erlebte. Später im selben Jahr bat Obama um ein Treffen mit Key und Peele und gestand ihnen selbstironisch den gleichen Wunsch. »Ich brauche Luther«, sagte er. »Aber das muss wohl bis zur zweiten Amtszeit warten.«

Der Sketch arbeitet mit humoristischer Umkehrung (Key: »Ich glaube, Umkehrungen sind am Ende doch das, wovon diese Show eigentlich lebt«), doch das richtig laute Gelächter gilt dem emotionalen Wiedererkennungseffekt. Er hat einen berühmten Vorläufer in einem Sketch aus *Saturday Night Live* von 1986, in dem Phil Harman in der Rolle des Ronald Reagan den Wichtigtuer im Oval Office gibt – Fototermine mit Pfadfinderinnen abhält, dümmliche Bemerkungen vor der Presse macht –, doch kaum sind die Journalisten weg, wird er ganz geschäftsmäßig: spricht fließend Arabisch, zeigt Verständnis für die Contras, zitiert Montesquieu. »Das hat sich auf eine gute Handvoll unserer Szenen ausgewirkt«, erläutert Peele. »Es sind alles Varianten davon.« Beim Schreiben sind sie immer auf der Suche nach der emotionalen Wurzel des Humors. »Mythen sind ja auch nicht allein dadurch lustig, weil die Leute wissen, dass sie nicht wahr sind«, fährt er fort. Man muss irgendwie erraten können, wie möglichst viele Menschen tatsächlich zu einer Sache stehen, selbst wenn sie sich nicht trauen würden, das zu äußern. Am Ende lebt jeder Komiker eigentlich nur von dieser Fähigkeit. Und wie entwickelt man sie? Key, der sich viele Gedanken zu dem Thema gemacht hat, glaubt, dass seine Empathie- ebenso wie seine Imitationsfähigkeit im Grunde eine Form übersteigerter Reaktionsbereitschaft sind. »Die Theorie geht so: Es gibt auf der Welt niemanden – also, sicher gibt es Leute, die das genauso gut können wie ich, aber es gibt niemanden, der sich besser an Situationen anpassen kann als ich.« Wenn das Talent zur Komik eine Art Anpassungsfähigkeit ist, dann haben Key und Peele die nötige Lehrzeit schon als Dreikäsehochs durchlaufen.

Peele, in einer Zweizimmerwohnung ohne Aufzug bei seiner weißen Mutter aufgewachsen, die ein echter »Bücherwurm« war (ein Umstand, den man beim bloßen Blick auf seinen Zweitnamen erkennt: Haworth, nach dem Wohnort der Brontë-Schwestern), hat seinen schwarzen Vater kaum gekannt. (Der Vater kümmerte sich wenig um ihn und starb 1999.) In einem Sketch aus der zweiten Staffel, den seine frühere Mitbewohnerin Rebecca Drysdale geschrieben hat, spielt Peele sich selbst und sucht in einer Wohnwagensiedlung nach seinem verschollenen Vater (gespielt von Key), der nur Abscheu für ihn übrighat, bis Peele beiläufig fallen lässt, er habe seine eigene Fernsehshow. Die Szene ist auf grausame Weise komisch und umso schwerer zu ertragen, sobald man die persönliche Geschichte dahinter kennt. »Ich war bei dieser Sondersendung auf ABC dabei, in der Kinder Präsident Clinton Fragen stellen durften«, erzählt Peele. »Es war die letzte Frage des Tages. Und ich habe ihn gefragt: ›Was würden Sie sagen? Gibt es irgendeine Möglichkeit, Kindern zu helfen, die keine Unterhaltszahlungen bekommen?‹« Trotzdem neigt Peele – das hat er mit Key gemeinsam – dazu, durchlebtem Schmerz etwas Produktives abzugewinnen: »Immerhin durfte ich als Kind ins Weiße Haus und mit dem Präsidenten reden. Da war ich doch im siebten Himmel!« Aber Peele trat nicht nur im Fernsehen auf, er saß auch ewig davor – »Alles, was ich heute mache, kommt größtenteils daher, dass das Fernsehen mein Elternersatz war. Stundenlang« –, und als Sechsjähriger kam die beständigste schwarze Vaterfigur bei ihm zu Hause aus dem Fernsehen, gebrochen im Zerrspiegel amerikanischer Popkultur. Viele der *Key & Peele*-Sketche beziehen sich auf Sendungen mit Schwarzen, die damals liefen oder wiederholt wurden *(Roots, Good Times, Alle unter einem Dach)*, und es sind ebenso zärtliche wie vorwurfsvolle Szenen. In einer davon tritt Steve Urkel aus *Alle unter einem Dach* als psychopathischer Mörder auf.

Doch auch wenn Peele nicht direkt einsam war – »bi-ethnische Schlüsselkinder waren ja keine Seltenheit« – und sich nach eigenen Angaben immer geliebt gefühlt hat, machten die Reaktionen der anderen die Dinge doch deutlich komplizierter. »Ich kam in die Schule, und der erste Mitschüler fragt: ›Deine Mom ist ne *Weiße*?‹«, erzählt er. Rasch musste er sich an das anpassen, was »andere Leute so gewohnt waren und was man ihnen beigebracht hat. Von mir verlangten sie dann, klar festzulegen, was ich war und auf welcher Seite ich stand: War ich das eine oder das andere?« Dass Key und Peele so ungewöhnlich stark auf ihren Mischlingsstatus pochen, geht zum Teil auf die Weigerung zurück, ihre weißen Mütter zu verleugnen, denen sie sehr nahestanden. Für Peeles Mutter, Lucinda Williams, die immer noch in derselben Zweizimmerwohnung an der Upper West Side lebt, wurde das Ganze dadurch einfacher, dass sie in Manhattan wohnte. »Hier war es nicht gar so ungewöhnlich, Eltern mit unterschiedlicher ethnischer Herkunft zu haben, und auch nicht, als Kind einer Alleinerziehenden aufzuwachsen«, erzählt sie mir. Peele, sagt sie, war »natürlich meine größte Freude«, aber sie musste sich oft genug mit der Fassungslosigkeit anderer auseinandersetzen, umso mehr, da sie blass und blond ist und blaue Augen hat. Fremde, erzählt sie, gingen immer davon aus, »dass er adoptiert ist oder ich auf das Kind von Freunden aufpasse. Als er noch im Kinderwagen lag, sah ich immer, wie den Leuten, die sich über den Wagen beugten, um das Baby zu bewundern, die Gesichtszüge entgleisten und sie sich schnell wieder wegdrehten. Man sah förmlich die Meldung ›Eingabe nicht erkannt‹ in ihrem Blick.«

Als Peele größer wurde, war seine Mutter erstaunt über sein wachsendes Interesse an der Bühne. Er hatte immer so schüchtern gewirkt, »der typische stille Junge, der gern malt«, der Filme über Außerirdische, Monster und Roboter liebte – lauter Geschöpfe, die in aller Regel keiner Rasse angehören. In den Bücherregalen stand viel Literatur, doch Peele zog es zur Fantasy. (»*Die Reise ins Labyrinth* – das ist meine Welt«, bestätigt er. *»Die unendliche Geschichte. Willow.«*) Zwanzig Jahre später kommen auch bei *Key & Peele* viele Zombies und Vampire vor, und sie widmen sich ihrer alljährlichen Halloweenfolge mit großem Enthusiasmus. Trotzdem gehört Peele zu einer Generation, die sich, wie Key es formuliert, die Welt erobert hat – oder zumindest den Teil von ihr, der sich der populären Unterhaltung widmet. Wendell, eine von Peeles Rollen in der Serie – ein hundertvierzig Kilo schwerer Einsiedler, der Actionfiguren und Pizza mit Käserand liebt und alles daransetzt, seine Mitmenschen davon zu überzeugen, er sei »mit jemandem zusammen, so sexuell« –, ist nichts weiter als die unflätige, komische Überhöhung von Peele, dem Fantasyfan. »Ich glaube, ›Nerd‹ ist ein schwer fassbarer Ausdruck«, meint Peele. »Streng genommen bezeichnet man damit wohl jemanden, der von der Popkultur besessen ist, selbst aber nicht unbedingt die nötige gesellschaftliche Geschmeidigkeit hat, um mit dem Leben klarzukommen. Aber die Definition von ›Nerd‹, die mir etwas sagt, betrifft eigentlich nur den ersten Teil, dass man einfach hemmungslos Fan von etwas ist.« Dieses Fansein bleibt bis heute der einfachste Weg, Peele aus der Reserve zu locken. Bei persönlichen Themen bleibt er vorsichtig, bespricht viel lieber die klassischen Nerdthemen seiner Altersgenossen: Kubrick-Filme, Neunziger-Jahre-Hip-Hop, die unfreiwillig-geniale Komik von Kanye West.

Key, der von sich behauptet, aus einer etwas anderen Epoche zu stammen, interessiert sich nicht für Hip-Hop (»Bei mir ist es klassischer Sixties-R&B«) und erzählt bereitwilliger von seinem Privatleben und seiner persönlichen Geschichte, es sprudelt nur so aus ihm heraus, was aber womöglich vor allem der Zeitersparnis dient, denn diese Geschichte verfügt über eine ungewöhnlich hohe Zahl von Unterabteilungen. In Detroit geboren, ist er das Kind einer Affäre zwischen einer Weißen und ihrem verheirateten schwarzen

Kollegen und wurde gleich nach der Geburt von einem ebenfalls bi-ethnischen Paar adoptiert, beide Sozialarbeiter: Patricia Walsh, eine Weiße, und Michael Key, der ursprünglich aus Salt Lake City stammt, »zusammen mit noch etwa zwölf anderen Schwarzen«. Die beiden zogen Key gemeinsam groß, ließen sich aber scheiden, als er im Teenageralter war. Der Vater heiratete daraufhin Keys Stiefmutter, Margaret McQuillan-Key, eine weiße Nordirin. Keys familiäre Situation blieb ständigen Veränderungen unterworfen: Nach seiner Adoption kam noch ein Geschwisterkind, dann die Scheidung der Eltern und die zweite Ehe des Vaters.

Als Junge wollte er entweder Tierarzt, Filmstar oder Fußballer werden, doch als epileptische Anfälle in der Kindheit eine Fußballkarriere unmöglich machten, überflügelte die Lust am Auftritt schließlich alles andere, und seine Mutter bestärkte ihn in dieser Leidenschaft. Später brachte seine Stiefmutter ihn darauf, im Ausland Schauspiel zu studieren, und als er achtzehn war, schickten sein Vater und sie ihn auf Erkundungstour: »Das war mein Geschenk zum Schulabschluss – eine Reise nach England. Meine Stiefmutter meinte: ›Wenn du schon vom Theater leben willst, musst du es auch richtig machen, und hier …‹ – Key verfällt in den breitesten Belfast-Akzent – ›hier machen sie's nicht richtig!‹« Wie Peele ist auch Key ein Mann mit vielen Stimmen. (Seine Frau, Cynthia Blaise, ist Sprachcoach, wobei Key behauptet, ihre Rolle sei eher unterstützend als aktiv lehrend: »Normalerweise hilft sie mir kaum. Süß, wie sie ist, sagt sie immer Dinge wie: ›Nein, Schatz, ich glaube, das hast du schon ganz gut drauf.‹«) Ein paar der Stimmen hat er sich bei seinem Aufenthalt in London zugelegt, wo er sich einer weiteren Kultur und einem ganz anderen Konzept von »Schwarzsein« anpassen musste. Auf Familienbesuch in Nordirland sah er im Fernsehen Berichte über Brixton und hatte eine kleine Offenbarung zum Thema Rasse: »Meine Fresse, das sind ja Schwarze!« Er bewunderte den Sprinter und Olympiasieger Linford Christie, staunte über die völlig unvertraute Stimme zu diesem völlig vertrauten Gesicht. »Schon mit achtzehn hat mein Hirn diese Anpassung quasi unmittelbar vorgenommen. Es hat sich gesagt: ›Jetzt versteh ich. Das ist rein kulturell. Es hat überhaupt nichts mit Pigmentierung zu tun.‹« Sieben Jahre später hatte er eine zutiefst bewegende Wiederbegegnung mit seiner leiblichen Mutter, Carrie Herr, die ihm weitere Geschwister bescherte (»Ich bin buchstäblich abends als Bruder einer Person ins Bett gegangen und am nächsten Morgen als Bruder von sieben Geschwistern aufgewacht«) sowie die plötzliche Bekehrung zu Jesus Christus als seinem Erlöser, ein Ereignis, das er selbst als »ziemlich unerwartet« schildert. Aber die Anpassung an unerwartete emotionale Eventualitäten ist schließlich seine größte Stärke. »Ich bin bestimmt nicht der Allerklügste«, kommentiert er. »Aber meine emotionale Intelligenz – der Hammer!«

Am Set kommt ihm das zugute. Key erkennt, dass seine ständigen Rollenwechsel denjenigen unter uns, die in ihrem Einzel-Ich festsitzen, als recht gruselige Kunst erscheinen können: »In den meisten Fällen docken Menschen doch beim Erstbesten an, was sie finden, und sagen sich: ›Das funktioniert, so mache ich das jetzt immer‹«, erzählt er mir. »Jordan und ich haben eher bei der Überlegung angedockt: ›Das funktioniert ja *alles*.‹« Für Key ist »die Variante die Norm«. Das erinnert an Alice Miller, die Verfasserin von *Das Drama des begabten Kindes*, und ihre These, die Empathiefähigkeit, die sich häufig bei begabten Kindern findet, sei ebenso sehr Symptom wie Begabung, eine Gegenreaktion auf Unbeständigkeit und Unwägbarkeiten, die es umgeben. Key hat Miller gelesen – er spricht von einem »atemberaubenden Buch« –, glaubt aber von sich, inzwischen genug Abstand zu den Traumata zu haben, die seine Begabung geprägt haben könnten: »Früher war das ein Werkzeug, das man zum Überleben brauchte, jetzt kann man es für andere Zwecke nutzen.« Die Art, wie er seine komplexe Vergangenheit abspult, als wäre das alles einem anderen passiert, fügt sich da ebenfalls ein: Weil er sich selbst mit Distanz betrachten kann, redet er wie ein Autor, der eine seiner Figuren beschreibt. Er stellt auch fest, dass selten etwas »starke Gefühle« in ihm auslöst, und wenn er so etwas bei anderen beobachtet, reagiert er regelrecht anthropologisch darauf: Wie es sich wohl anfühlt, so sehr an einer bestimmten Meinung zu hängen?

Während Rasse für Key und Peele, vor allem aus dem Blickwinkel ihrer unkonventionellen Biographien, oft eher ein Abstraktum ist, stellt sie für den Großteil ihres Publikums keine allzu fließende oder gar wandelbare Kategorie dar, sondern den bestimmenden Faktor ihres ganzen Lebens. Innerhalb der rigiden Kategorien medialer Repräsentation beispielsweise sind Key und Peele zwei Schwarze, die in einer Fernsehsendung mit ungewöhnlichem Crossover-Appeal auftreten, und Fragen, die in anderen Sendungen eher neutral zu behandeln sind – etwa die Besetzung des »Objekts der Begierde« –, müssen hier viel genauer durchdacht werden. Key, dessen Frau weiß ist (wie auch Peeles Partnerin, Stand-up-Comedienne und Komödienschauspielerin Chelsea Peretti), bezeichnet sich selbst als »hypersensibel« für diese Problematik: »Das ist doch das Einzige, was man selbst unter Kontrolle hat.« Bei einem neueren Sketch, in dem Key eine bewusstlose Frau findet und sich, noch während er den Notarzt ruft, in sie verliebt, verlangte das Drehbuch, dass die Frau »absolut umwerfend« aussieht. Bei der Besetzung, sagt Key, »war es mir sehr wichtig, keine Frau mit heller Haut zu nehmen«. Beim Erzählen ahmt er kurz die Stimme eines vergrätzten Zuschauers nach: »Die zwei Nigger haben immer nur weiße Mädels in ihrer Sendung!«

Einmal, bei einem *Key & Peele*-Gastspiel an einem College, sagte Key hinter der Bühne, wo sie Fotos mit den Studierenden machten, sie umarmten und mit ihnen plauderten, zu Peele, manchmal habe er ein schlechtes Gefühl dabei, wie er mit solchen Begegnungen verfahre. »Jordan wollte wissen, warum«, erinnert er sich. »Und ich sagte: ›Weil ich schwarze Frauen immer viel eher umarme und ihnen mehr Aufmerksamkeit widme.‹ Schließlich muss sich *kein*

Mensch mehr Mist gefallen lassen als eine schwarze Frau. Die haben einfach mehr verdient wegen diesem ganzen gottverdammten Mist. Wenn man ausgepeitscht wird, ist das schlimm genug. Aber wenn man ausgepeitscht und dann noch vergewaltigt wird, das ist was völlig anderes. Verstehst du, wie ich das meine? Es ist einfach nur furchtbar. Und es ist ja nicht mal so, als hätten weiße Frauen keine Probleme.« Die leidvolle Geschichte schwarzer Frauen in den USA, betont Key, »lässt mich einfach nicht los. Ich denke an meine Großmutter, an meine Tanten. Das hallt nach. Und darum finde ich, eine Frau mit schokoladenbrauner Haut sollte genauso sehr ein allgemeiner Inbegriff von Schönheit sein wie eine Frau mit milchweißer Haut.« Wobei das, setzt er hinzu, »eigentlich alles keine Rolle spielen dürfte«. Aber das tut es natürlich trotzdem. Eine Szene, in der Key und Peele zwei Ehemänner darstellen, die eine Heidenangst vor ihren Frauen haben, könnte, ganz unabhängig von der Hautfarbe, als Satire auf die ehelichen Gepflogenheiten der Mittelschicht gelesen werden, doch als Key bei *Conan* zu Gast war und mit Blick auf diesen Sketch erklärte, es gebe »auf dieser Welt nichts Gefährlicheres als eine schwarze Ehefrau«, ließ er damit eine altbekannte Beleidigung wiederaufleben, mit der schwarze Frauen schon viel zu oft belegt wurden, und manche von ihnen wiesen online darauf hin, dass Key gar nicht über die persönliche Erfahrung verfüge, um zu einem solchen Schluss zu kommen. Sie fühlten sich gekränkt, gerade weil sie schwarze Frauen waren und von einem ganz eigenen Standpunkt und aus einer ganz eigenen Erfahrung heraus argumentierten.

Auf die Frage, wie die Sendung mit der Rassenthematik umgehe, antwortet Peele: »Es gibt eigentlich keine konkrete Strategie und auch keine Sichtweise, die man so einfach … formulieren könnte. So wie insgesamt bei der Rassenthematik in diesem Land. Das ist alles so kleinteilig. So kompliziert. Es ist so tiefverwurzelt, gleichzeitig entwickelt es sich aber auch, und dann fühlt es sich wieder so an, als würde es sich zurückentwickeln. Eine ganz nebulöse Angelegenheit.« Mir fällt ein Zitat von William Gibson ein: »Die Zukunft ist längst da – sie ist nur noch ziemlich ungleichmäßig verteilt.« Es ist sicher nicht leicht, die Rassenthematik in einer derart durchmischten Realität komödiantisch zu verarbeiten: auf der einen Seite ein schwarzer Präsident, auf der anderen Seite junge schwarze Männer, die auf der Straße sterben. Das Rezept für dieses Omelett ist komplex, und man wird noch etliche Eier zerschlagen müssen. Aber wenn man es richtig macht, dringt man mitten in das Herz eines langen und leidvollen landesweiten Gesprächs vor.

In einem Sketch erscheint Peele als junger Schwarzer, der durch einen weißen Vorort schlendert. Eine Mutter scheucht ihre Kinder zurück ins Haus, ein Mann, der gerade den Rasen mäht, misst ihn mit bösem Blick, ein Polizist fährt im Schritttempo mit seinem Streifenwagen neben ihm her, vorauseilende Gewaltbereitschaft im Blick. Dann zieht Peele die Kapuze seines Hoodies auf: darauf das Gesicht eines jungen Weißen im Profil, das sein Gesicht verdeckt. Der Polizist winkt lächelnd. Nur eine Minute lang und völlig ohne Text, ist dieser Sketch eine wunderbar schlichte, komische Provokation. »Wir setzen uns einfach mitten ins Zentrum, in jedem einzelnen Moment«, sagt Peele mit Blick auf die Rassenprobleme der USA. Am Ende, hofft er, könne die Sendung »wie ein Spiegel sein. Ich glaube, sie hat sogar etwas von einem Rorschach-Test.« Er meint einen Spiegel, den sie dem Publikum vorhalten, aber natürlich ist es genauso gut ein Spiegel ihrer eigenen Haltung, die sie, wie alle anderen auch, nicht immer völlig unter Kontrolle haben.

An meinem letzten Tag am Set sitze ich hinter der Kamera, neben Joel Zadak. Wir haben etwas Zeit totzuschlagen; die beiden Lichtdoubles für Key und Peele, Shomari (groß, hellbraun) und Brian (kleiner, dunkelbraun), schreiben SMS, während das Team die Lichtregie an ihrem Hautton testet. Zadak ist jugendliche dreiundvierzig, hat Geheimratsecken und ein faltenfreies Gesicht und war längst ein Comedy-Nerd, bevor er anfing, Comedians zu managen: Er trieb sich viel bei Second City Chicago herum, zog nach Los Angeles, um Drehbuchschreiben zu studieren, und wollte eigentlich selbst Impro-Theater machen. Inzwischen ist er aber ganz damit zufrieden, als Producer der Sendung hinter der Kamera zu bleiben, und strahlt eine große Entspanntheit aus, trotz seines für Fernsehleute aus L. A. typischen Zeitplans (»Morgens stehe ich immer um fünf auf. Dann lese ich erst mal eine Stunde. Danach gehe ich eine Stunde trainieren. Anschließend bringe ich die Kinder zur Schule und gehe ins Büro …«). Um das Duo zu beschreiben, greift er auf den Beatles-Vergleich zurück, »bei dem Keegan Paul und Jordan John ist. Keegan kann den ganzen Tag einen Hit nach dem anderen schreiben und spielen, und die Leute lieben ihn einfach, und Jordan kann das auch, aber ich glaube, bei allem, was er macht, schaut man noch ein bisschen genauer hin. Er hat etwas mehr von einem tiefsinnigen Denker.« (Am Tag zuvor hat Atencio denselben Vergleich gezogen.) Am meisten beeindruckt Zadak bei seinen Klienten aber ihre Offenheit. Es gibt nichts, »was sie von vornherein ablehnen. Sie hören sich alles erst mal an.«

Neben dem Paradigma des Extro- und des Introvertierten ist es vielleicht auch diese Offenheit, die so an die Beatles erinnert, denn um sich immer weiterzuentwickeln, wie es die Beatles getan haben, muss man ununterbrochen zuhören, Reaktionen einschätzen, Vorlieben vorwegnehmen, sich anpassen. Das ist im Musik-Business schon schwierig genug und in der Comedyszene noch viel mehr. Die Welt ist voller verknöcherter Comedians, die, oft auch ganz plötzlich, nicht mehr komisch sind, weil sie sich vielleicht zu sehr an die vertraute Nervenbahn bestimmter Witze gehängt haben oder weil sie zu dogmatisch sind, sich nicht mehr ändern können. Wie bleibt man witzig? Das ist eine Frage, die Peele »verfolgt«: »Meine größte Angst ist, eines Tages auch den Punkt zu erreichen, an dem ich so viele Künstler und Comedians sehe, die einfach stehen bleiben. Irgendwann hatten sie mal diesen einen Erfolg, der hat gut funktioniert. Daraus schlagen sie dann Profit und vergessen, sich weiterzuentwickeln.«

Die Lichtdoubles sind weg; Key und Peele sind da und jetzt zu Basketball-Kommentatoren geworden, die offenbar ein Wahrheitsserum eingenommen haben (»Willkommen zurück zu ein paar weiteren Stunden und mehreren Millionen Dollar, die dafür verpulvert werden, erwachsenen Männern bei einem schlichten Kinderspiel zuzusehen, für das sie mehr bezahlt kriegen als der Präsident!«). Schwer in Form und gewohnt urkomisch, haben sie sich nur ein paar weißliche Falten ins Gesicht schminken lassen und wirken trotzdem mindestens so weiß wie Mitt Romney. Von Zeit zu Zeit kommt Jay Martel, ein weiterer Producer, der auch gelegentlich für den *New Yorker* schreibt, an ihren Tisch, um sie sprachlich etwas nachzujustieren. Groß, hager und glatzköpfig erinnert er an einen sanftmütigen Quäker und stammt auch tatsächlich von Kirchenmännern und Missionaren ab. (»Ich versuche gerade zu entscheiden, ob ein Eselspimmel nicht doch lustiger ist als ein Hundepimmel. Meine Vorfahren wären entsetzt.«) Irgendwann kommt Martel an den Tisch, um eine Textzeile zu besprechen, die Key nicht gefällt: »Der mutmaßliche Vergewaltiger gibt den großen orangen Ball an den verschwitzten Rechtsverdreher weiter; der verschwitzte Rechtsverdreher passt zu dem Spieler mit der Hypophysenfehlfunktion.« Der Ausdruck »Hypophysenfehlfunktion« ist Key zu »mathematisch«, was, wie Martel mir erklärt, bedeutet, dass man ein paarmal zu oft um die Ecke denken muss, um darüber lachen zu können. Am Set und in der Schreibwerkstatt gibt es etliche solcher Begriffe, die als praktische Chiffren verwendet werden. »Klemmi«: ein alter Witz. »Lateral«: fehlende Eskalation. »Drüberlegen«: die Handlungsschritte eines Klassikers als Grundlage nehmen und eine neue Komik »drüberlegen«, so wie bei dem Poitier-Sketch. »Dünnpfiff«: ein Witz, der seine Form noch nicht ganz gefunden hat. Statt der »Hypophysenfehlfunktion« bietet Martel jetzt »Riesenbaby« an. Dünnpfiff kuriert. Key und Peele versuchen unterdessen, sich gegenseitig mit erfundenen Beleidigungen zum Lachen zu bringen:

»Shploifus!«
»Eisbein!«
»Keksdose!«
»Gudeek!«
»Ebola!«

Letzteres kommt von Peele, und Key mustert ihn niedergeschlagen: »Aber Ebola haben sie 2015 doch bestimmt längst im Griff.« (Da wird der Sketch ausgestrahlt werden.) »Schnitt auf: verwüstete Stadtlandschaft«, sagt Peele, und Key greift den Gag auf: »Resident Evil: Der ganze Rest der Welt.« Selbst die spontanen Kommentare zu ihren Genreparodien inszenieren sie noch als Genreparodie.

Bisher haben Key und Peele sich in ihrer glücklichen Comedyehe immer gemeinsam weiterentwickelt, trotzdem ist auch sie den ganz normalen Belastungen einer Ehe ausgesetzt (dass es beide in verschiedene Richtungen zieht, sie unterschiedliche Dinge wollen), und viele aus dem direkten Umfeld der beiden, darunter auch Zadak, haben bereits angedeutet, dass sie sich womöglich auf ihr natürliches Ende zubewegt. Beide haben andere Projekte laufen, einige davon gemeinsam (unter anderem einen noch namenlosen Film von Judd Apatow), aber etliche auch getrennt, wobei der Paul-und-John-Vergleich hier zu kurz greift. Sollten Key und Peele sich tatsächlich trennen, wird es sicher eher ein bewusstes Abschiednehmen als eine knallharte Scheidung. Trotzdem gibt es bei den Dreharbeiten Momente, in denen man das Gefühl bekommt, dass sie sich neue Impulse wünschen. Am Ende des langen Tages sitzen sie an ihrem Tisch und versuchen, einen kurzen Sketch mit folgender drübergelegter Prämisse hinzukriegen: Was würde passieren, wenn Lehrerinnen an staatlichen Schulen so vermarktet – und bezahlt – würden wie Footballspieler? (»Angeblich soll Ruby von der P. S. 431 jetzt ein Angebot bekommen haben, das sie kaum ablehnen kann: 80 Millionen Dollar Garantiegehalt für die nächsten sechs Jahre, dazu weitere 40 Millionen in Fördergeldern, je nachdem, wie die Klassenarbeiten ausfallen. Damit spielt sie vom

Gehalt her in derselben Liga wie Katie Hope von der Rockridge Elementary.«) Besonders mathematisch ist das nicht, viel Körpereinsatz ist auch nicht nötig, und sie wirken etwas gelangweilt, machen ein paar ungewohnte Fehler. Während sie darauf warten, dass die Kameras wieder einsatzbereit sind, dreht Key sich zu Peele um und kommentiert die kuschlige Lage von Sportreportern: »Es gibt Leute, die verdienen ihr Geld mit diesem Mist und machen gar nichts anderes! Das ist doch total simpel. Warum machen wir den Mist nicht auch?« Peele pflichtet ihm bei, muss dann aber lachen und antwortet mit seiner Sportreporterstimme: »Bisher haben wir's zwar nicht hingekriegt – aber hey!« Die Kameras laufen, sie versuchen es erneut, versemmeln es wieder. Und ich habe den Eindruck, als läge das Problem gewissermaßen darin, dass es zu wenig Probleme gibt.

Manche Menschen sind eben einfach am besten, wenn sie vor Herausforderungen stehen, das ruft mir Jay Martel noch einmal in Erinnerung, als er mir ein paar Tage später seine Lieblingsanekdote der ganzen Sendung mailt: »In unserem Sketch über zwei konkurrierende Schauspieler, die Malcolm X und Martin Luther King spielen, haben wir die Latte für die körperlichen Anforderungen immer höher gelegt, ohne uns zu überlegen, ob das überhaupt physisch machbar ist. Dazu gehörte auch, dass Keegan (als Malcolm X) auf der Bühne den Wurm macht. Als wir das gedreht haben, machte Keegan uns den perfekten Wurm. Nach dem Take stand er auf und sagte: ›Sieht so aus, als könnte ich den Wurm.‹ Er hatte vorher nicht mal geübt.«

Anmerkungen zum Thema Einstimmung

Als ich sie zum ersten Mal hörte, hörte ich sie gar nicht. Meine Eltern hatten mich nicht darauf vorbereitet. (In solchen Situationen ist es ganz natürlich, den Eltern die Schuld zu geben.) In der ein Meter zwanzig hohen, mit Holzfurnier verkleideten Stereoanlage, die sie besaßen, fand sie sich nirgends. Angesichts der Vielzahl von Stimmen, die man auf dieser Gerätschaft hören konnte, wundert ihr Fehlen schon ein wenig. Burning Spear und die Beatles, Marley natürlich und Chaka Khan, Bix Beiderbecke, Louis Armstrong, Duke Ellington und James Taylor, Luther Vandross, Anita Baker, Alexander O'Neal. Und Dylan, immerzu Dylan. Aber nichts von der Kanadierin mit der offen gestimmten Gitarre. Ich kann mir nicht vorstellen, dass meine Eltern sie nicht kannten – schließlich lastet der besondere Fluch auf ihr, niemals richtig unbekannt zu sein. Aber vielleicht haben sie sie doch gehört und einfach nur falsch verstanden.

Meine Eltern liebten Musik, so wie ich Musik liebe, aber es wäre doch verfehlt, auch nur einen von uns als »Musikfreak« zu bezeichnen. Bei den Smiths gab es keine seltenen Aufnahmen, keine fesselnden B-Seiten (und keine einzige Platte von den Smiths). Wir wollten Songs, die uns zum Tanzen, zum Lachen oder zum Weinen brachten. Ungewöhnlich war die Plattensammlung nur in der Hinsicht, dass sie in ein und demselben Fach den Musikgeschmack einer jungen schwarzen Frau mit dem eines alten weißen Mannes vereinte. Entsprechend eklektizistisch war sie dann auch. Trotzdem hörten wir nur höchst selten weißen Frauen beim Singen zu.

Diese ganz speziellen Stimmen waren gewissermaßen überflüssig und in unserem Haushalt ja auch nicht von sich aus vertreten. Die größte Annäherung war da noch eine Sängerin wie Elkie Brooks (eigentlich Elaine Bookbinder, eine Jüdin aus Salford), doch Elkie hatte dieses charakteristisch Kratzige in der Stimme, das sie in der Smith'schen Wahrnehmung in eine Reihe mit Tina Turner und Della Reese stellte. Wir besaßen keine Platten von Kate Bush und nicht einmal das kleinste Fitzelchen Stevie Nicks, so kratzig sie auch singen mochte. Als ich das erste Mal von Debbie Harry hörte, war ich schon auf dem College. Wir hatten Joan Armatrading, Aretha, Billie und Ella. Wozu brauchten wir da noch weiße Frauen?

Es war eine dieser typischen College-Zusammenkünfte, bei denen ich immer wieder Alben von Blackstreet und Aaliyah in den CD-Player schmuggelte und meine Freunde sie gegen etwas anderes austauschten. Und da war sie, ganz plötzlich: ein gellender Laut, fast eine Art Jaulen – eine jaulende Weiße, die zusammenhanglose Töne aneinanderreihte. Fern jeder Melodie – oder fern von allem, was ich damals unter »Melodie« verstand. Ich griff nach dem CD-Cover und betrachtete es stirnrunzelnd: eine magere Blondine mit schwerem Pony, ganz in Blau gehalten. Meine gute Freundin Tamara – die wirklich singen kann und Musik sehr ernst nimmt – schaute irritiert zu mir herüber. *Magst du Joni etwa nicht?* Ich drehte die CD kritisch um, beäugte die Titelliste. *Ach, das ist Joni?* Allerhöchstwahrscheinlich machte ich auch einen spöttischen Kommentar über Weiße-Mädchen-Musik, einen von der Art, wie ich sie umgekehrt schon oft zu hören bekommen hatte, wenn ich mich genötigt sah, schwarze Männer zu verteidigen, die ins Mikro fluchen. Jessica, eine weitere Freundin, hakte noch einmal nach: *Du magst Joni nicht?* Sie schloss die Augen, sang ein paar Takte, die, wie ich jetzt weiß, aus »California« stammen. Genau genommen sang sie ansprechende, gar nicht uninteressante Textzeilen, aber mit einer seltsam gequetschten Falsettstimme – einer Art kafkaeskem »Pfeifen« –, die ich bei Jess besonders eigenartig fand, weil ich sonst nur eine schöne schwarze Stimme von ihr kannte. Eine Soulstimme. Du magst Joni nicht? *Ich esse keine Suppe, nein! Ich esse meine Suppe nicht! Nein, meine Suppe ess ich nicht!*

Vielleicht handelt diese Geschichte ja einfach nur vom Banausentum. Eine Eigenschaft, die man bei anderen immer viel leichter wahrnimmt als bei sich selbst. Mit zwanzig hörte ich Joni Mitchell – eine Sängerin, an der sich Millionen freuen und deren Sound letztlich auch gar nicht besonders ungewöhnlich oder abseitig ist – und begriff sie einfach nicht. Konnte ihr Pfeifen nicht einmal als richtiges »Singen« einordnen. Es war einfach nur ein Geräusch. Und ohne mir groß den Kopf darüber zu zerbrechen, legte ich dieses Pfeifen bei all den anderen spannenden Geräuschen ab, die wir in der Welt so hören, aus Gewohnheit oder Prinzip aber nicht als Musik einordnen. Was ist das, wenn nicht Banausentum? *Du magst Joni nicht?* Die Blicke meiner Freundinnen waren mitleidig. Die Art Blick, wie man sie von Gläubigen bekommt, wenn man ihnen den dargebotenen »Lesestoff« wieder zurückgibt und ihnen die Tür vor der Nase zuschlägt.

Auf dem Beifahrersitz eines Autos, unterwegs zu einer Hochzeit. Mit Jugend konnte ich mich nicht mehr herausreden: Ich war inzwischen so alt wie Jesus bei seinem Tod. Ich wurde nach Westen gefahren, Richtung Wales. Durch Wälder und Haine, durch wilde grüne Landschaft, immer weiter den steilen erhabenen Felsküsten entgegen … Es war ein sehr langer Weg bis nach Wales. Der Fahrer, seines Zeichens Dichter, plante einen Boxenstopp bei Tintern Abbey. Seine Passagierin, eher auf eine Autobahnraststätte erpicht, äußerte wiederholt den Wunsch nach einem Wurstbrötchen. Die Stimmung im Wagen war nicht die beste. Und noch etwas störte mich schon seit mehreren Kilometern, ohne dass ich seinen Ursprung so recht bestimmen konnte, irgendein hartnäckiges Geräusch … Jetzt konzentrierte ich mich darauf und stellte fest, dass es wieder dieses verflixte Pfeifen war, das sich durch die

Oktaven hangelte, sämtliche natürlichen Grenzen zwischen Taktstrichen missachtete und mir generell den letzten Nerv raubte, wie eine Biene, die am Seitenspiegel klebt. Ich beantragte einen Musikwechsel beim Fahrer, und der Blick, den er mir daraufhin zuwarf, war denen meiner Freundinnen vor all den Jahren nicht ganz unähnlich, wenn auch ein stärkeres Kaliber, da der Fahrer und ich kraft Gesetz auf Lebenszeit aneinander gebunden waren.

»Das ist *Joni Mitchell*! Bist du eigentlich noch zu retten? Hör doch mal richtig hin – das ist wunderschön! Hörst du das denn nicht?«

Ich fingerte bereits an der Anlage herum, auf der Suche nach dem Knopf, der allem ein Ende setzen würde.

»Nein, ich höre es nicht. Ich find's furchtbar. Außerdem klingt das gerade wie ›Jingle Bells‹.«

Ich hatte nicht damit gerechnet, mit diesem Satz etwas zu erreichen, und war erstaunt, als mein Mann lächelte und einen Moment lang aufmerksam lauschte: »Das ist tatsächlich ›Jingle Bells‹ – ist mir noch nie aufgefallen. Aber der Song handelt ja auch vom Winter … da ist das nur logisch.«

»Bitte mach es aus – ich flehe dich an.«

»Nächste Ausfahrt Tintern Abbey«, sagte er, biss fest die Zähne zusammen und bog scharf nach links ab.

Wir parkten; ich öffnete die Autotür mitten hinein in das weite Schweigen des Tales. Ohren hatte ich vielleicht keine, aber Augen schon. Ich trat in dieses Drinnen, das ein Draußen im Drinnen ist. Am Ostfenster blieb ich stehen, die Füße im grünen Gras, den Blick auf den grünen Hügeln, ungeborgen in diesem Nichtgebäude, das all seine reich verzierten Schutzmauern eingebüßt hatte. Zum gotischen Gerippe verkommen, wird die Abtei von oben und unten von Schönheit durchdrungen, genau jenen Elementen ausgesetzt, denen sie einst einen Kontext geben wollte, um sie frommen jungen Männern zur geduldigen Kontemplation darzubieten. Doch diese Form heiliger Versenkung ist inzwischen länger Vergangenheit, als es sie jemals gab. Schon vor zweihundert Jahren, als Wordsworth hier vorbeikam, war sie nur noch graue Erinnerung. Disteln sprießen zwischen den Steinen. Der Regen kommt herein. Dachlos, bodenlos, scheibenlos, »grün bis zur Tür hin« – Tintern Abbey sieht sich gezwungen, das Heilige anzuerkennen, das sich überall in allem findet.

Und dann? So, wie ich es in Erinnerung habe, war das Umland von Sonne überflutet; mein Mann zitierte eine Zeile aus einem der »Lucy«-Gedichte, und ich summte ein eigentümliches Stück Musik vor mich hin. Es war etwas mit mir geschehen. In all dem Einerlei aus Erinnerungen, die wir tagtäglich sammeln und wieder vergessen, wusste ich, dass diese mir bleiben würde. Ich teilte haargenau Wordsworths Empfindung, »dass dieser Augenblick für künftige Jahre / Nahrung und Leben birgt«. Oder glaubte das zumindest. Als ich das Gedicht jetzt wieder heraussuche, stelle ich fest, dass ich in vieler Hinsicht die entgegengesetzte Geschichte erzähle. Der Verfasser der »Zeilen, geschrieben einige Meilen oberhalb Tintern Abbey« (1798), wird vor allem von einer ekstatischen Erinnerung ergriffen: »Vorbei die Zeit, / All ihre Freudenqualen sind vorbei, / Ihr schwindelndes Entzücken.« Der Wye hat tiefen Eindruck bei ihm hinterlassen, als er fünf Jahre zuvor schon einmal dort war. Bei der Rückkehr erkennt er nun, dass er der Gegend immer noch zugetan ist, doch das Gedicht selbst bezeugt seine Entwicklung, denn seine Zuneigung ist von milderer Reife gefärbt. Verschwunden ist die wilde Bewunderung: »War doch Natur / (Da mir die derbere Lust der Knabentage / Verging, des jungen Tieres munteres Tollen) / Mein Ein und Alles. Nein, ich kann nicht malen / Das, was ich damals war.« Wieder in Wales zu sein ist auch eine Begegnung mit einer früheren Version seiner selbst; er ist dorthin gekommen, um »die Sprache meines früheren Herzens« zu hören. Und obwohl es stimmt, dass der junge Mann, an den er sich erinnert, ihm in vieler Hinsicht fremd ist, erweist sich die Behauptung, er könne ihn »nicht malen«, als falsche Bescheidenheit, denn selbstverständlich tut er genau das mit diesem Gedicht. Mich frappiert vor allem, dass Wordsworth tatsächlich jederzeit Zuneigung und Wertschätzung für sein einstiges Ich empfindet. Er versteht diesen Grünschnabel als Grundlage des besseren Mannes, der er einmal werden sollte. Eine natürliche Entwicklung: vom Jüngling Wordsworth zum Mann, vom Damals zum Jetzt. Sein Geist hat sich weniger verändert als vielmehr vertieft.

Wenn ich hingegen an die Joni-Mitchell-feindliche Pilgerin dort am Ostfenster zurückdenke, die sich müßig überlegte, ob sie ihren Liebsten nicht doch überreden könnte, auf der Strecke von hier bis zur Kirche noch einmal für einen mikrowellenerwärmten Raststättensnack anzuhalten (britische Hochzeiten sind berüchtigt für die Verzögerungen beim Servieren des Mittagessens), kann ich die Sprache meines früheren Herzens beim besten Willen nicht mehr verstehen. Wer war diese Person? So bockig, dass sie kaum merkte, wie sie Joni vor sich hin summte, noch unempfänglich für die Wandlung, die längst mit ihr vorgegangen war. Wie ist es möglich, etwas erst so vollständig zu verabscheuen und es dann so unsinnig zu lieben? Wie kommt es zu einer solchen Veränderung?

Die Wirkung, die Joni Mitchell heute auf mich hat? Haltlose Tränen. Eine emotionale Überwältigung, verstörend fern jeden Glücks, eher verwandt mit Freude – falls Freude darin besteht, einer fast unerträglichen Schönheit gewahr zu werden. Besonders zivilisiert ist das Gefühl nicht. Ich kann mir Joni Mitchell nicht anhören, wenn noch andere im Raum sind, oder mit dem iPod auf der Straße. Viel zu riskant. Ich kann einfach nicht dafür garantieren, dass ich den Song überstehe, ohne ganz gläsern zu werden – für alles und jedes, für die ganze Welt. Ein beschämendes Gefühl von Durchlässigkeit. Wobei es mich tröstet zu erfahren, dass mein Gefühl beim Hören dieser Songs dem Gefühl entspricht, dass die Künstlerin bei ihrer Entstehung hatte: »In dieser Lebensphase hatte ich überhaupt keine persönlichen Schutzwälle. Ich kam mir vor wie die Zellophanhülle um eine Zigarettenpackung.« So spricht

Mitchell über die ertragreichen Jahre zwischen Ginsbergs Besuch in der Abtei und 1971, als ihr Klassiker *Blue* erschien.

An dieser Stelle sollte ich besser beichten, dass ich, wenn ich an Joni Mitchell denke, eigentlich nur an *Blue* denke. Ich kann keinesfalls behaupten, hier eine Art überlegener Musikfreak-Offenbarung beschreiben zu wollen, die wenigstens Geschmack genug besitzt, sich für eins der »unbekannteren« Alben zu entscheiden, die Joni selbst anscheinend viel mehr schätzt: *Hejira* oder *The Hissing of Summer Lawns*. Nein, ich denke an das Album, das praktisch jeder Trottel zu Hause hat, egal wie weit sein Leben ihn sonst schon von der Musik weggeführt hat. Und was mich daran interessiert, ist auch gar nicht der musikalische Inhalt. Sondern die Wandlung beim Zuhören. Ich möchte dieses Phänomen nicht mit der schrittweisen Veränderung des eigenen Geschmacks verwechselt sehen. Das Gefühl einer schrittweisen Veränderung ist ganz anders geartet: Im Normalfall folgt es einem bewussten Willensakt. Wie die meisten Menschen erlebe auch ich solche schrittweisen Veränderungen recht regelmäßig. Seit ich mich gezwungen habe, *Verbrechen und Strafe* noch einmal zu lesen, bewundere und schätze ich beispielsweise Dostojewski, einen Autor, den ich noch mit Ende zwanzig nicht zu mögen glaubte. Während einer versuchsweisen Science-Fiction-Phase lieh ich mir Aldous Huxley aus der Bibliothek aus, trotz seiner scheußlich rassistischen Thesen. Und letzten Sommer hat sich, im Rahmen einer konzertierten Anstrengung, Schreibende zu lesen, die Sex zu ihrem Hauptanliegen erhoben haben, selbst eine Autorin wie Anaïs Nin, die meinem natürlichen Empfinden kaum ferner liegen könnte, meine Zuneigung erschlichen.

Ich glaube, es ist kein Zufall, dass sich die meisten meiner schrittweisen Geschmacksveränderungen in dem einzigen Gebiet vollzogen haben, in dem ich mich wirklich auskenne: dem Lesen von Romanen. Auf diesem einen, höchst eingeschränkten Feld kann ich mich mehr oder weniger als »Kennerin« bezeichnen.

Sprich, ich kann mich bis zu den angeblich niedrigsten Vertretern der Form herablassen und mich zugleich aufschwingen, das Entlegene und Abseitige zu bewundern – und das alles, ohne eine größere Veränderung in mir wahrzunehmen. Mit Romanen kenne ich mich aus, die Romantür meiner Persönlichkeit steht immer sperrangelweit offen. Aber ich habe Joni Mitchell nicht lieben gelernt, weil ich mehr über sie erfahren oder plötzlich verstanden hätte, was genau eine offen gestimmte Gitarre ist, oder auch nur, weil ich mich hingesetzt und mich gezwungen hätte, ihre Songs immer und immer wieder zu hören. Erst habe ich Joni Mitchell gehasst – dann habe ich sie geliebt. Ihre Stimme sagte mir überhaupt nichts – bis zu dem Tag, an dem sie mich komplett überwältigte. Und ich frage mich, ob das daran liegt, dass ich von Musik so wenig Ahnung habe, ob das den Paradigmenwechsel in meiner Fähigkeit, Joni Mitchell zu hören, vielleicht erst ermöglicht hat. Vielleicht setzte das ja eine gewisse Ahnungslosigkeit voraus. Im reinen Nichts meines Unwissens konnte sich etwas Erhabenes (ein Ereignis?) jenseits (oder unterhalb?) des Bewusstseins vollziehen.

Ich habe mich gerade als Romankennerin bezeichnet, was die Wortbedeutung ein wenig überstrapaziert: »jemand, der auf einem Sach- oder Wissensgebiet überdurchschnittliche Kenntnisse besitzt«. Ich habe ein tief sitzendes Interesse an meinen Austen'schen zwei Zoll Elfenbein, doch welcher Kenner, welche Kennerin würde sich nicht überdurchschnittliche Kenntnisse auf mehr als einem Sach- oder Wissensgebiet wünschen? Man wird für den eigenen guten Geschmack geschätzt, und den möchte man als Kennerin auf einem möglichst weiten Feld zur Anwendung bringen. Ich bin vielen wahren Kennern begegnet, die von der Geisteswissenschaft bis zur Kochkunst einen exzellenten Geschmack bewiesen – und ihre Auswirkung auf mein Selbstwertgefühl ist jedes Mal fatal. Wenn ich irgendwo beim Abendessen neben einer Person zu sitzen komme, die genauso viel über Romane weiß wie ich, daneben aber noch den inneren Raum gefunden hat, die Oper zu lieben und sich damit auszukennen, eine starke Meinung zur relativen Rangordnung von Renaissancemalern zu vertreten oder ein enzyklopädisches Wissen über den englischen Bürgerkrieg oder französische Weine zu haben – dann spüre ich eine Beklommenheit, die über bloßen Neid hinaus ins Existenzielle reicht. *Wo hat sie bloß die Zeit dafür gefunden?*

Das Leben ist kurz, ein Traktat von Seneca, wirft einen klugen Blick auf dieses Spannungsverhältnis zwischen Geschmack und Zeit (wobei Senecas Sympathien bei meiner Tischnachbarin liegen, nicht bei mir). Sein Essay nimmt die Form eines mahnenden Briefes an seinen Freund Paulinus, der offenbar den Fehler gemacht hat, sich in Senecas Hörweite darüber zu beklagen, wie kurz die Tage seien. In seiner ausführlichen Replik setzt der Philosoph Paulinus darüber in Kenntnis, dass man »zu leben aber […] das ganze Leben über lernen [muss]« und das Gefühl vom grausam kurzen Leben, das viele von uns haben, ein Trugschluss sei: »Wir haben keine zu geringe Zeitspanne, sondern wir vergeuden viel davon.« Mit achtlosem Luxus, mit Plaudereien, beruflichem Ehrgeiz, Kämpfen, Unzucht, Trinkgelagen und dergleichen. Willst du ein Leben führen, das dir lang erscheint, so sein Rat, dann fülle es mit Philosophie. Auf diese Weise kannst du nicht nur deine eigene Lebenszeit »gut hüten«, sondern ihr auch noch »jede Zeitepoche« hinzufügen: »Zum Edelsten und Schönsten, das durch die Mühe anderer aus der Finsternis ans Licht gebracht wurde, werden wir hingeführt.« Freunde dich also mit den »Größen der Wissenschaft« an, so fern sie dir auch sein mögen. Zenon, Pythagoras, Demokrit, Aristoteles, Theophrastus: »Jeder von ihnen hat Zeit, jeder wird den, der zu ihm kommt, empfangen und ihn glücklicher und in noch engerer Freundschaft entlassen. Keiner wird einen mit leeren Händen von sich weggehen lassen. Bei Nacht wie bei Tag kann jeder Mensch bei ihnen Zutritt finden.«

Ja, klar – aber man muss auch offen für sie sein. Schließlich kann man ohne einen Hauch von Unzucht im eigenen Leben einfach ganz legitim zu beschäftigt sein, um Aristoteles einen Besuch abzustatten. Beschäftigt mit Windelnwechseln. Damit, die Spüle zu putzen oder zur Arbeit zu gehen. Und da wir in unserer heutigen Welt nicht nur eine Handvoll anerkannter Philosophen unter die »Wissenschaft« fassen müssen, sondern auch noch die Kultur der letzten zweitausend Jahre – sowie einen Haufen neuer Kunstformen, die sich Senecas Philosophie nie hätte träumen lassen (polnisches Kino, Hip-Hop, Konzeptkunst) –, kann man durchaus nachvollziehen, dass sich viele Menschen doch ziemlich unter Zeitdruck sehen. Die Versuchung ist groß, unsere Wissenschaft ohne jeden Versuch gleich wieder aufzugeben und einfach fröhlich weiterzuleben, inklusive Kämpfen, Trinkgelagen und allem, was sonst noch dazugehört. So bleibt uns wenigstens die Genugtuung eines kurzen, schnelllebigen Genusses anstelle des lebenslangen Gefühls von Unzulänglichkeit. Trotzdem bewundere ich Seneca für seinen Idealismus, und ich glaube an sein zentrales Argument, auch wenn ich es in meinem eigenen Leben nur sehr punktuell beherzigt habe: »Wir sagen gewöhnlich, wir hätten nicht die Möglichkeit gehabt, uns unsere Eltern auszusuchen, da sie uns das Schicksal zugeteilt hat. Aber nach unserer eigenen Entscheidung aufzuwachsen, das steht uns frei.« Ich habe schon sehr früh entschieden, wie ich aufwachsen wollte, im Guten wie im Schlechten: als Kind des Romans. Dieser beherrschenden Leidenschaft für das Lesen von Geschichten wurde praktisch alles andere untergeordnet. Entsprechend habe ich schon Schwierigkeiten, mehrere zweistellige Zahlen zu addieren, ich habe nicht die leiseste Ahnung, warum Flugzeuge fliegen, und kann kaum besser zeichnen als eine Fünfjährige. Zu meinen Motivationen, selbst Romane zu schreiben, gehört die kleine Möglichkeit zu weiterführenden Studien, die sich dadurch auftut. Beim Schreiben meines ersten Romans habe ich das ein oder andere über Genetik gelernt, beim dritten bin ich mit Rembrandt ziemlich weit gekommen. Aber das sind nur kleine Wissensinseln hier und da. Ich glaube, Seneca hat recht:

Das Leben fühlt sich länger an, je mehr man sich darauf einlässt. (Man braucht sich ja nur anzuschauen, wie kurz sich das Leben für den Dichter Philip Larkin anfühlte. Und sich dann zu überlegen, wie wenig er daraus gemacht hat.) Eigentlich müsste ich Bildhauerei doch lieben! Aber ich habe mich nie intensiv mit Bildhauerei beschäftigt. Stattdessen verbringe ich, in völliger Missachtung der Bildhauerei, die Zeit, die ich ihr sinnvollerweise widmen könnte, mit Dingen wie Trinkgelagen und Löcher-in-die-Luft-Gucken.

Dieses Gefühl des Verlusts befällt mich nirgends so eindringlich wie bei der Musik. Erst kürzlich hatte ich es wieder, als ich von einem jungen Mann, der bei meinem kanadischen Verlag arbeitet, durch einen Indie-Plattenladen in Vancouver geführt wurde. Er wollte mir dieses Paradebeispiel der örtlichen Kulturszene unbedingt zeigen (und außerdem Karten für ein Heavy-Metal-Konzert kaufen, zu dem er mit seiner Frau wollte). Ich streifte durch den Laden, wie ich immer durch Plattenläden streife: Deprimiert von meiner Ahnungslosigkeit zog es mich zum Altbekannten. Nach einer hilflosen Viertelstunde kaufte ich schließlich eine Hip-Hop-Zeitschrift und dachte über eine Platte von Billie Holiday nach, obwohl sie unmöglich auch nur einen Titel enthalten konnte, den ich nicht längst besaß. Ich wollte gerade gehen, da entdeckte ich eine Platte mit einem großartigen Titel: *More Songs About Buildings and Food*. Sie wissen sicher sofort, von wem das ist – ich nicht. Die Talking Heads. Während ich noch bewundernd davorstand, wurde ich von einer Melancholie ergriffen, vermutlich ganz ähnlich dem Gefühl, das eine bestimmte Art Mann befällt, wenn er mit seiner Frau am Bahnsteig sitzt und eine schöne junge Frau – in jeder Beziehung ganz anders als die eigene – vorbeigehen sieht. *Da geht mein anderes Leben*. Ist es zu spät, mich auf die Talking Heads einzulassen? Habe ich die Zeit dafür? Was für ein Mensch wäre ich, wenn ich diese Platte kennen, geschweige denn gut kennen würde? Wenn ich nicht von Al Green und Stevie Wonder geprägt worden wäre, sondern von David Byrne und Kraftwerk? Was, wenn ich die

Sorte Mensch wäre, die irgendwie die Zeit findet, Al Green, Stevie Wonder, David Byrne *und* Kraftwerk genauestens zu kennen und zu lieben? Was für eine Freude es wäre, so viele »Eltern« zu haben! Wie lang und ertragreich das Leben dann erscheinen würde!

Ich muss ja zugeben, dass es mir bei den Kennerinnen, denen ich bisher begegnet bin, immer ein bisschen schwerfiel, so ganz an sie zu glauben. Banausentum geht oft mit einer guten Portion Misstrauen einher. Wie kann diese Person bloß so viele Dinge lieben, wie sie vorgibt? Manchmal, wenn ich missmutig bin, fühle ich mich zu der Annahme verleitet, dass meine Kennerfreunde so viel Zeit für all die Wissenschaft finden, weil sie keine Kinder haben. Aber diese Erklärung ist zu einfach. Die echten Kennerinnen waren schon so, als wir alle noch zwanzig waren; ich war immer schon beschränkter und widerständiger. Bei manchen Menschen stehen sämtliche Türen weit offen, und so ziemlich alles wird zur Anhörung vorgelassen – solange es nur *gut* ist. Und ich stehe tief in der Schuld meiner Freunde dieses Typs, weil sie es letztlich doch fertiggebracht haben, ein paar schwierige und mühsame Veränderungen an meinem Geschmack vorzunehmen. Für diese Umerziehung bin ich dankbar, auch wenn ich immer noch befürchte, dass mein Leben niemals lang genug sein wird, um mich ernsthaft mit all den vielen verschiedenen Weinsorten auseinanderzusetzen, die sich aus all den vielen verschiedenen Traubensorten pressen lassen.

Mit Joni war das so leicht. Es brauchte in gewisser Weise gar nicht lang. Es war unmittelbar. Keine schrittweise Veränderung, sondern ein Glaubensakt. Eine plötzliche, unerwartete Einstimmung. Oder eine Um-Stimmung aus dem Nichts, aus dem Negativen heraus, hin zu etwas Erhebendem, Positivem, Erhabenem. Ernsthaft gläubige Menschen fühlen sich womöglich dadurch gekränkt, dass ich etwas so Seltenes und Kostbares wie einen Akt des Glaubens auf die banale Erkenntnis übertrage, dass *Blue* von Joni Mitchell ein großartiges Album ist, doch für jemanden wie mich, die selbst nie einen Gott gekannt, nur sehr viele Worte über andere

Menschen, die Gott kennen, gelesen und geschrieben hat, hängen diese Gefühle strukturell, wenn auch nicht inhaltlich, unweigerlich zusammen. Ich denke da konkret an Kierkegaards *Furcht und Zittern* und, noch konkreter, an die Einleitung – »Stimmung« –, die dieses eigentümliche Buch eröffnet und von vielen, mich eingeschlossen, normalerweise irritiert überblättert wird, um gleich zu den handfesten »Problemata« zu kommen. Diese »Stimmung« hat etwas von einem komischen, kleinen Roman. Kierkegaard erweckt darin eine Figur zum Leben: einen schlichten, gläubigen Mann, »kein Denker [...] kein gelehrter Exeget«, der von der biblischen Erzählung über Abraham und Isaak besessen ist, aber feststellen muss, dass er sie nicht versteht. Und so erzählt er sie sich viermal selbst, in unterschiedlichen Versionen, als wäre sie ein mündlich tradiertes Volksmärchen, das sich mit jeder Erzählung ein wenig wandelt.

Die grundlegenden Details bleiben gleich. (In allen Versionen wird am Ende der Widder und nicht Isaak getötet.) Die Variation besteht in den Reaktionen von Abraham und Isaak. Um seinem Sohn den Glauben an Gott zu erhalten, gibt Abraham in der ersten Version vor, er, Abraham, hasse Isaak und wolle ihn deshalb töten. In der zweiten Version läuft alles nach Plan, nur, dass Abraham weder vergeben noch vergessen kann, was Gott von ihm verlangt hat, und ihm jede Freude im Leben abhandenkommt. In der dritten kann Abraham nicht daran glauben, dass ihm eine so offensichtliche Sünde jemals vergeben werden wird. Und in der letzten Erzählung verliert Isaak seinen Glauben: Wie konnte sein Vater ein so furchtbares Verbrechen auch nur einen Moment lang in Erwägung ziehen? Nach jeder Neuerzählung folgt ein kurzer Absatz, der eine Analogie zu einer ganz anderen Situation zieht: einer Mutter, die ihr Kind abstillt.

> Wenn das Kind entwöhnt werden soll, so schwärzt die Mutter ihre Brust; es wäre ja schade, sähe die Brust lieblich aus und das Kind

dürfe sie nicht bekommen. Dann glaubt das Kind, die Brust habe sich verändert; aber die Mutter ist die gleiche, ihr Blick ist liebevoll und zärtlich wie immer. Wohl dem, der nicht entsetzlicherer Mittel bedurfte, um das Kind zu entwöhnen!

Diese Fassung folgt auf die erste Geschichte, in der Abraham versucht, Gott den Herrn zu entlasten und die Schuld auf sich zu nehmen. Es ist nicht immer offensichtlich, wo in diesen merkwürdigen Abstillanekdoten die Analogie liegt. Profiphilosophen haben viel Zeit damit zugebracht, die genauen symbolischen Verbindungslinien zu diskutieren. Ist Gott die Mutter? Ist Isaak das Kind? Oder ist Abraham die Mutter, Isaak das Kind und Gott die Brust? Ich habe nicht die leiseste Ahnung. Eindeutig ist aber, dass jede Version eine Art Verteidigung bietet, eine Form der Erklärung, eine Verständnishilfe. *Meine Mutter verweigert mir ihre Milch nicht; ich will sie ja gar nicht mehr, weil ihre Brust so schwarz ist. Gott verlangt nichts Unverständliches von mir; mein Vater ist es, der mich tot sehen will.* All die Versionen, die dieser schlichte Mann sich erzählt, sind in vieler Hinsicht schrecklich, aber sie sind immerhin verständlich, was man von der folgenden paradoxen Wahrheit nicht behaupten kann: Gott hat mir versprochen, ich würde durch meinen Sohn fruchtbar sein, und trotzdem befiehlt Gott mir jetzt, meinen Sohn zu töten. (Oder: Meine Mutter liebt mich und will mir Milch geben, und trotzdem verweigert meine Mutter mir jetzt die Milch.) Und nachdem der schlichte Mann die verschiedenen Rechtfertigungen durchgegangen ist, bleibt ihm die ursprüngliche Bibelgeschichte weiterhin ein Rätsel: »[Er] sank vor Müdigkeit zusammen, er faltete die Hände und sprach: ›Keiner war doch so groß wie Abraham; wer ist imstande, ihn zu verstehen?‹«

Wenn ich diese »Stimmung« lese, habe ich das Gefühl, als wollte Kierkegaard mich auf eine genauere Betrachtung der eigentlichen Bibelgeschichte von Abraham und Isaak vorbereiten, die im Kern unerklärlich ist. Die »Stimmung« ist ein Probelauf: Sie führt eine

Reihe rationaler Erklärungen an, um besser zeigen zu können, wie armselig diese als Erklärungen wirklich sind. Denn nichts kann uns auf Abraham vorbereiten, und verstehen kann ihn auch niemand – zumindest nicht vom Kopf her. Die Akzeptanz des Absurden gehört zum Glauben. Um uns an diesen Punkt zu bringen, will Kierkegaard uns »einstimmen«, systematisch all die üblichen Schutzmauern einreißen, die wir dem Absurden sonst entgegenstellen.

Natürlich verlangt die Liebe zu Joni Mitchell keine Akzeptanz des Absurden. Ich spreche hier ja auch von der minderen Kategorie der Ästhetik, nicht von der monumentalen der Religion. Aber wenn man in ein so behäbiges Bauwerk wie die menschliche Persönlichkeit eine Bresche schlagen will, hilft es meines Erachtens doch, das Kierkegaard'sche Gefühl der Schutzlosigkeit zu kultivieren. Kierkegaards schlichter Mann macht einen schlichten Fehler: Er will das Mysterium der Bibelgeschichte in Begriffe übersetzen, die ihm verständlich sind. Aus seinem Scheitern können wir etwas lernen. Manchmal geschieht es, dass wir gerade dann für scheinbar »absurde« Phänomene wie die Kategorie des »Neuen« in der Kunst offener werden, wenn wir aufhören, sie verstehen zu wollen oder sie zu hinterfragen.

Auf einen einfachen Punkt gebracht: Man muss seine Schutzschilde senken. (Ich halte es nicht für einen Zufall, dass meine Joni-Erleuchtung quasi durch die Hintertür kam, als mein kritischer Geist schutzlos dalag, auf eine ganz andere Form von Schönheit konzentriert.) Geprägt von den Songs meiner Kindheit, wie ich bin, fällt es mir schwer, etwas musikalisch »Neues« oder auch nur »Für-mich-Neues« zu akzeptieren. Dass sich dieses Problem in der Literatur nicht stellt, liegt daran, dass ich nie versucht habe, mich vor Romanen zu schützen. Ob sie von hinten nach vorn erzählt sind, kein »E« enthalten oder ein einziger langer absatzloser Text sind: Romane sind immer willkommen. Wo dieser leichte Durchmarsch seinen Ursprung hat, ist mir schleierhaft; ich habe den Eindruck, als Kind mindestens so viele Songs gehört wie Geschichten gelesen zu haben, doch offenbar habe ich bei Musik starrere Konzepte entwickelt und Schutzwälle um sie herum errichtet, was ich nie getan habe, wenn es um das Wort ging. Vermutlich ist genau das mit diesem mysteriösen Konzept »ästhetisches Empfinden« gemeint, das einem oft wie angeboren erscheint. Ich bin überzeugt, hätte ich 1907 bei Joyce in seiner Mansarde vorbeigeschaut, ich hätte gleich nach seinen Notizen zum *Ulysses* gegriffen und mit Begeisterung erkannt, was er da vorhat. Hätte ich allerdings im selben Jahr Picasso in seinem Atelier besucht, ich hätte die Leinwand mit den *Desmoiselles d'Avignon* betrachtet und wäre ratlos gewesen, vielleicht sogar ein bisschen empört. Wenn ich jetzt, im richtigen Leben, 2012, vor demselben Gemälde im Museum of Modern Art in New York stehe, erscheint es mir natürlich wunderschön. Die ganze komplizierte Arbeit aus Einstimmung und Akzeptanz haben längst andere für mich erledigt. Kluge Kritiker, andere Maler, empfängliche Laien. Sie haben die Türen vor fast einem Jahrhundert eingetreten – ich brauche nur noch hindurchzugehen.

Wer könnte Abraham jemals verstehen? Er ist in sich selbst unbeständig. Das Mädchen, das Joni nicht leiden konnte, und die Frau, die sie liebt, scheinen mir ähnlich voneinander geschieden, zwei Personen, die zufällig einmal im selben Körper gewohnt haben. So ein Gefühl befällt uns manchmal auch, wenn wir ein Tagebuch lesen, das wir als Teenager geführt haben, oder uns anhören, wie eine alte Freundin beim Abendessen eine Geschichte über uns erzählt, an die wir uns gar nicht mehr erinnern können. Für die meisten ist das ein ganz alltägliches Gefühl, für Menschen, die künstlerisch tätig sein wollen, erweist es sich allerdings als recht verzwickt. Denn obwohl wir wissen und erkennen, wie unbeständig unser Leben ist, hängen wir im Hinblick auf die Kunst doch einer tiefen Vorstellung von Beständigkeit nach. Ich stelle fest, dass ich in mir auf radikale Weise unbeständig bin – aber wie soll ich dieses Prinzip literarisch darstellen? Was ist eine literarische Figur denn anderes als eine beständige, einheitliche Persönlichkeit? Käme Abraham in einem Roman vor, nicht wenige würden diesen Roman an die Wand pfeffern. Was motiviert ihn? Wie kann er seinen Sohn lieben und trotzdem bereit sein, ihn zu töten? Abraham ist eine Zumutung für uns. Indem wir auf Buchseiten, Bühne und Leinwand einheitliche Menschen lesen oder betrachten, versichern wir uns unserer eigenen Einheitlichkeit.

Dieser Instinkt des Publikums kann sich auf ganze künstlerische Karrieren auswirken. Ich möchte gern glauben, dass ich nicht zu den berüchtigten Briten gehört hätte, die Dylan von der Bühne buhten, als seine Musik elektronisch wurde, doch angesichts der bisherigen Beweislage muss ich sehr befürchten, dass ich mitgebuht hätte. Wir wollen, dass unsere Künstlerinnen und Künstler immer genauso bleiben, wie sie waren, als unsere Liebe zu ihnen erwacht ist. Aber unsere Künstlerinnen und Künstler wollen weiter. Manchmal wird der Kampf dann so erbittert, dass bei der Künstlerin eine Kehrwende stattfindet: Joni Mitchell sieht sich heute kaum noch als Sängerin, sondern als Malerin. Auf die Erwartungen ihres Publikums reagiert sie so allergisch, dass sie lieber eine ganz passable Malerin sein will als eine vom Erhabenen berührte Sängerin. Häufig wird solche Publikumsfurcht als Verachtung gedeutet, doch Mitchells Unermüdlichkeit ist nur die natürliche Nebenwirkung ihres Künstlerinnentums, so wie es auch bei Dylan, so wie es bei Joyce und Picasso ist. Joni Mitchell will nicht Teil meines Traumes sein, in dem es auf ewig 1971 ist – ihr Leben hat seine eigene Zeit. Und sie hat einfach nicht genug Zeit in ihrem Leben, um auf ewig die Joni meiner Erinnerung zu bleiben. Einer Künstlerin kann nichts Schlimmeres passieren, als bloßes Beiwerk der Offenbarung anderer zu sein.

Und schließlich diese Songs, diese wundersamen Songs! Wenn ich sie höre, weiß ich, wie tief ich in der Schuld der Schönheit stehe, und jedes Mal spüre ich dann die Verpflichtung, diese Schuld zu begleichen. Bei Joni bietet sich da ein offensichtlicher

Weg. Es zeigt sich nämlich, dass sie sich, während sie mich von meiner musikalischen Heimat weggeführt hat, selbst auf den Weg gemacht hat, mitten hinein in den Ort, von dem ich komme:

> Seit fünfundzwanzig Jahren beklagt sich die Öffentlichkeit, allen voran die weiße Presse, über das Fehlen von Discorhythmen und Dur-Moll-Harmonien, während sich meine Musik immer weiterentwickelt und immer mehr schwarze kulturelle Einflüsse aufgenommen hat, was unvermeidlich war, denn ich liebe schwarze Musik: Duke Ellington, Miles Davis. Natürlich bin ich nicht als Jazzerin angetreten, und ich bin auch keine Jazzerin. Aber die meisten meiner Freunde kommen aus der Jazz-Szene. Da kenne ich einfach die meisten Leute, ich kann die Texte der Klassiker aus den Vierzigern und Fünfzigern auswendig, aber mit der Popmusik der Sechziger und Siebziger kenne ich mich eigentlich gar nicht aus. Ich schöpfe also im Grunde aus einer Quelle amerikanischer Musik mit starken schwarzen Einflüssen, und dazu kommt die kleine Insel aus irischen und englischen Balladen, die ich gelernt habe, als ich Gitarre lernte. Ursprünglich waren diese Stücke so etwas wie Stützräder für mich. Und jetzt wollen die Leute, dass ich immer weiter mit Stützrädern fahre, während meine Leidenschaft eigentlich Duke Ellington gehört, viel mehr als Gershwin, den Urvätern, Charlie Parker. Ich mag auch Patsy Cline. In jedem Lager haben es die Allerersten immer besonders schwer.

Ich frage mich, wie es wohl wäre, die Musik meiner Kindheit in der Verarbeitung durch Joni Mitchells ästhetisches Empfinden zu hören. Ich wusste nichts von ihrer »schwarzen Periode«, bis ich anfing, diesen Essay zu schreiben, und online ein paar Interviews mit ihr las, darunter auch eine lange Diskussion mit einem DJ aus Texas von 1998. Jetzt habe ich fest vor, mir diese spätere Musik zu besorgen und ihr etwas Zeit zu widmen. Mir diese Mühe zu machen. Ich glaube gar nicht, dass die Mühe besonders groß sein wird, jetzt, wo ich die tiefe Strömung spüre, die uns verbindet. Wahrscheinlich war diese Strömung schon immer da. Joni und ich brauchten nur ein bisschen Einstimmung. Diese wandernden Töne, die Takt-Grenzüberschreitungen, die Tonartwechsel, die sie heute so öde findet und die für mich immer noch an ein Wunder grenzen. Ihre Musik, ihr ganzes Leben hat sich immer um Unbeständigkeit gedreht. Das Uneinheitliche von Identität, von Persönlichkeit. Ich hätte mehr glauben sollen. Wir waren doch immer schon füreinander bestimmt:

> Ich habe einen Vertrag für eine Autobiographie unterschrieben. Aber man kann mein Leben nicht einfach in ein einziges Buch bringen. Darum möchte ich gewissermaßen in der Mitte anfangen – in der Phase von *Don Juan's Reckless Daughter*, was eine sehr mystische Zeit in meinem Leben war und eine sehr farbenfrohe. Nicht mystisch im Sinn von: auf blutigen Knien liegen. Wenn ich Romane schreiben würde, dann müsste das mein erster Roman werden. Und er fängt an mit dem Satz: »Ich war der einzige Schwarze auf der Party.« (Lacht.) Meinen ersten Satz habe ich also schon.

FENSTER ZUM WILLEN: ›ANOMALISA‹

Allein mit den Kindern an einem winterlichen Nachmittag, ging ich in den Zoo im Central Park. Er ist nicht sonderlich groß, einfach nur so groß wie ein Zoo, und nachdem wir die Tiere betrachtet hatten, fanden wir uns in der Schlange vor dem kleinen Kino wieder, um uns einen Film mit dem Titel *Der Polarexpress – 4-D Experience* anzuschauen. Als weihnachtlich motivierter Ableger des gleichnamigen Fantasyfilms von 2004 bringt er die aus Videospielen bekannte Animationstechnik »Performance Capture« zum Einsatz, bei der die Bewegungen von Schauspielern in computergenerierte Bilder umgesetzt werden. Der kleine Junge, der Held des ersten Films, ist immer noch knapp zehn Jahre alt. Wir treffen ihn in seinem Zimmer an, wo er sein eigenes Voiceover über sich ergehen lassen muss, gesprochen von der onkelhaften Stimme seines erwachsenen Ichs, Tom Hanks:

> Am Abend vor Weihnachten, vor vielen Jahren, lag ich still in meinem Bett. Ich gab acht, dass die Decke nicht raschelt, ich atmete langsam und lautlos. Ich wartete auf ein Geräusch und hatte schon Angst, dieses Geräusch nie zu hören: die Glöckchen am Schlitten des Weihnachtsmanns.

Der kleine Junge sieht aus wie ein Mensch, sein Fleisch wirkt fleischlich, sein gelber Schlafanzug flattert und knittert, und seine Haare besitzen diese typisch haarige Haarqualität. Aber die Augen! Sie gehören einer Puppe, einer Wachsfigur, einem Roboter. Realistische Augen erweisen sich als zu großer Schritt für die 3-D-Bildverarbeitung. Die Wirkung – das wurde bereits beim ersten Film vielfach festgestellt – ist gruselig. Mitten hinein ins Uncanny Valley. Kinder kümmert das nicht. Meine Kinder waren begeistert von dem kleinen Jungen und seinen toten Zombie-Augen und von dem Schnee, der von der Kinodecke auf sie herabrieselte, und von dem Wind, der ihnen aus den Sitzen in den Kindernacken pustete. Und weil ich mit ihnen allein war, konnte ich mein eigenes 4-D-Erlebnis mit niemandem besprechen, mich mit niemandem über das diffuse Grauen austauschen, das Erwachsene angesichts solcher Versuche vollkommener Wirklichkeitsnähe oft empfinden. Ich konnte niemanden mit diesem Schopenhauer-Zitat langweilen:

> Statt dass also das wahre Kunstwerk uns von dem, welches nur *einmal* und nie wieder da ist, d. i. dem Individuo, hinleitet zu dem, was stets und unendliche Male in unendlich vielen da ist, der bloßen Form oder Idee; gibt das Wachsbild uns scheinbar das Individuum selbst, also das, was nur *einmal* und nie wieder da ist, jedoch ohne das, was einer solchen vorübergehenden Existenz Wert verleiht: ohne das Leben. Darum erregt das Wachsbild Grausen, indem es wirkt wie ein starrer Leichnam.

Für die Kinder war der Film – jenseits der realistischen Effekte – vor allem deswegen interessant, weil er der Frage nach dem ontologischen Status des Weihnachtsmanns nachging. Gibt es den Weihnachtsmann wirklich? Unser kleiner Junge macht nämlich eine Glaubenskrise durch, und einmal schlüpft er aus dem Bett und zieht einen Band des Lexikons aus dem Regal, um den Eintrag zum Nordpol nachzuschlagen. »Schroff und öd«, liest er da. Und auch: »Ohne jedes Leben.« Ganz meine Meinung.

Der Rest ist schnell zusammengefasst. Der Polarexpress hält vor dem Haus, der kleine Junge und ein paar weitere Zombiekinder mit toten Augen steigen ein, und wir als Publikum werden beschneit, bepustet und durchgerüttelt – als säßen wir in einem richtigen Zug –, bis wir schließlich beim wahren Weihnachtsmann eintreffen, der durchaus existiert und ein silbernes Glöckchen von seinem Schlitten herabwirft, das der Junge später finden wird. Mit dem Glöckchen verhält es sich so, dass nur jene, die wirklich »glauben«, es klingeln hören. Und während andere Kinder erwachsen werden und das Klingeln des Glöckchens nicht mehr hören, wird unser kleiner Junge es immer hören, sein Leben lang, sogar noch als spät-mittelalter Tom Hanks. Er glaubt.

Der Glaube dieses Jungen folgt keiner Konfession: Er gehört einem allgemeinamerikanischen Glauben an, der sich schon vor langer Zeit von jedem konkreten Monotheismus abgewandt und an und für sich Autonomie erlangt hat. Der Glaube an diesen Glauben macht Luke zum Jedi, Cinderella zur Prinzessin und Pinocchio zu einem echten Jungen, und meine Kinder hängen dieser Glaubensrichtung schon von klein auf an – seit sie »Netflix« sagen können. Die Lektion lautet: *Wenn du nur glaubst – dann wird es wahr!* Der Film war zu Ende, weiterer Schnee rieselte herab. Ich wischte meinen entzückten Kindern die Schaumreste ab, und wir gingen wieder hinaus, ins Licht.

Der ästhetische Zufall wollte es, dass ich am selben Abend noch einmal zum Kino verabredet war, um den neuen Film von Charlie Kaufman zu sehen, *Anomalisa*, zusammen mit meiner Freundin Tamsin, die Philosophin ist, von Haus aus Nietzscheanerin, aber auch dem gelegentlichen Schopenhauer-Zitat nicht abgeneigt, wenn es ihr von Amateuren – in diesem Fall einer Amateurin – aufgezwungen wurde. Während dieser endlosen Woche allein mit den Kindern hatte ich ständig meinen Taschen-Schopenhauer dabei, eine englische Ausgabe mit dem Titel *On the Suffering of the World (Nachträge zur Lehre vom Leiden der Welt)*, die wohl oder übel zu dem Filter geworden war, durch den ich alles, von den Bedürfnissen unersättlicher Kinder über die schlechten Weltnachrichten aus der Zeitung bis hin zum Schnee, der vom Himmel fiel, betrachtete. Auf dem Weg zum Kino erwogen wir den Gedanken, dass Kaufmans Filme im Grunde alle irgendwie Schopenhauer verpflichtet sind, weil sie sich auf die ein oder andere Weise immer mit dem Leiden befassen: mit der Erfahrung des Leidens, mit seiner Unausweichlichkeit und mit der Möglichkeit einer momentweisen trügerischen Erleichterung davon. Bei Kaufman tritt diese Erleichterung meistens in Form einer Frau auf (obwohl diese Frauen fast immer auch Ursache großen Leidens sind). Ich musste an Catherine Keener denken, wie sie vor so vielen Jahren als Maxine in *Being John Malkovich*, atemberaubend in weißer Bluse und Bleistiftrock, einem verlotterten Depressiven – dem klassischen Kaufman-Protagonisten – eine Viertelstunde Erleichterung von seinem Leiden verschafft:

ERROLL: Kann ich mir aussuchen, wer ich sein möchte?
MAXINE: Sie werden zu John Malkovich.
ERROLL: Das ist perfekt! Das war meine zweite Wahl, aber es ist wundervoll … Malkovich! König von New York! Mann von Welt! Begehrenswertester Junggeselle! Bonvivant! Der Schopenhauer des 20. Jahrhunderts!

Die letzten Sätze wurden aus dem fertigen Film natürlich herausgeschnitten, aber ich verstehe jeden Wink mit dem Zaunpfahl. »Da kamen schon Puppen vor«, merkte Tamsin an, als wir uns auf unsere Plätze setzten. »Und jetzt sind das alles Puppen?«

»Alles Puppen.«

Zum zweiten Mal an diesem Tag saß ich im Dunkeln und wartete darauf, dass etwas nicht ganz Menschliches – und Allzumenschliches – seinen Anfang nehmen würde. Dann flog ein Modellflugzeug zwischen modellierten Wolken hindurch ins Bild. Alles auf der Leinwand war modelliert, entweder von Hand oder von einem digitalen 3-D-Drucker, und ist das Werk der Stop-Motion- und Animationsspezialisten von Starburns Industries. Um die Qualität des Belebten zu erzeugen, die jedem Lebewesen eigen ist – die dafür sorgt, dass Pflanzen sich nach der Sonne recken, dass eine Frau zu Boden fällt oder ein Mann sich umdreht und schreiend wegrennt –, verschieben diese Puppenspieler jedes ihrer Modelle um eine Winzigkeit, alles von Hand, lichten es in dieser Haltung ab und verschieben es dann erneut. Hinter den sechzig Sekunden, die das Modellflugzeug für seinen Weg durch die Wolken braucht, steht also eine Woche Arbeit von weiß Gott wie vielen Menschen. Und in diesem kleinen Flugzeug, im Jahr 2005, sitzt Michael, Brite und Experte für Kundenservice, wohnhaft in Los Angeles, jetzt aber unterwegs zu einer Konferenz in Cincinnati, und liest den alten Brief seiner erzürnten Exfreundin Bella. Während er liest, taucht sie vor ihm auf, in geisterhafter Puppengestalt:

> 12. November 1995. Lieber Michael. Fick dich. Geh zum Teufel. Einfach so abzuhauen. Nach all dem, was Du mir gesagt hast. Nach all der gemeinsamen Zeit. Nach all diesen verfickten Versprechungen. Nach all diesem verfickten Ficken.

Sicher begreifen viele Zuschauerinnen sofort, wenn sie Bellas Stimme aus dem Off hören, worin der zentrale Kunstgriff dieses Films besteht, aber ich bin vermutlich trotzdem nicht die Einzige, die sich anfangs vom Staunen irreführen ließ. Ich war viel zu sehr damit beschäftigt, die Puppen zu bewundern, diese Mischung aus Kunsthandwerk und Realismus, die sie mit ihrer pfirsichflaumigen Silikonhaut, ihren haarigen Haaren und den nicht ganz fließenden und doch absolut erkennbaren menschlichen Gesten offenbarten. Obwohl die Körperproportionen sich nicht ganz entsprechen – sie wirken ein wenig kleiner und gedrungener als wir –, kaufen sie ihre Kleider offensichtlich doch in den gleichen Kaufhäusern wie wir, werfen die gleichen Pillen ein und verwenden die gleichen Nackenstützen. Sie fliegen mit den gleichen nichtssagenden Flugzeugen und landen auf den gleichen gesichtslosen Flughäfen. Doch um die Augen und am Haaransatz tragen sie sichtbare Nähte zur Schau, die uns zeigen, wo die einzelnen Platten ihrer Puppengesichter zusammenkommen. Normalerweise werden solche Nähte in der Postproduktion beseitigt; Kaufman und sein Koregisseur Duke Johnson haben beschlossen, sie zu behalten, weil sie »einen Bezug zu den Themen der Handlung« hätten.

Die Wirkung ist gruselig, allerdings ganz anders als beim *Polarexpress*. Die Nähte verbreiten ein gewisses Brecht-Gefühl: Sie erinnern uns daran, dass Michael nicht real ist, sondern nur eine Repräsentation. Konterkariert wird das aber von seinen Augen, die wirklich zu sehen scheinen, was auch wir sehen. Bilder wandern über ihre Oberfläche, Licht dringt zu ihnen durch. »Die Augen waren ein ganz großes Ding«, hat Caroline Kastelic, die leitende Puppenspielerin im Film, der Zeitschrift *Hollywood Reporter* erzählt. »Es mussten realistische Augen sein, in denen das Licht sich auch richtig bricht.« Der passende Lack – einer, der keine Bläschen warf – musste gefunden werden, und es dauerte Wochen, die Augen von Hand zu malen. Da können die Augen des kleinen Jungen nicht mithalten. Und doch würde ich nicht behaupten, dass Michaels Augen direkt echt aussehen: Sie sehen aus wie die Augen einer Puppe. Er fällt in eine eigenartige neue Kategorie: eine Puppe, die sehen kann, die Schmerz empfindet – die leidet! Nicht im Brecht'schen Sinn eine Analogie auf uns, sondern vielmehr ein *Beispiel* für uns, im Schopenhauer'schen Sinn, denn Schopenhauer hält uns dem Wesen nach für Puppen:

> Das Menschengeschlecht [...] [stellt sich dar] als ein Spiel von Puppen [...], welche ein inneres Uhrwerk in Bewegung setzt. [...] Daher habe ich gesagt, dass jene Puppen nicht von außen gezogen werden, sondern jede das Uhrwerk in sich trägt, vermöge dessen

ihre Bewegungen erfolgen. Dieses ist der *Wille zum Leben*, sich bezeigend als ein unermüdliches Triebwerk, ein unvernünftiger Trieb, der seinen zureichenden Grund nicht in der Außenwelt hat.

Ja, wer Michael in die Augen sieht, weiß, dass er leidet. Die Frage ist nur: warum? Man ertappt sich dabei, ihm anhand seiner Symptome eine Diagnose zu stellen. Der Typ Mann, der sich um eine Frau bemüht, sich unsterblich verliebt, nur um dann, sobald die Liebe erwidert wird, zu verschwinden, ohne jede Erklärung, nicht einmal sich selbst kann er es erklären. Ein Typ, der unter der Langeweile und Banalität des Alltags ungeheuer leidet, der im Taxi vom Flughafen in die Stadt sitzt und wie unter Schmerzen zuckt, als der Fahrer ihm ungebetene Tipps für seinen Kurzaufenthalt aufdrängt:

> Der Zoo ist super. Weltklasse, heißt es. […] Das sollten Sie sich reinziehen. Ach, und dann gibt's da noch das Cincinnati-Chili. So 'n Chili hatten Sie noch nie […] Der Zoo ist nur so groß wie ein Zoo, da reicht ein Tag auf jeden Fall.

Vor allem aber leidet Michael unter akuter Einsamkeit, die einen besonders heftig befallen kann, wenn man von einem überfreundlichen Pagen namens Dennis in die beigebraune, sterile Perfektion eines gehobenen Hotelzimmers (Raucherzimmer mit Kingsizebett) geführt und dort allein gelassen wird.

Erst an diesem Punkt, als Dennis die Tür hinter sich schloss, wurde mir klar, dass der Page dieselbe Stimme hatte wie der Taxifahrer, wie Bella, wie alle Mitreisenden im Flugzeug – wie alle auf der ganzen Welt. Dass all diese Menschen – trotz aller Unterschiede in Größe, Gewicht, Geschlecht und Frisur – auch noch gleich aussehen, ist nicht ganz so leicht zu erkennen, trifft aber zu. Sie sind alle dieselbe Person (im Original mit der Stimme von Tom Noonan), bis auf Michael (der mit der Stimme des britischen Schauspielers David Thewlis spricht).* Als Michael beim Zimmerservice anruft, meldet sich Noonan. Wenn er mit seiner Frau und seinem Sohn telefoniert, spricht er in beiden Fällen mit Noonan. Dann spult man ein wenig zurück und registriert den Namen des Hotels, in das Michael gerade eingecheckt hat: das Fregoli, eine Anspielung auf das Fregoli-Syndrom, eine seltene psychische Störung, bei der die Betroffenen glauben, verschiedene Menschen seien im Grunde ein und dieselbe Person. Eine neurologisch zu genaue Interpretation von *Anomalisa* (dass der ganze Ärger mit Michael von einer Hirnverletzung ausgelöst wird) kann allerdings, glaube ich, nicht erklären, warum sich die Zuschauerin so eindringlich mit Michaels Erlebnissen identifizieren kann, genauso wenig wie die große Rolle, die das Begehren im System seines Leidens spielt.

Bella, die Exfreundin, klang wie niemand sonst, als Michael sie noch wollte, und wie alle anderen, sobald er sie nicht mehr wollte. Die naheliegende Diagnose könnte also lauten, dass Michael an einem schweren Fall von Frauenfeindlichkeit leidet. Schließlich kann doch nur ein misogyner Mensch eine Frau auf ein Podest heben, nur um sie dann wieder herunterzustoßen, oder glauben, sie spreche nur zu ihm, mit einer unter ihresgleichen einzigartigen Stimme, bis sie dann, ganz plötzlich – und meistens, nachdem er ein paar kleinere Veränderungen an ihr wahrgenommen hat –, so klingt wie alle anderen. (»Hast du dich irgendwie verändert?«, fragt Michael Bella während eines unseligen Wiedersehens in der Bar des Fregoli. »Hat sich irgendwas verändert? Hat sich irgendeine Veränderung gezeigt?«) Aber wäre es bloße Misogynie, dann bliebe unklar, warum dic Gleichheit, die Michael erfährt, unterschiedslos sein gesamtes Umfeld betrifft, vom Pagen bis hin zu seinem eigenen kleinen Sohn. Dann vielleicht Narzissmus? Den kann man

* In der deutschen Synchronfassung wird Michael von Frank Röth gesprochen, Lisa, die uns später noch begegnet, von Caroline Ebner und alle anderen Rollen von Christian Weygand. (Anm. d. Ü.)

Michael momentweise wohl nicht absprechen (»Sie sind alle eine Person«, ruft er während eines lebhaften Traumes aus, »und sie lieben mich!«), auch wenn wir ihn sehr viel häufiger bei dem Versuch erleben, mitfühlend zu sein.

Michael möchte wissen, er möchte begreifen, warum er Menschen verletzt hat, und legt dabei nie große Selbstliebe an den Tag. Doch auch wenn er nicht im engeren Sinn narzisstisch ist, zeigt er sich doch eindeutig solipsistisch (in dem offensichtlichen, weiter gefassten Sinn, in dem wir es alle sind), weil er auf die eigene subjektive Wahrnehmung beschränkt bleibt, seinem einzig möglichen Fenster zur Welt. Unsere Augen – gemeinhin die »Fenster zur Seele« – funktionieren genau umgekehrt, sie bringen die Welt zu uns, in Gestalt von Repräsentationen der Realität, und wie es eben so geht, erscheinen aus Michaels handlackierter Perspektive alle als eine Person oder zumindest (was aufs Gleiche hinausläuft) als niemand Besonderes. (In der letzten Szene – der einzigen, in der Michael nicht mehr auftritt und die daher von seiner Subjektivität geschieden ist – erleben wir, wie die Figuren ihre einzigartigen Gesichter und Stimmen zurückbekommen, keine Phänomene von Michaels Bewusstsein mehr sind, sondern tatsächlich Menschen in all ihrer Besonderheit.)

Und ja, nur wenn Michael eine Frau begehrt, wird sie völlig real für ihn. Zu allen anderen Zeiten wird er von einem allumfassenden Weltschmerz ergriffen, der Misogynie, Narzissmus, Solipsismus – und einen Gehirntumor! – problemlos abdecken kann. Müdigkeit durchdringt alles, was er sagt und tut, die schlichtesten zwischenmenschlichen Interaktionen entlocken ihm Seufzen und Stöhnen, und doch schließt diese Weltmüdigkeit auch seine eigene Rolle darin mit ein. Oder anders gesagt: Was immer die weltlichen Phänomene antreibt, wallt auch in Michael auf und nimmt bei ihm die Form einer Art blinden Strebens, eines unerbittlichen Verlangens nach etwas an, das sich immer bereits erschöpft hat, wenn der Augenblick endlich erreicht ist. Wie heißt es in dem alten Song von Marilyn Monroe? »*After you get what you want, you don't want it. / When you get what you want, you don't want what you get.*« Das entspricht im Wesentlichen auch dem Vorwurf, den Bella Michael macht. Schopenhauer betrachtete das als ein allgemeines Übel:

> Das Begehren dauert lange, die Forderungen gehen ins Unendliche; die Erfüllung ist kurz und kärglich gemessen. Sogar aber ist die endliche Befriedigung selbst nur scheinbar: der erfüllte Wunsch macht gleich einem neuen Platz.

Sobald Dennis gegangen ist, greift Michael zum Zimmertelefon. Er ist hungrig und durstig. Keine komplexen Bedürfnisse. Als er aber versucht, sich einen Feldsalat mit Lachs zu bestellen, passiert Folgendes:

ZIMMERSERVICE: Ja, Sir. Möchten Sie vielleicht auch etwas trinken?

MICHAEL: Nein, ich finde was in der Minibar.

ZIMMERSERVICE: Sehr gern. Einen Nachtisch? Wir haben einen …

MICHAEL: Nein, nein, nein, danke.

ZIMMERSERVICE: Sehr gern, Sir. Dann also den Feldsalat mit Gorgonzola, Schinken und Walnüssen …

MICHAEL: Ja.

ZIMMERSERVICE: … und Honig-Himbeer-Vinaigrette-Dressing …

MICHAEL: Ja.

ZIMMERSERVICE: … dazu den Copper-River-Alaska-Wildlachs in Mandelkruste …

MICHAEL: Ja.

ZIMMERSERVICE: … mit Baby-Spargel …

MICHAEL: Ja.

ZIMMERSERVICE: … und einer Soße aus schwarzen Trüffeln.

MICHAEL: Ja.

ZIMMERSERVICE: Sehr gern. Und das ist für Zimmer 1007?

MICHAEL: Ja.

ZIMMERSERVICE: Sehr gern. Es ist jetzt 9 Uhr 13, es sollte in fünfunddreißig Minuten da sein, das heißt um 9 Uhr 48.

MICHAEL: Danke sehr.

ZIMMERSERVICE: Danke s…

Ein Weg, mit der Langweiligkeit der eigenen Bedürfnisse zurechtzukommen, könnte darin bestehen, sie unnötig kompliziert zu machen, damit man immer wieder etwas Neues begehren kann. Schopenhauer hielt menschliche Bedürfnisse vom Wesen her nicht für komplex. Im Gegenteil, ihre »Basis ist sehr schmal: Es ist Gesundheit, Nahrung, Schutz vor Nässe und Kälte und Geschlechtsbefriedigung; oder aber der Mangel an diesen Dingen«. Und doch errichten wir auf diesem schmalen Grat unser ungeheures Bauwerk aus Genuss und Schmerz, aus Hoffnung und Enttäuschung! Nicht einfach nur Lachs, sondern Copper-River-Alaska-Wildlachs in Mandelkruste! Und alles nur, um am Ende dasselbe Resultat zu erlangen: Gesundheit, Nahrung, Bedeckung usw.:

> [Der Mensch] steigert seine Bedürfnisse absichtlich, um den Genuss zu steigern: daher Luxus, Leckerbissen, Tabak, Opium, geistige Getränke, Pracht und alles, was dahin gehört.

Als Michael nach dem Gespräch mit dem Zimmerservice auflegt, ist sein Puppengesicht von Langeweile durchsetzt, ein Gefühl, das wilden Tieren unbekannt ist, während die Langeweile für uns »zu einer wirklichen Geißel wird. […] Not und Langeweile [sind] die beiden Pole des Menschenlebens.«*

* Schopenhauer führt weiter aus, dass eine mildere Form von Langeweile auch bei im Haus lebenden Hunden und Katzen nachzuweisen sei.

Michaels Hotelzimmer ist, buchstäblich im Kleinen, konkreter Ausdruck dieser Problematik. Theoretisch kann man in einem solchen Zimmer alles bekommen, was man will, und dazu noch etliches, von dem man gar nicht wusste, dass man es will. (*Probieren Sie das Chili!*, ruft ihm das Cover einer Hochglanzzeitschrift, die letztlich doch erschreckend spießig ist, beharrlich vom Beistelltisch entgegen. Und vor dem Fenster posaunt die Werbewand: *So groß wie ein Zoo!*) Hotelzimmer sind dazu da, Zufriedenheit zu erzeugen. Das Wasser in der Dusche mag erst zu heiß und dann zu kalt sein (»Fuck! Fuck!«, brüllt Michael, nackt unter dem Duschkopf), aber man kann trotzdem sicher sein, dass die perfekte Temperatur sich erreichen lässt und dass man, wenn man sich in das Kingsizebett zurückzieht, dort ein Schokolädchen auf dem Kopfkissen finden wird. Aber wenn Hotelzimmer wirklich nur dazu da sind, jede Begehrlichkeit vorwegzunehmen, all unseren Bedürfnissen zu entsprechen und sie zu erfüllen, warum befällt uns dann genau dort oft die Verzweiflung? Ist die Erfüllung des Begehrens etwa selbst die Verzweiflung?

Von seinem komfortablen Hotelzimmer aus ruft Michael Bella an; seit elf Jahren haben sie nichts mehr voneinander gehört. Das Gespräch ist befangen. Sie lobt ihn für die Auswahl des Hotels. (»Es ist langweilig«, stöhnt er daraufhin. »Alles ist einfach so langweilig.«) Und irgendwie überredet er sie, ihn in der Hotelbar auf einen Wodka Martini zu treffen. Es läuft nicht gut: Er kann ihr nicht erklären, warum er sie so plötzlich nicht mehr wollte, und als er sie auf sein Zimmer bittet, um dort weiterzureden, lässt sie ihn einfach sitzen. Wenig später ist er draußen auf der Straße, angetrunken und immer noch verfolgt von Bellas geisterhaftem Bild (»Und im nächsten Moment warst du ohne ein Wort des Abschieds verschwunden!«), auf der Suche nach einem Laden, in dem er seinem unersättlichen Sohn Henry ein Geschenk kaufen kann. Im einzigen »Spielzeugladen«, der über Nacht geöffnet hat, entdeckt Michael eine antike mechanische Sexpuppe aus Japan. Sie besteht nur aus einem beweglichen Oberkörper, der zur Hälfte von Porzellan bedeckt ist, hat das Gesicht einer Geisha und einen ständig geöffneten Mund. Sie starrt Michael mit ihren toten Zombie-Augen an. Und er schaut mit dem verzauberten, glücklichen Blick des kurzfristig befriedigten Kunden zurück.

»So liegt das Subjekt des Wollens«, schreibt Schopenhauer, »beständig auf dem drehenden Rade des Ixion, schöpft immer im Siebe der Danaiden, ist der ewig schmachtende Tantalus.« Aber was, falls überhaupt etwas, liegt jenseits dieses endlosen Wollens, Erlangens und Wiederwollens? Zurück auf seinem Zimmer geht Michael unter die Dusche und singt dabei das »Blumenduett« aus der Oper *Lakmé* von Léo Delibes, in dem sich zwei Stimmen so wunderschön verbinden, dass sie manchmal wie eine einzige wirken. Das haben wir auch schon am Flughafen, auf Michaels iPod, gehört und dann noch einmal, als Michael es auf dem Rücksitz des Taxis vor sich hin summt. (Der Kommentar des Taxifahrers: »Das ist British Airways.«)

Vor dem Spiegel wischt er den Dampf weg und betrachtet sich. Er scheint kurz vor einer Erkenntnis zu stehen. Und wir erkennen, dass sein Gesicht sich ohne sein bewusstes Zutun bewegt, wie ein Puppengesicht: Die Augenbrauen zucken, die Lippen verziehen sich seltsam und unnatürlich, und unterschiedliche Ausdrücke huschen zu Dutzenden über seine Miene. Aus seinem Mund kommen komische, unpersönliche Geräusche: das unverständliche Stimmengewirr vieler Menschen, dann das Rattern eines mechanischen Getriebes – oder vielleicht auch das Klappern von Schreibmaschinentasten – und schließlich rauschende, tosende Leere. (Und mir kam der unlogische Gedanke: Ach, so muss die Welt klingen, wenn keiner da ist, um ihr zuzuhören.) Michael tastet nach den Platten, aus denen sein Gesicht besteht: Offenbar will er sie wegziehen. Gibt es einen Weg hinaus aus dem Wollen? Vielleicht ja, wenn er nicht mehr Michael wäre, mit diesem einzigartigen Gesicht, dieser Stimme, diesem Verlangen? Wenn er in Wirklichkeit jemand oder etwas anderes wäre? Etwas, das sowohl mehr ist als Michael als auch weniger, etwas …

MICHAEL: *Großer Gott! Jemand anderes!*

Genau da hört er auf dem Gang eine Stimme, eine einzigartige Stimme, ganz anders als all die übrigen! Vor welcher Erkenntnis er auch gerade stand, er vergisst sie: Er lässt die Gesichtsplatten los, und sie fügen sich mit einem Klicken wieder zusammen. Er stürmt durchs Zimmer, auf der Suche nach seiner Hose. Das ist es, das Geräusch, von dem er gefürchtet hat, es nie wieder zu hören! Die Stimme von jemand anderem! Und wenn diese Stimme erklingt, hört Michael, genau wie der kleine Junge, etwas, das sonst keiner hört, etwas, das ihn glauben lässt. Wie ein Wahnsinniger rennt er hinaus auf den Gang, halb angezogen und taub für Schopenhauers Warnungen, als wüsste er nicht, was hier eigentlich gespielt wird, als dächte er, der ganze verdammte Film drehe sich um ihn, Michael, wo er sich doch in Wahrheit nur um Schopenhauer dreht:

> Das Streben der Materie kann daher stets nur gehemmt, nie und nimmer erfüllt oder befriedigt werden. So aber gerade verhält es sich mit allem Streben aller Erscheinungen des Willens. Jedes erreichte Ziel ist wieder Anfang einer neuen Laufbahn, und so ins Unendliche.

Sie heißt Lisa. Sie wohnt ein paar Türen weiter, und sie ist eine reizende, unscheinbare junge Frau, absolut alltäglich. Sie hat eine Narbe im Gesicht, die sie hinter ihren Haaren zu verstecken versucht: Normalerweise mögen alle eher ihre Freundin Emily. Sie liebt Mocha Frappuccinos von Starbucks und Cyndi Lauper und Sarah Brightman, arbeitet in einem Callcenter in Akron, trinkt Mojitos mit Apfelschnaps und ist auch sonst der Inbegriff dessen, was wir in einem mitleidlosen Moment als »Durchschnittstussi«

bezeichnen könnten. Für Michael aber ist sie der einzige andere Mensch auf Erden. Sie hat »eine ganz zauberhafte Stimme« (die im wahren Leben Jennifer Jason Leigh gehört). Und auch für Lisa ist Michael zauberhaft, ein ganz besonders individualisiertes Individuum, er ist nämlich berühmt, er hat das Buch *Wie Sie helfen können* geschrieben, ein Handbuch für den Kundenservice, das, wie Lisa ihm berichtet, die Produktivität in ihrer Abteilung um »neunzig Prozent« gesteigert habe. Als er sie für einen Absacker mit auf sein Zimmer nimmt, ist sie so aufgeregt, dass sie der Länge nach hinfällt und sich damit dem Willen der Welt in Gestalt der Schwerkraft beugt. »Das passiert mir dauernd«, beteuert sie.*

Die nun folgende ausgedehnte Liebesszene ist von solcher Zartheit und Schönheit, dass das Publikum nur noch hilflos kichern konnte, als wäre es peinlich, einer solchen Intimität zwischen Puppen beizuwohnen. Bevor sich allerdings jemand auszieht, bittet Michael Lisa, bezaubert von ihrer Stimme, ihm einen ihrer geliebten Cyndi-Lauper-Songs vorzusingen, und trotz aller Angst, sich lächerlich zu machen, schließt Lisa die Augen und fängt verhalten zu singen an. Thematisch müsste es eigentlich »True Colors« sein, und so liegt eine ganz unerwartete Komik darin, als Lisa ihren mirakulösen Mund öffnet und »Girls Just Wanna Have Fun« singt.

Wir bekommen den kompletten Song zu hören, in all seiner poetischen Banalität**, und er dient als Vorspiel zum Sex, der sich als ebenso reduziert, schlicht und menschlich erweist und frei ist

* Wie wir erfahren, hat auch Bella mit der Schwerkraft zu kämpfen – »Und ich habe einen falschen Schneidezahn, weil ich gestolpert und auf eine Betonkante gekracht bin« –, und vielleicht ist das ja der Ort, an dem sich Schopenhauer und die Komödie treffen, irgendwo in der tragikomischen Unausweichlichkeit des Reinfalls.

** Um uns die Wirkung von Lisas schlichter Darbietung zu erklären, können wir wiederum auf Schopenhauer zurückgreifen, der uns die Kraft des Volkslieds erläutert: »Alles Entbehrliche wirkt nachteilig.«

von allen üblichen Kinophantasien. Die beiden setzen sich auf den Bettrand, und unter ihren Kleidern kommen unsere eigenen Fettpölsterchen zum Vorschein. Als er sie leckt, ist sie erst ein wenig verlegen, so wie wir es manchmal sind, und er seinerseits geht stumm und fachmännisch vor, so wie es oft passiert. Als sie dann Richtung Kopfende robben, bewegen sie sich so wie wir – mühsam und unelegant –, und dann schlafen sie miteinander, wie wir alle es schon getan haben, bewegen sich ein wenig auf und ab und sind eine gute Minute später schon wieder fertig. Vor allem aber berührt uns das zärtliche Mitgefühl, das diese beiden Körper einander erweisen. An anderen Stellen im Film werden uns schaurige Blicke auf Menschen gewährt, die einander ohne jedes Mitgefühl behandeln, manchmal auch mit echter Brutalität, sie drängeln sich aneinander vorbei, brüllen Wildfremde an oder stehen auf dem Hotelgang neben der Eismaschine und fordern einander wiederholt auf, sich zu verpissen. Wo immer man auch hinblickt, die Welt ist Schmerz:

> Und ebenso ist das Leben des Einzelnen ein fortwährender Kampf, nicht etwan bloß metaphorisch mit der Not oder mit der Langenweile, sondern auch wirklich mit andern. Er findet überall den Widersacher, lebt in beständigem Kampfe und stirbt, die Waffen in der Hand.

Doch inmitten dieses Schopenhauer'schen Pessimismus findet sich ein Lichtstrahl: das Mitgefühl. Selbst wenn die Vorstellung, wir hätten alle einen eigenen Körper, tatsächlich eine Art Illusion ist (die überhaupt nur durch die unterstützenden Illusionen von Raum, Zeit und Kausalität möglich wird), empfinden diese unsere Körper doch trotzdem Schmerz, leiden sie trotzdem noch, wenn sie zu etwas gezwungen, wenn sie unterdrückt, ausgenutzt oder einfach nur ausgelacht werden. Für Michael (und Charlie Kaufman) sind manche Frauen sowohl lebenswichtiger Ursprung eines solchen Mitgefühls als auch dessen einzigartige Empfängerinnen.* Lisa ist für Michael eine Anomalie. Eine *Anomalisa.* Und dieses Mitgefühl, dieses Einandererwählen, vergegenständlicht sich in ihrer beider zauberhaften Stimmen: David Thewlis' nordenglischer Mischung aus Zurückhaltung, Pragmatismus und Verzweiflung und Jennifer Jason Leighs wolkenloser, typisch amerikanischer Unschuld.

Noonan, Leigh und Thewlis bilden die ursprüngliche Besetzung von *Anomalisa* in einer früheren Inkarnation als Radiohörspiel, und ihre erhabene Darbietung sorgt für den seltenen Fall, dass der Film auch als Hörspiel für sich stehen könnte: Man könnte die Augen schließen und trotzdem seine Freude daran haben. Und doch hat dieses geistreiche, tiefgründige Drehbuch bei den Oscars 2016 keine gesonderte Aufmerksamkeit bekommen, und der Film wurde auch nicht in den Kategorien für Schauspiel oder Regie nominiert.** Ein weiterer Beleg dafür, dass die Academy neben ihrer bekannten Kurzsichtigkeit hinsichtlich bestimmter Genres, Ethnien oder Subkulturen auch für eine umfassendere Qualität zuverlässig blind ist: Genie. (Eine Qualität übrigens, die Schopenhauer, so problematisch sie für uns andere sein mag, ohne weiteres definieren konnte: »Demnach ist Genialität die Fähigkeit, [...] seiner Persönlichkeit sich auf eine Zeit völlig zu entäußern, um als rein erkennendes Subjekt, klares Weltauge, übrig zu bleiben.«)

In der Nacht nach dieser mitfühlenden Nummer wälzt sich Michael – der sich nach eigener Aussage »im Schlaf bewegt« – im Bett herum. Er hat einen Albtraum, den wir allerdings währenddessen für real halten. In diesem Traum wird die zentrale Problemstellung

* Auch Schopenhauer – obwohl er sehr giftig über Frauen schreibt, seine Mutter gehasst und seine Zimmerwirtin bekanntermaßen die Treppe hinuntergestoßen hat – führt aus, dass Frauen eine beständigere Neigung zum Mitgefühl haben als Männer.

** Dafür in der Kategorie »Bester animierter Spielfilm«, zusammen mit *Shaun das Schaf – Der Film* und *Alles steht Kopf.*

des Films wieder aufgegriffen – alle sind ein und dieselbe Person –, nun aber mit einer zusätzlichen, paranoiden Wendung: Sie haben es darauf abgesehen, Lisa-und-Michael zu zerstören! Denn zu den Erscheinungsformen des Mitgefühls, das Michael jetzt für Lisa empfindet, gehört, dass er, frei nach Schopenhauer, die Grenzen zwischen Du und Ich aufhebt, also in gewisser Weise erkennt, dass Michael und Lisa eins sind – und sich nun zusammen gegen die Welt stellen müssen. Während Michael vor dieser Welt den Hotelgang entlangflieht, fällt eine seiner Gesichtsplatten ab – darunter sehen wir ein graues, gähnendes Loch –, und als er aufwacht, muss er erfahren, dass er seiner neuen Liebe den Ellbogen ins Gesicht gestoßen hat. Aber was, wenn dieser Albtraum (dass auch Michael im Grunde niemand ist) gar kein Traum wäre, sondern ein Einblick in eine tiefer liegende Wahrheit?

> Das Leben kann diesem allen zufolge allerdings angesehn werden als ein Traum und der Tod als das Erwachen. Dann aber gehört die Persönlichkeit, das Individuum dem träumenden und nicht dem wachen Bewusstsein an; weshalb denn jenem der Tod sich als Vernichtung darstellt.

Dass wir uns als voneinander getrennt und auch als von den scheinbaren Objekten unserer Begierde getrennt wahrnehmen, ist für Schopenhauer die Wurzel unseres Leidens. Möglich ist ein besseres Bewusstsein, eines, das unseren Wesenskern als »Willen« erkennt (der sich in uns als Willen zum Leben ausdrückt und sich in unterschiedlichen Bewusstseinsgraden in unseren Trieben, Begehrlichkeiten und Taten vergegenständlicht) und diesen Wesenskern wiederum als etwas, das nicht individuell ist, sondern mit allen Menschen (nicht nur Lisa), allen Tieren, Pflanzen und weltlichen Phänomenen geteilt wird. Das, was wir über unseren Körper intim kennenlernen können, hat nach Schopenhauer seine Entsprechung in der Bereitschaft der Eisenspäne, auf den Magneten zuzufliegen, in der Entschlossenheit des Wassers, bergab zu fließen, sogar in der Schwerkraft selbst, und obwohl ein solches Wissen nicht als Synonym für »Kraft« oder »Energie« gelten kann, sind doch beide Ausdrücke in ihm enthalten. Der Wille steht hinter allem, enthält alles, er ist das »Ding an sich […] das Innerste, der Kern jedes Einzelnen und ebenso des Ganzen«, eine etwas schräge Metaphysik, die professionelle Philosophen wie meine Freundin Tamsin mit einer Menge Vorsicht genießen, obwohl sie die Künstlerinnen und Künstler seit Generationen begeistert. Besteht das Grundproblem von *Anomalisa* also womöglich gar nicht darin, dass Michael glaubt, alle anderen seien gleich, sondern vielmehr darin, dass Michael glaubt, er sei Michael?

> Allein das Individuum ist nicht dein wahres und letztes Wesen, vielmehr eine bloße Äußerung desselben […] Dein Wesen an sich selbst hingegen kennt weder Zeit noch Anfang noch Ende […] [es] ist in jedem und allem da.

Vielleicht ist der irrige Glaube, man sei ein Individuum – das, was Schopenhauer als *»prinicipium individuationis«* bezeichnet –, ja die hinter Michaels Gesichtsplatten verborgene, tiefere Wahrheit. (Das würde auch seine Vorliebe für die Oper *Lakmé* erklären, die unter Brahmanenpriestern spielt; auch für diese ist wahre Wirklichkeit ein »Eins in allem« und die individuelle Existenz bloße Emanation, ermöglicht durch den täuschenden Schleier der Maya.)* Im Traum sind wir voneinander getrennte Wesen. In der Wirklichkeit sind wir eins. Gäbe es nur einen Weg, in die Scharniere zwischen den einzelnen Gesichtsplatten zu greifen und alles wegzureißen, was

* Der Text des »Blumenduetts« kann ebenfalls als transzendente Verschmelzung der vielen zum einen gelesen werden: »Schwer wölbt sich der Jasmin / Unter dem dichten Dach, wo sich der weiße Jasmin / Mit den Rosen mischt […] / Komm, lass uns gemeinsam hinabgleiten.«

uns von diesem Wissen trennt! Michael allerdings erreicht diesen erweckten Bewusstseinszustand nie: Wie so viele von uns steckt er fest zwischen den beiden Polen Not und Langeweile.

Bei Lisa stellt sich die Veränderung sehr viel schneller ein als bei Bella. Am nächsten Morgen beim Frühstück wird Michael klar, dass Lisas einzigartige Stimme zu verschwinden droht und die von Tom Noonan sich bereits darüberlegt. »Wer hätte das gedacht?«, fragt Lisa und mit ihr Tom Noonan. »Es ist so wundervoll. So kann das Leben sein. Es kann auch gut laufen. Das ist die Lektion.« Doch wenn sie das nächste Mal spricht, wird keine Lisa mehr übrig, wird nur noch Noonan zu hören sein. In vorauseilender Verzweiflung lässt Michael den Kopf hängen. »Manchmal gibt es keine Lektion«, erwidert er. »Das ist die Lektion daran.«

Als Michael schließlich auf dem Podium bei der Konferenz seinen Vortrag zum Kundenservice hält, fängt alles ganz gut an (»Und denken Sie immer daran, dass auch ein Kunde ein Individuum ist. So wie Sie [...] Jeder Mensch, mit dem Sie reden, hatte eine Kindheit. Jeder hat einen Körper. Und jedem Körper tut etwas weh«), wird aber schon bald merkwürdig philosophisch (»Ein Mensch zu sein, was bedeutet das? Schmerzen zu haben? Am Leben zu sein? Was bedeutet das? Ich weiß es nicht. Wozu Schmerzen gut sind? Ich weiß es nicht [...] Unsere Zeit ist begrenzt, wir vergessen das immer. Der Tod kommt, und das war's. Schon bald ist es, als hätten wir nie existiert. Also denken Sie daran, zu lächeln [...]«), bis der Vortrag schließlich völlig aus dem Ruder läuft und in eine pessimistische, Schopenhauer'sche Schimpftirade umschlägt (»Es funktioniert nicht. Die Welt zerbricht in Stücke. Der Präsident ist ein Kriegsverbrecher. Amerika geht den Bach runter, während Sie davon reden, dass hier alles verdammt noch mal gottgeschaffen ist!«).

Die Gräuel des Willens sind ebenso historisch wie persönlich und haben offenbar kein Ende vor Augen. »Die Geschichte zeigt uns das Leben der Völker«, schreibt Schopenhauer, »und findet nichts als Kriege und Empörungen zu erzählen: die friedlichen Jahre erscheinen nur als kurze Pausen, Zwischenakte, dann und wann einmal.« Eine trostlose Komik könnten wir wohl noch darin entdecken, dass Schopenhauers einseitiges Mittel der Wahl – das Mitgefühl – sich gar nicht groß von Michaels Kundenservice-Binsenweisheiten unterscheidet:

> Also denken Sie daran zu lächeln. Und denken Sie daran, dass es für jeden irgendwo jemanden gibt, jemanden, den Sie lieben können. Jeder Mensch, mit dem Sie reden, braucht Liebe, und denken Sie …

Nachdem die Konferenz beendet und Lisa abserviert ist, kehrt Michael nach Hause zurück, wo seine Frau Donna eine Überraschungsparty für ihn organisiert hat. Die Überraschung besteht darin, dass er niemanden kennt und sie alle dieselbe Person sind. Sein Sohn schnappt sich sein Geschenk, die japanische Sexpuppe. Sie fängt an zu singen. Eine Flüssigkeit fließt aus ihr heraus. Donna will von Michael wissen, ob das Sperma sei. Doch Michael findet das keine beantwortenswerte Frage. Stattdessen wendet er sich seiner Frau zu: »Wer bist du, Donna? Wer bist du wirklich?« (»Gäbe es«, flüsterte mir Tamsin, die Nietzscheanerin, ins Ohr, »bloß einen Weg, diese Frage nicht mehr zu stellen!«) Unser letzter Blick auf Michael zeigt uns einen Mann, der mitten in einer Partyrunde aus Niemanden festsitzt – sie haben alle dasselbe Gesicht – und beschließt, sich lieber auf eine singende Puppe zu konzentrieren, aus der Sperma tropft, eine Substanz, die Schopenhauer als klare Manifestation des Willens betrachtete, weil sie nur danach strebt, sich zu vermehren und weiterzubestehen, ohne Rücksicht darauf, was wir, als Individuen, angeblich »wollen«.

Und aus Schopenhauers Perspektive ist Donna »wirklich« im Grunde nichts anderes als dieses Sperma: Wille. Die Realität ist der Wille, der sich in allem ausdrückt, was wir tun, sind und sehen, unabhängig vom Glauben; wir sind sowohl Gefangene als auch Spießgesellen des Willens, er lässt uns niemals gehen, nicht einmal in unserem persönlichen Spät-Mittelalter, obwohl uns hin und wieder ein Gegenstand oder ein Erlebnis von zureichender Schönheit begegnet – eine Arie beispielsweise, eine antike japanische Sexpuppe oder ein richtig guter Film – und sich uns als Objekt ästhetischer Betrachtung darbietet, sodass wir vielleicht, einen Augenblick lang, in die Lage versetzt werden, den Willen willen-los zu betrachten. Ach ja, und noch etwas. Seien Sie netter zu Donna. Mitgefühl hilft. Sie schlafen dann vielleicht nicht den tiefen, unerschütterlichen Schlaf des kleinen Jungen, doch in Kaufmans (und in Schopenhauers) Wirklichkeit wird es viel besser nicht mehr werden.

Tanzstunden für Schreibende

In letzter Zeit hat mich der Zusammenhang zwischen Schreiben und Tanzen sehr beschäftigt: Ich möchte diesen Kanal gern offen halten. Er erscheint mir ein wenig vernachlässigt – etwa im Vergleich mit der Beziehung zwischen Musik und Prosa –, was vielleicht auch daran liegt, dass er der Intuition erst einmal zuwiderläuft. Aber aus meiner Sicht stehen sich beide Ausdrucksformen sehr nahe: Ich habe das Gefühl, dass mir das Tanzen auch etwas über meine Tätigkeit zu sagen hat. Mit der fundierteste Schreibratschlag, den ich kenne, richtet sich ursprünglich an Tänzer – er stammt von der Choreographin Martha Graham. Trotzdem entspannt er mich vor meinem Laptop genauso sehr, wie er in meiner Vorstellung junge Tänzerinnen dazu anhält, tiefer zu atmen und Finger und Zehen zu lockern. Graham schreibt:

> Es gibt eine Vitalität, eine Lebenskraft, eine Energie, eine Regung, die durch dich in Handlung umgesetzt wird. Und da es dich über alle Zeit hinweg nur einmal gibt, ist dieser Ausdruck einzigartig. Blockierst du ihn, wird er niemals durch ein anderes Medium hervorgebracht werden und verloren gehen. Die Welt wird ihn nicht erleben. Es ist nicht deine Aufgabe zu entscheiden, wie gut oder wie wertvoll er ist, ob er im Vergleich mit anderen Ausdrucksformen bestehen kann. Deine Aufgabe ist nur, ihn klar und direkt als deinen zu erhalten, den Kanal offen zu halten.

Was kann eine Kunst der Worte schon von der Kunstform übernehmen, die keine braucht? Und doch denke ich oft, dass ich durch das Beobachten von Tänzern mindestens so viel gelernt habe wie durchs Lesen. Tanzstunden für Schreibende: Lektionen zu Position, Haltung, Rhythmus und Stil, manche ganz offensichtlich, andere eher indirekt. Das Folgende sind erste Überlegungen auf dem Weg zu einer solchen Idee.

Fred Astaire und Gene Kelly

»Als Tänzer repräsentiert Fred Astaire die Aristokratie«, hat Gene Kelly im Alter behauptet, »und ich repräsentiere das Proletariat.« Die Unterscheidung leuchtet unmittelbar ein, auch wenn es nicht ganz so leicht ist, sie zu begründen. Groß, schlank und elegant gegen muskulös und athletisch – ist es das? Dann natürlich noch die naheliegende Frage von Frack und Zylinder im Gegensatz zu Freizeithose und T-Shirt. Doch auch Fred trug manchmal Freizeithose und T-Shirt und war in Wirklichkeit gar nicht besonders groß, er hielt sich nur, als ob er es wäre, und wirkte in all seinen Bewegungen wie abgehoben, als würde er jeden gegebenen Untergrund, den Fußboden, die Zimmerdecke, eine Eisbahn, eine Musiktribüne, kaum berühren. Genes Schwerpunkt lag sehr viel tiefer: Er beugt die Knie, geht in die Hocke. Wo Kelly geerdet, fest verwurzelt ist, da ist Astaire losgelöst, frei schwebend. Entsprechend haben der Aristokrat und der Proletarier auch ein unterschiedliches Verhältnis zum Boden unter ihren Füßen, Ersterer bewegt sich fließend über die Oberflächen der ganzen Welt, Zweiterer ist fest an einen ganz konkreten Ort gebunden: einen Straßenzug, ein Dorf, eine Fabrik, ein offenes Feld. Cyd Charisse berichtete, ihr Mann habe abends immer nur einen kurzen Blick auf ihren Körper werfen müssen, um zu wissen, mit welchem der beiden Tänzer sie tagsüber gearbeitet habe: voller blauer Flecken, wenn es Kelly gewesen war, völlig makellos bei Astaire. Fred Astaire schwebte nicht nur über dem Boden, er hielt auch den körperlichen Kontakt zu anderen in der Schwebe. Über fünfzehn Jahre und zehn Filme hinweg fällt es schwer, auch nur einen Moment echter erotischer Spannung zwischen Fred und seiner Ginger auszumachen. Zwischen ihnen herrscht große Harmonie, aber kaum Feuer. Und jetzt denken Sie mal an Kelly und Cyd Charisse in der Traumsequenz aus *Singin' in the Rain*! Vielleicht ist einer der großen Vorteile des Erdigen ja – Sex.

Beim Schreiben habe ich meistens das Gefühl, eine Entscheidung zwischen dem Bodenständigen und dem Schwebenden treffen zu müssen. Der Boden, den ich meine, ist in diesem Fall die Sprache, wie wir sie im »Alltagsmodus« antreffen. Die Sprache des Fernsehens, des Supermarkts, der Werbeanzeige, der Zeitung, der Regierung, des tagtäglichen »öffentlichen« Gesprächs. Manche Schreibenden bleiben gern auf diesem Boden, bilden ihn nach, brechen kleine Stücke davon ab, die sie dann zu ihrem Vorteil nutzen, während andere ihn kaum zur Kenntnis nehmen. Nabokov – seines Zeichens tatsächlicher ebenso wie ästhetischer Aristokrat – hat kaum je auch nur einen Zeh darauf gesetzt. Seine Sprache ist eine »literarische«, weit weg von dem, was wir als unsere gemeinsame linguistische Heimat betrachten. Ein Argument zugunsten einer solchen literarischen Sprache könnte lauten, dass sie sich zu ihrer eigenen Künstlichkeit bekennt. Unterdessen nimmt die Alltagssprache für sich in Anspruch, schlicht und natürlich zu sein, »beiläufig«, dabei ist sie oft nicht weniger konstruiert als das Straßenpflaster, wurde in Werbeagenturen erdacht, im Herzen der Regierung – manchmal auch in beidem zugleich. Ebenso sentimental wie eindringlich (»Prinzessin der Herzen«, »Big Society« in Großbritannien, »Make America Great Again« in den USA), behauptet die Alltagssprache, sich daran zu orientieren, wie die Menschen von Natur aus reden, doch jeder Autor, der wirklich darauf achtet, wie Menschen reden, dürfte sich schnell in einer Schublade als markanter Stilist, Satiriker oder experimenteller Schriftsteller wiederfinden. Beckett war so einer, der amerikanische Autor George Saunders ist ein gutes aktuelles Beispiel. (Beim Tanz kommt mir vor allem Bill »Bojangles« Robinson in den Sinn, der darauf spezialisiert war, Treppen hinauf- und hinabzusteppen. Was könnte normaler, volksnäher, bodenständiger und alltäglicher sein, als eine Treppe hinauf- und hinabzusteppen? Seine typische Bühnennummer allerdings umfasste eine Treppe, die direkt an eine weitere anschloss – quasi eine Treppe zur Treppe. Die steppte er dann hinauf und hinab, hinab und wieder hinauf, ganz und gar surreal, wie ein zum Leben erwachtes Bild von M. C. Escher.) Astaire ist als Tänzer eindeutig nicht so experimentell wie Twyla Tharp oder Pina Bausch, doch auch er ist surreal in dem Sinn, dass er die Realität überhöht. Er transzendiert. Wenn er tanzt, stellt sich sofort die Frage ein: Was, wenn sich ein Körper wirklich *so* durch die Welt bewegte? Aber das ist nur eine rein rhetorische Phantasiefrage, denn kein Körper bewegt sich wie der von Astaire, nein, so wie er können wir uns allenfalls im Traum bewegen. Hingegen habe ich schon französische Jungs die Treppe zur High Line in New York hochrennen sehen, um die Aussicht zu fotografieren, und ihre Hinterteile bewegten sich dabei exakt so wie das von Gene Kelly in *Heut' gehn wir bummeln*, und ich habe schwarze Jugendliche beobachtet, die sich in der U-Bahn-Linie A vor dem Aussteigen noch einmal um die Mittelstange drehten – auch da war wieder Kelly, an seinem ewigen Laternenpfahl. Kelly zitierte das Alltägliche, wenn er tanzte, und ruft uns damit bis heute die Anmut in Erinnerung, die wir hin und wieder selbst besitzen. Er ist die Inkarnation unserer Körper in ihrer Jugend, auf dem Höhepunkt ihrer Kraft und Geschmeidigkeit, oder in den Momenten, wenn sich unsere natürlichen Talente auf ideale Weise mit unseren sauer erworbenen Fähigkeiten verbinden. Er zeigt uns, wie das Prosaische zum Poetischen werden kann, wenn wir uns nur genug anstrengen. Aber wenn Astaire tanzt, hat er mit Anstrengung nichts am Hut (auch wenn wir aus seiner Biographie wissen, dass er hinter der Bühne extrem hart trainierte). Er ist *»poetry in motion«*. Seine Bewegungen sind von unseren so weit entfernt, dass er unseren eigenen Ambitionen Grenzen setzt. Kein Mensch hofft oder erwartet, so zu tanzen wie Astaire, genau wie kein Mensch erwartet, so zu schreiben wie Nabokov.

Harold und Fayard Nicholas

Wie das Tanzen ist auch das Schreiben eine Kunstform, die Menschen selbst dann offensteht, wenn sie nichts haben. »Für zehn Shilling und Sixpence«, rät Virginia Woolf, »kann man genügend Papier kaufen, um sämtliche Stücke von Shakespeare zu schreiben.« Die einzig unerlässliche Ausrüstung beim Tanzen ist der eigene Körper. Einige der besten Tänzer stammen aus ärmsten Verhältnissen. Bei vielen schwarzen Tänzern ging das mit der zusätzlichen Schwierigkeit einher, »die Rasse zu repräsentieren«. Man steht auf der Bühne, vor den eigenen Leuten und vor den anderen. Welches Gesicht zeigt man ihnen? Gibt man sich als man selbst? Als die »beste Version« seiner selbst? Als Repräsentant? Als Symbol? Die Brüder Nicholas stammten nicht von der Straße – sie waren die Söhne zweier studierter Musiker –, aber sie haben auch nie eine formelle Tanzausbildung bekommen. Sie haben gelernt, indem sie ihren Eltern und deren Kollegen bei ihren Auftritten im »Chitlin Circuit« zusahen, wie die schwarze Vaudeville-Szene damals noch bezeichnet wurde. Später, als sie zum Film fanden, wurden ihre Auftritte meistens so gedreht, dass sie für die Geschichte nicht relevant waren und man die spektakulären Szenen mit den beiden problemlos rausschneiden konnte, ohne der Handlung zu schaden, falls der Film in den Südstaaten gezeigt wurde. Dosierte Genialität, dem Kommerz unterworfen. Und doch eine Genialität, die nicht zu verleugnen ist. »Mein Talent war meine Waffe«, so formulierte es Sammy Davis jr., »meine Kraft, meine Art zu kämpfen. Nur damit konnte ich hoffen, das Denken der Menschen zu beeinflussen.« Davis war ursprünglich auch so ein Chitlin-Hoofer gewesen und kam aus prekären Verhältnissen. Seine Argumentation hier wirkt sehr vertraut: Sie ist eine Art Glaubenssatz in Familien, die über wenig anderen Besitz verfügen. Eine Mutter schärft ihren Kindern ein, sie müssten »doppelt so gut sein«, sagt ihnen, sie müssten dafür sorgen, dass sie »nicht zu verleugnen« seien. Etwas in der Art hat auch meine Mutter zu mir gesagt. Und wenn ich den Nicholas-Brüdern zusehe, fällt mir diese belastende Anweisung wieder ein: Sei doppelt so gut. Die Nicholas-Brüder waren viele, viele Dimensionen besser als alle anderen. Sie waren besser, als irgendwer von Rechts wegen sein kann oder sollte. Fred Astaire hat ihren Auftritt in *Der Tänzer auf den Stufen* als großartigstes Beispiel von Kinotanz bezeichnet, das er kenne. Sie bewegen sich im eingesprungenen Spagat eine Treppe hinunter, als wäre der eingesprungene Spagat eine ganz alltägliche Art, von A nach B zu kommen. Und sind dabei makellos gekleidet. Sie repräsentieren nicht nur – sie brillieren. Aber ich glaube immer, doch einen winzigen Unterschied zwischen Harold und Fayard wahrzunehmen, und genau der interessiert mich, ich sehe darin eine Art Lektion. Fayard, kommt mir vor, ist sich seiner Repräsentationsverantwortung beim Tanzen ein klein wenig mehr bewusst: Er entspricht der Rolle, er *verkörpert* die Rolle, bleibt unanfechtbar korrekt. Er ist formell, dosiert, technisch nicht zu verleugnen: eine Zierde seiner Rasse. Harold hingegen überlässt sich der Freude. Sein Haar verrät ihn: Während er tanzt, löst es sich aus der dicken Schicht Haarwachs, das er immer verwendet hat, die unbezähmbare Afrokrause schnellt hervor, und er streicht sie nicht einmal zurück. Zwischen Korrektheit und Freude sollte die Wahl immer auf die Freude fallen.

Auf YouTube findet man sie, in zahllose Tanzduelle verstrickt, und so steht man dann vor einer harten Entscheidung. Die Frage zielt jedoch nicht auf die jeweiligen Fähigkeiten, darauf, wer der großartigere Tänzer war. Die Wahl muss zwischen zwei komplett gegensätzlichen Wertesystemen fallen: zwischen Lesbarkeit auf der einen Seite und Temporalität auf der anderen. Zwischen einem Denkmal (Jackson) und einer Art Schimäre (Prince). Dabei waren beide hervorragende Tänzer. Abgesehen von der unterschiedlichen Körpergröße ähnelten sie sich äußerlich durchaus. Ungeheuer schmal, mit langem Hals und dünnen Beinen, kam ihre Kraft eher aus dem Rumpf als aus dem Hinterteil, das in beiden Fällen unfassbar klein war. Und was Einflüsse betrifft, waren sie selbstverständlich beide gleichermaßen James Brown verpflichtet. Der Spagat, das Aufstehen aus dem Spagat, die Drehungen, die Schleifschritte, die gebeugten Knie, die abrupten Kopfbewegungen – alles aus derselben Quelle geklaut. Dennoch ähneln Prince und Jackson sich kein bisschen, wenn sie tanzen, und es ist wirklich schwierig, sich daran zu erinnern, wie Prince tanzt, während man Jackson praktisch gar nicht vergessen kann. Das klingt absurd, aber versuchen Sie es einmal. Ganz gleich, wie oft man sie gesehen hat, Princes Bewegungen prägen sich dem Gedächtnis nicht dauerhaft ein, sie scheinen nie ganz fixiert oder gespeichert. Wenn jemand Sie auffordern würde, wie Prince zu tanzen, was machen Sie dann? Wahrscheinlich ein paar Drehungen und einen Spagat, falls Sie so was können. Besonders Prince-haft ist das alles trotzdem nicht. Es bleibt ein Rätsel. Wie kann jemand jahrelang immer wieder vor Millionen Menschen tanzen und trotzdem noch wie ein Geheimnis wirken, das nur ich allein kenne? (Und ist es nicht auch so, dass man als Prince-Fan immer das Gefühl hat, er wäre ein ganz persönliches Geheimnis?)

Ich war nie auf einem Konzert von Michael Jackson, doch

Prince habe ich ein halbes Dutzend Mal gesehen. Ich habe ihn in Stadien mit vielen tausend Menschen gesehen, weiß also vom Kopf her durchaus, dass er keineswegs nur mein persönliches Geheimnis war, sondern vielmehr ein Superstar. Trotzdem behaupte ich immer noch, dass seine Shows unlesbar und intim waren, wie der Auftritt eines Mannes mitten im Wohnzimmer bei einer Privatparty. Etwas Großartigeres hat man nie erlebt, und doch blieb die Großartigkeit auf den Moment beschränkt, in dem sie sich vollzogen hat. Jackson war das genaue Gegenteil. Jede seiner Bewegungen war absolut lesbar, öffentlich, endlos kopiert und kopierbar, wie ein Meme, bevor es als solches bezeichnet wurde. Michael Jackson dachte in Bildern und überzeitlich. Bei jeder einzelnen Bewegung umriss er deren Grenzen und markierte sie dann noch einmal, wie ein Polizist, der den Kreideumriss um eine Leiche zieht. Reckte den Hals vor, wenn er rückwärtsging. Kürzte die Hosenbeine, damit man sehen konnte, was er mit den Knöcheln anstellte. Griff sich in den Schritt, damit man die Zuckungen seines Unterleibs besser verstand. Zog einen Handschuh über eine Hand, damit man deren rhythmisches Genie besser verfolgen, sehen konnte, wie sie alles unterstrich, einem Ausrufezeichen gleich. Gegen Ende ging die Aufgabe des Umreißens und Abgrenzens zunehmend auf seine kuriose Bühnenkleidung über. Sie wirkte wie eine Art Rüstung, die dazu diente, jedes einzelne Element seines Körpers klar zu definieren, damit keine Bewegung unbemerkt durchrutschte. Arme und Beine mehrfach umwickelt – zur buchstäblichen Veranschaulichung der biegsamen Gelenke –, eine Metallschärpe, die sich von links nach rechts über den Brustpanzer zog, um die Verschiebung seiner Schultern entlang dieser Diagonale zu betonen. Der Gürtel eines Schwergewichtboxers, der die schmalen Hüften unterstrich und den Oberkörper von den Beinen trennte, damit man merkte, wie obere und untere Körperhälfte in verschiedene Richtungen strebten. Und schließlich der silberne Tanga über der Hose, der den beredten Unterleib so verdeutlichte, als hätte man die GROSSBUCHSTABENTASTE gedrückt. Subtil war das nicht, es gab auch keinen Subtext, doch es war ganz klar zu lesen. Bis ans Ende aller Tage werden Menschen wie Michael Jackson tanzen. Prince jedoch, der wundersame, flüchtige Prince – er lässt sich am besten mit Keats' Grabinschrift beschreiben: *Here lies one whose name was writ in water*. Und von Prince können Schreibende lernen, dass das Flüchtige mitunter eine tiefere Schönheit besitzt als das Lesbare. In der Welt der Wörter erinnert uns vor allem Keats daran und zeigt uns, wie lange man als flüchtiger Autor weiterleben kann, selbst neben einer so klar umrissenen Gestalt wie Lord Byron … Prince steht für die Inspiration des Augenblicks, wie eine Ode, die geschrieben wurde, um ein vorübergehendes Gefühl einzufangen. Und wenn die Stimmung sich ändert, verändert er sich mit ihr: Auch das ist eine gute Lektion. Im Dasein als Denkmal liegt keine Freiheit. Da ist man doch lieber der Typ, der in den frühen Morgenstunden immer noch auf der Privatparty jammt und dessen Essenz niemand einfangen kann, obwohl alle ihre Handykameras mitlaufen lassen. Und jetzt ist er fort, ist uns abermals entkommen. Ich will gar nicht behaupten, dass uns das Bild von Prince nicht ebenso lange bleiben wird wie das von Michael Jackson. Ich sage nur, dass es in unseren Köpfen nie dieselbe Klarheit besitzen wird.

Janet Jackson, Madonna und Beyoncé

Diese drei fordern nicht nur zur Nachahmung auf – sie verlangen sie geradezu. Sie gehen über Lesbarkeit hinaus bis hin zur Vorschrift. Sie führen ganze Heere, und wir schließen uns ihnen an. Wir sind wie die uniformierten Tänzerinnen und Tänzer, die sich in geschlossener Formation hinter ihnen bewegen, ein anonymes Korps, dessen Aufgabe es ist, die Gesten der Generalin genauestens zu kopieren. Neulich, auf Beyoncés *Lemonade*-Tour, wurde das regelrecht konkret, als die Generalin den rechten Arm wie ein Gewehr ausstreckte, mit der linken abdrückte und das Geräusch eines Schusses zu hören war. Diese Form des Tanzens hat nichts Intimes an sich: Wie das Militär fungiert es als eine Art Lizenzbetrieb, bei dem die vorherrschende Idee – »Amerika«, »Beyoncé« – sämtliche Zellen in aller Welt bestimmt. Vielleicht ist das ja auch der Grund, dass in der Menschenmenge, die ich im Wembley-Stadion sah, viele einen Großteil der Zeit gar nicht zur Bühne blickten, sondern sich stattdessen ihren Freunden oder Partnern zuwandten. Sie brauchten Beyoncé genauso wenig anzusehen, wie Soldaten die ganze Zeit auf die Landesflagge starren müssen, um ihrer Pflicht nachzugehen. Irgendwo da vorne stand unsere Königin und tanzte – doch die Idee von ihr hatten wir längst verinnerlicht. Freunde, die sich aus dem Fitnessstudio kannten, standen im Kreis und reckten die Fäuste hoch, Freundinnen auf Junggesellinnenabschied wandten sich einander zu und machten sich gegenseitig die »Beyoncé«, und die Fanboys aus dem Beyhive brüllten sich jedes Wort der Texte ins Gesicht. Das hätten sie alles auch zu Hause tun können, doch dies war eine öffentliche Loyalitätsbekundung. Losgetreten wurde dieses seltsame Phänomen von Janet Jackson, Madonna setzte es fort, und Beyoncé treibt es auf die Spitze. Das Tanzen dient hier der Demonstration des weiblichen Willens, ist die konkrete Artikulation seiner Reichweite und seiner Möglichkeiten. Die Lektion liegt auf der Hand. *Mein Körper gehorcht mir. Meine Tänzer gehorchen mir. Jetzt gehorcht ihr mir auch.* Und dann träumt die versammelte Menschenmenge, dass bei ihnen auch alle so spuren wie bei Bey – eine äußerst reizvolle Vorstellung. Manche Autorinnen lösen ähnliche Hingabe aus (wenn auch bei einem sehr viel kleineren Publikum): Muriel Spark, Joan Didion, Jane Austen. Im Wesentlichen legen diese Autorinnen die gleichen Qualitäten (oder Illusionen) an den Tag: totale Kontrolle (über die Form) und keinerlei Freiheit (für die Leserin). Vergleichen Sie im Gegensatz dazu einmal Jean Rhys oder Octavia Butler, Autorinnen, die vielfach geliebt und praktisch nie kopiert werden. Sie lassen viel zu viel Freiheit. Bei Joan Didion hingegen sagt jeder einzelne Satz: Gehorcht mir! Wer regiert die Welt? Die Frauen!

David Byrne und David Bowie

Die Kunst des Nichttanzens: eine unerlässliche Lektion. Manchmal ist es äußerst wichtig, ungelenk zu sein, unelegant, kantig, weder poetisch noch prosaisch, regelrecht schlecht. Um andere Möglichkeiten für den Körper zum Ausdruck zu bringen, alternative Werte, bewusste Sinnentleertheit. *Stop Making Sense*. Mich interessiert besonders, dass beide Künstler ihre »schlimmsten« Tanzeinlagen im Anzug absolvieren. »Take me to the river«, singt Byrne, in quadratischen Hosen, die ihm ums gut Zwanzigfache zu groß sind, und blickt dabei auf seine zuckenden Hüften, als gehörten sie jemand anderem. *Das ist nicht meine Musik*, sagt diese Hose, und die Bewegungen gehen noch weiter: *Das ist auch nicht mein Körper*. Am Ende dieses Risses in der Logik wartet ein befreiender Gedanke: Vielleicht gehört ja in Wahrheit nichts irgendwem.

Oft sind die Menschen mit ihrem »Erbe«, ihren »Traditionen« viel zu heikel – und Schriftsteller erst recht. Konservieren und Bewahren hat seinen Platz, sollte aber weder der Freiheit noch dem Diebstahl im Weg stehen. Alle erdenklichen künstlerischen Ausdrucksformen stehen allen Völkern zur Verfügung – immer unter dem Banner der Liebe. Die offensichtliche Liebe von Bowie und Byrne zu dem, was ihnen nicht »gehört«, ringt vertrauten Sounds neue Aspekte ab. Bis ich diese beiden Männer tanzen sah, war ich nie auf die Idee gekommen, dass man aus freien Stücken beschließen könnte, dem Schwung eines Beats eben nicht mit dem passenden Schwung des eigenen Körpers zu begegnen, sprich: harmonisch und heiß. Doch wie sich zeigt, kann man auch Widerstand leisten: Man kann eine komische Haltung einnehmen und unvermittelt loszucken wie Bowie oder sich fragen, ob das da wirklich der eigene Arm ist, wie Byrne. Ich stelle mir vor, wie der junge Luther Vandross Bowie beim Zappeln und Um-sich-Schlagen zusah, wenige Meter hinter ihm im Back-up-Chor zu »Young Americans«. Und ich frage mich, wie er das wohl aufgenommen hat. Ob er sich jemals gefragt hat: Was in aller Welt macht der da? Doch schon nach ein paar Auftritten war es allen klar. Das hier war anders. Alt und doch neu.

Rudolf Nurejew und Michail Baryschnikow

Wenn Sie vor Publikum stehen, wohin wenden Sie sich? Nach innen oder nach außen? Oder kombinieren Sie beides? Nurejew, so erbittert und neurotisch, so verletzlich, so wunderschön – wie ein Reh, das plötzlich im Licht unserer Scheinwerfer auftaucht –, blieb eisern nach innen gewandt. Man konnte, wie es so schön heißt, »die Augen nicht von ihm abwenden«, gleichzeitig war es aber schon fast unerträglich, ihm zuzusehen, weil ihn nichts vor unseren Blicken schützte. Wir glauben, wir könnten ihn zerbrechen, er könnte zerfallen – oder explodieren. Das tut er nie, und doch spürt man bei jedem seiner Sprünge die Möglichkeit der totalen Katastrophe, so wie bei gewissen hypernervösen Spitzensportlern, ganz gleich wie oft man sie schon rennen, springen oder ins Wasser tauchen gesehen hat. Bei Nurejew ist man Zaungast, man ist ein Mensch, dem die große Ehre zuteilwird, dabei sein zu dürfen, wenn Nurejew tanzt. Das meine ich überhaupt nicht sarkastisch: Es ist tatsächlich eine Ehre, Nurejew zuzusehen, selbst noch in den alten, unscharfen Videos auf YouTube. Er ist eine Art Wunder und ist sich dessen beim Tanzen vollauf bewusst: Was haben *Sie* heute schon geleistet, um sich eine Audienz bei einem Wunder zu verdienen? (Vergleiche auch Dostojewski.) Bei Baryschnikow fürchte ich keine Katastrophe. Er ist ein nach außen gewandter Künstler, er setzt alles daran, mir zu gefallen, und schafft das auf vollkommene Weise. Sein Gesicht tanzt ebenso wie seine Arme und Beine. (Nurejews Miene hingegen ist dauerhaft in transzendentem Gefühl verloren.) Manchmal möchte Baryschnikow mir auch so sehr gefallen, dass er sich am Steppen mit Liza Minnelli versucht und sich damit dem Spott der Puristen aussetzt. (Ich bin keine Puristin, ich bin begeistert!) Er ist ein Charmeur, ein Entertainer, er ist komisch, tragisch, vergeistigt, ein Clown – was immer man sich gerade von ihm wünscht. Baryschnikow ist voller Liebe und wird geliebt. Er beherrscht die hohe und die niedrigere Form, die harte und die weiche Pose, bleibt dabei aber immer nach außen gewandt, hin zu uns, seinem Publikum. (Vergleiche auch Tolstoi.) Einmal bin ich Baryschnikow in New York bei einem gesetzten Essen begegnet: Ich war so aufgeregt, dass ich kaum ein Wort herausbrachte. Schließlich fragte ich ihn: »Sind Sie Fred Astaire mal begegnet?« Er lächelte. Und sagte: »Ja, einmal, bei einem gesetzten Essen. Ich war furchtbar aufgeregt, ich habe kaum ein Wort herausgebracht. Aber ich habe die ganze Zeit seine Hände beobachtet, die allein waren eine regelrechte Lehrstunde – so elegant!«

IN DER AUS-STELLUNG

Und um Mitternacht stirbt Orson Welles

Es ist zwei Uhr nachmittags. Niemand stöhnt; niemand dreht sich im Bett auf die andere Seite oder schlägt nach dem Wecker – dafür ist es viel zu spät. »Liebe zog dich auf, eine dicke goldene Uhr« … Doch um zwei Uhr nachmittags ist das Morgenlied nur noch Erinnerung. Wir spekulieren nicht mehr darüber, was uns aufgezogen hat, wir wissen nur, dass wir aufgezogen wurden. Am Nachmittag sind wir nicht mehr so sentimental. Wir sehen den Minutenzeiger wandern: Aus 14 Uhr 01 wird 14 Uhr 02 wird 14 Uhr 03. Eigentlich erbarmungslos, wenn man sich das mal bewusst macht. Meistens denken wir gar nicht darüber nach. Wir sind schwer beschäftigt, weil die ganze Zeit so viel passiert. Die Schulklassen aus dem Ausland sind für heute bereits weg, ein korpulenter Herr trinkt Tee aus dem Glas, Billy der Lügner wird gefragt, was das denn bitte für eine Uhrzeit sein soll (siebzehn Minuten nach zwei), und Charlotte Rampling verzehrt ganz allein Schokoladen-Eclairs und raucht, irgendwo in einem Garten, vermutlich in Frankreich.

Es lässt sich nicht aufhalten, und es gibt auch kein Zurück: Der Tag ist schon zu weit fortgeschritten, verleugnen lässt er sich nicht mehr. Auch wenn manche das natürlich versuchen, die gibt es immer. Um Punkt zwei Uhr brüllt ein Mann eine Standuhr an (»Das reicht jetzt!«) und schlägt sie entzwei. Doch der Tag geht weiter. Das macht er immer. Die Japaner – ein pragmatisches, ein realistisches Volk – bewältigen die Situation mithilfe einer Besprechung an einem langen weißen Konferenztisch. Wir im Westen neigen im Angesicht derselben Realität eher dazu, uns einen starken Drink zu gönnen. Aber immer schauen uns die Leute schief von der Seite an und sagen Dinge wie: »Es ist zwei Uhr am Nachmittag!«, und wir stellen unser Glas seufzend wieder ab. Der Nachmittag – frei vom katerbedingten Nebel oder der Benommenheit des Schlafs – bringt unsere gemeinsame Misere auf diesem Planeten klar zum Vorschein.

Zufällig ist der Nachmittag auch die Zeit, zu der die meisten Menschen Christian Marclays *The Clock* den ersten Besuch abstatten. Nicht zu früh, kurz nach dem Mittagessen. Es kann schließlich gut oder auch schlecht sein – da will man nicht gleich den ganzen Vormittag verlieren. Doch schnell schon, sehr viel schneller als erwartet – genau um 14 Uhr 06, als Adam Sandler gerade die Spanierin aufsucht –, merkt man, dass *The Clock* weder gut noch schlecht ist, sondern schlicht grandios, womöglich der großartigste Film, den man je gesehen hat, und dann will man unbedingt noch einmal am Morgen wiederkommen, am Abend und spätnachts, alles andere sausen lassen, einen Schlafsack einpacken und sich bis zum Sonnenaufgang in die Paula Cooper Gallery verziehen. Nur: Herrje, schon so spät? Tja. Dann eben morgen wieder.

Die Details, die einem beim zweiten Besuch auffallen, sind nur klein, scheinen aber zur Orientierung unerlässlich, so wie man erst eine X- und eine Y-Achse zeichnen muss, bevor man sich daranmacht, eine gewaltige Informationsmenge graphisch darzustellen. In meinen Notizen habe ich versucht, das Offensichtliche festzuhalten, um es mir selbst klarzumachen. *The Clock* ist ein vierundzwanzig Stunden langer Film, der die Zeit anzeigt. Erreicht wird das dadurch, dass Filmausschnitte aneinandermontiert werden, in denen Uhren zu sehen sind. Doch das ganze Werk ist in seiner Ziel- und Umsetzung so gewaltig, dass selbst die schlichteste Aussage darüber gleich wieder der Einschränkung bedarf. So ist zum Beispiel nicht in jeder Szene eine Uhr zu sehen. Manchmal nennt auch jemand die Uhrzeit, oder es wird einfach von der Zeit als allgemeinem Konzept gesprochen. Mary Poppins tut nicht einmal das: Sie schaut auf ihre Armbanduhr, deren Ziffernblatt wir nicht sehen, spannt ihren Schirm auf und fliegt davon, um einen Augenblick später von einem Mann ersetzt zu werden, der ebenfalls mit einem Regenschirm fliegt und kurz darauf an einer Turmuhr vorbeischwebt, die uns die Uhrzeit verrät. Von solchen Momenten gibt es zahllose, und wenn man sie zum ersten Mal bemerkt, gerät man angesichts ihrer Einheitlichkeit und Schönheit ein bisschen aus der Fassung. Der kreative Zwang, den sie aufdecken, ist noch so viel größer und herausfordernder als der, den man ursprünglich vermutet hat. Wenn in *The Clock* ein fliegender Regenschirm mit einem weiteren fliegenden Regenschirm gekoppelt werden muss, dann sind unter dem Hauptfluss ästhetische Unterströmungen am Werk, die in zahllose Richtungen ziehen und nicht einfach nur im Uhrzeigersinn verlaufen.

Man sitzt im Dunkeln und versucht, sie zu entschlüsseln, die *Spielregel.* Es gibt ganz offensichtlich zwei Arten von Zeit, die echte und die inszenierte. Das lässt sich auf verschiedene Weisen ausdrücken. Zufällige Uhren neben absichtlich eingesetzten Uhren. Die in den Film gebannte Zeit neben der für den Film manipulierten Zeit. Wie sich zeigt, sind die zufälligen Uhren anrührender als die absichtlich eingesetzten. Die Schauspieler unten auf der Straße nähern sich tapfer der Realität an, doch die Turmuhr hinter ihnen hat diese Realität längst eingefangen, den wahren Ausnahmemoment, der jetzt für immer vergangen ist, unwiederbringlich, und der doch im Film wiedererweckt wird. Es ist tatsächlich 15 Uhr 22. Es wäre sowieso 15 Uhr 22 geworden, ob nun mitgefilmt oder nicht, und darum empfindet man diesen Augenblick als ungeschminkt, unbearbeitet, wahr. Im Gegensatz dazu gehorcht die inszenierte Zeit bestimmten Konventionen. Sex am Nachmittag ist besonders sexy, wahrscheinlich weil dabei häufig Prostituierte im Spiel sind. Zwischen vier und fünf sind Verkehrsmittel relevant: Züge, Autos und Flugzeuge. Wenn nach ein Uhr morgens das Telefon klingelt, darf man nie mit guten Nachrichten rechnen. Kuckucksuhren verheißen fast immer Böses, egal zu welcher Zeit sie schlagen. Wenn Orson Welles die Uhrzeit nennt, verleiht das der Stunde etwas Episches. Um zwei Uhr morgens sind alle einsam.

Ein paar Ausschnitte werden schon erwartet, und es gibt Applaus, als sie erscheinen. Christopher Walken in *Pulp Fiction*, mit der Taschenuhr von Butchs Vater im Hintern. Der explodierende Big Ben. Das sind Meta-Filmausschnitte, weil die Uhren selbst längst legendär sind. Eingebettet in *The Clock* werden alle möglichen Kinomomente tiefgründig, komisch oder beides. Eine unschuldige Bemerkung wie »Dafür habe ich einfach nicht die Zeit« führt zu Lachanfällen im Publikum. Die abwegigsten Gestalten werden zu Philosophen. Owen Wilson, der vor sich hin murmelt: »Du wirst sterben. Du sitzt auf dem Minutenzeiger einer Uhr.« Marisa Tomei im Ruderboot: »Zeit ist relativ [...] Reine Gefühlssache!«

Andere Strömungen sind weniger durchschaubar und fußen vielleicht auf den eigenen einsamen Trugbildern. Es ist eine trancehafte Erfahrung, *The Clock* zu erleben, fast schon psychedelisch: Man neigt dazu, Dinge zu sehen, die gar nicht da sind. Ist beispielsweise der Charme mancher Schauspieler nicht oft so überwältigend, dass sie aus dem Konzept Zeit herauszutreten scheinen? Sich jenseits davon bewegen? Wenn Paul Newman den Fuß auf den Bettrand stellt, sich den Schuh zubindet und dabei lächelt, ertappt man sich plötzlich dabei, dass man gar nicht mehr auf die nächste Uhr wartet. Man stellt sich ganz darauf ein, einen Film mit Paul Newman zu schauen. Und wenn dann der unausweichliche Schnitt kommt, geht ein Seufzen durch die Galerie. Ist es das, was die Leute meinen, wenn sie von »Starqualität« reden? Die Fähigkeit, jenseits der Zeit zu stehen? (Diese Nebenwirkung stellte sich übrigens selten ein und stand in keinem offensichtlichen Zusammenhang mit dem relativen Berühmtheitsgrad. Als Tom Cruise erschien und wieder verschwand, seufzte niemand.) Manchmal treten Wiederholungen auf und wirken bedeutungsvoll. Doch wenn wir viel James Bond und Columbo zu sehen bekommen, dann deshalb, weil die Zeit – die *inszenierte* Zeit – ihr natürliches Umfeld ist. Falsche Uhren halten ihre narrative Welt in Gang: laufende Countdowns und Alibis, Tatorte. Das mag auch erklären, warum Denzel Washington so oft auftaucht.

The Clock führt uns vor Augen, wie sehr wir auf den Rhythmus des kommerziellen (und meist amerikanischen) Spielfilms eingestimmt sind. Jeder ausländische Filmausschnitt ist sofort zu erkennen, noch bevor die Schauspieler einen Ton gesagt haben. Und es ist auch weder das Filmmaterial noch sind es die Schnurrbärte, die alles verraten, sondern vielmehr der abweichende Umgang mit der Zeit, allem voran ihre Langsamkeit, wobei diese »Langsamkeit« natürlich nur dem Tempo der realen Zeit entspricht. Im kommerziellen Spielfilm vergehen in einer Minute Jahrzehnte, oder ein Tag dauert zweieinhalb Stunden. Wir blenden zurück, wir blenden vor. Es ist immer ein gewisser Pep dabei. »Mittagessen machen« entspricht der Aufnahme eines geöffneten Kühlschranks, dann eines Schneidebretts und schließlich des auf dem Herd brutzelnden Essens. Eine Flugreise besteht aus Einchecken, einem Cocktail und dem Gang durch den Zoll. Die Prinzipien, die Denzel so viel bedeuten – Spannung, Höhepunkt, Auflösung –, liegen allen amerikanischen Ausschnitten zugrunde, während ihr Fehlen schon im kürzesten Schnipsel eines französischen Arthousefilms sofort auffällt. Eine Aufschlüsselung des gängigen Satzes »Ich mag keine ausländischen Filme« könnte auch lauten: »Ich will nicht im Kino sitzen und dabei spüren, wie die Zeit vergeht.«

Wenn man bedenkt, dass man keine Regeln bekommen hat – dass man sich diese Regeln vielmehr selbst ausgedacht hat –, wie kann man dann entrüstet sein, wenn gegen diese selbst gemachten Regeln scheinbar verstoßen wird? Und doch geschieht genau das. Wenn Christian Marclay mehrmals auf denselben Film zurückgreift – beispielsweise auf die lange »Countdown-Szene« aus einem schlechten Thriller –, dann fühlt man sich beschummelt.

Und weil man für sich beschlossen hat, dass der harte »Schnitt« zu den Grundprinzipien des Werks gehört, fühlt man sich anfangs verunsichert, wenn die Musik von einer Szene zur anderen weitergeht. Aber ist man erst mal ein paar Stunden dort, werden diese mutmaßlichen Abweichungen zum eigentlichen Ereignis. Man stellt auf einmal fest, dass zwei getrennte Ausschnitte aus derselben Szene wie Semikolons wirken, die den visuellen Satz zwischen sich umschließen und dem, was (angesichts des Ordnungsprinzips dieses Werks) in unserer Vorstellung zwingend zufällig hätte sein müssen, Form und Stil geben. Marclay bringt es fertig, so hinreißend unwahrscheinliche Verbindungen herzustellen, dass man kaum begreift, wie man so etwas überhaupt fertigbringen kann: Man muss es einem seligen Glücksfall zurechnen. Pistolen aus einem Film treffen auf Pistolen aus einem anderen und Küsse auf Küsse; Fahrer in Farbe schlängeln sich zwischen Fahrern in Schwarz-Weiß hindurch, um sie zu überholen.

Und doch hält *The Clock* die Zeit perfekt ein. Und spricht dabei von der Zeit. Indem der Ton so kunstvoll über alle visuellen Grenzen hinweg abgemischt wird (Marclays frühere Arbeiten bestehen hauptsächlich aus Tönen), verleiht das Kunstwerk jedem Filmausschnitt etwas wie Unverwüstlichkeit, dehnt ihn durch die Zeit wie einen vierdimensionalen Gegenstand. Marclay hält es mehr mit Heraklit als mit Parmenides, was die Philosophie von der Zeit betrifft: Die Gegenwart reicht in die Zukunft hinein, die Vergangenheit verfällt in der Gegenwart. Und eigentlich geht es auch nur um den Ton. Je öfter man sich *The Clock* ansieht, desto mehr ist man versucht, es mit geschlossenen Augen zu tun. Sind das die Sex Pistols, die da in einen Can-Can übergehen? Die Nostalgie wird unablässig angefacht und gereizt; man vermisst bestimmte Ausschnitte, kaum dass sie vorbei sind, und klammert sich an den akustischen Abglanz dessen, was gerade geschehen ist, während man sich zugleich schon auf das konzentriert, was kommt, was immer weiter kommen wird.

Bisher gab es nur wenige Gelegenheiten, bei denen *The Clock* dem Publikum für die vollen vierundzwanzig Stunden vorgeführt wurde, doch wann immer das geschieht, sind die Schlangen fast so lang wie der ganze Film. Und natürlich wollen alle Mitternacht erleben. »Warum passiert es immer um Mitternacht?«, fragt ein junger Mann, der am Feuer steht, über sich die Kaminuhr. »Weil das eben so ist!«, antwortet sein Freund. Im Vorfeld schafft es nur Juliette Binoche in Frankreich, überhaupt ruhig zu bleiben: Gelassen und sexy bügelt sie einen Korb Wäsche und trägt dazu ein T-Shirt ohne BH. In Amerika drehen alle durch. Sowohl Bette Davis als auch Joan Crawford arbeiten schon früh, gegen Viertel vor, auf ihren divenhaften Höhepunkt hin. Da werden Kiefer gespannt, Augen verdreht. Um zehn vor zwölf blickt Farley Granger zutiefst gehetzt drein, aber das tut er wohl immer. Um drei Minuten vor Mitternacht verlangen Leute die Aussetzung einer Hinrichtung: »Ich will den Gouverneur sprechen!« Und dann setzen die Streicher ein, diese anschwellenden Streicher, sie peitschen ihre Saiten, spielen mit unserer mitternächtlichen Furcht. Das steigert sich zum Gag: Die letzten zwei Minuten hindurch kann Marclay problemlos Dutzende Filme aneinanderschneiden, ohne etwas an der Tonspur ändern zu müssen: Sie enthalten alle die gleichen kreischenden Streicher, nur die Tonart ändert sich. Um Mitternacht springt eine Zombiefrau aus einer Standuhr und erntet einen großen Lacher, doch mir war der Ausschnitt lieber, der kurz danach folgte und in dem ein dreieinhalb Meter großer Aufziehsoldat, der zur vollen Stunde aus einem Glockenspiel hervorkommt, mit seinem gewaltigen Schwert Orson Welles durchbohrt. Das erinnerte mich an Owen Wilsons Mahnsatz: »Du wirst sterben. Du sitzt auf dem Minutenzeiger einer Uhr.«

Durst, *Taxi Driver*, *Akte X*, jede Menge Kurosawa, *Eine verhängnisvolle Affäre*, *Die besten Jahre der Miss Jean Brodie*, etwas Woody Allen, ein bisschen Bergman – Marclays Quellen dürften seinem Publikum in New York und London sehr vertraut sein. Hätte *The*

Clock aus einer fremderen Kultur geschöpft, wäre der Schwerpunkt vielleicht ein anderer, doch so ist es unser Film, der die Zeit so betrachtet wie wir: als Tragödie. »Verschwende nicht die Zeit. Aus ihr besteht das Leben« – so lautet die Inschrift auf einer alten Sonnenuhr. Wir erkennen ihre Herkunft (Ashley Wilkes' Anwesen in *Vom Winde verweht*) und akzeptieren sie als Evangelium unserer Kultur. Die Zeit ist nicht auf unserer Seite. Jede Minute mehr für sie ist eine Minute weniger für uns. Siehe Jeff Bridges in *Spurlos* (und jemand anders in der niederländischen Originalversion), der sich den Puls misst und die Zahl der Schläge sorgfältig neben der Uhrzeit notiert. Wir sind ans Steuer gefesselt, und ob wir wollen oder nicht, es geht immer nur in eine Richtung.

Filme spielen diesen Kampf mit der Zeit immer wieder nach und setzen ihn in Szene. Nur, dass im Film die Zeit verliert. Wir sind siegreich. Die Erzählung ist siegreich. Wir unterwerfen die Zeit unserem Willen. Wir binden einen Mann am Boden fest, knebeln ihn und lassen die Uhr ticken – doch wir entscheiden selbst, wie schnell oder langsam sie läuft. ZEIT FESTLEGEN: eine Bemerkung, notiert am Rand eines Thrillers. Und darin besteht die ganze Herausforderung und Illusionskraft des Mediums Film. Ohne das gibt es keine Geschichte, keinen Film. Wenn wir Marclay glauben, ist in der Geschichte des Kinos keine andere Einstellung so häufig wie die verzweifelte Nahaufnahme eines Ziffernblatts. ZEIT FESTLEGEN! Doch bisher ist die so festgelegte Zeit immer Phantasie, Fiktion geblieben. *The Clock* ist der erste Film, in dem die Zeit Realität ist.

Vielfach ist von einer Sinn- und Wertekrise im Reich der Fiktion die Rede. Für mich wirkt *The Clock* wie ein Beitrag zu diesem Gespräch: die nüchterne Antwort auf die Phantastereien des Films. Seinen armseligen Vorläufer hat das Werk in der Fernsehserie *24*, die ebenfalls versprochen hat, der »Erzählzeit« ein Ende zu bereiten, sich aber stattdessen kommerziellen Bedenken gebeugt und Werbepausen einkalkuliert hat und mit ihrer Befürwortung der Folter ohnehin eine widerwärtige Ideologie vertrat. Mit seiner Synchronizität zur Echtzeit hat *The Clock* die Latte beträchtlich höher gelegt. Ich kann mir ehrlich gesagt nicht vorstellen, wie man sie noch höher legen soll. Es handelt sich um das Kunst-Werk, auf das Susan Sontag vor fast einem halben Jahrhundert in ihrem Essay »Gegen Interpretation« hoffte, was mich wieder daran erinnert, dass diese angebliche Krise der nuller Jahre tatsächlich schon lange Zeit im Gange ist: »Der höchste und befreiendste Wert in der Kunst – und der Kritik – ist heute die *Transparenz*. Transparenz meint die Erfahrung der Leuchtkraft des Gegenstandes selbst, der Dinge in ihrem Sosein.« Sehr lange Zeit. Das käme selbst Platon noch bekannt vor.

An *The Clock* gefällt mir besonders, dass die Arbeit zwar allem Anschein nach über das Fiktive »hinausreicht«, es aber trotzdem auch würdigt und zelebriert. Das Fiktive ist Marclays Material; er recycelt es schließlich. Und was wäre *The Clock* denn anderes als viele tausend fiktive Interpretationen von Zeit, die umgewidmet wurden, um *genau diese Zeit* auszudrücken? Darum hat man auch nicht das Gefühl, einen Film zu *sehen*, sondern vielmehr das Gefühl, *neben* einem Film zu existieren. Die Menschen befolgen die Konventionen der Zeit sogar noch, wenn sie die Galerie verlassen: immer zur vollen Stunde oder genau eine Viertelstunde danach. Offenbar bringt es niemand fertig, beispielsweise um 18 Uhr 07 zu gehen. Und es ist wunderbar, die Leute beim Rausgehen zu belauschen. »Wie hat er das nur gemacht? Man kann doch nicht nach Uhren googeln. Aber wie hat er das dann gemacht? Hatte der Hunderte Mitarbeiter oder was?«

Die Ehrfurcht ist mit Händen zu greifen und umso packender, weil sie inzwischen so selten geworden ist. In Galerien befallen mich allzu oft zwei Gefühle, das eine erlaubt, das andere verboten. Das erste ist Langeweile: Meist haben Künstlerin oder Künstler die Langeweile dann auch zum Thema (die Langeweile des Lebens im 21. Jahrhundert etc. pp.), und ich soll gelangweilt reagieren oder bestenfalls empört und gelangweilt. Das zweite ist »Staunen über das Handwerk«. Dieses Gefühl darf ich nicht haben. Zu fragen, wie etwas gemacht wurde, sich überhaupt mit dem physischen Entstehungsprozess auseinanderzusetzen oder damit, wie schwer es wohl gewesen sein mag, das Werk herzustellen – jede dieser Fragen weist mich als Dummerchen aus. Solche Fragen sind kindisch, reaktionär, nostalgisch.

The Clock allerdings ist nicht reaktionär und schafft es, diese Fragen wieder einzuführen, ohne dass sie nostalgisch oder kindisch wären. Im Wesentlichen hat Marclay eine Art selbst gemachte Suchmaschine gebaut, die eine gewaltige Menge verschiedenster Informationen sammelt und miteinander in Beziehung setzt: Szenen mit Uhren, Szenen mit Uhren in Klassenzimmern oder mit Uhren in Kneipen, Johnny-Depp-Filme mit Uhren, Frauen mit Uhren, Kinder mit Uhren, Uhren im Flugzeug und so weiter und so fort und immer weiter. Man langweilt sich nie – dafür hat man gar nicht die Zeit.

Ein Essay ist eigentlich nicht das richtige Format, um darüber zu berichten. Viel besser wäre eine Form von visueller Darstellung, eine Konsenswolke oder vielleicht ein spektakuläres Diagramm. Es fällt schwer, mit Worten wiederzugeben, was Marclay mit Daten macht, wie er sie zum Leuchten bringt. Und wenn all diese Daten in einem Diagramm aufgeführt wären, welche Schlüsse würden wir dann daraus ziehen? Dass das Leben gewaltig ist, vielfältig und niemals langweilig, aber auch kurz, unerbittlich und tödlich. *The Clock* ist eine begeisternde Kunst-, aber auch eine brutale Lebenserfahrung, die nicht beschönigt, was die Zeit mit uns anstellt. Um 14 Uhr 45, als Harold Lloyd an dem berühmten Uhrzeiger hing, hatte ich keinen Zugriff mehr auf die Freude, die ich früher immer beim Anblick dieses fabelhaften Stücks Fiktion empfunden habe, denn wenn Harold auf dieser Leinwand auftauchte, hieß das, dass ich es irgendwie fertiggebracht hatte, schon wieder zur selben Zeit herzukommen, am frühen Nachmittag, trotz aller Bemühungen, zwischen Kinderbetreuung und Arbeit einen anderen Zeitpunkt zu finden. Ich schaute an den Wänden der Galerie entlang, wo all die jungen Leute saßen, die Hipster ohne Kinder, die sich ein Sandwich mitgebracht hatten und fest entschlossen waren, bis drei Uhr morgens auszuharren. Ich beneidete sie, hasste sie sogar ein wenig. Sie sahen aus, als hätten sie alle Zeit der Welt.

FLAMMENDER JUNI

Ich versuche, mir die allerersten Kunstwerke vor Augen zu rufen, die ich je gesehen habe.* Sie befanden sich allesamt in der Wohnung meiner Mutter. Ich weiß gar nicht, warum ich »befanden« schreibe – sie sind immer noch dort, unverändert. Zwei kleine afrikanische Köpfe, mit edlem Profil, stehen einander zugewandt im Bücherregal. Mehrere gerahmte Poster zeigen längliche Kenianerinnen – vielleicht sind es auch Massai –, die Körbe auf dem Kopf tragen oder an der großen gelben Raute der Sonne vorbeischreiten. Generell gibt es einiges an Afrikana, und als Kind habe ich sie weder geschätzt noch verabscheut – sie waren einfach da, die Tapete unseres Lebens. Die metaphorische Tapete. Die eigentliche Tapete ist von Laura Ashley, bedruckt mit einem schweren geometrischen Muster, das all den Stammesskulpturen, Masken und Drucken einen Rahmen gibt. Die verbleibenden, untapezierten Wände sind ochsenblutrot, so wie das Sofa und die diversen Teppiche. Es sieht aus, als hätte man Miss Marples Schlafzimmer mit Marcus Garveys Wohnraum kombiniert. Optisch ist da wirklich eine ganze Menge los.

In der relativen Ruhe des Bades hängt ein Schwarz-Weiß-Foto, das schwarze und weiße Kinder beim Spielen im East End zeigt, in den vierziger oder fünfziger Jahren. Das mochte ich immer. Au-

* Das *Sotheby's Magazine* hat mich gebeten, über das erste Kunstwerk zu schreiben, das ich je besessen habe. Ich hätte gern geschwindelt, habe am Ende aber doch beschlossen, die (schändliche) Wahrheit zu sagen.

ßerdem findet sich dort eine Bleistiftzeichnung, die meine Mutter mit Cainrows zeigt – das idealisierte Porträt einer ohnehin schönen Frau, angefertigt von dem einzigen echten Künstler, den wir in meiner Kindheit kannten: einem australischen Bohemien, der mit einer Balletttänzerin aus Israel verheiratet war. Dieses aufregende Paar wohnte im bohemehaften Hampstead, zu einer Zeit, als das unter wirtschaftlichen Gesichtspunkten noch ein plausibler Satz war. Ich bewunderte diese Zeichnung, sie verunsicherte mich aber auch: Es lag so viel unverstelltes Begehren darin, und ich hatte ständig Angst (damals, als meine Eltern noch verheiratet waren), dass mein Vater es irgendwann merken würde. Der Australier zeichnete auch für das einzige Ölgemälde vor Ort verantwortlich: das kleine, schwer gerahmte, aber zart gemalte Stillleben eines blau-weißen Krugs mit Gänseblümchen darin. Im Kontext unserer Familienästhetik zeugt es von einem höchst untypischen Minimalismus. Es war das erste »richtige« Gemälde, das ich sah und für das ich irgendein Gefühl entwickelte, und würde die Wohnung niederbrennen, dann würde ich – vorausgesetzt, alle Bewohner wären bereits in Sicherheit – vermutlich auch heute noch die Gänseblümchen retten.

Aber diese Gänseblümchen stehen für den guten Geschmack meiner Mutter – vielleicht auch den meines Vaters –, und ich glaube, das erste Bild, zu dem man wirklich einen Bezug hat, muss eines sein, das man selbst ausgesucht hat. Deshalb würde ich mir auch wünschen, ich hätte besser gewählt. Es war die erste Woche an der Uni, und alle Welt traf sich im selben Posterladen an der Trumpington Street, auf der Suche nach dem Kunstdruck, der die eigene Persönlichkeit am besten zur Geltung bringen bzw. Sexualpartner/innen anlocken würde. Zehn Pfund pro Poster, vierzehn, wenn man noch einen Rahmen dazunahm. Ich fürchte, die allermeisten entschieden sich für Klimts *Kuss*. Platz zwei auf der Beliebtheitsskala: irgendwas von Schiele mit schwarzen Strümpfen. Dicht gefolgt von Matisses *Blauem Akt*. Die etwas Spannenderen setzten auf Frida Kahlo. Die ganz hoffnungslosen Fälle rückten einfach mit dem Kunstdruck ihrer Mutter von Monets *Seerosen* an und hängten ihn schief über ihr Bett. Cambridge war nicht gerade eine Brutstätte radikaler Kunsttheorie. Doch meine Wahl – *Flammender Juni* von Frederic Lord Leighton – war auch nicht besser. Sie war sogar noch um einiges schlimmer, und jenseits der Tatsache, dass sich darin eine lebenslange Faszination für Rothaarige korrekt widerspiegelt, fällt es mir, wenn ich das Bild heute betrachte, doch wirklich schwer, mich in die Person einzudenken, die einen Bezug dazu verspürte – die sogar so weit ging, vierzehn Pfund dafür auszugeben! Es war schon damals ein Sonderfall. All die Klimts, Schieles und Matisses passten zumindest einigermaßen in die Ästhetik der Neunziger, ihre Protagonistinnen erinnerten entfernt an das knochige Mädchen der Stunde – Kate Wie-hieß-sie-noch? –, die plötzlich überall war, mit X-Beinen und strähnigen Haaren auf dem Cover der *i-D* und *The Face* erschien. Niemand wollte etwas mit einer üppigen, fleischigen, sichtlich gesunden jungen Frau mit roten Haaren zu tun haben, die, umhüllt von einer Unmenge Seidenstoff und Blumen, selig schlummert. Wenn ich mir das Bild heute anschaue, muss ich über seine Dekadenz lachen – und auch über die Fallhöhe. Was wollte eine schwarze junge Frau aus Willesden mit so einem Bild? Als Versuch, dazuzugehören – und mir scheint fast, darum ging es –, war es ohnehin ein kompletter Fehlgriff. Während ich noch versuchte, meine Wertschätzung für britische Ästhetik zu demonstrieren, war es unter meinen Kommilitoninnen ein absolutes Muss, neben dem modernistischen Poster auch noch einen »exotischen« Kunstgegenstand zu besitzen, den man vom Auszeitjahr nach der Schule mitgebracht hatte: ein asiatischer Buddha hier, eine afrikanische Maske dort. Ich hatte kein Auszeitjahr gehabt. Ich hatte mich nicht in Afrika oder sonst wo engagiert. Stattdessen hatte ich im Sommer vor dem Studium zur Vorbereitung sehr viel Oscar Wilde und George Edward Moore gelesen sowie Gedichte der Barrett Brownings, von Christina Rossetti und … Sie können sich das ungefähr vorstellen. Wir schrieben das Jahr 1994, doch meine Vorstellungen von der Institution, zu der ich aufbrach, steckten im Wesentlichen in den 1890er Jahren fest. *L'art pour l'art!* Das war der Köder, den ich mir selbst vor die Nase hielt, während ich für die A-Levels schuftete. Und wie durch ein Wunder bekam ich die nötigen Noten, und falls der Brent Council auch noch für meine Miete aufkommen würde, dann, schwor ich mir, würde ich ein ganz und gar nicht utilitaristischer Mensch werden. Ich würde drei Jahre auf dem Sofa zubringen und im langen Rock, einen großen Hut mit weicher Krempe auf dem Kopf, über Wahrheit und Schönheit sinnieren, die lange Nase stets in einem Buch, wie eine schwarze Ottoline Morrell. Ich würde nicht jeden Penny umdrehen und mich ständig sorgen wie mein Vater und auch nicht bei Protestmärschen mitlaufen und politische Ämter übernehmen wie meine Mutter. Ich würde nur für die Kunst leben.

Das Wunder geschah. Der gesegnete Brent Council übernahm meine Miete. Mein Onkel schenkte mir zweihundertfünfzig Pfund, ein Akt von so überwältigender Großzügigkeit, dass er in meinem Clan bis heute legendär ist. Doch ohne es dem lieben Onkel Howard zu sagen, kaufte ich mir von seinem Geld als Erstes ein rotes Seidenhemdchen bei Marks & Spencer. Als Zweites: ein Paar fabrikneuer Nike Airs. Und als Drittes: *Flammender Juni*. Die A-Levels waren vorbei. Der Kampf war vorbei. Willesden war über neunzig Kilometer weit weg. Von nun an würde ich nur noch für die Liebe leben und für die Kunst und das Essen und für Seide und durchschimmernde Brustwarzen und rote Haare und für den Schlaf – jede Menge Schlaf. *Flammender Juni* ist kein besonders gutes Bild, doch es ist das perfekte Abbild der albernen Verfassung, in der ich damals war.

»Crazy They Call Me«: Beim Betrachten von Jerry Dantzics Fotos von Billie Holiday*

Na, jedenfalls lässt du dich heute nirgends mehr anders als gut gekleidet blicken, das ist vorbei. Soll dich nur ja keiner mehr für diese kaputte, missbrauchte kleine Göre halten: »Eleanora Fagan«. Nein. Da darf's keinen Zweifel geben. Nicht beim Publikum und nicht bei deinem Alten, nicht beim Oberkellner oder beim Aufnahmeleiter, bei den Bullen oder bei den gottverdammten Beamten von der gottverdammten Steuerbehörde. Immer trägst du deinen Pelz, präsent und korrekt liegt er exakt so um deine Schultern, wie er soll. *»Take back your mink, take back your pearls.«* Aber das Stück singst du nicht, ist nicht deine Tonlage. Das sollen andere singen. Die, die immer noch von den Bullen angegrinst werden, selbst wenn sie im ältesten Hauskleid aus Kunstfaser über den Broadway schlurfen. Den Luxus kannst du dir nicht leisten.

Und außerdem liebst du diesen Nerz! Er sorgt für klare Verhältnisse. Es gibt nämlich – auch wenn viele das noch nicht geschnallt haben – nicht nur keine Eleanora mehr, es gibt auch keine Billie mehr. Es gibt nur noch Lady Day. Krokodillederhandtasche, drei

* Ich bin gebeten worden, einen einleitenden Essay zu einem Band mit Fotos von Billie Holiday zu schreiben. Und ich habe auch tatsächlich versucht, einen Essay über Billie zu schreiben, doch jeder Ansatz schien mir viel zu formell und kalt. Am Ende habe ich mich dann entschieden, zu einer Art Bauchrednerin zu werden.

APRIL 21ST

Reihen Diamanten schön dick ums Handgelenk – wen kümmert's, dass es erst drei Uhr nachmittags ist. Dein Ei kochst du dir in Twinset und Perlenkette. Für die Dauer dieses Engagements haben sie dich in Newark einquartiert, und eines Tages sagt die Frau vom Hausmeister zu dir: »Dann können Sie also nicht mehr in New York spielen? Was soll's? Für mich sehen Sie immer aus wie eine echte Lady.« Kann keiner bestreiten. Sie ist Italienerin. Die versteht so was. Urteilt nicht. Sie sagt: »Ich kümmere mich um Sie. Ich werd wie eine Mutter für Sie sein.« Gott schütze sie, aber deine Tage als Tochter hast du hinter dir. Und wenn dich auf der 110th ein paar süße, ahnungslose junge Dinger quietschvergnügt anquatschen und dir erzählen, wie toll sie dich in der Carnegie Hall fanden, wie toll sie dich in der *Tonight Show* fanden, dann gibst du dir Mühe, nicht zu gelangweilt zu gucken, zückst dein perlenkrustiges Zigarettenetui und schenkst ihnen eine Kippe. Wahrscheinlich verschenkst du täglich an die zwanzig Kippen. Du gibst alles weg, es strömt nur so aus dir raus, wie ein Fluss, der sich ins Meer ergießt: Liebe, Musik, Kohle, Kippen. Alle wollen, was du hast – und an den meisten Tagen gibst du's ihnen. Manchmal musst du schon aufpassen, dass du wenigstens den Nerz behältst.

Ist gar nicht so, dass du andere Frauen grundsätzlich nicht magst, du bist nur einfach auf der Hut. Und dann sind die auch auf der Hut vor dir. Wundert eigentlich niemanden. Die meisten dieser Mädels leben in einer völlig anderen Welt. Du warst in dieser Welt manchmal zu Besuch, aber dein Zuhause ist das nicht. Bald bist du wieder unterwegs. Und die schauen dich an und sehen, dass du ungebunden bist – auch wenn du gerade unter der Haube bist –, sie sehen, dass du schwebst, dass dir keiner sagt, wann du aus dem Club nach Hause kommen sollst, und dass niemand brüllend in der Wiege darauf wartet, von dir hochgenommen zu werden und ein Schlaflied gesungen zu kriegen. Nein, dir sagt keiner, wen du treffen und wohin du gehen sollst, und wenn doch, brauchst du nicht darauf zu hören, auch wenn du dann eine verpasst kriegst. Aber die Frauen, die du so triffst? Die können damit nichts anfangen. Die wissen nicht, was sie mit dem gesegneten Gotteskind anfangen sollen, mit dem Mädchen, das sich durchgesetzt hat, das so lange mit dem Klarinettisten weitertrinkt, bis die Zeitungsjungen schon an der Straßenecke stehen. Und vielleicht ist eins von den Weibern ja mit dem Klarinettisten verheiratet. Vielleicht haben die zwei ein Baby und einen Gartenzaun und das ganze Programm. Ist doch klar, dass sie da misstrauisch ist. Das verstehst du. Klar doch. Und du warst immer – wie nennt man das eigentlich? Eine Männer-Frau? Männer fühlen sich zu dir hingezogen, alle möglichen Männer, und nicht nur wegen dem einen. Selbst deine besten Freundinnen sind Männer, wenn du weißt, was ich meine, ja, du hast deine kleine Clique aus lieben Jungs, die allem Anschein zum Trotz gar nicht so anders sind als du: Sie haben auch niemand Festes zu Hause. Und wenn dir wieder mal ein Lover Man das Herz bricht oder die Nase, dann kannst du drauf vertrauen, dass deine kleine Clique für dich da ist, in den allermeisten Fällen, du kannst drauf vertrauen, dass sie vorbeikommen, wo immer du gerade bist, dass sie Zigaretten mitbringen und Alkohol und dass sie Miss Crawford zitieren und Miss Stanwyck, dass sie Highballs mixen und dir sagen, du musst dir wirklich endlich einen Hund anschaffen. Hol dir einen Hund, Schätzchen. Sie zweifeln nie daran, dass du Lady Day bist – genau genommen haben sie schon vor dir gewusst, dass du nur sie sein kannst.

Du holst dir einen Hund.

Frauen sind misstrauisch, Lover kommen und gehen und lassen dich meistens warten, und wenn du ehrlich bist, haben selbst die lieben Jungs, die die Highballs mixen, in den allermeisten Fällen ihre eigenen Sachen laufen. Aber du hast keine Scheu, an allen möglichen Orten nach Liebe zu suchen. In ferner Vorzeit gab es mal Tallulah, die Wilde, und auch noch ein paar andere Ladys, damals, aber es gab auch keinen Weg, in dieser Welt so zu leben, damals nicht – zumindest hast du keinen Weg gesehen –, und die meisten dieser Ladys waren sowieso nicht ganz richtig im Oberstübchen. Kein Mensch ist vollkommen. Was letztlich auch wieder nur heißt, dass es aus dieser Welt kein Entkommen gibt. Und darum ist da manchmal, am Freitagabend, wenn der Auftritt vorbei ist und das Klatschen verklingt, einfach keiner da, und es gibt nichts zu tun. Du bist auf dich selbst gestellt. Hinter der Bühne leert es sich, aber ausgeschenkt wird noch. Du bist nicht in Stimmung zum Reden. Nachher wirst du deinen Schminkkoffer öffnen und den Trip ins Reich der Träume antreten – doch im Moment bist du erst mal dankbar für deinen kleinen Hund. Vor einiger Zeit hattest du noch eine richtig große Hündin, aber die hat ständig Gläser vom Beistelltisch geschmissen, und dann ist sie dir einfach weggestorben, darum hast du jetzt das kleine Engelchen namens Pepi. Ein Hund betrügt dich nicht, ein Hund kennt keine Lüge. Hunde erinnern dich irgendwie an dich: Sie geben alles, was sie haben, öffnen sich der ganzen Welt. Sehr riskant! Es gibt Leute da draußen, die treten nach halben Hunde-Portionen wie Pepi, einfach so zum Zeitvertreib. Und du weißt, wie sich das anfühlt. Du und dieser kleine Hund? Seelenverwandtschaft. Wo bist du nur mein Leben lang gewesen? Er ist genau wie die Hunde, von denen du schon gelesen hast, die jahre-, jahrelang auf dem Grab ihres Herrn liegen bleiben. Kürzlich hast du davon einen Vorgeschmack gekriegt. Du warst gerade ins All geschossen, hattest keinen Körper mehr, schwebtest, saßest fast schon an der Seite Gottes, du hingst an der Himmelstür, und nichts und niemand konnte dich wieder zurückholen – irgendein Schwachkopf hat dich geohrfeigt, ein anderer Schwachkopf hat dir Selters ins Gesicht gespritzt. Nichts. Dann hat dieses Engelchen von einem Hund dir einfach das Auge geleckt, und als du das gespürt hast, warst du sofort wieder da, und drei Stunden später standst du wieder gegen Geld auf der Bühne. Hunde sind einfach zu gut für diese Welt.

Die wenigsten kämen drauf, aber wenn du in der richtigen Stimmung bist, kannst du die großartigste Tante, Patin oder Kinderfrau sein. Jedes Baby im Raum entdeckst du sofort und bringst es dann zum Lachen. Das ist eine Kunst! Die meisten Leute geben sich gar keine Mühe, das zu lernen! Sie sagen den armen Kleinen ständig, was sie machen, was sie denken, was sie sagen, was sie essen sollen. Aber du verlangst nichts von ihnen – und genau das ist das Geheimnis. Du gehörst zu den wenigen, die wissen, wie man Babys zum Lachen bringt. Und die Kleinen lieben dich dafür, das steht fest, sie vergöttern dich, und unter anderen Umständen würdest du auch noch länger bleiben, du würdest bleiben und mit ihnen spielen, aber du musst Geld verdienen, die Rechnungen zahlen sich nicht von selbst. Genau genommen warten unten gerade jetzt fünf, sechs dieser geschäftstüchtigen Kerle, ein paar von denen kennst du gut, andere nicht, und einige hast du noch nie im Leben zu Gesicht gekriegt, und trotzdem haben sie alle irgendwie die Finger drin bei deinen Rechnungen, sie sagen, wenn es dir nicht allzu viel ausmacht, würden sie dich gern zum Club geleiten. Es sind nur ein paar Straßen, aber sie wollen dich trotzdem gern begleiten. Wahrscheinlich glaubt da irgendwer, du würdest dort womöglich gar nicht ankommen ohne diese ganzen – wie sagt man denn zu denen? *Anstandswauwaus*. Wahrscheinlich ist da irgendwer in Sorge. Aber du wirst ankommen, mit oder ohne Anstandswauwaus, du kommst immer an, und du bist auch immer pünktlich, außer in den Ausnahmefällen, wenn irgendwelche außergewöhnlichen Dinge passieren, gegen die man einfach nichts tun kann. Aber sobald du den Mund aufmachst, ist sowieso alles vergeben. Dann vergibst du dir sogar selbst. Denn du bist außergewöhnlich, also muss man Ausnahmen für dich machen. Und ist es nicht auch so, dass eine Lady immer pünktlich ist, sobald sie auf die Bühne tritt?

Die Haare dauern, das Gesicht noch länger. Das ist alles Arbeit, alles eine Art Rüstung. Seit einiger Zeit bist du dünn geworden, das mögen manche von den Männern nicht, einer hat dir sogar mal gesagt, dein Gesicht sähe aus wie eine ägyptische Totenmaske. Na schön! Du trägst es, es ist deins. Große rote Lippen, und neuerdings dieser hoch angesetzte Pferdeschwanz, der so schön wippt – mit den Gardenien ist es vorbei, die Gardenien gehörten zu Billie –, und wenn wer von dir wissen will, wo genau der neue, lange Haarstrang eigentlich herkommt, dann funkelst du den an, der fragt, und sagst: »Na, ich trage ihn, dann wird's wohl meiner sein.« Es sind meine Haare auf meinem verdammten Kopf. Und sie liegen genauso um meine schöne Maske, wie sie sollen – schaut nur genau hin! Und weil du weißt, dass alle darauf schauen, wenn du singst, drehst du sie bewusst ins Scheinwerferlicht, diese Totenmaske, weil du weißt, sie können nicht anders, als im Gesicht nach deiner Seele zu spähen, sie suchen ganz instinktiv danach. Zum Schutz malst du dir das Gesicht an. Du ziehst die Brauen nach, umrandest die Lippen. Das ist die Grenze zwischen denen und dir. Sonst würden ja alle, die da sind, gleich denken, sie dürften dir in die Kehle springen und dich von innen aufzehren.

Die Leute fragen: Wie ist das, da oben zu stehen? Es ist, als würdest du dich selbst von innen aufzehren. Es ist, als wäre da draußen im Dunkeln kein Mensch. All die Sammler aus der Stadt und die weißen Ladys mit ihren eigenen eleganten Pelzen reden so gern über deine Phrasierung, ist gerade in Mode, über deine Phrasierung zu reden, aber was für andere revolutionär klingt, ist für dich einfach nur gesunder Menschenverstand. Nichts gegen Ella, nichts gegen Sarah, aber wenn die Mädels zu singen anfangen, tja, dann kommt dir das vor, als hätte jemand seinen nagelneuen Eisschrank geöffnet. Dir wird ganz kalt. Und so kannst du das einfach nicht machen. Willst du auch nicht. Für dich liegt's auf der Hand, dass eine Stimme, musikalisch gesehen, dieselbe Arbeit zu erledigen hat wie das Saxophon, die Trompete oder das Klavier. Eine Stimme muss sich vorantasten. Wer zum Teufel weiß denn so was nicht? Und trotzdem benehmen sich die Leute immer, als wüssten sie nichts davon, als würden sie staunen. Sie sitzen im Dunkeln, trinken ihre Martinis, im Nerz, im Frack. Leute sind Idioten. Du trägst deine Perlen, und du wirfst sie im Grunde vor die Säue. Hängt allerdings immer davon ab, was für Perlen es sind und was für Säue. »Strange Fruit« zum Beispiel kapiert längst nicht jeder. Nicht jeden Abend. Das müssen sie sich verdienen – und das ist ein Wort, das je nach Abend Unterschiedliches bedeutet. Einmal hast du jemandem erzählt: »Das singe ich nur für Menschen, die es begreifen können und zu schätzen wissen. Das ist nicht so ein Herz-Schmerz-im-März-Liedchen. Dieser Song erzählt von Qualen und Leid.« Dreihundert Jahre des Leids! Du musst jeden Raum, in dem du auftrittst, erst in eine Art Kirche verwandeln, die all diese Qual fassen kann. Und trotzdem rufen die Leute ihre Wünsche vom Tisch zu dir hoch, als wärst du eine gottverdammte Musicbox. Leute sind Idioten. Aber nach »Strange Fruit« singst du grundsätzlich nichts anderes mehr. Das ist immer der letzte Song, egal was passiert, und manchmal, wenn du high bist und die in der ersten Reihe reich und blöd und langweilig aussehen, kann es auch passieren, dass es der einzige Song ist. Da können die doch dankbar sein! Auch wenn es für sie nicht leicht ist, sich das anzuhören, und für dich nicht leicht, es zu singen. Du wurdest schon als vorwurfsvoll bezeichnet, wenn du es singst, als erbarmungslos. Tja, mit diesem Song bist du eben erst durch, wenn du wirklich damit durch bist. Und du wirst nie damit durch sein. Da ist er vorher noch mit dir durch.

Am Ende wollen die Leute aber gar nichts von Hunden und Kindern hören und davon, wie du dich in eine Phrase vortastest oder dich von innen aufzehrst – die Leute wollen so von dir hören, wie du in deinen Songs erscheinst. Aber sie wollen auch nichts von dem

Staunen wissen, das du in dir spürst, dem Gefühl, dass Gott dich leitet, wenn in der Modulation deiner Stimme plötzlich etwas aufspringt, so wie ein Kind, das einem davonfliegenden Ballon nachhechtet, nur dass die Kinder ihn meist verfehlen, während du ihn fängst – ja, ihn fast schon wider Erwarten fängst, um dann auf einem zufälligen Ton zu landen, der vollkommenen Ergänzung, einem Ton, den du nie zuvor in dieser Phrase gesetzt und den du auch noch nie von jemand anderem gehört hast, und trotzdem hörst du gleich, dass er vollkommen ist. Vollkommen! Er klingt wie etwas absolut Zwingendes – besser als Porter, besser als Gershwin –, in einem Sekundenbruchteil hast du deren Originalfassung endgültig und vollständig überschrieben ... Nein, danach fragen sie dich nie. Sie wollen die kalten, harten Fakten. Sie stellen dir öde Fragen über deine Songs, wollen wissen, welcher Mann in deinem Kopf zu welchem Song gehört, und wenn sie etwas ernsthafter sind, dann fragen sie vielleicht noch nach Armstrong oder Basie oder Lester. Und wenn sie hinterhältig sind und keine Manieren haben, dann wollen sie noch wissen, ob die Drinks oder der Drache es schwerer oder schöner machen, deine Songs zu singen. Sie wollen wissen, was es mit deinen Zusammenstößen mit dem Rechtssystem dieser unserer Vereinigten Staaten auf sich hat. Sie wollen wissen, ob du die Leute, die im Publikum sitzen, hasst oder liebst, diese Leute, die für deinen Verdienst gesorgt, dir deinen Verdienst genommen, dich einmal wegen Umgangs mit einem Weißen eingesperrt haben, die dich wegen Prostitution eingebuchtet haben und einfach nur wegen bloßen Daseins und sogar ganz am Ende noch dein Krankenzimmer durchsucht haben, während du dort lagst und Zwiesprache mit Gott gehalten hast. Sie finden es immer ungeheuer interessant zu hören, dass du keine Noten lesen kannst. Einmal hättest du fast gesagt, zu so einem hinterhältigen Kerl von der *Daily News*, der Fragen stellte – dem wärst du fast ins Gesicht gesprungen und hättest ihm gesagt: *Motherfucker, ich* bin *Musik!* Aber so redet eine Lady natürlich nicht, und deswegen hast du es gelassen.

›Alte Frau‹ von Balthasar Denner

Seltsam, am Tag nach John Bergers Tod über ein Gemälde zu schreiben. Tatsächlich wurde ich schon vor einer ganzen Weile darum gebeten, meine Deadline ist längst verstrichen, aber erst jetzt, einen Tag nach Bergers Tod, setze ich mich endlich hin und schreibe. Berger wurde neunzig. Balthasar Denners *Alte Frau* dürfte auch um die neunzig sein. Ich bin Berger nie begegnet. Diesen Sommer hatte ich überlegt, mit einem gemeinsamen Freund zu ihm nach Antony zu fahren, ins südliche Umland von Paris, aber meine Unterkunft lag im 6. Arrondissement, es war glühend heiß in der Stadt, ich hatte die Kinder dabei, und so beschloss ich – das Paradebeispiel eines Wunschdenkens, wie es für Menschen mittleren Alters typisch ist –, dass es eine andere Gelegenheit, einen anderen Sommer geben würde. Wenn ich ehrlich bin, hatte ich auch ein wenig Angst, Berger zu treffen. Worüber sollte ich mit so einem Mann reden? Was hatte ich zu bieten, das seinen Ansprüchen genügen würde? Ungefähr so fühle ich mich auch jetzt, da ich vor der *Alten Frau* sitze oder besser gesagt: vor einer Postkarte mit einer kleinen Reproduktion von ihr.

Wer bin ich, dass ich etwas über dieses Bild sagen will? Ich habe sie auf einen kleinen Buchständer in schreiendem Scharlachrot gestellt. Jetzt aber, mit Berger im Hinterkopf, nehme ich sie herunter und halte sie vor das dunkle Walnussbraun meines Küchentischs, probiere sie dann noch einmal vor der schwarzen Pappe einer Aktenmappe aus. Jedes Mal ist die Wirkung eine andere: Besonders zornig wirkt sie von Rot umrahmt, ergeben und geschichtsträch-

tig vor der Maserung des Holzes, als eindringliches Memento mori, wenn sie von Schwarz umschattet ist. Doch ihr eigentlicher Kontext, ihre wahre Kulisse, bin ich, die Betrachterin. Ich habe sie schließlich ausgewählt, aus einem ganzen Packen Postkarten mit Meisterwerken aus dem Kunsthistorischen Museum, einem mindestens fünfzehn Zentimeter hohen Stapel. Ich habe zahllose Pferde, Götter, Pietàs, Engel, Landschaften und Kreuzigungen durchgeblättert, bis ich bei ihr war. Und ich habe mich für sie entschieden, gegen bekanntere und spektakulärere Bilder, ich habe erst bei ihr innegehalten, weil sie – wie der Laie sagt – zu mir gesprochen hat. Ich bin Laiin: Das ist Teil meiner Bedenken. Freizeit-Kunstfreundin, dilettierende Romanautorin, keine Fachfrau – und noch dazu deutlich niedrigerer Herkunft als die dargestellte Person. Dieses Unbehagen befällt mich immer schon, wenn ich vor Gemälden stehe. Und auch wenn ich inzwischen natürlich selbstbewusster bin als in jüngeren Jahren, bin ich doch immer noch die Sorte Mensch, die im Museum flüstert, wenn sie vor den Kunstwerken steht, und erst hektisch im Katalog blättert, bevor sie überhaupt den Blick zu heben wagt. Bei Bildern traue ich mir viel weniger zu als bei Büchern. *Was muss ich wissen, um dieses Objekt betrachten zu können?*

Vor vielen Jahren, als ich mit meinem Vater in den Uffizien war, trat diese beklagenswerte Neigung im Kontrast mit seiner sehr viel entspannteren Haltung besonders deutlich zutage. Er war ein großer Berger-Fan oder besser gesagt: ein großer Fan von Bergers Fernsehserie *Ways of Seeing* von 1972, auf die er meine ganze Kindheit hindurch immer wieder verwies, wenn es in irgendeinem Zusammenhang um Kunst ging, sei es eine elterliche Unterschrift für einen Museumsbesuch mit der Schule, ein Plakat, das den neuesten Blockbuster über Monet ankündigte, oder die Kolumne eines konservativen Kunstkritikers im *Evening Standard*: »Na, Berger hat es wenigstens allen gezeigt! Er hat gesagt, was Sache ist! Er hat das ganze Establishment vorgeführt, all die Kenneth Clarks und Konsorten. Kunst ist nämlich für alle da – nicht nur für ein paar Privilegierte!« Lange bevor ich mich selbst mit Berger beschäftigte, hegte ich schon eine kindliche Zuneigung zu ihm als Ursprung des spät erwachten Selbstvertrauens meines Vaters im Umgang mit Gemälden. Mein Vater hatte eine Art zu sehen, die nicht die meine war, und als wir dort in den Uffizien vor der *Venus von Urbino* standen, gerieten unsere beiden Sehweisen ganz gewaltig in Konflikt. Ich las noch über den Herzog nach, der das Gemälde in Auftrag gegeben hatte. Mein Vater kommentierte unterdessen die Schönheit. Nicht die des Bildes – die der Venus. Was für einen prächtigen Körper sie doch habe, anmutig, mit festen Brüsten, schönen Beinen und so weiter. Ich war neunzehn und leicht in Verlegenheit zu bringen. Es kam mir vor, als würde ihn das Bild regelrecht erregen, und ich wünschte mir eine Wäschetruhe herbei, um mein Gesicht darin zu verstecken, so wie das kleine Hausmädchen hinten auf dem berühmten Gemälde. Was für ein Blaustrumpf ich damals war – und was für ein Sturkopf. Man kann sicher viele kluge Dinge über die *Venus von Urbino* sagen, aber wenn man nicht einmal die Augen aufmacht und sie zuallererst als erotisches Objekt erkennt, wie kann man dann behaupten, sie überhaupt richtig gesehen zu haben?

Bei der *Alten Frau* werde ich diesen Fehler nicht machen. Ich schreibe zuallererst über sie, weil sie eine alte Frau ist und damit der Endpunkt einer Reise, die vor mir liegt. Meine Zeit als junge Frau ist nämlich vorbei. Jetzt fängt für mich der Prozess an, eine alte Frau zu werden, ein langwieriger Prozess, das ist klar – ich will gar nicht behaupten, dass ich schon besonders weit vorangekommen wäre. Aber es wäre auch Augenwischerei, mir einzureden, ich hätte noch nicht damit begonnen. Ich habe mich entschlossen, die Reproduktion der *Alten Frau* in mein Blickfeld zu nehmen, weil ich hoffe, dass sie mir über das Medium der Malerei etwas vom Alter erzählen wird. Gemälde, so glaubte John Berger, reden als Elemente einer Sprache zu uns, einer modernen Sprache, die durch Reproduktionen überhaupt erst möglich wird. Wir suchen die Bilder nicht mehr in ihrer ureigenen geheiligten Umgebung auf wie Pilger ihre Kultobjekte – stattdessen kommen sie zu uns. Und Berger hat einer ganzen Generation von Nichtfachleuten, Arbeiterschichtsästheten, Allgemeingebildeten, Fernsehzuschauern und befangenen Museumsbesuchern zu einer längst überfälligen, anhaltenden Entzauberung verholfen. Er hat uns dazu ermuntert, die in der Schule erlernte Furcht vor der Hochkultur abzulegen, das heilige Schaudern. An seine Stelle sollte ein frischer, belebender Mix aus Skepsis und Genuss treten. Skepsis gegenüber der falschen Aura von Meisterwerken (die aus Bergers Sicht vor allem in der Kombination von Vermögenswerten und geheuchelter Frömmigkeit bestand). Und Genuss angesichts des sinnstiftenden Kanals, der sich zwischen dem aus dem Kontext gelösten Gemälde und unserem eigenen Empfinden auftun kann, wenn wir nur aufmerksam genug sind.

An dem Kanal zwischen der *Alten Frau* und mir interessiert mich vor allem, wie vollkommen gleichgültig *sie* dabei bleibt. Das ist bei Frauenporträts aus der Renaissance durchaus ungewöhnlich. In seinem Buch *Sehen* erläutert Berger, dass Porträts von Frauen in der europäischen Tradition immer um das Konzept der *Verfügbarkeit* konstruiert sind. Die *Venus von Urbino* zum Beispiel verheißt dem Betrachter ewige sexuelle Bereitschaft. Ihr ganzer Körper ist ein einziges Reagieren auf unsere erotische Aufmerksamkeit. Um das zu erkennen, braucht man kein Kunsthistoriker zu sein. Jede Frau, die das Bild sieht, wird bestätigen, dass sich keine Frau jemals so auf einem Bett geräkelt hat, ohne sich eines Blicks bewusst zu sein: eines realen, vorgestellten oder verinnerlichten Blicks. »Männer sehen Frauen an«, so Berger. »Frauen beobachten sich selbst als diejenigen, die angesehen werden.« So ist es auch mit der *Venus von Urbino*. Sie existiert nur, um betrachtet zu werden, und alles

Bewusstsein, das sie besitzt, beschränkt sich auf dieses eine. *Ich sehe dich, wie du mich ansiehst.*

Die *Alte Frau* hingegen scheint mir schon ein gutes Stück über solche Erwägungen hinaus zu sein. Zum einen schaut sie eisern an mir vorbei. Egal wie ich sie ausrichte oder welche Position ich vor ihr einnehme, ich kann ihren Blick niemals auffangen. Ob ich sie ansehe oder nicht, scheint völlig irrelevant zu sein, zumindest für sie. Berger über die Frau an sich: »Von frühester Kindheit an hat man ihr beigebracht und sie dazu überredet, sich ständiger Selbstkontrolle zu unterwerfen. [...] Diejenigen, die nicht als schön beurteilt werden, sind nicht schön. Die als schön Beurteilten bekommen den Preis. Der Preis wird von einem Richter zuerkannt, dem man verfügbar zu sein hat.« Aber die *Alte Frau* ist nicht verfügbar. Das Alter hat sie außerhalb der Grenzen des Wettbewerbs gestellt. Und vielleicht (das scheint mir dieses Bild zu sagen) ist es ja gar nicht so schrecklich, ein für alle Mal von diesem Wettbewerb ausgeschlossen zu sein. Es ist spannend zu erfahren, dass Balthasar Denner seine *Alte Frau* zwei angesehenen niederländischen Malern und Kunstkritikern zeigte, Adrian van der Werff und Karel van Mander. Sie waren so überwältigt, dass ihnen als einziger Vergleich nur das Rätsel der *Mona Lisa* einfiel. Empfinden Männer Frauen womöglich genau dann als rätselhaft, wenn sie *Handlungsfähigkeit* ausstrahlen? Nach dem Motto: *Wenn sie mich nicht will, was zum Teufel will sie dann*? Im Louvre finden wir in jedem Saal gemalte Frauen, die für unseren Blick empfänglich sind, um unseren Blick werben, sich dem Urteil darbieten, ob es sich nun um das Urteil des Paris, des Cupido oder um das von Brian handelt, der gerade erst aus dem Eurostar gestiegen ist. Doch das berühmteste Porträt dort, das *außergewöhnliche* Porträt, zeigt die Frau, die unseren Blick anscheinend gar nicht will, nicht braucht, die womöglich gar nicht weiß, dass wir da sind. Die Frau in ihrer eigenen Welt, beschäftigt mit ihren eigenen unergründlichen Gedanken, obwohl sie Stunde um Stunde von iPhone-schwingenden Touristen umringt ist. Die Frau, die sich nicht mehr darum schert, ob man sie anschaut oder nicht, und sich vielleicht auch nie darum geschert hat. Die Frau, die andere Dinge im Kopf hat. Die eben gerade einen *Kopf* hat! Und so wie jenes berühmte Rätsel hat auch die *Alte Frau* einen Kopf. Ihre Gedanken sind unzugänglich und haben nichts mit uns zu tun, aber man sieht doch, dass sie da sind. Mit was für Sorgen ich auch zu ihr komme – *Ich bin einundvierzig! Ich habe Angst vor dem Altwerden!* –, sie hat das alles sichtlich schon hundertmal gehört. Sie hat gelebt, hat Kinder bekommen und Kinder verloren, Männer errungen und wieder verloren, Frauen, die ganze Welt. Es gibt nichts Neues unter der Sonne.

Natürlich interpretiere ich die *Alte Frau* durch einen ganz bestimmten Kanal, den ich mir selbst erschaffen habe. Ich betrachte den gescheckten Pelz, den sie trägt, die edle Seide, und sehe darin die hartnäckige Hingabe an Luxusgüter, die so viele reiche Frauen betreiben, sobald das Fleisch sie im Stich lässt: Sie ersetzen die knittrige, treulose Haut durch eine neue, prachtvollere Hülle – Pelz und Seide –, die, so sagt es ihnen die unbarmherzige Logik des Kapitals, nicht so sehr an Wert verlieren kann wie sie selbst. Und ich sehe die massive sexuelle Einebnung. Das Verschwinden des Geschlechts im Lauf der Zeit. Bis man dann irgendwann weder wie ein Mann noch wie eine Frau aussieht. Sondern nur noch: alt. Ein Zustand, der hier weder beweint noch bejubelt wird, einfach nur nachdrücklich konstatiert, als unbestreitbarer Endpunkt, an den die Betrachter auch einmal gelangen werden, falls sie überhaupt so lange leben, falls sie so standhaft und entschlossen sind wie die *Alte Frau*. Ich sehe Alter ohne jede Illusion. Vielleicht ist das Wunschdenken.

Es fügt sich, dass Denner seine *Alte Frau* auch potenziellen Kunden gezeigt hat, als Beleg für die hohe Qualität seiner Arbeit. Sie war sein Aushängeschild. Als er sie nach London brachte, erregte sie dort so viel Aufsehen, dass sie einen stetigen Strom vermögender und einflussreicher Besucher anzog, darunter auch den österreichischen Botschafter, der Denner überredete, seine berühmte alte Dame an Karl VI. zu verkaufen, Kaiser des Heiligen Römischen Reiches – ein Handel, der Denner 5875 Gulden einbrachte. Das wirft eine schlichte Frage auf: Warum? Warum war sie so populär? Im Fall der *Venus von Urbino* stellt sich diese Frage gar nicht, so wenig wie bei den zahllosen anderen Darstellungen von Schönheit, Anmut, Erotik und weiblicher Lebenslust, die die europäische Tradition des Frauenporträts aus dieser Zeit prägen. Man kann sich leicht ausmalen, wie schön es für den Herzog von Urbino gewesen sein muss, jeden Morgen vor seine Venus zu treten und festzustellen, dass sie ihm immer noch schöne Augen macht, auf ewig jung und verfügbar, während die Frau, für die er das Bild in Auftrag gegeben hatte, alt und faltig wurde, so wie alle Ehefrauen ... Aber was wollte der Kaiser des Heiligen Römischen Reiches – oder auch sonst jemand – mit einer vertrockneten Alten? Das Bild ähnelt keinem anderen Porträt des Genres. Es ist kein tröstliches Abbild einer großmütterlichen Dame. Es ist auch keine erhebende symbolische Darstellung von Weisheit, und falls die *Alte Frau* doch zu den weniger Verblendeten gehören sollte, dann handelt es sich nicht um die Art Wissen, die innere Ruhe und Zufriedenheit mit sich brächte, so wie wir es uns von der Weisheit erhoffen. Sie wirkt weder in sich ruhend noch zufrieden. Dieser verkniffene Mund! Sie blickt nicht – wie so viele porträtierte alte Frauen – geduldig optimistisch ganz knapp am Betrachter vorbei, hin zu Jesus Christus, der sie auf der anderen Seite des Schleiers zwischen Leben und Tod erwartet. Und sie ist auch keine komisch-groteske Warnung. Nein. Sie *ist* einfach nur. Es wird vermutet, dass Denner beim Malen ein Vergrößerungsglas verwendet hat und es ihm auf diese Weise gelungen ist, die kleinen Flaumfitzel im Gesicht, die feinen, tiefen Runzeln, die spinnwebhaft geplatzten Äderchen, die weißen Haarbüschel einzufangen. Das Bild prahlte – mit technischem Können, mit Meisterschaft und dadurch auch mit dem überlegenen Geschmack seines Besitzers. *Mein Hofmaler ist besser als deiner.* Die *Alte Frau* ist in der Porträtmalerei der letzte Schrei: Sogar der Herrscher will sie haben. Der menschliche Gegenstand mag zwar unattraktiv sein, doch als ästhetisches Objekt beansprucht das Bild auf eindrucksvolle Weise eine neue Art des Sehens für sich: ein mikroskopisches, wissenschaftliches, realistisches, nicht symbolisches Sehen. So wie die alte Frau in ihrem Leben einen Punkt erreicht hat, an dem sie einfach nur noch *ist* – ohne Erklärung oder Rechtfertigung, ohne Mitleid zu heischen oder auch nur Verständnis –, so fordert selbst die Farbe noch ihr absolutes *Sosein* ein. Ich könnte mir vorstellen, dass Karl VI., voller Staunen über die technische Leistung und voller Stolz darüber, den vielen stinkreichen Engländern dieses Meisterwerk vor der Nase weggeschnappt zu haben, ausgesprochen glücklich mit seiner Neuerwerbung war. Bis zu dem Moment, als er sie aufhängt. Da fühlt er sich plötzlich etwas unbehaglich. Wer ist diese alte Frau da an der Wand, die ihn so viele Gulden gekostet hat und sich doch kein bisschen Mühe gibt zu gefallen? Jedes Mal, wenn er an ihr vorbeikommt, ärgert sie ihn ein bisschen mehr. Warum schaut sie bloß immer so hartnäckig an ihm vorbei und so streng? Sie interessiert sich nicht für ihn, braucht ihn nicht. Sie bleibt unbeeindruckt, unempfänglich. Sicher, vor neugierigen Besuchern lobt er sie immer noch über den grünen Klee: Hier sehen wir technische Meisterschaft, hier sehen wir eine alte Seele, bereit, ihre sterbliche Hülle abzustreifen und vor ihren Schöpfer zu treten, eine gütige Frau, die ihren himmlischen Lohn erwartet. Seine Gäste nicken lächelnd, sind aber nicht überzeugt. Verstört gehen sie weiter zum nächsten Bild. Der *Alten Frau* könnte das egaler nicht sein. Für sie spielt es keine Rolle mehr, was auch nur eine Menschenseele, die sie betrachtet, von ihr denkt – weder Sie noch ich noch der Kaiser des Heiligen Römischen Reiches. Sie ist längst über all das hinaus. Weit hinaus!

Mark Bradfords ›Niagara‹

Man kann gehen, und dann kann man noch tanzen. Zwischen beidem denke ich mir gern eine kurvige Linie, an deren einem Ende das schlicht Zweckgebundene steht und an deren anderem das empörend Unnötige. Wie jeder weiß, war Marilyn Monroe auf dieser Linie ziemlich weit vorne, so nah am Tanzen, wie es nur möglich ist, ohne das Gehen ganz aufzugeben. In ihrem Filmklassiker *Niagara* von 1953 entfernt sie sich in einer legendären Szene von der Kamera mit wiegenden – ach was, *wogenden* – Hüften, ein Stil, der längst von Laufstegmodels, Dragqueens, Primadonnen, Freaks und Tunten und Streunern jeder Couleur verewigt wurde. Von allen eigentlich, die aus ihrem täglichen Gang die Straße entlang mehr machen wollen als den üblichen Trott von A nach B.

Für diese Art, sich durch die Welt zu bewegen, steht uns eine gängige Chiffre zur Verfügung: das Wort *»camp«*. Viel zu oft wird dieses Wort allerdings dümmlich und engstirnig verwendet oder aber auf brutale Weise definiert. Da hätten wir natürlich die bekannte, *camp*-typische Übertreibung – den Extraschnörkel, das aufwendige Vibrato, die goldenen Wasserhähne am goldenen Waschbecken –, doch das ist nur ein Winkel des weitläufigen Hoheitsgebiets *camp*. Ein protziger Hip-Hopper kann ebenso *camp* sein wie Marilyns Schlendergang.

Dasselbe gilt für den jungen Rekruten, der im Stechschritt über den Exerzierplatz marschiert. *Camp*: mit weniger Mitteln mehr tun als nötig. Besonders wichtig sind dabei die wenigeren Mittel. *Camp* entsteht aus einem Mangel, einer Abwesenheit heraus. Es ist die

Kernkompetenz der Entrechteten. Wenn man beispielsweise einem Sklaven alles nimmt – die Familie, die Kleidung, Papier, Tinte und schließlich auch noch seine Trommel –, dann hat er nur noch seinen Körper, ja, nur den. Und zu den Dingen, die der entrechtete Sklave mit seinem Körper anstellte, zählte auch der Shim-Sham, dieser phantastische Tanzgang, so *camp* wie kaum eine andere Bewegung auf der Welt. *Camp* steht für das offensive, genussvolle Überleben *im Angesicht von* oder *trotz allem. Camp* stellt Zitronenlimonade ohne Zitronen her – und ohne Zucker. Es mixt Cocktails »aus Eis und Wasser«, wie Frank O'Hara das einmal formuliert hat. Und jetzt sehe ich dem Nachbarn von Mark Bradford dabei zu, wie er sich von mir entfernt, genau wie Marilyn, nur eben in ausgebeulten gelben Shorts, abgestoßenen Stiefeln, einem rissigen Tanktop und makellos weißen Kniestrümpfen. Es liegt Sex-Appeal darin, Protzigkeit und eine eindringliche Ästhetik, erzeugt mit einem verschwindend geringen Budget. Ein öffentlicher Auftritt im Freien, für alle, die gerade zuschauen. *All eyes on me.* Was ein unsichtbarer Passant wohl von ihm hält? Das können wir nicht wissen, aber natürlich ist uns klar, dass nicht jeder Gang dieser Art gleich gut ankommt. Hier äußert sich zum Beispiel Marilyn in ihrem allerletzten Interview über einen ihrer eigenen ersten Gänge:

> Für mich war die Welt immer ganz verschlossen … wissen Sie? Ich hatte einfach das Gefühl, ich stehe draußen, und dann plötzlich, als ich elf war – da hat sich alles geöffnet! Die anderen Kinder in der Schule … Ja, es stimmt schon, meistens waren es die Jungs, aber auch die Mädchen haben einen etwas mehr beachtet, weil sie einfach dachten: *Hm, mit der müssen wir rechnen!* Ich hatte zum Beispiel diesen langen Schulweg … Vier Kilometer hin, vier Kilometer wieder zurück, das war die reine Freude! Alle Autofahrer hupten, und ich habe ihnen zugewinkt und gedacht: Meine Güte, was ist denn plötzlich los? Die Welt war auf einmal freundlich zu mir, verstehen Sie? Sie hat sich mir geöffnet.

Für Marilyn war das größtenteils Technik, eine Reaktion auf die eigene Pubertät, aber nicht unbedingt eine Notwendigkeit: Sie hat den Weg selbst gewählt. Es war eine Wirkung, die sie irgendwann einfach »anschalten« konnte. Aber wir anderen müssen manchmal feststellen, dass wir keine große Wahl haben: Wir könnten nicht einfach nur von A nach B *gehen*, es käme uns unnatürlich vor. Es würde an einen gewaltigen, mühseligen Aufwand grenzen, »normal« zu gehen. Das kann gefährlich werden: Unsere Position auf der kurvigen Linie ist ständig für alle viel zu offensichtlich. Wir sind den anderen – den Gaffern, den Schultyrannen, den Stand-up-Comedians, dem wiehernden Publikum, die uns alle nur zu gern demütigen und verunglimpfen wollen – schutzlos ausgeliefert. Früher gab es in der New Yorker Dragszene die Kategorie *»Realness«*, die genau vor solchen Demütigungen schützen sollte. Bei der *Realness* ging es darum, beim Gehen eine überzeugend gerade Linie einzuhalten. Schaffst du es, dich so langweilig wie möglich von A nach B zu bewegen, als würde dir ein Tanz in Richtung B nie in den Sinn kommen? Schaffst du es, das Normale durchzuziehen und dabei total echt zu wirken? Nicht aufzufallen, wenn Unauffälligkeit gefragt ist? Wie eine zeitweise Tarnkappe. Im Gegenzug hat Marilyn beschlossen, sich dauerhaft erotisch sichtbar zu machen, aber sie tat es in dem Wissen, dass eine heiße Blondine nur die Straße entlangzutanzen braucht, damit sich – zumindest in den USA – die Welt vor ihr auftut. (Wobei auch das nicht die ganze Wahrheit ist, wie Marilyn sehr wohl wusste: All die Bestätigung konnte die Wunde in ihr doch nicht heilen, das ist auch der Grund, warum sie bis heute das Idol der Streuner, der Dragqueens, der Primadonnen, der Freaks und der Tunten und aller Verlorenen und Verwundeten ist. Und dennoch: Zumindest was den Auftritt betrifft, hat die Welt sich für Marilyn »geöffnet«.)

In Bradfords *Niagara* kann man nicht erahnen, ob die Welt für den Auftritt seines Nachbarn offen oder von tagtäglichen Drohungen und Ängsten erfüllt ist. Wie schon bei Marilyn enthält der

Bilderrahmen kein potenzielles Publikum – der Gang selbst beherrscht die visuelle Landschaft. Das Bild wirkt trotzig in seiner Hermetik, auf sagenhafte Weise isoliert und eigenständig. Es ist ein Auftritt *im Angesicht von* und *trotz allem*. Weit vor ihm sehen wir die Ampel ihre rote Hand erheben – Symbol einer verschlossenen Welt –, doch er achtet gar nicht darauf und schreitet kein Stück anders in die Zukunft, als die Ampel schließlich grün wird und bleibt. *Camp* fragt nicht nach Erlaubnis. Es marschiert zum Schlag der eigenen Trommel. Man ist der King – oder die Queen – dieses speziellen Stücks Gehweg, einfach nur, weil man am Morgen aufgewacht ist und beschlossen hat, dass es so sein muss. In einem solchen Gang erspähen wir Widerstand, Trotz, Freude. Es ist etwas Wundersames, dass manche Menschen all das übermitteln können, indem sie einfach nur gehen. Als hätten sie das Unsichtbarsein als nicht gangbaren Weg erkannt und daraufhin entschieden, aus ihrem ständigen Publikum praktischen Nutzen zu ziehen. Ihr glotzt mich an? Gut, dann sollt ihr auch was zu sehen kriegen! In dieser Geisteshaltung lässt sich ein Schlagloch auf dem Gehweg auch mal problemlos mit einem freudigen, balletthaften Sprung überwinden.

Ich würde gern noch ein wenig bei dem Wort »Rahmen« bleiben. Der Rahmen ist es nämlich, der das Gehen erst zum Stolzieren macht, selbst wenn es sich bei diesem Rahmen nur um eine bestimmte Absicht handelt. Genau wie im Museum wird etwas isoliert und dadurch beleuchtet. Ich hatte beispielsweise noch nie auf Spitzenpapier geachtet, zumindest nicht richtig – obwohl ich meine Haare selbst oft genug damit traktiert habe –, bis Bradford ihm einen Rahmen gab. Es zieht sich wie ein tiefer, reichhaltiger Faden durch sein Werk, das Zweckmäßige zu etwas Freudvollem zu machen. Das längst berühmt gewordene Spitzenpapier, das auch der Künstler früher selbst für seine Haare verwendet hat, wird zur welligen, visuellen Grammatik. Bradford hat den Menschen in New Orleans eine Arche geschenkt, die zwar nicht direkt rettet, aber doch Auftrieb gibt. Er hat Geschäftsplakate gekapert und sichtbar gemacht und damit die Dynamik und die visuelle Kunstfertigkeit des regionalen Kleinhandels überall in den USA ausgestellt. *Mit weniger Mitteln mehr tun als nötig.* Darin besteht das kulturelle Erbe so vieler unterdrückter Minderheitengruppierungen in den USA. »*We shall overcome*« – dieser Satz schließt historisch ihren Kampf in sich ein: das anerkannte, authentische, massenkompatible und akzeptierte Gesicht dieses Kampfes. Ein edler Slogan. Doch darunter und überall um uns herum vollzieht sich seine unbändige, alltägliche Umsetzung, die ebenso viel mit dem trotzigen Sprung über Unebenheiten auf dem Gehweg zu tun hat wie mit Sit-ins und Protestmärschen, Reden und Wahlen. »Als Kultur«, so hat sich Bradford 2009 in einem Interview geäußert, »ist die Gemeinschaft der Schwarzen ständig im Fluss. Niemand weiß genau, wer zuständig ist, und alle krakeelen, das seien sie, aber eigentlich steht gerade kein Mensch am Ruder.« 2016 hat die *Black Lives Matter*-Bewegung dieses Gefühl einer führungslosen Strömung durch Rekruten aus allen Ecken des Landes konsolidiert. Manche von ihnen widmen sich tatsächlich den Sit-ins, den Protestmärschen und den Kampagnen, aber mein Eindruck ist, dass sehr viele weitere die Botschaft aufgenommen haben und sie auf ganz unterschiedliche Weise in ihre tägliche Lebenspraxis integrieren. Ich sehe, wie sich die schwarze Krause in ihrem natürlichen Zustand – ohne jeden Einsatz von Spitzenpapier – auf den Köpfen meiner Freundinnen, meiner Studierenden und auch auf meinem eigenen kringelt. Ich sehe, wie Jugendliche die alten Einschränkungen der Hip-Hop-Ästhetik zu Afro-Punk und Afro-Weird und Black-Girl-Magic und jeglicher anderen denkbaren bindestrichbewehrten Existenzform erweitern. Und ich sehe, wie sie gehen. Ich sehe, wie Menschen aus wenig etwas Großes machen.

Protzen und punkten. Aufs Ganze gehen – oder bis zum Äußersten. Umwerfen, erschüttern, erneuern. *All eyes on ME. Camp*, das ist Körbewerfen im Ballkleid. Das Wissen, dass die brutalsten

Reden, die einem auf der Straße an den Kopf geworfen werden, von den Leuten kommen, die aussehen wie man selbst. Wenn man das als gegeben voraussetzt, lässt sich mit jeder Handlung trotzen, so klein und *camp* sie auch sein mag. Sich in all seiner Pracht zu zeigen, zu den Bedingungen der eigenen Selbstwahrnehmung. Damit man sogar noch in ausgebeulten, alten gelben Shorts und einem rissigen Tanktop punkten kann! Bradford ruft uns die Kunst des Auftritts im Alltagsleben ins Gedächtnis, die politische Dringlichkeit von Anmut auf der Straße.

KEIN VOGEL VIELER WORTE: NARRATIVE RÄTSEL IN DEN BILDERN VON LYNETTE YIADOM-BOAKYE

Die Ausstellungsfläche im vierten Stock des New Museum in New York ist ein lang gestreckter Raum mit hoher Decke. Hier würde man turmhohe Videobildschirme erwarten oder etwas Klobiges, Dreidimensionales, das man umrunden, eventuell auch betreten soll. Doch unlängst war dieser Raum voller Ölgemälde. Die Ausstellung trägt den melancholisch-literarischen Titel *Undersong for a Cipher* und umfasst siebzehn niedrig gehängte Bilder einer Gruppe frappierender Einzelpersonen, die den menschlichen Maßstab alle ganz leicht sprengen, dabei aber trotzdem nicht einschüchternd wirken. Die meisten sind auf strukturierten Leinenstoff gemalt, eines auf Leinwand. Und man kann nicht umhin zu bemerken, dass sie alle – jeder Mann und jede Frau – äußerlich schön sind. In den meisten Fällen sind sie allein auf ihrem Bild. Sie sitzen, liegen, lungern, stehen, und häufig sind sie in Gedanken verloren, halten den Blick abgewandt. Sind sie mit anderen zusammen, dann handelt es sich nie um eine gemischte Gesellschaft, als könnte zu viel Hitze entstehen, wenn man den halb nackten Mann da drüben mit dieser jungen Tänzerin hier mit dem durchdringenden Blick bekannt macht.

Im Œuvre der britisch-ghanaischen Malerin Lynette Yiadom-Boakye kommen etliche Tänzerinnen und Tänzer vor, geschmeidig in ihren Trikots, doch eigentlich sehen ihre Menschen alle so aus, als könnten sie diesen Beruf ausüben. Sie sind einhellig elegant.

Ein junger Mann stützt lachend die Hände auf die Knie, die Beine gespreizt, die Zehen nach außen gedreht; wie alle anderen ist er schlicht gekleidet, mit zügig aufgetragenen Farbblöcken, die hier ein schwarzes Oberteil entstehen lassen, dort eine weiße Hose. Keine Schuhe. Die Künstlerin möchte ihre Figuren ungern einem konkreten historischen Moment zuordnen, und die Geschichtsträchtigkeit von Schuhen lässt sich nicht umgehen. Manchmal halten die Männer auch ein Tier wie einen guten Geist – eine Eule, einen Singvogel, eine Katze. Die Farben sind durchweg verhalten: Grün-, Grau- und Schwarzschattierungen und eine erstaunliche Bandbreite von Braun. Inmitten dieser nüchternen Farbgebung häufen sich Kleckse in Gelb und Rosa, lebhaftem Blau und smaragdenem Grün, wohltemperiert durch die häufigen schneeglöckchenhaften Lücken unbemalter Leinwand, wie Blütenakzente in einem englischen Garten.

Die Wände, die sie umgeben, sind in klassischem Dunkelrot gestrichen, sie erinnern an Nationalgalerien und private Bibliotheken und für die Betrachterin auch an die Bücher, die sich an solchen Orten finden, vor allem an die leinengebundenen Romane aus dem 19. Jahrhundert. Dieses Rot hat die Wirkung, eine recht unterschiedliche Auswahl von Seelen zusammenzuführen, es umrahmt sie und fasst sie ein, so wie ein Roman sein Personal einfasst, mit anderen Worten: nur teilweise. Denn Yiadom-Boakyes Menschen drängen sich in den Vordergrund, in die Phantasie – so wie es auch literarische Figuren tun –, und das vermutlich nicht zuletzt, weil sie keine echten Porträts sind. Es gibt keine Vorbilder, niemand hat Modell gesessen. Es sind Charakterstudien von Menschen, die es gar nicht gibt.

Yiadom-Boakye wurde bereits in vielen Interviews nach dem Ursprung ihrer Bilder gefragt, und meistens antwortet sie darauf, wie es eine Romanautorin tun würde, und führt eine wirkmächtige Mixtur aus vorgefundenen Bildern, Erinnerungen, reiner Phantasie und spontaner malerischer Eingebung an (die meisten ihrer Gemälde wurden bekanntermaßen in nur einem Tag fertiggestellt). Aus der Perspektive der Romanautorin machen sowohl das Tempo als auch die Klarheit demütig. Feinheiten des menschlichen Charakters, für deren Darstellung man womöglich mehrere tausend Wörter braucht, werden hier mit ein paar selbstsicheren Pinselstrichen etabliert. Doch ein tieferer Reiz liegt darin, wie sie es schafft, die Wirkung einer vollständig ausgeformten Figur zu erzielen und gleichzeitig so viele unserer Grundannahmen zum Figürlichen zunichtezumachen. Fragen, wie sie beispielsweise von Holbein aufgeworfen werden (Was für ein Mensch war Sir Thomas Morus?) oder von Gainsborough (Welche gesellschaftliche Stellung haben Mr und Mrs Andrews?) oder wie sie sich angesichts eines Lucian Freud stellen (In welcher Beziehung stehen Maler und Modell zueinander?), werden hier allesamt kurzgeschlossen und durch eine existenzielle Überlegung ersetzt, wie man sie in der zeitgenössischen Kunst selten hört: Wer ist das? Die Antwort lautet so buchstäblich wie befreiend: Niemand. Auch die Titel der Gemälde tragen nicht zur Identifizierung bei. Eine Tänzerin mitten in der Arabeske trägt die Bildunterschrift: *Light of the Lit Wick*. Ein Herr im orangefarbenen Rollkragenpulli mit einer Katze auf der Schulter heißt: *In Lieu of Keen Virtue*. Und der gut aufgelegte Knabe mit den Händen auf den Knien: *A Cage for the Love*. Wir haben uns an Titel gewöhnt, die das, was wir sehen, ironisieren oder untergraben, ein konzeptionelles Gerüst für schwächelnde visuelle Einfälle oder die lahmen Pointen zu noch öderen Witzen bieten. Für Yiadom-Boakye sind Titel Metaphern; sie sollten, so hat sie erklärt, einfach als »zusätzlicher Farbklecks im Bild« betrachtet werden. Ungewöhnlich für eine Künstlerin, beschreibt sie sich sowohl als Autorin wie auch als Malerin – ihre Kurzgeschichten und prosahaften Gedichte tauchen häufig in ihren Katalogen auf. In einem neueren Interview mit *Time Out* reflektiert sie über das Verhältnis innerhalb dieser Doppelrolle. »Ich male nicht über mein Schreiben und schreibe nicht über das Malen«, sagt sie. »Eigentlich ist es genau andersrum: Ich schreibe über die Dinge, die ich nicht malen kann, und male die Dinge, über die ich nicht schreiben kann.« Ihre Titel verlaufen parallel zu den Bildern und verströmen – so wie die menschlichen Gestalten, die sie ganz bewusst weder beschreiben noch erklären – eine beinahe unheimliche Genügsamkeit und Gelassenheit. Die Leinwand ist der Text.

Angesichts ihres selbstsicheren Werkes ist es merkwürdig, wie viel Beklommenheit Yiadom-Boakye bei manchen Kritikern hervorruft. Im begleitenden Katalog zu der Ausstellung im New Museum findet sich ein Essay des Kunsthistorikers Robert Storr, der es für nötig hält, die Bilder gegen den angeblichen Niedergang figürlicher Malerei zu verteidigen: »Akzeptiert man Greenbergs Vorgaben und Methoden, dann wurde die Repräsentation bereits irgendwann in den fünfziger Jahren unwiderruflich von der Abstraktion verdrängt« – eine Argumentationslinie, die uns vermuten lassen könnte, Clement Greenberg schreibe weiterhin eifrig für die *Commentary* und sei nicht schon seit mehr als zwei Jahrzehnten tot. Die Diskussion über das Figürliche und das Abstrakte Mitte des 20. Jahrhunderts, die durch den von Greenberg geprägten Ausdruck der »Neuen Abstraktion« stark befeuert wurde, setzte das Figürliche mit der Illusion gleich: der Illusion von Tiefe auf einer Leinwand und der Vorspiegelung von dreidimensionalem menschlichem Leben, das doch in Wahrheit nur bewegungslose zweidimensionale Oberfläche sei. Das Figürliche sei im Kern nostalgisch, seine Themen kitschig; es lasse sich viel zu leicht zu Propagandazwecken manipulieren, sowohl politisch als auch kommerziell. Schließlich würden sentimentale Szenen aus dem Leben ja von Nazis und Stalinisten befürwortet. Die Werbeleute aus der Madison Avenue machten sie sich täglich zunutze. Das Abstrakte hingegen sei darauf aus, die modernistische Selbstkritik im Reich des Visuellen fortzuführen. Doch selbst wenn ein Kritiker die einigermaßen antiquierten Formulierungen dieser Argumentation berücksichtigt (wie Storr es im Weiteren tut), haftet den nachempfundenen Gefühlen, die das Figürliche hervorruft, anscheinend immer noch etwas an, das wegerklärt oder entschuldigt werden will.

Und so wird Yiadom-Boakye im Verlauf des Essays vorsichtig als Künstlerin kontextualisiert, die eine Extremform des Anderen abbildet: »Die Wirkung ihrer Bilder besteht in einer Begegnung mit Menschen, die ›wir‹ – das durchschnittliche nordamerikanische Kunstpublikum – noch nie gesehen haben, die aus einer Welt kommen, mit der ›wir‹ nicht vertraut sind. Einer Welt, bei der uns die Grundlage zu Verallgemeinerungen fehlt, auf die wir unsere Phantasien nicht projizieren können.« Und doch handelt es sich bei den Dargestellten nicht um Angehörige eines kürzlich entdeckten indigenen Stammes aus Papua-Neuguinea, sondern vielmehr um eine Anzahl attraktiver schwarzer Männer und Frauen in ganz alltäglichem, vertrautem Umfeld.

In einer solchen Kritik liegt eine respektvolle Vorsicht, die in der Theorie zweifellos die besten Absichten verfolgt, Werke wie diese in der Praxis aber mit herablassender Kälte überzieht. Yiadom-Boakye tut so viel mehr, als das angeblich unerschlossene Gelände schwarzen Selbstseins zu erforschen oder – in der abgedroschenen Formulierung – das Unsichtbare sichtbar zu machen. (Schwarzes Selbstsein war immer schon vorhanden und ist für Schwarze keineswegs unsichtbar.) Und es geht diesen Bildern auch nicht bloß darum, das Motiv der Schwarzen in einen überwiegend weißen Kanon einzuführen. Solche Plattitüden sind nur von sehr begrenztem Nutzen, vor allem wenn wir feststellen, dass sie unverändert auch auf so unterschiedliche Künstler wie Chris Ofili, Kerry James Marshall und Kehinde Wiley angewendet werden. Ofili lässt in einer feinsinnigen schriftlichen Reaktion auf Yiadom-Boakyes Werk den altbekannt-eingerosteten Streit um das Figürliche und Abstrakte links liegen und widmet sich stattdessen den intimen visuellen Details: »Ihr fest gezurrter Haarknoten. Die Größe seines Ohrs. Sie wusste so viel über so wenig von ihm. Sie sagte so wenig, und er hörte so viel.« Genau. Das sind Bilder über sie und ihn, seines und ihres. Explizit sagen sie wenig, doch man hört viel.

Ein paar Momente gibt es, da scheinen die Bilder auch mehr oder weniger direkt auf die verbreitete Vorstellung eines »weißen Kanons« zu reagieren. *Vigil for a Horseman*, ein übermäßig prosaisches Triptychon, zeigt einen gut aussehenden Mann, der in drei verschiedenen kunsthistorischen Posen auf einem bunt gestreiften Diwan liegt und einen ganzen Wust ähnlich Hingelagerter zitiert: die Venus vor dem Spiegel, die Picknickenden aus dem *Frühstück im Grünen*, Adam, der sich dem Finger Gottes entgegenreckt, einen Akt von Modigliani. Aber das sind die schwächeren Momente der Ausstellung. Die stärksten Bilder erforschen ein ganz anderes Verhältnis: nicht die begrenzte, kleinteilige Auseinandersetzung zwischen Künstlerin und Kunstgeschichte, sondern die grundlegende, lebendige Kommunikation zwischen Kunstwerk und Betrachterin, ein Verhältnis, das, daran erinnert uns Yiadom-Boakye, tatsächlich übergriffig, voyeuristisch, ambivalent und im Kern unkontrollierbar ist.

Denn selbst wenn man mit all den vielen verschiedenen Brauntönen, die hier dargeboten werden, innig vertraut ist – selbst wenn man diese speziellen breiten Nasen, diese spezifische Afrokrause, die Blau- und Orangetöne, die aus sehr dunkler Haut hervortreten, seit jeher kennt, ist man als Betrachterin doch vollkommen vertieft in die Praxis phantastischer Projektionen. Den Phantasien liegen die Gestalten selbst zugrunde, mit ihren neckischen, vieldeutigen Titeln, Frauen, die zu unhörbarer Musik tanzen oder durch ein Fernglas ungesehene Objekte betrachten. Es scheint, als hätten sie Seelen – der ultimativ rückschrittliche Ausdruck! –, auch wenn wir mit »Seele« gar nichts Metaphysischeres zu meinen brauchen als die Gesamtsumme der Wirkungen einer Person im Kopf einer anderen. Eine solche Erfahrung anderer (oder der fiktiven Simulakra anderer) ist eine ärgerlich hartnäckige Angewohnheit tatsächlicher Menschen, ganz gleich wie viele überzeugende theoretische Argumentationen auch den Versuch machen, diesen Impuls einzuhegen und zu kontextualisieren, ihn sorgsam von allen transzendentalen Vorstellungen zu lösen oder ihn einfach nur mit einem seiner zahlreichen Namen zu beschimpfen: Realismus, Humanismus, Naturalismus, Figuration. Menschen werden immer weiter andere Menschen ansehen – ihnen zuhören, über sie lesen oder die Hand ausstrecken und sie anfassen –, und auf dieser dürftigen sinnlichen Basis entspinnen sich ihre heimlichen Phantasien. Sicher hat die Kunst zahllose komplexere Genüsse und Grundprobleme zu bieten, und doch muss die Betrachtung der »Seelen« auch dazu gezählt werden.

Während ich mich selbst zwangsläufig fragte, wer die Seelen hier im Museum wohl sein könnten, kam ich auf eine Gruppe hochkreativer Menschen, die eine kleine Gemeinschaft bilden, ein schlichtes Leben in schäbigen Mansarden führen, aufmerksam und empfänglich, entschlossen und fokussiert. Manchmal, wenn sie gerade flüssig sind – weil sie ein Bild oder eine Geschichte verkauft haben –, gönnen sie sich aus reinem ästhetischen Genuss etwas, kaufen sich beispielsweise einen bunt gestreiften Diwan oder eine Eule oder reisen nach Cádiz. Vielleicht ein paar frühe New Yorker Beatniks oder ein vergessener Südlondoner Teil der Bloomsbury Group. Dichter, Schriftstellerinnen, Maler, Tänzerinnen, Träumer, Philosophinnen – und Liebhaber all dieser.

Diese Phantasie war natürlich meine ureigene Projektion, ihre narrativen Wurzeln fand ich aber in der gedeckten modernistischen Farbpalette und der »zeitlosen« Kleidung, die sich als gar nicht so zeitlos erweist: In den ersten Jahrzehnten des 20. Jahrhunderts trug Vanessa Bell solche schlichten Gewänder (und keine Schuhe), und Duncan Grant hat sowohl seine Tochter als auch seinen jamaikanischen Liebhaber Patrick Nelson mit ähnlich raschen Farbblöcken gemalt, bei denen Hemd und Bluse in einer einzigen unordentlichen Linie auf Rock oder Hose treffen, ohne auf Gürtel oder Knöpfe zurückzugreifen. Yiadom-Boakye nennt oft auch den unpopulären britischen Maler Walter Sickert als Einfluss, und vielleicht kommt dort alles zur Deckung: Virginia Woolf hat Sickert ebenfalls bewundert und eine Monographie über ihn veröffentlicht, deren Titelbild ihre Schwester Vanessa gestaltete.

1860 geboren und Mitglied der Camden Town Group, beherrschte Sickert, wie Yiadom-Boakye, die Nass-in-Nass-Technik besonders gut (bei der Bilder rasch fertiggestellt werden, um die »Haut« der über Nacht getrockneten Farben nicht wieder verletzen zu müssen), malte ungern in der Natur und war auf vieldeutig posierende Figuren im häuslichen Umfeld spezialisiert, über die man gleich Geschichten erzählen möchte. Von Sickert (und von Degas vor ihm) hat Yiadom-Boakye auf jeden Fall ihren Erzählzwang geerbt, bei dem es weniger darum geht, das Echte einzufangen, sondern vielmehr darum, im Publikum den Wunsch zu wecken, dem Bild eine Geschichte überzustülpen. Eine solche romanhafte Praxis erfordert das Wissen, wie man genügend Raum lässt, damit das Publikum Platz zum Weiterspinnen hat. (Mit seinen gespenstisch-suggestiven Darstellungen von Prostituierten aus Camden war Sickert damit so erfolgreich, dass er unabsichtlich den Samen für eine unerhörte Fiktion legte: Bis heute hält sich die Theorie, er sei Jack the Ripper gewesen.)

Doch der Eifer, mit dem schwarzen Künstlern ein übergreifendes Ziel unterstellt wird – die Schwarzen zum Teil des weißen Kanons zu machen, beispielsweise –, banalisiert ihr Ringen mit dem individuellen Bild und den ganz spezifischen Problemen, vor die einen jedes einzelne Kunstwerk stellt. (Für Yiadom-Boakye, so erzählt sie es selbst, beginnt die Problematik eines jeden Bildes mit »einer Farbe, einer Komposition, einer Geste, einem bestimmten Lichteinfall. Mein Ausgangspunkt ist meist ein formaler.«) Zudem riskiert er die Verflachung der jeweiligen Auseinandersetzung mit der Tradition. Kerry James Marshall hat in *Mastry*, seiner jüngsten Ausstellung im Metropolitan Museum of Art, eine wunderbar eklektische und unerwartete Auswahl von Bildern aus der ständigen

Sammlung des Museums aufgenommen, eine ergänzende »Ausstellung in der Ausstellung«, die Marshalls eigene »Meistrschaft« sowohl als Konfrontation mit der vertrauten westeuropäischen Meisterschaft von Größen wie Holbein und Ingres präsentierte als auch als deren Fortsetzung. Doch Marshall nahm uns auch mit auf die Reise durch entlegenere, verschwiegenere Nebenstraßen, mitten hinein ins Dickicht der persönlichen Leidenschaften des Künstlers. Warum wählt jemand aus all den Meisterwerken des Metropolitan ausgerechnet einen bestimmten japanischen Holzschnitt aus oder ein westafrikanisches Boli-Figürchen in Gestalt eines Bullen? Das sind die Geheimnisse des persönlichen Empfindens, die der Kritik oft unzugänglich bleiben, für den Künstler selbst jedoch nie anders als wesentlich sind.

Manchmal ist der Prozess künstlerischen Schaffens auch nicht so sehr eine Auseinandersetzung mit der Tradition, sondern vielmehr eine mit dem gegenwärtigen Augenblick. 1977 geboren, war Yiadom-Boakye neunzehn, als in der Royal Academy in London eine Ausstellung mit dem Titel *Sensation* eröffnet wurde, die Werke aus der Sammlung Charles Saatchis zeigte. Neben anderen Attraktionen waren in der Ausstellung Damien Hirsts Hai, die polymorph-perversen Kinderschaufensterpuppen der Chapman-Brüder sowie Sarah Lucas' mokante Matratze mit dem Gurkenpenis zu sehen. *Sensation* und die dort gezeigten jungen britischen Künstler beherrschten sämtliche Gespräche in der Kunstszene, entzückten die Presse und verbannten die britische Porträtmalerei ins niedere Reich eintöniger Argumente und konzeptueller Spielereien. (Das berühmteste Porträt aus *Sensation* – *Myra* von Marcus Harvey, die Neuschöpfung eines berüchtigten Fotos der britischen Kindsmörderin Myra Hindley, das sich aus den Handabdrücken eines Kindes zusammensetzte – löste so viele Kontroversen aus, dass die Ausstellung deswegen fast geschlossen wurde.) Doch das zentrale Anliegen der Ausstellung, die ihre Besucherinnen und Besucher aufforderte, an der Malerei vorbei auf die angebliche Sensation der manifesteren Inhalte (Chris Ofilis Madonna mit dem Elefantendung, Jenny Savilles »fette« Frauenakte) zu blicken, erwies selbst den guten Arbeiten einen Bärendienst. Yiadom-Boakye hatte damals gerade einen ernüchternden Grundkurs am Central Saint Martins College of Art and Design absolviert, einer angesehenen Londoner Kunsthochschule, wo sie, wie sie 2013 in einem Interview mit Naomi Beckwith, der Kuratorin des Museum of Contemporary Art in Chicago, erzählte, feststellen musste, dass sich alle Gespräche über ihr gewähltes Format nur darum drehten, »was man als Malerin zu tun oder zu lassen habe, immer mit Blick darauf, was die Kunstwelt gerade sagte oder tat beziehungsweise nicht sagte oder tat«. Ein wenig besser wurde es, als sie aus London wegging, um ihren Bachelor am Falmouth College of Arts in Cornwall zu machen, wo die Diskussion zwar breiter angelegt, aber nicht weniger strikt war: »Wer malen wollte, brauchte dafür einen verdammt guten Grund. Man musste sich fast dafür schämen.«

Als Yiadom-Boakye nach London zurückkehrte, um ihren MFA an der Royal Academy zu machen, hatte sie zahllose Vorlesungen über den Tod und/oder die Bedeutungslosigkeit der Malerei über sich ergehen lassen, und manche der Debatten spiegelten sich auch in ihrer eigenen Praxis. Unter ihren früheren Arbeiten sind nach eigener Aussage etliche, die das Erzählende wörtlich nehmen, sodass sich Bild und Titel tautologisch verstärken. Aus dem Interview mit Beckwith: »Vier schwarze Mädchen mit Kopfhörern, die in den Fußboden eingestöpselt sind, sie bekommen ihre Anweisungen also quasi vom Teufel, und der Titel dazu lautete: *The Devil Made Me Do It* [...] Ich hatte noch keinen festen Stil gefunden. Und weil ich das Malen noch nicht richtig im Griff hatte, habe ich auch die eigentliche Kraft ignoriert, die Malerei haben kann. Ich habe nicht darauf vertraut, dass mit Malerei überhaupt etwas zu erreichen ist.«

Anfang der nuller Jahre tauchen in ihren Arbeiten fast comichafte Figuren auf, die vielleicht ein wenig von George Condos Grotesken inspiriert sind und das starke Gefühl vermitteln, dass sich hier eine junge Künstlerin bewusst vor Hindernisse stellt oder sich, anders formuliert, eine Reihe experimentell-formaler Zwänge auferlegt. Das Schwarzsein wirkt in diesen Werken wie von außen betrachtet und erscheint dadurch – so wie es ja oft von anderen gesehen wird – im Zeichen des Monströsen. (Ein paralleles Beispiel wäre Kerry James Marshalls Bild *A Portrait of the Artist as a Shadow of His Former Self* (1980), in dem sich der Künstler selbst als grinsende Minstrel-Maske präsentiert.) Per E-Mail nach diesem früheren Stil befragt, antwortet Yiadom-Boakye: »Das war wohl eine Reaktion auf vieles, was mir gesagt wurde. Humor und Horror leuchteten mir damals sehr ein, weil ich mich selbst so gefühlt habe. Oftmals hat das auch wirklich funktioniert, aber die anderen Male war es immens unbefriedigend. Ich glaube, deshalb habe ich im Lauf meiner Entwicklung so viel davon wieder abgestoßen. Mit der Zeit wurde mir klar, dass ich weniger über den Gegenstand, dafür mehr über das Gemälde nachdenken muss. Und so habe ich angefangen, mich ganz ernsthaft mit Farbe, Licht und Komposition zu befassen. Je mehr ich arbeitete, desto mehr kam ich zu dem Schluss, dass die Kraft im Gemälde selbst liegt. Und meine ›Farbpolitik‹ bekam eine völlig neue Bedeutung.«

Zu den hartnäckigsten Missverständnissen zwischen Künstlern und Betrachtern – und zwischen Autorinnen und Leserinnen – gehört die jeweilige Gewichtung von Inhalt und Form. So wie im Kopf eines Autors die einzelnen Romane meist nicht »das Buch, in dem John Jane umbringt«, oder »das Buch, in dem Kwame heiratet«, sind, sondern vielmehr »das mit den Semikolons« oder »das, bei dem mir die Möglichkeiten der Kommasetzung aufgegangen sind«, geht es bei dem, was mir als Laiin wie Figuration erscheint (»Ach, dieser schöne Mann mit seiner Eule!«), für die Künstlerin mindestens ebenso sehr um das Malen selbst – seine vielfältigen Möglichkeiten, Stimmungen und Wirkungen, seine Grenzen und Freiheiten. In nicht figürlichen Arbeiten sind solche technischen Überlegungen vielleicht klarer zu erkennen, doch ob in dem Werk nun eine menschliche Gestalt zu entdecken ist oder nicht, es finden trotzdem die gleichen Kämpfe mit Farbe, Licht, Komposition und Grundton statt. Man kann intellektuelle Strömungen in der Kunst unter anderem dadurch nachvollziehen, dass man den Aufstieg und Fall des Inhalts im Gegensatz zur Form verfolgt (wie es Susan Sontag in ihrem Essay »Über den Stil« darlegt, kurz nachdem Greenberg die große Trennung des Abstrakten vom Figürlichen vollzogen hatte). Es kommt regelmäßig vor, dass beides fälschlicherweise voneinander getrennt – und das eine dann beharrlich über das andere erhoben wird. Häufig entsteht daraus der sinnvolle Nebeneffekt, der künstlerischen Praxis der jeweiligen Zeit wieder Leben einzuhauchen, das längst zu vertraut Gewordene zu unterdrücken und für das Neue oder das bis dahin Missachtete einzutreten.

Die Ausstellung *Sensation* war die bornierte, verspätete Antwort Großbritanniens auf dreißig Jahre komplexer ästhetischer Theoriebildung (hauptsächlich in Frankreich und Amerika), die dem Inhalt (in Gestalt des »Konzepts«) den Vorzug vor der Form gab, vermischte diese Vorstellungen aber auf ebenso fatale wie unsaubere Weise mit dem Karrieredenken der jungen britischen Künstler selbst, die ihre eigenen beruflichen Ängste als Verachtung verbrämt miteinbrachten. Porträtkunst wurde als »inhaltlich« betrachtet und somit zum Thema, das sich trotz (vielleicht auch gerade wegen) seiner langen ruhmreichen Geschichte erschöpfen lässt. Und als man es dann für erschöpft erklärt hatte, herrschte Einigkeit darüber, dass nur die anmaßendsten (oder nostalgischsten) jungen britischen Künstlerinnen sich noch daran versuchen sollten. *Was will sie damit beweisen? Für wen hält sie sich – für einen von den Alten Meistern?* Für diejenigen, die damals Kunst studierten, klangen diese Diskussionen oft mindestens so persönlich wie theoretisch. Im Lauf der Jahre hat Yiadom-Boakye im Malen darauf reagiert, aber auch im Schreiben, immer versteckt, so wie sie auf alles reagiert. Manche ihrer Kurzgeschichten und Gedichte handeln von

Menschen, sehr viele andere handeln von Tieren, doch alle sind im klugen, weisen Ton der Fabel gehalten. In einem ihrer typisch kafkaesken kurzen Prosagedichte, »Plans of the Night«, besetzt sie die Rollen der Künstlerin und ihrer Gegenspielerin mit einer Eule und einer »tief skeptischen Taube«:

Die Meisterstücke, die sie berühmt gemacht hatten, gelängen ihr glänzend
Auch bei Tag.
Doch für die Eule lag etwas Ungeheuer Vorteilhaftes
In der Nacht.
Der Eule fiel es schwer, das den anderen Vögeln zu erklären.

So schwer, wie es einer jungen talentierten Malerin Ende der Neunziger am Saint Martins gefallen sein dürfte, ihre Vorliebe für die Porträtkunst zu erklären:

Die Taube wandte ein, das Beharren der Eule auf einer nächtlichen Routine
Habe mehr mit Selbst-Mythisierung und
Daraus folgender Selbst-Überhöhung zu tun
Als mit Praktischer Notwendigkeit.

Dabei hängt die Eule in Wahrheit »anderen Dingen nach«. Sie ist eine von der Praxis besessene Eule, was in ihrem Fall die Jagd auf eine Maus im Gras umfasst. Doch die skeptische Taube lässt nicht locker:

Diese Geheimniskrämerei, das ist doch nicht echt.
Du bist so öd und berechenbar wie Wir Anderen.

Die Eule nimmt still ihre Beute ins Visier. Die Taube tadelt sie unterdessen weiter für ihren ungehörigen Ehrgeiz:

Wie passend! Immer ein, zwei Zweige höher sitzen als Wir Anderen, und wie üblich auf alle herabblicken.
[...]
Du glaubst, du seist etwas Besonderes, hättest Gewalt über die Nacht.

Die Eule, die schon längst nicht mehr zuhört, macht sich bereit, vom Baum herabzuschießen und die Maus zu fangen, doch als sie das schließlich tut, trifft sie mit dem Flügel die Taube am Kopf, bricht ihr das Genick und tötet sie. Ein schwacher Trost – die Maus, die alles mitangehört hat, entkommt:

Die Eule, kein Vogel vieler Worte, schimpfte auf die Taube, die sie um eine Mahlzeit gebracht hatte
[...]
Die Eule beschloss, sich auf die Suche nach etwas mit mehr Substanz zu begeben
Nach einem Kaninchen etwa, einem Maulwurf oder einem Skunk.

Undersong for a Cipher hat Substanz. Es liegt eine eulenhafte Virtuosität darin, still und unaufdringlich – aber tödlich. Yiadom-Boakye ist noch keine vierzig und trotzdem schon weit vorangekommen auf dem Weg zur »Meistrschaft«, und man zweifelt nicht daran, dass sie ihr Ziel erreichen wird. Die Kunstkritik der letzten beiden Jahrzehnte allerdings hat sich formaler Meisterschaft gegenüber nicht allzu freundlich gezeigt: Sie wurde mit grundsätzlichem Misstrauen beäugt, und von den Künstlern selbst wurde diese Botschaft oft viel zu schnell aufgenommen. Der französische Kulturkritiker Donatine Grau schreibt in seinem Essay »Zur Bedeutung der Zurückhaltung« über Yiadom-Boakye: »In jedem Millimeter der Bilder dieser Künstlerin spüren wir ihre Virtuosität, die aber immer sehr dezent bleibt und nie plakativ offengelegt wird. Die

Künstlerin trifft die Entscheidung, sich nicht in verschwenderischer Gegenständlichkeit zu verlieren, vielmehr ganz diskret ihr malerisches Können zu demonstrieren.«

Die Zeiten sind vorbei: Hier haben wir plakative Virtuosität, verborgen vor aller Augen, und die Zurückhaltung hat sich ins Narrative verlagert, das uns jetzt nur noch gerade so viel bietet, wie wir brauchen, um unsere kreativen Projektionen in Gang zu bringen – nicht mehr und nicht weniger. Viele Kritiker haben vermerkt, dass die Rückkehr zum »malerischen Können« vor allem bei schwarzen Künstlern auffällt, und ja, seltsam, dass ausgerechnet sie die Pforte – die notwendige Genehmigung – sein sollten, um zum Figürlichen, zur Möglichkeit des Virtuosen zurückzukehren! Woher das kommen mag, ist eine heikle Frage, und Yiadom-Boakye zeigt in ihrem Interview mit Beckwith sehr raffiniert, dass sie sich über die Implikationen durchaus im Klaren ist: »Wie oft habe ich schon von irgendwelchen Leuten gehört: ›Was hast du für ein Glück! Du bist schon mit deinem Thema geboren.‹ Aber sind wir das nicht alle?«

Ein so vertrautes wie zweifelhaftes Kompliment. *Schwarz ist in Mode – hast du ein Glück!* Es impliziert die nörglerischen Ressentiments der skeptischen Taube, die genau der Typ ist, es ganz offen anzusprechen: Wenn all diese Bilder nur Weiße zeigen würden, hätten sie dann auch so viel Aufmerksamkeit erzielt, so viel Erfolg? (2013 stand Yiadom-Boakye auf der Shortlist für den Turner Prize, und in den letzten paar Jahren erzielen ihre Bilder bei den Auktionen bereits Preise von bis zu siebenhunderttausend Dollar.) Nun, Neues hat immer einen ästhetischen Wert, das steht außer Frage, und jede kluge Künstlerin ist gut beraten, das auszunutzen. Doch was Yiadom-Boakye mit brauner Farbe und braunen Menschen anstellt, ist nicht voneinander zu trennen. Jeder ist mit einem Thema geboren, seinen vollständigen Ausdruck findet dieses Thema aber nur in einer Verpflichtung zur Form, und Yiadom-Boakye ist ihrem Kaleidoskop aus Brauntönen mindestens ebenso sehr verpflichtet wie Lucian Freud den ädrigen Blau- und den versehrten, kränklichen Gelbtönen, die unter jeder rosigen Haut lauern und deren Aufdeckung er sich zur Lebensaufgabe gemacht hat. In seinem Fall kam niemand auf die Idee, die Form vom Inhalt zu trennen, und das Werk von Lynette Yiadom-Boakye ist neben vielem anderen auch der Versuch, auf der gleichen ästhetischen Einheitlichkeit zu beharren, die für weiße Kunstschaffende selbstverständlich ist.

Undersong for a Cipher. Wäre das ein Romantitel, würden wir ihn einer Textanalyse unterziehen. *Undersong:* 1. Eine untergeordnete oder unterdrückte Melodie oder Tonfolge, bes. eine, die als Begleitung oder Bassstimme für eine andere dient. 2. Eine tiefere Bedeutung; ein Unterton. *Cipher:* 1. Eine Person, die einen Platz einnimmt, dabei aber weder Bedeutung noch Wert besitzt, jmd. Unbedeutendes, ein bloßes Nichts. 2. Eine geheime oder verschlüsselte Schriftform, entweder durch die Verwendung beliebiger erfundener Zeichen oder durch den beliebigen Einsatz von Buchstaben oder Zeichen in einem anderen Sinn als dem üblichen. Diesen Definitionen, die ich dem *Oxford English Dictionary* entnehme, möchte ich noch den Stellenwert hinzufügen, den der *Cipher* im Hip-Hop hat: ein Kreis aus Rappern, die abwechselnd zu einem bestimmten Beat freestylen. Ausgestattet mit diesem Wissen könnte ich mich dann vor allem einem von Yiadom-Boakyes Bildern erneut zuwenden, *Mercy over Matter*, auf dem ein Mann einen Vogel auf dem Finger hält. Hier bilden die Unterfedern den *undersong*: die edelsteinartigen Grün-, Lila- und Rottöne, die man oft unter der ölglatten Oberfläche des Gefieders schwarzer Vögel entdecken kann. Wie durch einen Zauber trägt die Jacke des Mannes die gleichen Unterfedern zur Schau, ebenso wie seine Haut, ebenso wie sein Vogel. Der Mann ist schwarz. Oft wird er als Nichts wahrgenommen, als *cipher*. Und doch hat er Schichten über Schichten.

ZERSTÜCKELTE RUINEN DER KARTE: SARAH SZES ›CENTRIFUGE‹

Beim Schreiben über *Centrifuge* bin ich im Nachteil. Wie bei so vielen Arbeiten von Sarah Sze handelt es sich auch bei dieser um eine komplexe Konstellation von Elementen, in der sich sämtliche Bestandteile gleichzeitig präsentieren. Schreiben und Lesen hingegen finden zwangsläufig von links nach rechts und linear statt: Ich überlege mir eine Route von A nach B, Sie folgen ihr, und wir sind beide gleichermaßen an ihre Richtung gebunden. Das ist frustrierend. Die Versuchung ist groß, auf *Centrifuge* dem Werk entsprechend zu reagieren, mit einer sprachlichen Konstellation, einer verstreuten Darstellung vielleicht.

Aber ich bin ein analoger Mensch, Jahrgang 1975, und lasse mich vom Simultanen immer noch schnell überfordern. Als ich zusammen mit einer Schar Kinder Szes Atelier betrat, zeigte sich ein aufschlussreicher Kontrast: Sie fanden überhaupt nichts merkwürdig an dieser Zentrifuge aus dünnen Bambusstäben mit den daran angebrachten Realitätsfetzen – *Kinofetzen* vielmehr: aufgenommen, umgenutzt und auf kleine baumelnde Papierschnipsel projiziert, die ihrerseits mithilfe von Papierklemmen und Klebeband an den Stäben befestigt sind, wie eine Suchmaschine Marke Eigenbau. Mein Eindruck war, dass diese sogenannte Zentrifuge kaputt sein müsse: Der Kreis, den sie bildet, ist nur zu drei Vierteln geschlossen, wie ein halb verfallenes Amphitheater, Opfer einer Naturkatastrophe. Doch auf die Kinder wirkte das alles fast vertraut, es war nur eine Art explodiertes iPhone, bei dem alle Tech-

Repräsentation Elementare Trennungen
Bildkultur
Simulakra Schatten
Höhlen
Spielberg
Rauschen im Fernseher
Das Kolosseum
Baudrillard
Karte und Territorium Suchmaschine Marke Eigenbau
Borges
Platon
Materiell
Immateriell
iPhones
Google Earth Nostalgische Kleinkinder
Aufgezeichnete Zeit
Echtzeit
Der Unabomber
Spuk
Nähte
Spiegel Bildschirme in Kisten
Bildschirme in Händen
Befreite Bildschirme
Teiche
Mächte und Staaten
Projektionen und Projektoren

nik dekonstruiert und die Bilder freigelassen wurden, um jetzt ungebunden durch die Welt zu fliegen. (Damit lagen sie instinktiv richtig: Die meisten Filmausschnitte wurden mit Szes iPhone gedreht.) Die älteste Tochter der Künstlerin fand es irgendwie »gruselig«, dass ein bestimmter Filmausschnitt sie selbst schlafend zeigte, vor einem Jahr. Aber keines der anwesenden Kinder wunderte sich auch nur ansatzweise über die Pyramiden von Giseh, die neben einem (auf ewig orange bemalt werdenden) Tonkrug hingen und dieser wiederum neben einem auffliegenden Kolibri, einem einstürzenden Gebäude, Monden, Himmeln, Blumen, die sich öffneten und schlossen, einem in Zeitlupe herabfallenden Milchtropfen, einem Schmetterling, der im Zeitraffer aus seinem Kokon schlüpft, poppendem Popcorn, Vulkanen und Regengüssen, Wäldern und Wasserfällen, Geschossen und brennenden Scheiterhaufen und so viel mehr und so viel anderem. Diese Landschaft aus zeitgleichen Bildern, diese Prozession unzusammenhängender visueller Simulakra erschien ihnen so natürlich wie Muttermilch. Auf einem der hauchfeinen Bildschirme wanderte ein winziger Cursor über die Erdoberfläche, zog sich ungeduldig selbst immer weiter über Länder und Weltmeere hinweg, als hegte er den eigenständigen Wunsch, an einen bestimmten Ort zu gelangen – doch für diejenigen, die damit aufgewachsen sind, den Planeten genau so zu überqueren (in kürzester Zeit, unter Zuhilfenahme von Google Earth), war auch das nicht weiter bemerkenswert. Einzig die diversen Bildschirmschnipsel, die das Rauschen – den »Schnee« – analoger Fernseher zeigten, ließen sie stutzen: Als Kinder des digitalen Zeitalters kannten sie so etwas nicht.

Für mich – und mutmaßlich auch für die Künstlerin (Jahrgang 1969) – ist das anders. Für uns ist die Landkarte aus Bildern, die von der Welt erstellt worden ist, nicht ganz das Gleiche wie das eigentliche Territorium; vielmehr erinnern wir uns noch – wenn auch nur ganz vage – an eine Zeit, in der die Nähte noch teilweise sichtbar waren. Eine Zeit kurz vor der Zeit, in der wir aufhörten,

Bilder als Repräsentation einer konkreten äußeren Realität zu betrachten, und anfingen, in den Bildern selbst zu leben. Nostalgisch und apokalyptisch in einem, führt uns *Centrifuge* zurück und vorwärts zu dem Moment, vor (oder nach?) dem das Bild die Phänomene vollständig überlagert und der Bildschirm die Welt verschlungen hat. Und wenn wir mit Szes zentrifugalem Wirbel aus rasch rotierenden Ideen konfrontiert sind, dann, muss ich sagen, fällt es wirklich schwer zu wissen, welches Element man aus den anderen herauslösen soll. Um über etwas zu schreiben, muss man sich aber entscheiden, und so entscheide ich mich für das Zimmer nebenan, wo ein noch namenloses ergänzendes Werk *Centrifuge* teilweise wiederholt und zugleich reflektiert. Das Bambusgerüst setzt sich auch hier fort, die gleichen flackernden Bildschirmschnipsel hängen daran, doch das eigentliche Amphitheater erscheint hier in Gestalt eines Schreibtischs – dem der Künstlerin –, einer dieser halbrunden Arbeitsflächen, wie ein eigener Kokon für diejenige, die ihren Aeron-Bürostuhl in die behaglich umschließende Lücke schiebt. An einem solchen Tisch, mit vielleicht zwei oder drei Bildschirmen, die wir konsultieren (Desktop, Laptop, Smartphone), sind wir die Herrscher über unser Reich, erschaffen uns täglich unsere eigene visuelle Landkarte des Territoriums. Sze nimmt die Bilder, die wir auf unserer persönlichen Hardware speichern, und projiziert sie nach außen, erschafft sie neu als scheinbar unabhängige Gegenstände in der Welt und stattet sie mit einem – wenn auch noch so unvollständigen – Eindruck von Aktualität und Authentizität aus. (An den Wänden ringsum sieht man hinprojizierte Tiere laufen, jedes in seinem eigenen Tempo, doch Sze hat sie nach ihrer relativen Geschwindigkeit angeordnet, sodass der Unterschied zwischen dem Vogel und der Großkatze, die sich ein Wettrennen rund um das Zimmer liefern, dem der Realität entspricht. Aufgezeichnete Bilder mit der gegenwärtigen Zeit gleichzuschalten kann ein Weg sein, das Symbolische fester im Realen zu verankern. Christian Marclay erzielt einen ähnlichen Effekt.)

Den vielen Millionen von uns, die inzwischen den Großteil ihres Lebens mit dem Abwägen und Auswählen digitaler Simulakra verbringen, die Welt durchstreifen, ohne sich auch nur von ihren Stühlen zu erheben, eröffnet sich ein solcher Eindruck so gut wie nie. Uns steht jede Art von Bild zur Verfügung: zufällig, gewählt, regional, global, mikroskopisch, unermesslich, persönlich, politisch, heilig, pornographisch, ikonisch, anonym. Und wenn der Arbeitstag beendet ist, setzt sich dieser Prozess dank der Miniaturcomputer bzw. -kameras in unseren Hosentaschen nahtlos fort. In einem solchen Leben wird die Welt der Materie zum Randphänomen, obwohl sie natürlich weiterexistiert, obwohl sie schleppend hinter uns herschleift wie ein Strang Gedärme, oft unappetitlich und hinderlich und doch anscheinend immer noch notwendig. Wie lästig es doch ist, essen, trinken, sich anziehen, sich bewegen und aufs Klo gehen zu müssen! Doch das alles muss getan werden, und rund um Szes Schreibtisch sammeln sich die armseligen Beweisstücke einer körperlichen Existenz, die Überreste und Ausscheidungen der nicht virtuellen Welt. Toilettenpapier, Milchpackungen, zahllose leere Take-away-Behälter. Topfpflanzen, Amazon-Pakete, ein Turm aus zerfledderten Büchern. Ganz oben auf dem Stapel liegt ein Band der *Gesammelten Werke* von Jorge Luis Borges. Und darin findet sich die berühmte, nur einen Abschnitt lange Erzählung »Von der Strenge der Wissenschaft«, die von einer Landkarte erzählt, »eine[r] Karte des Reichs, die die Größe des Reichs besaß und sich mit ihm in jedem Punkt deckte«. In der Fabel fällt diese ausgeklügelte Karte schließlich in Ungnade, weil die nachfolgenden Generationen »dem Studium der Kartographie minder ergeben« sind. Sie vernachlässigen die Karte, halten sie für sinnlos, und so verfällt sie zusehends, während einige Verzweifelte sie einem ganz neuen Nutzen zuführen: »In den Wüsten des Westens überdauern zerstückelte Ruinen der Karte, behaust von Tieren und von Bettlern.« Diese Borges'sche Skizze wurde wiederum von dem Philosophen Jean Baudrillard für sein Buch *Simulacres et si-*

mulations verwendet, das die Allegorie in Theorie verwandelt und zugleich die Moral der Geschichte umdeutet. In Baudrillards Vision der Postmoderne ist die Realität zur zerstückelten Ruine, zur Wüste geworden. Stattdessen führen wir unser Leben jetzt nahtlos in der Karte.

Wie kann uns diese Simulation, in der wir leben, wahrhaft vor Augen geführt werden? Womöglich würde das nur ein kompletter Bruch schaffen. Inmitten der Ruinen einer Katastrophe erscheint es uns denkbar, dass eine inspirierte, pragmatisch veranlagte Künstlerin sich daranmachen könnte, etwas wie *Centrifuge* zu bauen. Es müsste eine Künstlerin sein, die sich noch an die Simulation erinnert und daran glaubt, sie Stück für Stück neu erschaffen zu können, aus dem verfügbaren Material – aus dem, was gerade zur Hand ist. Aber wie soll man neu starten, wenn man nur das verwendet, was noch übrig ist? Vielleicht helfen da ja die sperrigen, unansehnlichen, schweren und lauten weißen Projektoren, die ihre diversen Simulationen auf die kaum vorhandenen Bildschirme und noch weiter werfen, in den umgebenden Raum hinein, wobei der Bilderstrom manchmal von der Nachricht *Lädt …* (der digitalen Entsprechung zum Fernsehschnee) unterbrochen wird, die einem Schatten, einem Gespenst gleich über die Wände von Szes Atelier huscht. Was hier lädt, ist die Welt und alles, was sie enthält. Vielleicht könnte es aber auch das Werk einer Gestalt wie der des Unabombers sein, der sich von der Technologie ab- und dem »Natürlichen«, dem »Realen« zuwendet, sich gleichzeitig aber gezwungen sieht, dort draußen im Wald zumindest einen Teil des Systems wiederherzustellen (Bombenbau, Computerviren), um seine Ablehnung überhaupt zu kommunizieren? *Centrifuge* kehrt aus der Zukunft zu uns zurück, mit der Erinnerung daran, wie wir einst gelebt haben. Man denke nur an das Kolosseum, nach dessen Vorbild *Centrifuge* errichtet wurde. Es ist der Inbegriff der umgenutzten Bildfabrik – und ein Lehrstück für die Verwüstung des Realen. Das Kolosseum war einmal ein Ort der Inszenierung, an dem getreue Abbilder der Welt – Seeschlachten, dramatische Nachstellungen und Zweikämpfe zwischen Mensch und Tier – zur Aufführung kamen. Heute ist es die ferne und nur mäßig überzeugende Vorlage für endlose Postkarten, Kannenwärmer, Schneekugeln und dergleichen, ein Ort, an dem Einwanderer aus Rumänien, verkleidet als römische Zenturios, den Touristen Geld für ein Selfie vor dem verfallenen Bauwerk abknöpfen, das ihnen nur aus dem Film *Gladiator* bekannt ist. Und so wie all die kleinen Kolosseen, die man im Kolosseum kaufen kann, enthält auch *Centrifuge*, ganz links in der Ecke, noch eine kleinere Version seiner selbst, ein Kolosseum im Kolosseum. Über die zerstörte Zentrifuge aus Bambus flackert dieselbe Bildauswahl, nur im Kleinformat. Eine Karte des Territoriums, im Maßstab von knapp drei Zentimetern auf einen Meter.

Nach dem Bruch, nach der Apokalypse, inmitten der Ruinen aus Kabeln und Drähten, fragt vielleicht jemand: Was war eigentlich der Zweck all dieser Bilder, in denen und durch die wir gelebt haben? (So wie sich die Bewohner Roms im Mittelalter fragten, was es eigentlich mit dem riesigen steinernen Rund aus alten Zeiten am Ende der Via dei Fori Imperiali auf sich habe, sich dann aber doch nicht weiter um die Antwort scherten und es lieber als Ersatzteillager verwendeten.) Was war das Internet? Wozu war es gut? Wie hat es sich angefühlt? Und irgendwo inmitten der Trümmer, wo dies und das wieder zusammengefügt würde, hielte *Centrifuge* vielleicht eine Art Antwort bereit, denn es erinnert nicht nur an unsere iPhones, die neuesten Bildfabriken, sondern schlicht und ergreifend an die ganze, unendlich viel längere Geschichte unserer Praxis der Bilderstellung. Die Vorgeschichten von Symbol, Bild und Simulakrum werden allesamt beständig aufgerufen, von Platons Schatten an der Höhlenwand – die überall im Raum von den Projektoren geworfen werden – bis hin zu den allerfrühesten Quellen der Bildwiedergabe: Spiegel, Wasseroberflächen. Man kann die Hand vor einen Projektor halten und eine Bildfabrik auf der eigenen Handfläche haben, aber man kann sich auch über eine der vielen Glasscherben beugen und die Handfläche dort als reinen Widerschein vervielfältigt sehen, und dann sind da natürlich noch die Filmausschnitte, die einen spiegelnden Teich oder eine Pfütze über ein darunterliegendes Bild projizieren – den Himmel oder eine schwarze Wand –, sodass das Licht, das auf dem Wasser tanzt, von der Landschaft dahinter aufgezehrt wird und nichts mehr zurückwirft. Auch Farbe – einst das wichtigste Mittel zur Reproduktion von Bildern – ist vorhanden, bekommt aber einen klaren Platz zugewiesen. Sie ist nur eines von vielen »Materialien«. Hier und da sind kleine Kleckse davon aufgetupft oder verschüttet, trocknen in länglich-dünnen Schlieren, die von dem Gerüst herabhängen wie Plastiktüten von den Zweigen eines Baumes. Fort und doch nicht vergessen.

Der gewaltigen Masse von Bildern, der wir tagtäglich ausgesetzt sind – und zu deren Vermehrung wir fleißig beitragen –, rückt Sze mit einer zentrifugalen Kraft zuleibe, die grundlegende Elemente voneinander trennt. Auch wenn die meisten Bilder von ihrem iPhone stammen, lohnt es sich doch festzuhalten, dass es keine Gesellschaftsbilder sind. Sie zeichnen keine Beziehungen auf, keine Gespräche, ja nicht einmal Menschen, die ein wenig Zeit zusammen verbringen. Stattdessen hat Sze Filmausschnitte gewählt, die Kräfte und Zustände beschreiben. Fortbewegung, schnell oder langsam. Offen oder geschlossen, intakt oder kaputt. Fallen und aufstehen. Nass oder trocken. Heiß und kalt, vorwärts und rückwärts, hell und dunkel. Die Farbe Orange. Explodieren, verblühen. In ein paar Bruchstücken kommen Szes Töchter vor, doch selbst diese bewegten Bilder fangen keine menschlichen Persönlichkeitsmerkmale ein, sondern menschliche Zustände: ein schlafendes Kind, ein rennendes Kind, ein Kind unter Wasser. Das soll nicht heißen, dass die Arbeit unpersönlich oder kalt wäre: Strenge der Wissenschaft erfordert, den Gegenstand genauso eingehend und innig zu betrachten wie ein Dichter. Es werden nur unterschiedliche Qualitäten hervorgehoben. *Centrifuge* erzählt von einem unserer ältesten technologischen Instinkte: Wir wollen aufzeichnen, was wir sehen. Auf Stein, mit Bleistift, gedruckt, gemalt, gefilmt – und nun eben in Pixeln. Bilder waren immer eine Art Spuk, doch als der Film kam, war es plötzlich möglich, Tote wieder gehen und sprechen zu sehen, was vorher allenfalls im Reich der Zauberei und des Mythos möglich war, und obwohl Filme die letzten Reste des Übersinnlichen nie ganz verloren haben, versuchen wir doch seit jeher, diese zu zähmen, unter Kontrolle zu bringen, zu tarnen. In alten Zeiten wurden Kinoleinwände von beruhigenden Samtvorhängen flankiert, als wollte man uns einreden, das, was wir sähen, sei einfach nur eine etwas lebensechtere Form von Theater. Unsere Fernseher schmiegten sich in große hölzerne Schrankfächer und wurden so als ganz normale, bürgerliche Möbelstücke ausgegeben. Manchmal aber, wenn man um zwei Uhr früh im Schlafanzug nach unten kam, um sich ein Glas Wasser zu holen, und der Fernseher noch lief und diesen seltsam bitzelnden »Schnee« produzierte – spürte man da nicht die Gegenwart von etwas … anderem? In meiner Kindheit (und der von Sze) war Steven Spielberg der große öffentliche Interpret dieser eigenartigen Bildschirmemissionen; er hatte erkannt, dass unsere Technologie uns mit dem hypnotischen Rauschen etwas sagen wollte. Aber wie lautete die Botschaft? Manchmal wurde es, wie in *Poltergeist*, von uralten Dämonen gekapert (Merke: Bau dein Haus nie auf einem alten Indianerfriedhof), andernorts aber, in *E. T.* oder in *Unheimliche Begegnung der Dritten Art*, zeigten solche elektromagnetischen Störungen immer Kommunikationsversuche an, auf die wir mit eigener Technologie reagieren mussten. Diese Technologie war meist sehr schlicht, selbst gemacht, zusammengeschustert. Unverbesserlicher Technikoptimist, der er ist, hat Spielberg das Gespenst der Apokalypse stets gescheut, fühlt sich aber wie Sze innig zur Technologie Marke Eigenbau hingezogen, und um die nötigen Voraussetzungen dafür zu schaffen, legt er seine Geschichten durchweg in technisch inkompetente Hände – die von Kindern oder »Durchschnittsmenschen«, die dann gezwungen sind, mit dem zu arbeiten, was gerade »greifbar« ist. Vielleicht ist das ja der Grund, dass mir, als Kind der Achtziger, unter all den Bildern von *Centrifuge* vor allem auffällt, dass Szes Spielberg-haftes weißes Rauschen die einzige Pause, den einzigen Bruch in der Bildfabrik darstellt, eine Naht, die die Möglichkeit offenlässt, dass Bilder nicht nur miteinander kommunizieren, sondern auch den Versuch einer Kommunikation mit *uns* unternehmen können. Denn das Rauschen im Fernseher tritt nur dann auf, wenn der Fernsehapparat versucht, defekte Signale von anderswo in Bilder umzuwandeln. Diese Signale können von anderen Geräten stammen, von fernen Kabelanschlüssen, von verirrten Radiowellen. Sie könnten aber auch der unvorstellbar ferne Nachhall des Urknalls sein, der aus einer Entfernung von vielen Milliarden Jahren bei uns eintrifft, durch unsere analogen Fernsehantennen dringt und in diesen flackernden, schwarz-weißen Tanz bitzelnder Atome umgesetzt wird. Nur dort, im Rauschen, kann ich die Naht zwischen Realität und Bild ausmachen. Nur dort erlebe ich eine Übertragung, die nicht bloße Wiedergabe ist, sondern vielmehr die unverfälschte Verwandlung und Kommunikation eines in sich selbst authentischen Ereignisses. Ich schaue mir noch einmal den Bildschirmschnipsel an, auf dem ein Kind an den Pyramiden von Giseh vorbeiläuft. Das ist kein Kind, und es ist auch nicht Giseh, es sind nur Repräsentationen – Kopien. Doch wenn ich den analogen Schnee betrachte, befinde ich mich wahrhaft in der Gegenwart der audiovisuellen Überreste des Urknalls, ich kann sehen, wie die Vergangenheit in der Gegenwart spukt, wie sie zu mir spricht – im Flimmern.

In unserem digitalen Zeitalter ist die Versuchung groß, zu behaupten, wir würden nicht mehr im gleichen Maß vom Spuk äußerer Phänomene heimgesucht wie früher. Die Naht ist verschwunden. Die Quelle abgeklemmt. Das Bild, der Hardware –

und allen Störungen aus dem All – enthoben, spukt frei und ungehindert in jedem beliebigen Raum. Es erzählt nicht mehr vom Anbeginn der Welt und trägt auch keinen Hinweis auf außerirdisches Leben in sich. Stattdessen scheint es, als wären jetzt wir die Gespenster in unseren eigenen Maschinen. Szes älteste Tochter betrachtete ihr schlafendes Abbild mit einer gewissen Wehmut, und ich habe selbst schon manch nostalgisches Kleinkind beobachtet, das sich wie Narziss über das Smartphone seiner Mutter beugt, um ein Bild von sich zu betrachten, wie es an der Brust trinkt oder in seiner Wiege schläft. Dann seufzt es selig – und fragt sich, wo bloß die Zeit geblieben ist. Wir werden aus Bildern von uns selbst gebaut, heimgesucht vom Spuk unserer eigenen Vergangenheit, des letzten Jahres, der letzten Woche, des *#throwbackthursday*. Wir haben uns so sehr daran gewöhnt, tote Bilder von uns selbst heraufzubeschwören, uns fällt gar nicht mehr auf, dass wir umgeben von Gespenstern leben, und so bleibt es unseren Künstlern überlassen, uns ernsthaft zu ängstigen, uns das wieder neu zu zeigen, was uns längst zur zweiten Natur geworden ist.

Centrifuge spielt diese Rolle – die Rolle des Kunstgespensts – hervorragend, nicht zuletzt weil es ursprünglich als Spuk für die Mittelhalle des Münchner Museums Haus der Kunst in Auftrag gegeben wurde. Dieses Relikt neoklassizistischer Nazi-Architektur ist selbst ein berüchtigtes Simulakrum – das Monument einer glorreichen griechisch-germanischen Vergangenheit, die es nie gegeben hat –, und Hitler wollte in seinen Ausstellungsräumen eine zentrifugale Trennung der reinen und der »entarteten« Kunst vornehmen. Es könnte keinen besseren Ort für Szes gespenstische Bildfabrik geben, die den Tieftauchgang des 21. Jahrhunderts in die Vorherrschaft der Bilder aufzeichnet, dabei aber nie die anhaltende Armseligkeit echter menschlicher Körper vergisst, die, anders als die Bilder, irgendwann unweigerlich ihr Ende finden.

Rein und raus: ›Get Out‹

Du bist weiß –
und doch ein Teil von mir, wie ich ein Teil von dir.
So ist Amerika.
Manchmal bist du vielleicht nur ungern Teil von mir.
Und ich bin selten gerne Teil von dir.
Aber was hilft's, das sind wir!
Und wie ich von dir,
lernst du wohl auch von mir –
obwohl du älter bist – und weiß –
und freier, irgendwie.

LANGSTON HUGHES, aus »Theme for English B«

Ganz am Anfang, noch während der Vorspann läuft, eine Waldlandschaft. Wir sind außerhalb der Stadt, sehen den Wald aus der Perspektive eines Wagens, der zügig vorbeifährt. Bäume über Bäume, reizvoll, tief und dunkel. Menschen sind in diesem Wald keine zu sehen – und doch wird man das Gefühl nicht los, dass dort irgendwo jemand ist. Jetzt wechseln wir in eine andere Welt. Standfotos, aufgenommen im Schatten von Sozialbauten: auf dem Basketballfeld, der Brachfläche, an der Straßenecke. Auf dem sonnenwarmen Beton hängen Schwarze herum, lachen, weinen, leben, überleben. Sowohl die Aufnahmen vom Wald als auch die von der Großstadt haben ihr naturgegebenes Publikum, Menschen, denen solche Bilder vertraut und freundlich erscheinen. Da sind die, denen die Robert Frost'schen Wälder als das idyllische, als das schöne Amerika erscheinen, *America the Beautiful*, und die anderen, die den Sommer in der Stadt als ebenso schön und amerikanisch empfinden. Zu den phantastischen Kunstgriffen von Jordan Peeles Spielfilmdebüt *Get Out* gehört es, diese Anhängerschaft umzukehren und damit zwei voneinander getrennte Planeten amerikanischer Ängste sichtbar zu machen – getrennt, aber nicht gleichwertig. Die eine Seite kann eine lange glorreiche Filmgeschichte für sich geltend machen: *Warum fürchte ich den Schwarzen in der Stadt?* Die andere ist sicherlich etwas entlegener, wenn auch nicht völlig unbekannt *(Beim Sterben ist jeder der Erste, Wickerman – Ritual des Bösen): Warum fürchte ich den Weißen im Wald?*

Vor ein paar Jahren durfte ich Peele interviewen, als er dem Ende eines jahrelangen Engagements bei der gefeierten Comedyshow *Key & Peele* entgegensah. Bei der Gelegenheit ging es auch um komische Umkehrung (»Ich glaube, Umkehrungen sind am Ende dann doch das, wovon diese Show eigentlich lebt«) und darum, die emotionale Wurzel eines Witzes zu finden, um ihn dadurch noch zu verstärken: »Mythen sind ja auch nicht allein dadurch lustig, weil die Leute wissen, dass sie nicht wahr sind.« *Get Out* ist ganz um solche Inversionen und Umkehrungen herum konstruiert, wobei »lustig« hier in den allermeisten Fällen durch »beängstigend« ersetzt wird und sich zudem eine weitere Frage stellt: Was für Mythen? Oder genauer gefragt: Wessen? Anstelle des vertrauten, verängstigten Weißen, der auf einer Straße mitten in der Stadt mit vorgehaltener Waffe von einem Schwarzen ausgeraubt wird, begegnet uns hier ein Schwarzer, der durch einen baumbestandenen, reichen Vorort geht und von einem Weißen bedrängt wird, der im Schritttempo neben ihm herfährt, während aus den Boxen des Wagens der vielleicht weißeste Song der Welt dringt: *»Run, rabbit, run, rabbit, run, run, run …«*

Get Out stellt das Skript auf den Kopf und präsentiert einen kompletten Katalog der Ängste, die Schwarze Weißen gegenüber hegen. Weiße Frauen, die Schwarze daten. Typische WASP-Familien. Typische WASP-Gartenfeste. Banjos. Durchgeknallte jüngere Brüder. Durchgeknallte jüngere Brüder, die Banjo spielen. Perverse Psychopathen, Jagdgewehre, Kannibalismus, Gehirnwäsche, gut gemeinte Gespräche über Obama. Die Polizei. Gut gemeinte Gespräche über Basketball. Spontanes Armdrücken, spontanes Betasten des Bizeps oder der Haare. Lifestylesekten, echte Sekten. Häuser ohne ein Nachbarhaus weit und breit. Eine Vorliebe für Wälder. Das Spiel Bingo! Unterwürfiges Hauspersonal, sexuelle Versklavung, nostalgische Sehnsucht nach der Sklaverei – überhaupt die Sklaverei. Jede einzelne dieser ethnischen Umkehrungen »zündet« – genau wie ein guter Witz – und bietet zugleich eine Beschreibung und Deutung der jeweiligen Situation, und ich glaube, das erklärt auch die einhelligen Reaktionen auf *Get Out*: Der Film liefert seinen eigenen Kommentar gleich mit. Schwarzen verschafft er den Genuss der Genugtuung. Es kommt schließlich nicht oft vor, dass sich jemand so ausführlich ihren echten und irrationalen Ängsten widmet. Liberale Weiße – die der Film allem Anschein nach satirisch aufs Korn nimmt – können unter dem Wiedererkennungseffekt erschauern, dem absonderlichen, aber doch erhellenden Gefühl, plötzlich auf der Seite der »Anderen« zu stehen. (Ach, so wirken wir auf die?) Und sich vermutlich auch daran freuen, den Witz zu kennen. Da ist beispielsweise die Szene, in der Rose (Alison Williams), die weiße Protagonistin, und Chris (Daniel Kaluuya), ihr neuer schwarzer Freund, auf dem Weg zum Landhaus ihrer Eltern ein Reh anfahren. Sie sitzt am Steuer, doch als sie von der Polizei angehalten werden, wird er nach seinem Führerschein gefragt. Rose ist sensibilisiert genug, um ihren Freund zu verteidigen und den Polizisten entsprechend selbstgerecht herunterzuputzen – sie erkennt aber nicht, dass nur eine Weiße glauben kann, so etwas ungestraft tun zu können. Das Publikum – zu beiden Seiten des Grabens – stöhnt wissend auf. Chris seinerseits – dem sicherlich vor Augen steht, was mit Sandra Bland, Walter Scott, Terence

Crutcher und Samuel DeBose passiert ist – grinst zwar ironisch, bleibt aber die ganze Zeit höflich und respektvoll. Er ist Fotograf, die Fotos vom schwarzen Großstadtleben, die wir während des Vorspanns sehen konnten, sind von ihm, und er kennt sich längst mit den höchst unterschiedlichen Objektiven aus, durch die Weiße und Schwarze in den USA auf dieselbe Situation blicken.

In einer der letzten Szenen wird dieser Punkt noch einmal sehr viel nachdrücklicher bekräftigt. Chris steht erneut im dunklen Wald, er ist blutüberströmt; vor ihm auf dem Boden liegt die sehr viel schwerer verletzte Rose. Ein Streifenwagen nähert sich. Chris blickt ihm mit einer Art resignierter Angst entgegen. Zwar ist er das Opfer in dieser schaurigen Szenerie, doch weder Chris noch sonst jemand im Kino rechnet damit, dass das auch nur irgendwie zählen wird. (»Jetzt biste dran, arme Socke«, sagte jemand hinter mir. Ein Cop ist heutzutage offenbar eine noch größere Bedrohung als eine Sekte, die Lobotomien durchführt.) Doch dann geht die Wagentür auf, und es passiert etwas Unerwartetes: Statt des gefürchteten weißen Cops steigt ein besorgter Freund aus, Rod Williams (Lil Rel Howery), der ebenso liebenswerte wie paranoide *brother*, der Chris von Anfang an gewarnt hat, nicht bei einem Haufen Weißer im Wald zu bleiben. Rod, der zufällig bei der TSA, der Verkehrspolizei, arbeitet, mustert das blutige Bild und geht nicht sofort davon aus, dass Chris der Übeltäter ist. Das ganze Kino keucht freudig auf, doch bei dieser abschließenden Umkehrung sind letztlich wir die Angeschmierten. Wie kann es sein, dass wir im Jahr 2017 immer noch in einer Welt leben, in der allein die Vorstellung, einen Schwarzen für unschuldig zu halten, bevor seine Schuld erwiesen ist, Stoff für witzige Phantastereien bietet?

Genau mit solchen in sich geschlossenen ironischen, politisch aufgeladenen Sketchen hat Peele sich lange hervorgetan. Doch durch seinen Film zieht sich eine tiefer liegende Goldader, die sich weniger durch Situationskomik als durch visuelle Symbolik heben lässt. Die langen Nahaufnahmen leidender schwarzer Gesichter werde ich so schnell nicht wieder vergessen: Sie leiden, sind aber hinter Masken gefangen, wie filmische Entsprechungen der Thesen Frantz Fanons. Chris selbst, das Hausmädchen der weißen Familie, der Gärtner der weißen Familie und der junge Galan einer älteren Weißen, bei dem die Lobotomie längst durchgeführt wurde – sie alle sind wie erstarrt im Ausdruck von Traumata, Schock, blinder Unterwürfigkeit oder tragen ein grausiges Dauerlächeln zur Schau. In allen Fällen aber sprechen die Augen von innerer Verzweiflung. *Holt mich hier raus!* Die Unterdrückten. Die Kannibalisierten. Die lebenden Toten. Wenn eine einzelne Träne oder ein Tropfen Blut über diese Maske fließt, sollen wir das als Zeichen begreifen, dass dort noch jemand ist. Ein Mensch. Der einmal das Potenzial besaß, unversehrt zu sein.

Im Verlauf des Films erfahren wir, was los ist: Hier draußen im Wald werden Schwarze nicht umgebracht oder ausgerottet, sie werden ausgenutzt. Das Gehirn einer weißen Großmutter befindet sich jetzt im Kopf ihrer schwarzen Hausangestellten. Ein alter erblindeter weißer Galerist hofft darauf, sein Hirn in Chris' Schädel unterzubringen und künftig mit den Augen des jungen schwarzen Fotografen zu sehen, in seiner schwarzen Haut zu stecken. Bei der Operation bleiben Reste der schwarzen »Wirte« zurück – allerdings nicht genug, um noch eine Persönlichkeit zu bilden. Peele hat eine sehr konkrete Metapher für die ultimative, unausgesprochene Angst gefunden: dass Unterdrückung eigentlich nicht durch Hass entsteht, sondern durch pervertierte Liebe. Abscheu und Leidenschaft vermischen sich. Unsere Antipathien sind zugleich Protokoll unserer Begierden, unserer sublimierten Wünsche, unserer verborgensten Neidgefühle. Die Fähigkeit zu gebären, die Fähigkeit, mit dem eigenen Körper Nahrung zu erzeugen, vermutete intellektuelle, körperliche oder sexuelle Überlegenheit, vermutete Vertrautheit mit der Natur, mit Tieren und Pflanzen, vermutetes Aufgehobensein im Glauben oder in einer Gemeinschaft. Es gibt nur wenige Eigenschaften anderer, die sich nicht auch in eine Art

Furcht und Schrecken im eigenen Ich ummünzen ließen. In dem Ende 2016 veröffentlichten Dokumentarfilm *I Am Not Your Negro* trifft James Baldwin diesbezüglich den Kern:

> Die Weißen müssen versuchen, in ihren eigenen Herzen zu finden, warum es notwendig war, je einen Nigger zu haben. Denn ich bin kein Nigger. Ich bin ein Mensch. [...] Wenn ich nicht der Nigger bin und ihr ihn erfunden habt, müsst ihr herausfinden, warum. Die Zukunft des Landes hängt davon ab.

Einen entscheidenden Unterschied gibt es allerdings zwischen dem erfundenen Nigger von 1962 und dem erfundenen Afroamerikaner von 2017: Die Abscheu ist größtenteils verschwunden. Auch 1962 erklärte man uns schon für schön; dass wir es wirklich sind, wurde aber erst vor Kurzem festgestellt. In den liberalen Kreisen, die *Get Out* präsentiert, wird alles früher Verunglimpfte – unsere Augen, unsere Haut, unser Hintern, unsere Nase, unsere Arme, unsere Beine, unsere Brüste und natürlich unser Haar – jetzt offen geneidet und gefeiert, ästhetisiert und in sekundären Bildern eingesetzt, um diverse Dinge zu verkaufen. Wie Chris es selbst einmal formuliert: Schwarz ist inzwischen cool. Um es ganz klar zu sagen: Das Leben einer schwarzen Amerikanerin wird heute kaum mehr geneidet und ersehnt als 1962. Ihre Schule wird immer noch gemieden, ihre Wohnung ist immer noch in schlechterem Zustand, ihr Viertel immer noch verrufen, und ihre privaten und beruflichen Erfolge stehen nach wie vor in unverhältnismäßig großem Zusammenhang mit ihrer Postleitzahl. Körperlich aber wird sie nicht mehr verabscheut. Handelt es sich bei ihr um ein Kind, das zur Adoption freigegeben ist, werden viele weiße Familien sie mit Kusshand nehmen, und wenn sie sich in der eigenen sozialen Schicht und im eigenen sozialen Umfeld bewegt, ist sie auf jeder Party willkommen – die Party geht sogar erst richtig los, wenn sie auftaucht. Niemand würde sie im Fernsehen mehr mit dem

N-Wort belegen, erst recht kein schwarzer Intellektueller. (Das Baldwin-Zitat stammt aus einem Fernsehinterview.) Unter Liberalen gilt das Wort als verboten und unaussprechlich. Doch an die Stelle des alten Abscheus ist ein neuer Kannibalismus getreten. Die Weißen aus *Get Out* wollen das Schwarzsein von innen erleben: Sie wollen es wie eine zweite Haut tragen, damit herumlaufen. Der moderne Begriff dafür lautet »Aneignung«. Die Argumentation geht dahin, dass es vieles gibt, was »uns« gehört und was nicht angetastet, ja nicht einmal begehrlich beäugt werden darf, darunter (neben anderem) unsere Stimmen, unser persönlicher Stil, unsere Haare, unsere Kulturerzeugnisse, unsere Geschichte und vielleicht noch mehr als alles andere unser Schmerz und unser Leiden. Ein Volk, dem so viel gestohlen wurde, versucht verständlicherweise, seinen Besitz zu schützen, vor allem den nicht fassbaren. Bei diesen Diskussionen fällt mir immer ein Satz von Nabokov ein, ein Autor, der durch seine Ankunft in Amerika praktisch alles verloren hat, unter anderem eine Sprache: »Warum den Menschen nicht ihr privates Leid lassen? Ist das Leid, so fragt man sich, nicht das einzige auf Erden, was die Menschen wirklich besitzen?«

Zwei Wochen nach dem Film stehe ich mit meinen Kindern vor dem Bild *Open Casket*, auf dem Dana Schutz Emmett Till darstellt, einen jungen Schwarzen, der 1955 zusammengeschlagen und gelyncht wurde, nachdem man ihm Flirtversuche mit einer Weißen vorgeworfen hatte. Meine Kinder wissen nicht, was sie da sehen, und sind noch zu klein, als dass ich es ihnen erklären könnte. Bevor ich hergekommen bin, habe ich den weitverbreiteten offenen Brief an die Kuratoren der Whitney-Biennale gelesen, der sich dagegen ausspricht, das Bild in der Ausstellung zu zeigen: »Ich schreibe Ihnen heute, um Sie zu bitten, Dana Schutz' Bild *Open Casket* zu entfernen, und rate dringend dazu, dass dieses Bild zerstört wird und nicht auf den Kunstmarkt oder in ein Museum gelangt [...] Es ist nicht akzeptabel, dass eine Weiße aus dem Leid Schwarzer Profit oder Vergnügen zieht, auch wenn diese Praxis bereits seit langem zur Normalität geworden ist.« Ich hatte die Diskussion so weit verfolgt, um zu wissen, dass das Bild nie zum Verkauf gestanden hat, und konzentrierte mich daher auf eine andere Stoßrichtung der Argumentation – das Recht einer Künstlerin an einem konkreten Gegenstand: »Der gewählte Gegenstand gehört Schutz nicht; das weiße Recht zur freien Meinungsäußerung sowie die Freiheit weißer Kreativität gründen auf der Einschränkung anderer und sind keine natürlichen Rechte.«

Ich möchte dem Brief in seiner eigenen Logik, nach der natürliche Rechte durch Rassenrechte ersetzt werden, genau folgen. Ich werde ihn auf mich selbst anwenden. Wenn *ich* Künstlerin wäre und malen könnte – könnte der Gegenstand dann mir gehören? Ich bin ethnisch gemischt. Ich habe Afrohaare, meine Haut ist braun, ich werde, von anderen wie von mir selbst, als Schwarze gesehen. Also würde sich, nach der Logik des Briefes – sofern ich ihn richtig verstanden habe –, die Frage nach dem Gegenstand in meinem Fall nicht stellen, so wie sie sich für die Verfasserin des Briefes, Hannah Black, nicht stellen würde, die ebenfalls ethnisch gemischt ist und braune Haut hat, so wie ich. Wir sind beide keine Amerikanerinnen, doch die Verfasserin verteidigt das afroamerikanische Erleben so selbstbewusst, dass ich jetzt einmal wie sie von einer übernationalen Einheit ausgehen will. Ich nehme also an, dass Emmett Till, könnte ich malen, mein Gegenstand sein dürfte.

Jetzt will ich mich noch ein Schrittchen weiter vorwagen. Ich wende mich von dem Bild ab und meinen Kindern zu. Ihr geliebter Vater ist weiß, ich bin ethnisch gemischt, nach althergebrachter amerikanischer Rassenlogik sind sie also »Terzeronen«. Dürften sie das Leid der Schwarzen zum Gegenstand ihrer Kunstwerke machen, sollten sie jemals welche schaffen? Ihre Großmutter ist »schwarz wie die Nacht«, wie das früher so schön hieß; ihre Mutter ist »milchkaffeebraun«, wie man heute noch sagen kann. Sie selbst sind eher gelblich. Ab wann genau darf das Leid der Schwarzen sie nichts mehr angehen? Ihre Großmutter – die auf einer postkolonialen Insel in äußerster Armut aufgewachsen ist und von Sklaven abstammt – hat das Leid der Schwarzen am eigenen Leib verspürt. Doch ihre Enkelkinder sehen aus wie Weiße. Sind sie es auch? Wenn ja, sollten sich Weiße wie meine Kinder dann nicht mit dem Leid von Emmett Till auseinandersetzen? Ist künstlerisches Schaffen nicht eine Form der Auseinandersetzung? Und spielt es eine Rolle, welche Form die Auseinandersetzung nimmt? Dürften meine Kinder hin und wieder einen schwarzen Gegenstand malen (Dana Schutz hat für ihre Bilder viele verschiedene Gegenstände gewählt)? Oder muss ihre Auseinandersetzung andere Formen nehmen: Zivilrecht, Unterrichten an staatlichen Schulen? Wenn sie die Warnungen des Briefes in den Wind schreiben und die Leiden der Schwarzen als Gegenstand für ein Kunstwerk wählen würden, was hätte das dann für Konsequenzen? Und sollte sich am Ende herausstellen, dass ihr Kunstwerk ihre angebliche Auseinandersetzung nicht besonders bahnbrechend umsetzt oder zum Ausdruck bringt – muss ihr Bild auch dann von dort entfernt werden, wo es hängt? Muss es zerstört werden? Zu welchem Zweck?

Oft schaue ich mir meine Kinder an und denke daran, dass die »Terzeronen« – Menschen mit grünen Augen und hellen Haaren, wie meine Kinder – sicher auch mit ihren kaffeebraunen Müttern und ihren dunkelhäutigen Großmüttern auf den Auktionsblöcken standen. Und ich denke mir, wie oft sie Gelegenheit gehabt haben müssen, als weiß durchzugehen, sich davonzuschleichen und einfach in der weißen Menge unterzutauchen, nicht sichtbar verbunden mit dem Leid der Schwarzen und also in der Lage, durch die Stadt zu schlendern, Weiße zu heiraten, die Rasse noch weiter aufzuhellen. War man im damaligen Amerika ethnisch gemischt, dann war man fast immer das Produkt einer Vergewaltigung. Man lebte also buchstäblich mit dem Feind im eigenen Leib, musste das eigene körperliche Dasein als Ausdruck der Unterdrückung des eigenen Volkes verstehen. Vielleicht ist diese Spur von Scham und innerem Konflikt nie ganz aus dem Erleben ethnisch gemischter Menschen verschwunden.

Es ist immer eine komplexe Angelegenheit, bi-ethnisch zu sein. Aus meiner eigenen Sicht kann ich sagen, dass rassistisch aufgeladene historische Momente wie der gegenwärtige die stets vorhandenen Verwicklungen in meinem Erleben noch verstärken, bis es sich anfühlt, als könnte es so unmöglich weitergehen. Man entwickelt eine große Sehnsucht nach absoluter Klarheit: privat, genetisch, politisch. Ich stand vor Dana Schutz' Bild und dachte mir, wie kathartisch es wäre, wenn dieses Bild mich wütend machen würde. Doch so nahe kam es mir gar nicht, weder als Darstellung noch als Aneignung. Ich sehe es als mäßig gelungenes Beispiel für beides, doch der Brief, der es verteufelt, hält sich überhaupt nicht mit Gelingen oder Scheitern auf, der Brief lebt in einer zweigeteilten Welt, in der das Bild entweder leichten Herzens als Beweis der Autonomie von Kunst zu feiern oder als banausenhaftes Kunstfanal zu verdammen ist. Erstere Variante, da hat der Brief ganz recht, ist in den allermeisten Fällen Ausdruck altbekannter weißer Privilegien, die sich als ästhetische Theorien tarnen, zweitere allerdings fällt – seien wir ehrlich – in den Zuständigkeitsbereich von Nazis und zensurbegeisterten religiösen Extremisten. Kunst handelt mit Symbolen und Bildern, sie war und ist niemals politisch oder historisch neutral, und ich finde die Diskussion über Aneignung und Darstellung in keiner Hinsicht banal. Jedes einzelne Beispiel muss sorgfältig durchdacht werden, und wir haben jedes Recht, auch solche Überlegungen in unsere Bewertung von Kunstwerken einfließen zu lassen (und dabei auf die oft zweifelhafte Neutralität angeblich rein ästhetischer Kriterien zu verweisen). Doch wenn das Argument der Aneignung mit einem essenzialistischen Rassenbild einhergeht, kaum differenzierter als das Mischehengesetz der Nachkriegszeit, dann sind wir ganz schnell auf dem Weg in die Absurdität. Ist Hannah Black schwarz genug, um so einen Brief zu schreiben? Sind meine Kinder zu weiß, um sich mit dem Leid der

Schwarzen zu beschäftigen? Wie schwarz ist schwarz genug? Zählen »Terzeronen« da noch?

Ehrlich gesagt empfinde ich gar nicht viel, wenn ich mir *Open Casket* anschaue. Ich habe versucht, etwas von dem eisigen Zorn beim Anblick des historischen Fotos von Emmett Till, dessen Mutter bei seiner Beisetzung auf einem offenen Sarg bestand, oder beim Gedanken an die Verbrechen von Carolyn Bryant, der Weißen, die ihn fälschlich beschuldigt hat, mit ihr zu flirten, auf dieses Bild – und sogar auf Dana Schutz – zu übertragen, aber ich konnte in dem Gemälde nichts entdecken, das solche Gefühle hervorgerufen hätte. Das Bild ist abstrakt, ohne große Intensität, und in den Pinselstrichen rund um die Augen liegt klare Vorsicht: Sie will nicht zu weit gehen. Konterkariert wird die ängstliche Aporie der oberen Gesichtshälfte von dem Bereich rund um den Mund, wo die Leinwand brodelt, sich uns dreidimensional entgegenreckt wie eine Schwellung – das Fleisch gequetscht, verdreht, streifig –, als drängte hinter dieser Totenmaske etwas hervor, das hinausgelangen will. *Das* hat mich wirklich berührt. Schwieriger ist es da schon, zu erkennen, warum ausgerechnet dieses Bild ausgewählt wurde. Im Ausstellungsraum gleich daneben hängt das Gemälde eines weißen Künstlers, Eric Fischl, mit dem Titel *A Visit to / A Visit from / the Island*, auf dem reiche weiße Urlauber am Strand neben schwarze Bootsflüchtlinge aus Haiti gestellt werden, die an Land gespült wurden, einige von ihnen tot, andere halb nackt, verkrümmt, leidend. 1983 gemalt von einem Künstler, der inzwischen Ende sechzig ist, steht es vermutlich zum Verkauf, bleibt jedoch unerwähnt in dem Brief, dessen Wirkung vor allem darin besteht, die Aufmerksamkeit von allem anderen in der Ausstellung abzulenken. Henry Taylor, Deana Lawson, Lyle Ashton Harris und Cauleen Smith sind nur einige der nicht weißen Künstlerinnen und Künstler, die das Whitney Museum aktuell zum Strahlen bringen, im Rahmen einer hoch spannenden Biennale, die sich tief in schwarzes Erleben hinein begibt und seine Freuden ebenso ausleuchtet wie seine Leiden. Beim Anblick dieser Werke wurde mir klar, wie sehr mir die Behauptung widerstrebt, schwarzer Schmerz sei noch immer so roh und unverarbeitet – und schwarzes Kunstschaffen so verletzlich und unsichtbar –, dass ein einzelnes Gemälde einer Weißen ihn bzw. es derart radikal in die eine oder andere Richtung beeinflussen könnte. Ich habe es auch nicht nötig, mich meines eigenen Schwarzseins zu versichern, indem ich eine klare Grenze zwischen der angeblichen Heuchelei der anderen und den Ängsten in Hinblick auf meine eigene ziehe (und damit die unselige Neigung zum Überkompensieren bekunde, die unter uns ethnisch Gemischten zugegebenermaßen nicht ganz selten ist). Nein. Die Betrachterin heuchelt nicht. Genauso wenig wie die Malerin. Tatsache ist, dass sich zwischen dem Gemälde und mir einfach keine tiefer gehende Kommunikation einstellt. Dieses Risiko besteht immer in der Kunst. Und die Lösung ist dieselbe wie immer schon. Raus (aus der Ausstellung) oder tiefer rein (in die Diskussion). Dagegen anschreiben. Es in Grund und Boden kritisieren. Es in einer Rezension verreißen oder selbst ein Bild als Antwort darauf malen. Aber es »abhängen«? Es »zerstören«? Ich glaube, stattdessen wende ich mich einfach von dem Bild ab, nicht empört, weder sonderlich geschockt noch gerührt und auch nicht übermäßig angeregt davon, und gehe mit meinen Kindern in einen anderen Teil der Ausstellung. Wir wissen ja, dass wir einander nicht zu sehr auf die Pelle rücken dürfen, Abstand halten sollten. Doch Jordan Peeles Horrorphantasie – in der wir einander nicht nur auf die Pelle rücken, sondern uns buchstäblich unter die Haut gehen und intim am Leiden der anderen teilhaben – ist weder Horror noch Phantasie. Sie ist eine Tatsache unseres Erlebens. Die wahre Phantasie wäre der Glaube daran, dass wir einander aus dem Weg gehen, einen klaren Schnitt zwischen Schwarz und Weiß vollführen, eine endgültige kathartische Trennung zwischen uns und den anderen vornehmen können. Für die vielen unter uns, die in liebevollen, bunt gemischten Familien leben, ist *das* das eigentlich Unmögliche. Manche

Onlinekommentatoren verblüfft es offenbar, dass Drehbuch und Regie zu *Get Out* von einem Mann stammen, der mit einer Weißen verheiratet ist und eine weiße Mutter hat, einem Mann, der schon bald – je nachdem, wie die unergründliche Phänotyp-Lotterie ausgeht – ein Kind haben könnte, das äußerlich weiß ist. Doch so geht die Rassengeschichte Amerikas. Familien können innerhalb weniger Generationen erst schwarz, dann weiß, dann wieder schwarz sein. Und falls sie nicht genetisch durchmischt sind, leben sie zumindest auf nationaler Ebene, wenn schon auf keiner anderen, ein durchmischtes Leben. Aus unserer verwobenen Geschichte kommt man nicht heraus.

Doch in unserer Zeit wiedererwachten schwarzen Bewusstseins fühlt es sich weiß Gott gut – geradezu heilsam! – an, eine klare Trennung vom weißen Amerika durchzuführen, um besser mit einer Stimme sprechen zu können. Wir weichen nicht. Wir können nicht atmen. Wir werden uns nicht für Verkehrsdelikte hinrichten lassen oder weil wir Kapuzenshirts tragen. Wir werden keine minderwertigen Schulen oder Wohnungen und keine minderwertige Gesundheitsversorgung mehr erdulden. *Get Out* – dafür sprechen die gewaltigen Besucherzahlen – ist der richtige Film für diese Zeit. Er positioniert sich nicht jenseits von Schwarz, jenseits von Rasse, im Gegenteil. Er entlarvt die Rassenfrage als die grundlegend amerikanische Linse, durch die alles betrachtet wird. Dieser Teil trifft aus meiner Sicht genau den Kern. Aber »wir« und »die«? Das ist ein deutlich billigerer Gag. Amerikanerinnen und Amerikaner sind ein Volk, ob sie wollen oder nicht. (Und die Dualität aus Schwarz und Weiß ist ja nur ein Teil der endlos vielfältigen ethnischen Zusammensetzung des Landes.) Eine Lobotomie ist der klarstmögliche Schnitt; das echte Leben ist viel chaotischer. Ich kann es kaum erwarten, dass sich Peele mit seiner maßlosen Begabung, seinem schwarzen Nerd-Schlaukopf, seiner umfassenden Kinobegeisterung und seinen komplexen persönlichen Erfahrungen noch weiter dort reinbegibt und auf der anderen Seite wieder rauskommt.

IM BÜCHER-REGAL

›Crash‹ von J. G. Ballard

Ich bin J. G. Ballard einmal begegnet – es war ein echter Crash. Wir schipperten mitten in der Nacht die Themse entlang, warum, weiß ich nicht mehr. Vielleicht irgendetwas vom British Council? Das Schiff jedenfalls war voll junger britischer Autorinnen und Autoren, etliche davon betrunken, und ein paar hatten angefangen, einen Stapel billiger Konferenzstühle über die Reling ins Wasser zu werfen. Ich war dreiundzwanzig, überhaupt erst seit ein paar Monaten junge britische Autorin und erinnere mich gut, dass ich wegen dieser Stühle sehr in Sorge war: Ich gehörte nicht zu denen, die das Boot ins Wanken bringen wollten. Ich konnte es ja kaum fassen, an Bord des Bootes zu sein. (Wobei es keine Luxusyacht war, eher eine Art schwimmendes Kettenhotel, dessen Innenausstattung an die einer Doppelhaushälfte in einer englischen Kleinstadt erinnerte. Ein Ballard'sches Boot. Alles in Braun- und Grautönen mit Spuren von U-Bahn-Sitz-Orange.) Ich stahl mich weg von den Stühlewerfern und lief direkt in Ballard hinein. Dieses Mondgesicht, die glänzende Tonsur, die strähnigen Haarvorhänge zu beiden Seiten – wie der Geist eines exkommunizierten Priesters. Es folgte ein quälendes zehnminütiges Gespräch, das den Eindruck erweckte, als wären wir beide nur auf der Welt, um den gängigen Ausdruck »aneinander vorbeireden« mit Leben zu füllen. Jedes Buch, für das ich mich starkmachte, fand er schrecklich. Jeden Film, den er bewunderte, hatte ich nicht gesehen. (An die bildende Kunst trauten wir uns gar nicht erst heran.) Offenbar war unsere einzige Gemeinsamkeit das King's College, doch während ich ihn noch frohgemut mit all den wunderbaren Büchern langweilte, die ich für meine Abschlussprüfungen gelesen hatte, sah ich, wie das Mondgesicht sich angewidert verfinsterte. Am Ende redete er dann gar nicht mehr mit mir, lehnte sich an eine der hohlen dorischen Säulen und starrte nur noch vor sich hin.

Ich langweilte ihn – doch die Probleme gingen noch deutlich tiefer. James Graham Ballard war ins Drinnen hineingeboren, in die koloniale Schicht, also mitten hinein ins Mark britischen Lebens, aber er war aus dieser einengenden Hülle ausgebrochen und hatte – als Einziger aus seiner Generation von Literaten – ein autonomes Hinterland begründet, das keine offensichtlichen Verbindungen zur Hauptinsel unterhielt. Ich hingegen, im Draußen geboren, war wild entschlossen, in das alles einzubrechen. Und so war meine Ballard-Begegnung – wie auch meine bisherigen Begegnungen mit seinem Werk – im Grunde eine verpasste Begegnung: zwei Schiffe, die bei Nacht aneinander vorbeizogen. Der Ballard von *Das Reich der Sonne* sagte mir durchaus zu, ich hatte auch ein paar seiner Science-Fiction-Geschichten ganz gern gelesen, doch die Romane verstand ich einfach nicht, und vor allem *Crash* hatte mich immer irritiert, schon als junges Mädchen, das in der Einflugschneise von Heathrow lebte, und erst recht als junge feministische Studentin, die gegen den »Phallozentrismus« ankämpfte und mit Penissen, die in die Beinwunden behinderter Autofahrerinnen eindrangen, entsprechend wenig anfangen konnte.

Wovor hatte ich bloß solche Angst? Nun, vor allem vor seiner Psychogeographie des Westens von London. Ich habe große Teile meiner Jugend damit zugebracht, durch den Westen von London zu laufen, brutalistische Betontreppen – über vierspurige Straßen hinweg – zu erklimmen, um zu den Häusern von Freunden zu gelangen, deren Fenster häufig schwarz vom Ruß der A41 waren. Aber mir kam das alles ganz normal vor, vernünftig und sogar schön, und Ballards Beschreibung von Überführungen, die »wie kopulierende Riesen übereinander[lagen], gewaltige Beine, die den

Rücken eines anderen umklammert hielten«, enthüllte mir die sentimentale Architektur meiner Kindheit als etwas Monströses: »Als ich mir die stumme Landschaft näher betrachtete, wurde mir klar, dass die gesamte Zone, welche die Landschaft meines Lebens definierte, nun von einem künstlichen Horizont begrenzt wurde, der von den aufstrebenden Säulen und Gestaden der Schnellstraßen und deren Zufahrten und Überführungen gebildet wurde. Diese umgaben die Fahrzeuge unter mir wie ein mehrere Meilen durchmessender Krater.«

Sätze wie diese beschreiben beispielsweise den Stadtteil Neasden an der North Circular Road völlig korrekt, aber es kann doch ein Schock sein, wenn man plötzlich gezwungen wird, mit solch klinischer Präzision auf das liebevoll Vertraute zu blicken. (»Romanautoren«, hat Ballard einmal gesagt, »müssen wie Wissenschaftler sein, die eine Leiche sezieren.«) Und Ballards Anliegen bestand darin, sich das scheinbar »Natürliche« – das, was uns normal, vertraut und vernünftig vorkommt – vorzuknöpfen und die Psychopathologie dahinter aufzudecken. Vielfach, nicht zuletzt vom Autor selbst, wurde darauf hingewiesen, dass sein Talent zum Entfremden teilweise das Ergebnis seiner ungewöhnlichen Biographie ist: »Zu den Dingen, die ich aus meinen Kriegserfahrungen mitgenommen habe, gehört die Wahrnehmung der Wirklichkeit als Kulisse [...] Das behagliche Alltagsleben, die Schule, das eigene Zuhause und auch alles andere [...] können von einem Tag auf den anderen eingerissen werden.« Als Ballard mit fünfzehn das entvölkerte Shanghai, wo er die Kriegsjahre verbracht hatte, verließ und nach England ging, um in Cambridge Medizin zu studieren, fiel es ihm begreiflicherweise schwer, das Land so richtig ernst zu nehmen. Das trennte ihn von seinen Altersgenossen, die daran gewöhnt waren, ihr Land ausgesprochen ernst zu nehmen. Aber wäre es nur die Skepsis gewesen, die Ballard von anderen abhob, wäre er sicher kein so außergewöhnlicher Autor geworden. Man braucht nur an die berühmte Szene aus David Lynchs Film *Blue Velvet* zu denken, in der sich die Kamera unter den makellosen Vorstadtrasen wühlt, um die wimmelnde, dystopische Szenerie darunter freizulegen. Ballard verfolgt ein ähnliches, aber noch deutlich anspruchsvolleres Ziel. Bei ihm ist die Dystopie nicht unter etwas verborgen. Und sie ist auch kein Blick in die Zukunft, wie so viele literarische Dystopien. Sie ist kein Subtext. Sie ist der Text. »Ich frage mich«, sagt die Unfallüberlebende Dr. Helen Remington, »wie die Leute es nach so etwas noch fertigbringen, ein Auto überhaupt nur anzusehen, geschweige denn eines zu fahren.« Und dennoch fährt sie, wie wir alle, und wird auf der Autobahn langsamer, um einen Unfall zu begaffen. Wie die Figuren aus *Crash* nehmen auch wir bereitwillig an dem teil, was Ballard als »allgemein verbreitete Katastrophe« bezeichnet, »in allen Industrienationen institutionalisiert [...], in denen Jahr für Jahr Hunderte und Tausende von Menschen getötet und Millionen verletzt werden«. Thanatos, der Drang zum Tode, treibt Autofahrer nicht nur im Geheimen an – das Autofahren selbst besteht ganz explizit darin.

»Wir leben in einer von Fiktionen aller Art beherrschten Welt [...] Wir selbst leben in einem voluminösen Roman [...] Die Fiktion ist bereits vorhanden. Aufgabe des Schriftstellers ist es, die Realität zu erfinden.« Die Welt als Text: Ballard gehörte zu den ersten britischen Autoren, die diese französische Theorie in der eigenen literarischen Praxis umsetzten. Vor allem unterlaufen seine Romane die Welt, wie sie in der Werbung präsentiert wird, mit all ihren vernunftwidrigen Konvergenzen, die uns nicht nur als vernünftig, sondern auch als ganz natürlich verkauft werden. Im Fall des Autos wurden wir lange zu dem Glauben angehalten, es bestehe eine natürliche Konvergenz zwischen so vernunftwidrigen Paarungen wie Schnelligkeit und Selbstwertgefühl oder Ledersitzen und Familienglück. Ballard hält an alternativen, anders gearteten Konvergenzen fest, die wir eigentlich lieber verdrängen oder ignorieren würden.

Diese pervertierten Konvergenzen treiben die Autos in *Crash* an, während Dr. Robert Vaughan, Ballards berüchtigstes Geschöpf, dessen »seltsame Vision vom Automobil und seiner idealen Rolle in unserem Leben« durchaus mit Ballards eigener zusammenfällt, am Steuer sitzt. Und sobald wir uns der Existenz dieser Konvergenzen einmal bewusst geworden sind, fällt es wirklich schwer, sie wieder zu über-sehen, sosehr wir uns das auch wünschen würden.

Da ist beispielsweise die Konvergenz zwischen unserem weichen Körper und der Härte des Armaturenbretts: »Das aggressive Styling des massengefertigten Cockpits und die übertriebenen Ausbuchtungen der Instrumente steigerten mein wachsendes Bewusstsein einer neuen Verbindung zwischen meinem Körper und dem Auto […].« Da ist die Konvergenz zwischen unserem Grauen vor dem Tod und unserer Lust an der Sensation: »Die Lichter auf den Dächern der Polizeiautos drehten sich und zogen immer mehr und mehr Zuschauer zum Unfallort […]« Und da ist, wie wir inzwischen wissen, eine ganz akute Konvergenz zwischen dem Autounfall und dem Konzept der Prominenz: »Sie saß wie eine Göttin in dem Unfallwagen, welcher zum Schrein wurde, der mit dem Blut einer unbedeutenden Opfergabe für sie geweiht worden war. […] Die unvergleichlichen und einzigartigen Konturen ihres Körpers [schienen] das Auto zu verwandeln. Ihr linker Fuß stand auf dem Boden, sowohl die Türverankerung als auch das Armaturenbrett schienen sich von ihrem Knie wegzubeugen. Es war fast so, als hätte der ganze Wagen sich als Geste der Hommage um ihren Körper deformiert.«

Diese Vision einer fiktiven Elizabeth Taylor – verfasst fünfundzwanzig Jahre vor dem Tod von Prinzessin Diana – ist so hellsichtig wie kaum etwas anderes in Ballards Science-Fiction. Wie hat er das nur so präzise hinbekommen? Wie konnte er ahnen, dass der Preis, den wir als Gegenleistung für unsere Bewunderung der Schönen und Berühmten (samt ihrer einzigartigen Körper und Persönlichkeiten) fordern würden, nichts weniger als den blutigen Opfertod der Angebeteten umfasst? Oh, Hinweise gab es natürlich: die Legende von der enthaupteten Jayne Mansfield, den prophetischen Spruch auf Jimmy Deans Nummernschild *(»Too Fast to Live, Too Young to Die«)*, Grace Kellys vom Baum penetrierter Wagen. Aber nur Ballard hat erkannt, wie sie alle zusammenhingen, nur er konnte die Konvergenzlinie deutlich ziehen. Und einmal entdeckt, lässt sie sich nicht mehr über-sehen. Sind die vielen Anzeigen wegen Trunkenheit am Steuer für Lindsay Lohan etwa nicht eine Art makabres Vorspiel?

Trotzdem ist es ein Leichtes, bei der ersten Ballard-Lektüre geschockt zu sein. Ich war aus irgendeinem Grund besonders empört über die Konvergenz aus Sex und fahrbarem Untersatz, obwohl sie sich doch längst in zahllosen Klischees verewigt hat (man denke nur an den Ausdruck »Sex auf Rädern«). Was sonst meinen wir, wenn wir den Kauf eines Motorrads als Ausdruck einer »Midlife-Crisis« deuten oder ein großes Auto als Mangel an anderweitiger Ausstattung? Aber natürlich behalten in der fiktiven Version unserer erotischen Beziehung zu Autos immer wir Menschen die Oberhand: Wir entscheiden, was wir im Auto treiben. In Ballards Realität ist es umgekehrt: »Was mir bei all diesen Affären auffiel, die sie mir ohne Verlegenheit beschrieb, war die Tatsache, dass sie alle in einem Automobil stattgefunden hatten. Alles hatte sich im Wageninnern abgespielt, entweder im Parkhaus beim Flughafen, nachts in der Wartungsbox ihrer Garage oder in Seitensträßchen der nördlichen Umgehung, als würde die Präsenz des Wagens allein ein Element aufrechterhalten, das dem Geschlechtsverkehr einen Sinn gab.«

1973 wurden Auszüge wie dieser von der entsetzten Leserschaft als abstruse Pornographie verteufelt. Dreißig Jahre später stürmte in England eine ganz ähnliche Szene die Titelseiten und wurde sogar mit einer offiziellen Bezeichnung belegt: Dogging. (Und im Mittelpunkt dieses Skandals stand – wen wundert's? – einer der landesweit größten Fernsehstars.) Das wirklich Schockierende an *Crash* ist aber nicht, dass Menschen in Autos oder in deren Nähe

Sex haben, sondern, dass die Technologie damit selbst in unsere intimste zwischenmenschliche Beziehung eingedrungen ist. Dass nicht der Mensch die Technologie formt, sondern die Technologie den Menschen. Auch darauf haben wir vor langer Zeit schon Hinweise erhalten, in Filippo Tommaso Marinettis *Manifest des Futurismus* von 1909, das den modernistischen Wunsch, unsere alten Götter und Mythen durch die schnittigen Linien und gewaltsamen Lektionen des Automobils zu ersetzen, klar zum Ausdruck bringt. Auch darin kommt ein orgasmischer Autounfall vor: »Als ich wie ein schmutziger, stinkender Lappen unter meinem auf dem Kopf stehenden Auto hervorkroch, fühlte ich die Freude wie ein glühendes Eisen erquickend mein Herz durchdringen!«

Doch Marinettis Prosa ist überspannt, sie geht bewusst ins Absurde (»Wir gingen zu den drei schnaufenden Bestien, um ihnen liebevoll ihre heißen Brüste zu streicheln. Ich streckte mich in meinem Wagen wie ein Leichnam in der Bahre aus, aber sogleich erwachte ich zu neuem Leben unter dem Steuerrad, das wie eine Guillotine meinen Magen bedrohte«), während Ballard ruhig und gelassen bleibt. Dieser klinische Blick, leidenschaftslos, unbarmherzig: »Er stützte sich auf den linken Ellbogen und fuhr fort, sich in der Hand des Mädchens zu reiben, als würde er an einem aus mehreren stilisierten Positionen bestehenden Tanz teilnehmen, der Modell und Elektronik, Geschwindigkeit und Richtung der näher kommenden Wagen zelebrieren sollte.«

Marinettis hitzköpfige Poeten und Künstler rangen mit der Ikone des Automobils. Ballards Chiffren taxieren sie kühl. Das Eisige in Ballards Stil ist die teilweise Folge einer Umkehrung der Machtverhältnisse zwischen Mensch und Technik, die seine Figuren unter anderem ihrer Innerlichkeit und ihrer individuellen Handlungsfähigkeit beraubt. Sie wirken wie Massenprodukte, genau wie die Dinge, die sie herstellen und kaufen. Und die Persönlichkeiten anderer sind für seine Erzähler und verhinderten Erzähler überhaupt nicht von Belang: »Vaughan hatte offensichtlich nur geringes Interesse an mir, ihn interessierte nicht das Verhalten eines vierzigjährigen Produzenten von Werbefilmen, sondern die Beziehungen zwischen einem anonymen Wesen und seinem Auto, die Stellungen seines Körpers auf den polierten Zelluloseflächen und Sitzpolstern, die Silhouette seines Gesichts vor den Armaturen.«

Fast ist es, als sähe der sadistische Stalker Vaughan die Menschen als bewegliche und sprechende Beispiele für den Wittgenstein zugeschriebenen Ausspruch, man solle nicht nach der Bedeutung fragen, sondern nach dem Nutzen. Als Ballard *Crash* als ersten pornographischen Roman über Technik bezeichnete, bezog er sich damit nicht nur auf gewisse Inhalte, sondern auch auf das Pornographische als eine Art Organisationsprinzip, als vielleicht reinstes Beispiel dafür, wie Menschen nach dem Nutzen fragen. Im Roman ist der Unterschied zwischen Menschen und Dingen allerdings schon zu klein geworden, um noch von Bedeutung zu sein. Faktisch nutzen hier also Dinge andere Dinge. (Und ein verrückter Stalker wie Vaughan wird zum Prototyp einer völlig neuen Erzählperspektive.)

Es lässt sich sicher nicht ernsthaft bestreiten, dass sich einige der abstumpfenden Merkmale von Pornographie auch hier finden: Plattheiten, Wiederholungen, Zirkuläres. »Blut«, »Samen« und »Kühlerflüssigkeit« treffen gleich auf mehreren Seiten zusammen, und die sexuellen Episoden wiederholen sich traumagleich. Doch diese Plattheit ist sicherlich beabsichtigt; schließlich ist Ballard ja vor allem an unserer Psychopathologie interessiert: »Ihr Gesicht zeigte denselben ruhigen und neugierigen Blick, als wüsste sie noch nicht, was sie genau von mir halten sollte. Ich brachte den Wagen auf einer unbefahrenen, abgelegenen Seitenstraße inmitten der Reservoirs westlich vom Flughafen zum Stillstand.«

Im Rahmen seiner Beschreibung einer denaturierten Landschaft, in der Menschen nicht mehr kommunizieren, sondern eigentlich nur noch massenproduzierte Gesten austauschen, erscheint mir das wie ein exemplarischer Ballard-Satz. (Reservoirs sind für Ballard das, was Wolken für Wordsworth waren.) Aber natürlich wurden die heftigen ethischen Panikreaktionen rund um das Buch (und später dann um David Cronenbergs Verfilmung) nicht durch diesen Mangel an menschlicher Innerlichkeit ausgelöst. Da ging es eher um diese Sache mit der Penetration der Wunde einer Behinderten. Als die *Daily Mail* gegen den Film ins Feld zog, ging ich aufs College und fand mich in unangenehmer Nähe zu den Zensoren wieder, weil mein eigener Pseudofeminismus eine Schnittmenge mit ihrer rechtschaffenen Empörung aufwies. Dabei lagen wir beide falsch: Es geht in *Crash* nicht darum, Behinderte zu demütigen oder Frauen abzuwerten, und im Grunde ist die Kampagne der *Daily Mail* ein abschreckendes Lehrbeispiel dafür, wie sich liberale Interessenspolitik durch oberflächliche Manipulation dazu verwenden lässt, eine ernsthafte Stimme des Protests zum Schweigen zu bringen, die sich bemüht, für uns alle zu sprechen. Kein Mensch zweifelt daran, dass die Gesunden die Behinderten, dass Männer Frauen ausnutzen. *Crash* aber ist ein existenzielles Buch darüber, wie *alle alles* ausnutzen. Und alles alle. Trotzdem ist es keine völlig hoffnungslose Vision:

> Die Stille dauerte an. Hier und dort räkelte sich ein Fahrer hinter dem Lenkrad, wenn ihm im heißen Sonnenlicht unbehaglich wurde, und ich hatte das Gefühl, als wäre die Welt plötzlich stehen geblieben. Die Verletzungen meiner Knie und meiner Brust waren Fanale, verbunden mit einer ganzen Reihe von gekoppelten Transmittern, die mir selbst unbekannte Signale übermittelten, welche diese riesige Stasis aufheben und die Fahrer befreien und ihren wahren Zielen zuführen würden, den Paradiesen elektrischer Schnellstraßen.

Immer wieder gibt es in Ballards Werk diese Mischung aus futuristischer Furcht und Erregung, diesen idealen Ort, an dem Dystopie und Utopie konvergieren. Denn wir können ja nicht behaupten, wir hätten nicht genau das bekommen, was wir uns erträumt haben, was wir die ganze Zeit so dringend haben wollten. Diese Träume sind jetzt da, allesamt: verzögerungsfreie weltweite Kommunikation, virtuelle Realität, Biotechnologie. Das waren unsere Träume. Und mit ruhiger Neugier zeigt Ballard uns jede neue Konvergenz auf und ruft uns in Erinnerung, wie pervers Träume oft sein können.

›Der Buddha aus der Vorstadt‹ von Hanif Kureishi

In unserer Schule war immer viel verbotenes Gut im Umlauf: Zigaretten, Drogen, Pornoheftchen, eklige Videos und hin und wieder auch das Tagebuch irgendeines armen Opfers – aber Bücher galten normalerweise nicht als heiße Ware. Mit *Der Buddha aus der Vorstadt* änderte sich das. Im Geschichtsunterricht wurde das Buch heimlich herumgereicht, eine Seite umgeknickt, damit alle, die wollten, den folgenden Satz lesen konnten:

»Karim, ich will, dass du mir ein paar Eiswürfel in die Möse schiebst. Würdest du sie bitte aus dem Kühlschrank holen?«

Dieses obszöne Wort in einem Buch zu lesen (und nicht an einer Wand) war an und für sich schon ziemlich großartig. Das eigentlich Frappierende aber lag darin, einen Namen wie *Karim*, den wir gut kannten – auch wenn wir ihn so gut wie nie gedruckt lasen –, ganz entspannt zehn Wörter von dem Ausdruck »Möse« entfernt vorzufinden. Den Namen Kureishi kannten wir ebenfalls, wir hatten sogar einen Kureishi in der Klasse (auch wenn der sich mit Q schrieb) und glaubten, die Welt dieses Romans zu erkennen, zumindest das, was davon auf dem Cover der englischen Erstausgabe abgebildet war: das cremefarbene Wohnzimmer mit den schrecklichen Vorhängen, die Dame im Sari, ein paar geheimnisvolle ältere Weiße, die man vermutlich auch von irgendwo kannte, ein einsamer junger Tory, ein paar hübsche, hochnäsige englische Schönheiten und ein ziemlich psychedelisch aussehender Inder mit rotem Stirnband. Es sprach sich herum, dass es so ab Seite 202 eine masturbatorisch brauchbare Szene gab, die eine Orgie schilderte (Sie können das gerne nachschlagen, ich warte solange), und ich muss zugeben, dass ich vor allem deshalb umgehend unsere örtliche W.-H.-Smith-Filiale aufsuchte. Ich hatte vorgehabt, das Ganze querzulesen, so wie man *Lady Chatterley* querliest und auf der Suche nach Genitalien ganze Absätze überspringt. Aber dann konnte ich nicht einmal die ersten Sätze überspringen:

> Ich heiße Karim Amir und bin ein waschechter Engländer – jedenfalls beinahe. Man hält mich oft für eine komische Sorte Engländer, als gehörte ich zu einer neuen Rasse, die aus zwei alten Kulturen hervorgegangen ist. Aber mir ist das egal: Ich bin Engländer (wenn auch nicht unbedingt stolz darauf), ich komme aus den südlichen Randbezirken Londons und gehe wer weiß wohin.

Das war aufregend. Ich war nie auf die Idee gekommen, dass man ein Buch so beginnen könnte. In der Schule lasen wir – lehrplangemäß – Austen, Milton, Shakespeare, Keats, Iris Murdoch. Entsprechend hielt ich den englischen Satz für eine Art neunschwänzige Katze, in erster Linie dazu gedacht, Kindern Gehorsam einzubläuen. Ich wusste nicht, dass man zu seiner Leserschaft sprechen durfte wie zu Gleichgestellten – wie zu Freunden. Bei Holden Caulfield hatte ich eine leise Ahnung davon bekommen, doch Holden war auf einer ganz grundlegenden Ebene doch immer exotisch für mich geblieben: ein amerikanischer Eliteschüler, der am Ennui litt. Dickens' diverse Waisenkinder und Streuner waren mir von der Postleitzahl her oft näher, aber zeitlich viel zu weit weg. Bei Karim war das anders, ihn kannte ich; ich wusste, wie das Klassenkonzept in seiner Familie funktionierte, diese komplizierte Mixtur aus den Realitäten der Arbeiter- und unteren Mittelschicht und all die vielen Abstufungen zwischen beiden Daseinsformen. Und natürlich gehörte er zu einer »neuen Rasse«, wie ich, wie so viele der Jugendlichen an unserer Schule, auch wenn ich auf uns bisher nur in Zusammenhängen gestoßen war, die unter das Klischee des »tragischen Mischlings« fielen. Dabei hatten die Jugendlichen, die ich kannte, gar nichts Tragisches an sich. Sie waren wie Karim: draufgängerisch, wild, charismatisch, alltagsschlau, vorlaut, häufig urkomisch. Trotz ihrer vergleichsweise niedrigen Stellung im britischen Klassensystem ahnten sie doch, dass sie cool waren, und wussten, dass sie Talent und Intelligenz besaßen. Sie hielten sich für etwas Besonderes, auch wenn der Rest der Welt sie als Außenseiter ansah. »Wenn ich auch Ungleichheit hasste«, erläutert Karim, »so hieß das noch lange nicht, dass ich wie jeder andere behandelt werden wollte.« Ja, haargenau. Wie konnte dieser Kureishi, der zwanzig Jahre vor uns im Süden Londons geboren worden war, bloß so viel über uns wissen? Aber er wusste es:

> [...] vorbei an vollgeschissenen Parkanlagen, vorbei an der viktorianischen Schule mit den Außentoiletten, an den zahlreichen zerbombten Grundstücken – unseren eigentlichen Spielplätzen und Sexschulen –, vorbei an den adretten Gärten und den unzähligen der Straße zugewandten Zimmern, in denen lauter bekannte Unbekannte wohnten, und den unwirklich schimmernden Fernsehapparaten.

Er schien durch unser Viertel zu laufen. Er kannte die Schule (»Einmal bekam unser Werklehrer direkt vor unseren Augen einen Herzinfarkt, als einer der Jungen den Schwanz von einem anderen Kid in einen Schraubstock legte und anfing, die Kurbel zu drehen.« Bei uns an der Schule war es der Kopf des anderen Jungen)*. Auf der High Street war er natürlich sowieso gewesen: »In unserem Bezirk waren sie alle fanatische Einkäufer. Einkaufen war für sie das, was für die Brasilianer Rumba und Gesang ist.« Und bei mir zu Hause auch. Evas pseudobuddhistische Abende waren

* Und ich habe dieses Detail später in einem Roman verwendet.

mir fürchterlich peinlich; sie erinnerten mich gemeinerweise an die Vorstöße meiner Mutter hin zu kultivierterem Verhalten, vor allem an den Versuch (den ich heute als völlig harmlos erkenne), Freunde zu sich einzuladen und sie mit dem zu bewirten, was sie damals für Sushi hielt. Charlie, der überhebliche Junge mit seiner Keats-Ausgabe in der Tasche (»[…] die er bei allen möglichen und unmöglichen Gelegenheiten öffnete, um sich an einer kräftigen Prise Sublimem zu laben«), erinnerte mich – nun ja, an mich, überheblich und jung, mit meiner Keats-Ausgabe in der Tasche. Sosehr ich auch darüber lachen musste, war es doch oft schmerzhaft zu lesen, und die schmerzhaftesten Details waren paradoxerweise häufig die, in denen besonders viel Liebe lag. Kureishis Darstellung der merkwürdigen Beziehung, die zwischen Einwanderern der ersten Generation und ihren Kindern entstehen kann, habe ich persönlich wie professionell einiges zu verdanken. Damals, 1990, wurden zu diesem Thema viele hochernsthafte Besinnungsaufsätze verfasst, doch keiner war psychologisch eindringlicher oder privater als diese fiktive Variante. »Mir gefällt es, dass du dabei bist, mein Junge«, sagt Karims Vater. »Ich habe dich sehr lieb. Wir werden zusammen erwachsen, wir beide.« Das Kind versucht, sich in der Pubertät zurechtzufinden; der Vater versucht, sich in einem Land zurechtzufinden. Und beides vollzieht sich gleichzeitig. Man wird zusammen erwachsen. Was für eine wunderschöne, schmerzhafte Formulierung! »Ihn mit achtunddreißig noch einmal zu lesen«, erklärt Eva Karim einmal abends, »ist das Grausamste, was man Kerouac antun kann.« Als ich jetzt in genau diesem Alter Kureishi noch einmal lese, mache ich die gegenteilige Erfahrung. Ich spüre die gleiche Aufregung, die gleiche verdrehte Freude, die durch das Gefühl von Nostalgie nur noch verstärkt wird. Verdrehtheit ist die Grundempfindung des *Buddha aus der Vorstadt*: Das Buch weigert sich strikt, sich irgendeiner Parteilinie unterzuordnen. In seiner Rolle als Erzähler ist Karim derb, wo man eigentlich Pietät von ihm erwarten würde, zerfasert, wo man es gerade sehr genau nimmt, und schwuchtelig, wo es zur damaligen Zeit sehr viel einfacher gewesen wäre, den Hetero zu spielen. Selbst noch der harmloseste Satz endet oft ganz anders als erwartet: »Eines Tages beging Anwar einen schwerwiegenden Fehler im Wettbüro und gewann eine Menge Geld.« Oder: »Mir ging es wie immer: Ich hatte kein Geld. Diesmal sah es jedoch so schlecht aus, dass ich anfangen musste zu arbeiten.« Diese Einwanderer sind nicht immer nur brav und fleißig, und Karim selbst ist weder immer nur super noch zeigt er sich besonders dankbar. Was schlechtes Benehmen betrifft, herrscht absolute Chancengleichheit; alle erweisen sich als qualifiziert dafür. Überkommene Konzepte – vor allem zum Thema Rasse und Klasse – werden so fröhlich auf den Kopf gestellt, dass es in den üblichen Diskussionen beide Seiten auf die Palme bringt:

> Ted und Jean hatten Dad noch nie bei seinem indischen Namen, Haroon Amir, genannt. Für sie war er immer Harry gewesen, und auch zu anderen Leuten sprachen sie nur von Harry. Schließlich war es schon schlimm genug, dass er überhaupt ein Inder war, auch ohne diesen unaussprechlichen Namen.

Ein lustiger Einfall und inzwischen als humoristisches Stilmittel wohlvertraut – doch Kureishi ist es als Erstem aufgefallen. Er hat erkannt, dass das größte Kompliment, mit dem ein weißer Engländer sich selbst bedenken kann, darin besteht, sich als »farbenblind« zu bezeichnen, womit er dann meint, dass er die Hautfarbe seines Gegenübers übersehen, an ihr vorbei direkt auf das »Ich« dahinter blicken kann. Nicht genug damit, dass er das Land des anderen kolonialisiert hat – jetzt kolonialisiert er auch noch dessen Ich. So zumindest lautete 1990 die neue Lehrmeinung, doch wenn man den Roman erneut liest, fällt einem wieder ein, dass Karim selbst die flächendeckende Anwendung dieses frommen Liberalismus in Zweifel zieht. Hier sinniert er über das Verhältnis seiner Cousine Jamila zu einer Lehrerin an ihrer Schule:

> Jamila glaubte, dass Miss Cutmore eigentlich nur alles Fremdländische in ihr hatte ausrotten wollen. »Sie hat mit meinen Eltern gesprochen, als wären es Bauern«, sagte Jamila. Besonders trieb mich zur Weißglut, wenn sie behauptete, dass Miss Cutmore sie kolonialisiert hätte, denn schließlich war Jamila der willensstärkste Mensch, den ich je getroffen hatte; aus ihr konnte keiner eine Kolonie machen. Außerdem hasste ich undankbare Menschen. Ohne Miss Cutmore hätte Jamila nicht einmal das Wort »Kolonie« gekannt. »Miss Cutmore hat dir den richtigen Weg gezeigt«, sagte ich ihr.

Für Karim sind die Dinge, die zwischen Schwarzen und Weißen vorgehen, niemals nur schwarz und weiß. Im Fall von Miss Cutmore und Jamila stellt sich heraus, dass Kolonialisierung und ernsthafte Bildung durchaus Überschneidungen aufweisen; im Fall seines weißen Onkels und seines indischen Vaters kann das im Grunde rassistische Konzept der Farbenblindheit neben echter zwischenmenschlicher Zuneigung existieren. Wer Ideologien lieber eindeutig – und ernsten Gesichts – serviert bekommt, wird den *Buddha* wohl als frustrierende Lektüre empfinden. Für Kureishi ist die Welt schräg und vielfältig, komisch und tragisch. Diese durchmischte Wirklichkeit kann zwar auf improvisierten Podien, im Parlament oder beim Protestmarsch die Whitehall entlang keinen vollständigen Ausdruck finden, sollte ihre Existenz aber zumindest im Roman fristen dürfen. Im *Buddha* gibt es eine bissige Passage, die das alte Streitgespräch zwischen Politik und Kunst – die Problematik der »Verantwortung« – thematisiert. Karim ist Schauspieler in einer radikalen Theatertruppe und hat sich vorgenommen, seinen Onkel Anwar darzustellen, der sich im Hungerstreik befindet, um seine Tochter Jamila zu einer arrangierten Ehe zu zwingen. Tracey, eine schwarze Schauspielerin aus der Truppe, hat Vorbehalte gegen diese Darstellung:

»Zwei Dinge, Karim«, sagte sie. »Anwars Hungerstreik gefällt mir nicht. Was du damit sagen willst, verletzt mich. Es tut mir wirklich weh! Und ich bin mir nicht sicher, ob wir das tatsächlich auf die Bühne bringen sollten!«

»Ehrlich?«

»Ja.« Sie redete mit mir, als ob ich nur ein wenig nachdenken müsste, um ihren Standpunkt begreifen zu können. »Es tut mir leid, aber du stellst Schwarze –«

»Inder –«

»Schwarze und Asiaten –«

»Einen alten Inder –«

»– so dar, als seien sie irrational, lächerlich und hysterisch. Und Fanatiker obendrein.«

»Fanatiker? [...] Es geht hier nicht um einen fanatischen Hungerstreik, sondern um eiskalte Erpressung.«

So leichtfüßig und komisch wird hier gleich mit mehreren wohlmeinenden Diskussionen aus den Achtzigern, den Schlachtfeldern ethnischer Einordnungen und Allianzen, der Sprache, der politischen Verantwortung kurzer Prozess gemacht. Ich glaube, Tracey hat gar nicht unrecht, sie möchte verantwortlich handeln – doch Karim steht auf der Seite des Unverantwortlichen, das muss er auch, sonst könnte er seine Geschichte nicht erzählen. Traceys Argumente gehören in eine ganz andere Sphäre. Sie gewinnt vielleicht den Streit, doch Literatur lässt sich nicht so schreiben, dass sie immer mit gewonnenen Streitgesprächen im Einklang ist. Tracey fährt fort: »Dein Bild entspricht genau dem, was der Weiße bereits von uns hat. [...] Karim, warum hasst du eigentlich dich und das schwarze Volk?« Das ist ein vertrauter, erdrückender Doppelvorwurf, vor dem bereits so viele aufstrebende »Minderheitenkünstler« eingeknickt sind. Der erste Teil meint im Grunde: *Wasch nicht vor aller Augen »unsere« schmutzige Wäsche.* Und der zweite meint: *Und wenn doch, nimm dich bloß in Acht, denn dann bist du ein von Selbsthass erfüllter* – (Leerstelle bitte entsprechend bestücken). Bellow hat das Gleiche zu hören bekommen, Roth ebenfalls. Und Zora Neale Hurston. Vor langer Zeit hat man es sogar einmal zu Joyce gesagt, damals, als die Iren noch als »Minderheit« galten und nicht als poetische Stellvertreter der gesamten Menschheit. Schreibende mit Humor erleben solche Warnungen offenbar häufiger als andere, vielleicht ja weil das Unverantwortliche essenzieller Bestandteil des komischen Schreibens ist. Manche versuchen, wie Karim, mit hochfliegenden Argumenten gegen die Verantwortung anzugehen (»Die Wahrheit ist wichtiger«), und müssen feststellen, dass diese genauso leicht abgeschmettert werden, wie Tracey es hier ganz zurecht tut, indem sie den abstrakten Ton und das fadenscheinig Subjektive daran kritisiert (»Mein Gott, Wahrheit. Wer weiß schon, was Wahrheit ist? Welche Wahrheit? Du verteidigst die Wahrheit der Weißen«). Aber es gibt noch die weitere Wahrheit, die besonders fürs Schreiben gilt, dass man nämlich zumindest temporär von den vertrauten Kämpfen ablassen muss, wenn man mit seiner Arbeit eine Wirkung erzielen will. Wenn man diesen »einen alten Inder« erschaffen will, muss man sich etwas herausnehmen, man muss sich frei fühlen, so zu schreiben, wie man möchte, selbst wenn Tracey recht hat, selbst wenn das unverantwortlich ist. Die große Energie des *Buddha* entsteht, weil wir zusehen dürfen, wie jemand sich diese kreative Freiheit immer und immer wieder herausnimmt – als gäbe es ein Recht darauf –, und zwar ohne allzu viele Gedanken daran zu verschwenden, was die (vielleicht ja rein imaginäre) einheitliche Gruppe namens »Weiße« wohl davon halten wird.

In der Erinnerung geht es im *Buddha* ständig um Rassenfragen. Beim Wiederlesen geht es tatsächlich sehr viel mehr um das, was Pyke, Karims Regisseur, als »das einzige Thema, das es in England gibt«, bezeichnet: Klassendenken. Über seinen Schauspielkollegen und passionierten Marxisten Terry hat Karim nur Folgendes zu sagen: »Ich wollte ihm sagen, dass das Proletariat der Vorstädte ein ziemlich starkes Klassenbewusstsein habe. Es war ein bösartiges und hasserfülltes Bewusstsein, das sich ausschließlich gegen die richtete, die gesellschaftlich direkt unter ihm standen.« Über eine Oberschichtsfrau wie Eleanor, die auch zur Truppe gehört: »Eigentlich tat sie sowieso immer, wonach ihr gerade der Sinn stand, zugegebenermaßen nicht gerade schwierig für jemanden in ihrer Position und mit einem gesellschaftlichen Hintergrund, der das Risiko des Versagens auf ein Minimum reduzierte; eigentlich musste man sich schon regelrecht anstrengen, wenn man in ihrer Welt versagen wollte.« Mein Lieblingsbeispiel ist der Moment, als Boyd, ein weiterer weißer Schauspieler aus der Truppe, der Karims Aufstieg an die Spitze beobachtet hat, in einem Meer aus Selbstmitleid und Missgunst versinkt: »Wäre ich nicht ein Weißer und aus der Mittelklasse, dann hätte ich jetzt eine Rolle bei Pyke. Aber Talent allein reicht wohl in dieser Zeit nicht aus, wenn man es zu etwas bringen will. Wahrscheinlich machen im England der Siebziger nur die Minderheiten Karriere.« Als ich das 1990 zum ersten Mal las, kam es mir vor wie eine völlig absurde Parodie. Fünfundzwanzig Jahre später lesen wir ähnliche Äußerungen täglich im Internet, wo sich unter jedem Artikel über braunhäutige Künstlerinnen und Künstler und ihre Werke ganze Heerscharen solcher Boyds versammeln. Hier – wie in so vielen anderen Bereichen des englischen Lebens – hat sich Kureishi als eine Art Hellseher erwiesen. Und natürlich als ungeheurer Einfluss auf eine ganze Generation von Schreibenden, inklusive mir. Vor allem hat er uns ein Gefühl der Verantwortungslosigkeit, der Freiheit vermittelt, im Allerkleinsten wie im Größten:

> Tante Jean wusste nur zu gut, wie sie einem mit ihren Blicken Angst einjagen konnte, sogar so gut, dass ich mir kaum einen Furz verkneifen konnte, der gerade aus mir rauswollte. […] Aber vergeblich. Fröhlich donnerte der unartige Furz aus mir heraus.

Dieses Buch ist unanständig, übersprudelnd. Es nennt die Dinge offen und freudig beim Namen. Im Grunde fühlt sich Karim durch nichts gequält – weder durch Rassen- noch Klassen- noch Sexfragen; das ist alles einfach spannend, es verdient, dass man darüber spricht, ohne Scham, aber auch, ohne allzu großes Aufhebens darum zu machen:

> Mir war klar, wie ungewöhnlich es war, dass ich mit Jungen ebenso gern schlief wie mit Mädchen. Ich mochte starke Körper und die Nacken der Jungen. Es gefiel mir, von Männern genommen zu werden, besonders wenn sie härter zupackten; und mir gefiel es, wenn sich etwas – ein Bürstenstiel, ein Füllfederhalterende oder Finger – in meinen Hintern schob. Aber ich mochte auch Mösen und Brüste, die Sanftheit der Frauen, die langen, glatten Beine und die Art, wie Frauen sich anzogen. Ich spürte, dass es mir das Herz brechen würde, wenn ich mich für eines von beidem entscheiden müsste, als hätte ich die Wahl zwischen den Beatles oder den Rolling Stones.

Ein bisschen unanständig ist das durchaus – aber auch nett? Mit dieser Frage beschäftigt sich der Roman selbst ausführlich. »[Ich] dachte an den Unterschied zwischen interessanten und netten Menschen«, schreibt Karim, »und warum es oft verschiedene Personen sind.« Beim Schreiben und Schauspielen geht es ihm nicht nur um das politische Risiko (das, wie Jamila es formuliert, dafür sorgen könnte, »dass unsere Kultur lächerlich und unser Volk altmodisch, radikal und engstirnig wirkt«), sondern auch um das persönliche, wozu auch gehört – wie alle Schreibenden wissen –, die Menschen zu verletzen, die man liebt. Neben vielem anderen ist *Der Buddha aus der Vorstadt* auch ein Erstling und ein Bildungsroman, und dieses Genre treibt in aller Regel einiges an Schindluder mit dem Erleben seiner Verfasser. Da werden echte Onkel und Tanten auf dem Papier zu einer Figur vereint, Geschwister wechseln das Geschlecht, kerngesunde Elternteile sterben und dergleichen mehr. Karim seinerseits verteidigt vehement sein Recht, eine Theaterfigur anhand seines Schwagers Changez zu entwickeln, aber er gibt auch Einblick – wenngleich womöglich nicht ganz bewusst – in die tiefer liegende psychologische Eigenheit, die ihn dazu treibt:

> Es gab nur wenige Aufgaben, die mir so viel Spaß machten wie die Entwicklung der Figur Changez/Tariq. [...] Ich deckte Ahnungen auf, Gemeinsamkeiten, Ideen, von denen ich vorher nicht gewusst hatte, dass sie in mir bereitlagen. Ich wurde energischer und lebhafter, seit ich neue Farben und Schattierungen ausprobierte. Ich arbeitete regelmäßig und führte Tagebuch; ich sah, dass das Schöpferische ein eigener Prozess des Wachsens war, der sich nicht bewusst beschleunigen ließ und Geduld und vor allem Liebe verlangte. *Ich fühlte mich stärker, und mein Kopf war nicht länger nur eine Art Kino für Myriaden von Impressionen und Gefühlen, die dort an mir vorbeizogen.* [Hervorhebung von mir]

Ich glaube, das haben Schauspieler und Schreibende gemeinsam: dieses innere Gefühl des Ungegenständlichen, das sich kurioserweise verfestigt, wenn man so tut, als wäre man jemand anders. Karim stellt diese Neigung schon früh bei sich fest, lange bevor er Schauspieler wird, und zwar anhand der erotischen Leidenschaft für seinen Stiefbruder Charlie:

> Meine Gefühle für ihn waren keine gewöhnliche Liebe, zumindest nicht, was man unter Liebe nun einmal versteht: Ihr fehlte die Großmut. Ich bewunderte ihn mehr als jeden anderen Menschen, wünschte ihm aber nichts Gutes. Ich fand ihn schlichtweg besser als mich und wollte so sein wie er, wollte sein Talent, sein Gesicht, seinen Stil. Ich wünschte mir, ich würde aufwachen, und all das würde mir gehören.

Nett ist das nicht. Aber interessant. Und lustig. Im *Buddha* arbeiten Grausamkeit, Humor und Zuneigung bei der Figurengestaltung Hand in Hand, und noch die kleinste Statistenrolle erwacht mithilfe dieser mächtigen Mixtur zu eindrücklichem kurzfristigem Leben. Ich habe eine Schwäche für Karims bedauernswerten Onkel Ted, der ein begabter Heimwerker ist und unter klinischen Depressionen leidet, und auch dafür, wie Kureishi mit einem einzigen Absatz dafür sorgt, dass wir ihn auslachen und zugleich ins Herz schließen:

> »Er kann doch schließlich gleichzeitig reden und arbeiten, oder vielleicht nicht«, sagte Dad, während er in einem Gartenstuhl aus Aluminium saß und Ted, als Gegenleistung für Dads Aufmerksamkeit, manchmal in Tränen aufgelöst, Steckdosen unter Putz verlegte, Regale für die orientalischen Bücher zimmerte, eine Tür abschmirgelte oder das Badezimmer flieste. »Verschieb deinen Selbstmord, Ted, bis du mit dem Boden fertig bist«, sagte Dad.

Bei seinem Erscheinen wurde Kureishis Debüt gefeiert, weil es genau den Punkgeist ausstrahlte, den die Romanhandlung dokumentierte, doch es gibt auch viele leisere Momente wunderschöner und eleganter Prosa, die sich beim Wiederlesen auftun. Hier spricht Karim über seine Mutter, die nur im Zeichnen ein Ventil für die Schindereien im Haushalt findet: »Ihr Verstand war zu Glas geworden, und alles Leben glitt an seiner bloßen Form ab. Ich bat sie, mich zu zeichnen.« Das könnte auch von Virginia Woolf sein. Und das Folgende von E. M. Forster: »Endlich war ich also in London, und nichts machte mir mehr Spaß, als den ganzen Tag in meinem neuen Revier herumzuschlendern. London kam mir vor wie ein Haus mit fünftausend Zimmern; der ganze Reiz lag darin, zu entdecken, wie die Zimmer untereinander verbunden waren, und sie allmählich alle zu durchlaufen.« Karim erschafft das Neue aus dem Alten. Keats, Shelley und Donne liegen in diesen Seiten verborgen, der Schatten Kiplings und der noch viel längere Schatten von Dickens. Karims eigene, neue Perspektive besteht darin, dass er – nun ja, Karim ist: Er geht anders, redet anders, er hat ein frisches Empfinden. Er weiß sehr genau, dass es einen Jungen wie ihn zwischen den Buchdeckeln eines englischen Romans noch nie gegeben hat, und wie jeder junge Klugschwätzer aus der Vorstadt will er sich das und alles andere zunutze machen. Als seine erste große Rolle Mowgli aus dem *Dschungelbuch* ist, findet er das selbst grotesk – aber den Durchbruch bedeutet es trotzdem. »Ich habe Mowgli gefunden«, erklärt der Regisseur:

> »Ein unbekannter Schauspieler, unmittelbar vor seinem großen Durchbruch. [...] Ist er nicht göttlich?«
> Die zwei Frauen sahen mich aufmerksam an. Ich war genau der Richtige. Ich hatte es geschafft. Ich hatte einen Job.

Natürlich ist es der Job des Exoten. Doch wie Bellow, Roth, Hurston und Joyce vor ihm betrachtet auch Kureishi diese Rolle nicht so sehr als tragisch, sondern als komisch – und als Chance. Karim ist kein Opfer. Und obwohl es durchaus oft ermüdend und meistens auch kränkend sein kann, für einen kulturellen Typus wie den »komischen Großstadtjuden«, die »soulige Schwarze« oder den »mystischen Inder« gehalten zu werden, will Kureishi mit dem *Buddha* darauf hinaus, dass es auch höchst erheiternd sein kann. Aus der Sicht unserer Welt des 21. Jahrhunderts, in der anscheinend nur noch gekränkte Empörung als Reaktion möglich ist, finde ich es sehr erleichternd, noch einmal in diese unschuldigere, robustere Zeit zurückzukehren, als wir noch keine so zartfühlenden Gewächse waren, dass jede beiläufige Blödheit eines Dahergelaufenen die ungeheure Macht besaß, uns bis ins Mark zu verletzen. »Wir mussten uns aber auch von aller Bitterkeit und allem Hass befreien«, räsoniert Karim. »Nur, wie sollte dies möglich sein, wenn Bitterkeit und Hass jeden Tag aufs Neue provoziert wurden?« Im *Buddha* bleibt diese Frage offen und unbeantwortet, denn Karim ist zugleich frei und doch nicht frei. England ist für ihn in so vieler Hinsicht ein Ding der Unmöglichkeit – aber es ist auch seine Spielwiese. Wahr sind beide Versionen seines Erlebens. Darin liegt das große Unbehagen, aber auch der unverantwortliche Charme dieses hinreißenden, komischen, ehrlichen Romans.

Anmerkungen zu ›London NW‹

Worum geht es in diesem Roman?* Ich habe nicht den Eindruck, dass es in meinen Büchern jemals um etwas anderes *geht* als um die Menschen darin und die Sätze, aus denen sie gestaltet sind. Vor diesem Hintergrund hört sich *London NW* wie eine »Stilübung« an, eine Bezeichnung, die im Allgemeinen eher als Beleidigung verwendet wird. Für mich hingegen sind »Stilübungen« nichts Oberflächliches – unser ganzes Leben ist schließlich eine Stilübung. Der verborgene Gehalt im Leben eines Menschen erweist sich als sehr schwer erkennbar: Im Grunde können wir uns nur an diesen äußerlichen, offenkundigen Zeichen orientieren, der jeweiligen Art, wie Menschen reden, sich bewegen, sich kleiden, miteinander umgehen. Und damit versuche ich mich auch in meinen Romanen zu befassen: mit der Art, wie die Dinge in der Realität sind, soweit ich sie eben sehen und deuten kann – in aller Regel nicht allzu weit.

Als ich an diesem Roman schrieb, wollte ich eigentlich vor allem aus Sprache Menschen erschaffen. Dazu muss man gleichermaßen der unbändigen, subjektiven Qualität von Sprache Rechnung tragen und dem, was ich gern das konkret »Dinghafte« am Menschen

* Hier muss ich kurz erwähnen, dass ich nicht gewohnheitsmäßig herumsitze und mir über meine eigenen längst fertig geschriebenen Romane den Kopf zerbreche. Die Frage wurde mir vom *Guardian* gestellt, und der Text ist Teil einer Serie, in der Autorinnen und Autoren über die Ursprünge und Inspirationen eines bestimmten Werkes reflektieren.

nennen möchte. So hat es auch Virginia Woolf in ihrem Modernismus gemacht – sie liebte die Sprache und die Menschen gleichermaßen –, und ihr Beispiel bedeutet mir viel. Ich bewundere Beckett und respektiere Joyce. Woolf liebe ich. Wann immer es hart auf hart kommt, lese ich ihre Tagebücher noch einmal, und das hilft mir darüber hinweg.

Was hat den Roman inspiriert? Zwei Keime scheinen mir wichtig, von denen der eine das Dinghafte enthält und der andere die Sprache. Irgendwann, 2004, stand plötzlich eine Frau in Not vor meiner Tür, eine Wildfremde, und bat mich um Hilfe. Sie sagte, sie brauche Geld – also gab ich es ihr. Später erfuhr ich, dass es höchstwahrscheinlich eine Masche war. Daraus entstanden für mich viele Fragen. War diese Frau wirklich verzweifelt? War es dumm von mir, ihr Geld zu geben? Aber muss man nicht auch zutiefst verzweifelt sein, um überhaupt auf so eine Masche zu kommen? Der Vorfall, so unbedeutend er auch war, ging mir nicht mehr aus dem Kopf. Er wurde zu einer Art fruchtbarer Problemstellung, traf auf Gedanken zum Thema Klasse, Verzweiflung und Ethik, die ich mir schon lange machte – und acht Jahre später kam ein kompletter Roman dabei heraus.

Die andere Inspirationsquelle war ein Text und mir nicht bewusst: Shakespeares *Maß für Maß*. Ich habe das »Problemstück« als Genre immer schon geschätzt, das für mich in einer Grundsituation besteht, bei der am Ende nicht alle glücklich verheiratet sind oder blutend beziehungsweise tot am Boden liegen. Problemstücke kommen unserer durchmischten Lebensrealität meiner Ansicht nach am nächsten. »Der steigt durch Schuld, der muss durch Tugend fallen« – dieser Satz ist tief in *London NW* eingebettet. Ich hatte das Buch schon fast fertig, als mir das klar wurde. Und mit der Erkenntnis kehrte auch die verschüttete Erinnerung zurück, wie ich vor vielen Jahren, als Teenager, einmal mit der Schule in einer ungewöhnlichen Inszenierung von *Maß für Maß* gewesen war, in der Claudio von einem jungen schwarzen Schauspieler gespielt wurde und seine Schwester Isabella, die Nonne, von einer Weißen. Und als Isabella Claudio zu überreden versuchte, er solle sich doch lieber hinrichten lassen, anstatt sie zu zwingen, ihre kostbare Jungfräulichkeit zu opfern, da war ich von dieser Szene auf der Bühne so beeindruckt wie zuvor und seither nie wieder im Theater. Ich habe das nie vergessen, weder den Text noch die Inszenierung. Da stand der arme Claudio allein, ganz hinten auf der Bühne, für den Großteil des Stückes eingekerkert, während die anderen Figuren am anderen Ende der Bühne vollauf damit beschäftigt waren, ihr eigenes Happy End zu befördern. Ich weiß noch, wie ich dachte: Ja, stimmt. Ein Happy End ist niemals allumfassend. Irgendwer bleibt immer auf der Strecke. Und in dem London, in dem ich aufgewachsen bin, war das – wie heute noch – in den allermeisten Fällen ein junger Schwarzer.

Noch etwas zum Schluss: Die Arbeit an diesem Roman hat mir wieder einmal gezeigt, dass man als Autorin das eigene Handwerkszeug niemals unterschätzen sollte, nur weil einem manches leichter fällt als anderes. Je älter man wird, desto mehr lernt man, dem geschenkten Gaul nicht ins Maul zu schauen. Und wenn ich ein Geschenk mitbekommen habe, dann das Talent für Dialoge – das Kunststück, einer Ansammlung geschriebener Sätze etwas einzuhauchen, das wie Leben wirkt. Stimmen, die aus dem Nichts kommen und in unserem Bewusstsein weiterleben, ganz unabhängig von echten Menschen … Diese Zauberei, die wir schon im Kinderzimmer erlernen, werden wir später nie wieder richtig los, und wer echte Liebe zur Literatur hegt, trägt sie immer irgendwo in sich. »Ist es nicht besser zu sterben, als in Schande zu leben?«, will die Stimme namens Isabella von der Stimme namens Claudio wissen. Und die Stimme namens Claudio antwortet: »Ja! Aber sterben! Gehn, wer weiß, wohin, / Da liegen, kalt, eng eingesperrt, und faulen …« Mehr als vierhundert Jahre, nachdem diese Worte geschrieben wurden, fallen sie mir immer noch als Erstes ein, wenn ich höre, dass jemand gestorben ist, oder wenn ich mir dieses unausweichliche Ereignis für mich selbst ausmale. Das hat wirklich etwas von Zauberei. Ich mag Texte, die mich Stimmen hören lassen. Und in diesem Fall, bei dieser Autorin, sind es die höchst unterschiedlichen Stimmen von Leah, Felix, Natalie und Nathan.

DIE ›HARPER'S‹-KOLUMNEN*

Über Harlem, den Hass und Javier

Ein neues Buch, das sich mit »Harlem« befasst. Die Hoffnung, wir könnten diesen Ort darin mit einer gewissen Bestimmtheit kennenlernen, wird zunächst durch das Motto von Flannery O'Connor genährt (»Schriftsteller sind an einer kuriosen Kreuzung tätig, wo Zeit, Ort und Ewigkeit aufeinandertreffen. Ihr Problem besteht darin, genau diese Stelle zu finden«) und dann durch den Titel gleich wieder zunichtegemacht: *Harlem Is Nowhere: A Journey to the Mecca of Black America*. Für die Autorin, Sharifa Rhodes-Pitts, ist Harlem ein imaginärer Ort, eine von der Realität bedrohte Idee, die konkret vor allem in den Köpfen derjenigen existiert, die sie immer schon geliebt und verteidigt haben. Rhodes-Pitts ist eine von ihnen, und entsprechend eigenwillig gerät ihre Schilderung des Gebiets, das vielleicht, vielleicht aber auch nicht an der 110th Street beginnt und an der 168th Street endet: Ihr Buch ist mindestens so sehr Meditation wie Ortsgeschichte. Wir starten mit einer persönlichen Anekdote: »Ich war gerade im Begriff, die Tür

* Ich saß bei meinen Schwiegereltern in Nordirland vor dem Fernseher, als das Telefon klingelte. New York war dran, eine Frau von der Zeitschrift *Harper's Bazaar*, Gemma Sieff. Sie fragte, ob ich Interesse daran hätte, Bücher zu rezensieren. Ich hatte einen vier Monate alten Säugling und eine fehlgeleitete Vorstellung von mütterlichem Kampfgeist. Ich sagte ja. Und hielt genau ein halbes Jahr durch.

zu meinem Wohnhaus an der Lenox Avenue aufzuschließen, als mich die Frage von hinten traf. Ich zog den Schlüssel aus dem Schloss und drehte mich zu dem Frager um. Da stand er, wartete auf meine Antwort und fragte mich dann noch einmal: *Gehen Sie eigentlich je wieder zurück nach Hause?*« Der Mann, der das wissen will, ist aus der Gegend; die Autorin ist der Eindringling, Texanerin, die einzige schwarze Schülerin in ihrer Highschoolklasse. Sie kommt nach Harlem auf der Suche nach einem Ort, der ihr in ihrer Vorstellung vertraut ist, den sie aus der Ferne bewundert hat. Erster Halt: *The Columbia-Lippincott Gazetteer of the World*, ein geographisches Nachschlagewerk. Der Eintrag zu Harlem steckt meines Erachtens voller spannender Fakten, die der Autorin aber steril und nutzlos erscheinen: »Anfangs will er wohl einen umfassenden Überblick geben – mit offiziellen Ortsgrenzen, kolonialistischen Heldentaten, den wichtigsten stadtplanerischen Höhepunkten und allem Drum und Dran. Und trotzdem schafft er es, eigentlich gar nichts zu sagen.« Stattdessen ziehen wir weiter zu Szenen aus den Romanen, die Rhodes-Pitts als junges Mädchen gelesen hat, als sie »eine Reiseroute durch die Regale meiner Ortsbücherei festlegte, auf der Suche nach dem El Dorado schwarzer Literatur«. Figuren kommen nach Harlem, voller Hoffnung, Enttäuschung, Wut und Eifer, erdacht von Wallace Thurman, Zora Neale Hurston, Claude McKay und Nella Larsen. Wir stellen fest, wie viel die *Idee* von Harlem Rhodes-Pitts bedeutet hat und was für romantische Vorstellungen vom Schriftstellerleben sie hegt: ein mit Notizbuch bewaffnetes Plappermaul, das alles sammelt und seine Ergebnisse ständig herzeigen muss, was viele Szenen in der Bücherei zur Folge hat. Und auch wenn diese Technik auktorialer Offenlegung allmählich ziemlich in die Jahre kommt – der Klassiker des Genres ist *Ein Zimmer für sich allein* –, behält sie doch ihren intimen Reiz. Rhodes-Pitts ist genauso büchervernarrt und umtriebig wie Virginia Woolf, voller Interesse am ganz Alltäglichen: wie die Leute gehen und reden, wie sie sich anziehen, womit sie ihren Tag verbringen. Doch wo Woolf diese »Ereignisse« kunstvoll inszenierte und sie zu kraftvollen Argumenten umgestaltete, da findet Rhodes-Pitts literarisches Geschick eher langweilig: »Schon als es in der Schule um Langston Hughes ging, hatte ich das Klischee verinnerlicht, dass die Aufgabe Schreibender darin bestehen soll, aus der konkreten, persönlichen Erfahrung universelle Lektionen abzuleiten.« Sie registriert (und missbilligt) James Baldwins Angewohnheit, mit Leuten aus Harlem zu reden, Erfahrungen mit ihnen zu machen und aus diesen Begegnungen dann »eine Metapher auf die Gesamtheit schwarzen Lebens« zu gewinnen, so wie Woolf aus einem einzigen Abendessen in Cambridge eine Metapher auf die Gesamtheit der Frauen ableitete. (Diese rhetorische Volte beeindruckt Rhodes-Pitts dermaßen, dass sie sie »den Jimmy« tauft; andere hätten vielleicht einfach nur von »Schreiben« gesprochen.) Lieber hält sie zufällige Gespräche auf der Straße fest, die Informationen von Flugblättern, die Nachrichten, die ein örtlicher Exzentriker mit Kreide auf den Asphalt schreibt. Sie ist als Autorin nicht polemisch, wie Baldwin es durchaus sein konnte. Die individuelle Erfahrung wird hier in Ehren gehalten, mit Urteilen wird gespart. Gelegentlich sieht diese Großzügigkeit den Wald vor lauter Bäumen nicht. Entscheidende historische Fakten, die für die breitere Leserschaft sicher nützlich gewesen wären, werden zu bloßen Nachträgen (auf Seite 245 von insgesamt 262 Seiten: »Unter manchen Historikern gilt die Vorstellung, Harlem habe seine Anfänge mit einem Straßenumzug genommen, längst als anerkannt«). Sobald man sich aber seinerseits von der Vorstellung verabschiedet, etwas ganz Konkretes über das historische Harlem zu erfahren, liest man ein hinreißendes Buch über die romantischen Aspekte – und die Gefahren – der Bibliophilie. Nach eigenen Angaben leidet die Autorin unter akuten »Singlefrau-als-Forscherin-Phantasien«, wobei der Zusatz »Single-« umso merkwürdiger wirkt, weil er überflüssig ist. Er verweist auf eine Erzählerin auf der Suche nach einem Liebesobjekt. Wie sich herausstellt, ist dieses Objekt keineswegs Harlem selbst, sondern die Bibliothek, die es beherbergt: das Schomburg Center for Research in Black Culture. Harlem mag zwar eigentlich kein Ort sein, doch das Schomburg Center befindet sich eindeutig an der Ecke 126th Street / Lenox Street, und dort macht sich Rhodes-Pitts auf die Suche nach schwarzen Madonnen, nach Haiti, Liberia, dem Schwarzen Kommunismus, der *African Nationalist Pioneers*-Bewegung und vielem anderen mehr. Als sie dieselbe Person in zwei völlig unzusammenhängenden Gebieten ihrer Nachforschungen erwähnt findet, macht sie sich Gedanken über das klassische Forscherdilemma: »Ein Buch war der Schlüssel zum anderen, aber es löste ein Rätsel, das ich gar nicht hatte lösen wollen, und lieferte mir Informationen, von denen ich nicht wusste, wie ich sie verwenden sollte. Was für Geheimnisse würden sich noch enthüllen, je öfter ich herkam und je länger ich blieb?« Regelmäßig kehrt sie von diesen Ausflügen mit einer reichen Ausbeute an Strandgut zurück: Die wunderschönen Steine brauchen gar nicht poliert zu werden, um zu glänzen. James Van Der Zee zum Beispiel, der mit seinen Porträts der Harlem-Dandys berühmt geworden ist und hier als Fotograf wiederentdeckt wird, der Hinterbliebene und Verblichene in ein und demselben Foto festhält: ein trauerndes Elternpaar in offizieller Pose, das tote Kind im Arm. Oder der Impresario Raven Chanticleer (1928–2002), der Erfinder und Gründer des African American Wax and History Museum (erste Wachsfigur: er selbst) und Sohn »einer Schulleiterin, die ursprünglich aus Haiti, und eines Konzertpianisten, der ursprünglich aus Barbados stammte« – zumindest glaubte man das, bis er auf dem Totenbett gestand, auch diese Herkunft erfunden zu haben (Mutter: Sharecropper, Vater: Sharecropper). Und dann ist da noch, besonders eindrücklich, Alexander Gumby, der sein Leben dem Sammeln sogenannter *»Negroana«* widmete: Sammelalben mit Fotos, Programmheften, Zeitungsausschnitten. 1934 zerstörte ein überfluteter Keller große Teile dieser phantastischen Sammlung. Das Verbliebene hat Rhodes-Pitts entdeckt und beschreibt es mit spürbarer

Sympathie. In gewisser Weise ist auch ihr Buch so ein Sammelalbum und ein durchaus betörendes. Ich bin so froh, Van Der Zee, Chanticleer, Gumby und die vielen anderen kuriosen Gestalten kennengelernt zu haben, die dort versammelt sind: Ein strafferer, durchgeplanterer Ansatz hätte sie womöglich als Treibgut links liegen lassen. So aber lässt sich der traumverlorene Stil der Autorin durchaus Zeit, um auf die zentrale These zu sprechen zu kommen, dass Harlem »kein Ort«, *»nowhere«* ist, und zwar in einem ganz pragmatischen, unmetaphorischen Sinn: »Es läuft letztendlich alles auf eine ebenso schlichte wie schreckliche Tatsache hinaus: [...] Dies ist unser Land, und es gehört uns nicht.« Doch diese Tragödie – die hohen Mieten und die abwesenden Vermieter, der Bau großer Wohnanlagen mit luxuriösen Eigentumswohnungen – schwingt immer nur im Hintergrund mit, als würde die Autorin den Schmerz der eigenen Anmaßung zu stark empfinden. (»Da ist dieser Mann, der mich gefragt hat, wie lange man eigentlich in Harlem leben müsse, bevor man ein Buch darüber schreiben dürfe – womit er natürlich andeuten wollte, dass ich noch längst nicht lange genug in Harlem lebe, um ein Buch darüber zu schreiben.«) Ihre Angst ist unberechtigt: Es gibt keine räumlichen oder ethnischen Qualifikationen, die einer Autorin ihr Thema garantieren. Baldwin hat »den Jimmy« ja auch nicht seinem Harlemer Stammbaum zu verdanken. So etwas bringen nur Interesse, Wissen und Liebe fertig – und das alles besitzt dieses Buch im Übermaß.

Manche Autoren fürchten Meinungen; andere sind berühmt dafür. Und Thomas Bernhard meint sich in *Meine Preise* um Kopf und Kragen. Dieses kurze autobiographische Werk gibt einen Überblick über die zahlreichen österreichischen Preise, die Bernhard verhasst waren, die er aber trotzdem angenommen hat, um das Geld in Dinge zu investieren, die er haben wollte, und sich gleichzeitig über die Unwürdigkeiten der Verleihungen zu mokieren. Das ist alles sehr, sehr lustig. Wer ihn wegen seines Menschenhasses schätzt, dem bleibt hier nichts mehr zu wünschen übrig. Ein Beispiel: Als Bernhard den (ihm verhassten) Anton-Wildgans-Preis bekommen soll, wird die Verleihung abgesagt, weil ein Minister sich weigert, mit ihm auf die Bühne zu treten (für die Gründe vergleiche man die vorher geschilderten Verleihungen). Das Geld wird Bernhard dennoch geschickt. Daraufhin ist er außer sich (?) und verlangt von seinem Freund Gerhard Fritsch, er solle aus der Jury austreten. Gerhard allerdings hat Kinder und Alimente zu zahlen und bittet Bernhard, »auf ihn Rücksicht zu nehmen in einem Tone, der abstoßend gewesen war. Der arme Mensch, der inkonsequente, bedauerliche, der erbarmungswürdige. Nicht lange nach dieser Unterredung hat sich Fritsch an dem Haken seiner Wohnungstür aufgehängt, sein von ihm selbst verpfuschtes Leben war ihm über den Kopf gewachsen und hatte ihn ausgelöscht.«

In Amerika sieht man in dieser Eigenschaft Bernhards die Kunst der Übertreibung. In Europa, wo man ihn besser kennt, hält man ihn für einen unfassbaren Schweinehund. Die Diskrepanz zwischen dem, was tatsächlich passiert ist, und dem, wie Bernhard darüber schreibt, lässt sich wahlweise als postmoderne Spielerei oder als boshafte Paranoia auslegen. (Videoaufnahmen beweisen, dass er beim Grillparzerpreis keineswegs um seinen Ehrenplatz gebracht, sondern gleich ganz nach vorne geführt wurde; Österreicher einer bestimmten Altersgruppe werden einem zudem bestätigen, dass sein Werk vom Staat keineswegs ignoriert, sondern regelmäßig im Schulunterricht gelesen wurde. Und er selbst hat den Staat auch nicht ignoriert, sondern sich sogar einmal um die Intendanz am Wiener Burgtheater beworben, das zu den höchstsubventionierten Häusern weltweit gehört!) Wie auch immer: Wir freuen uns doch alle an einem unbeherrschten Absatz syntaktisch inspirierten Gift-und-Galle-Spuckens. Ich hätte an Bernhards Ruf vor allem die Vorstellung zu bekritteln, dass er sich auf seine *philosophischen* Beiträge gründet. Nehmen wir nur den Satz, den Bernhardianer so lieben: »Es ist alles lächerlich, wenn man an den *Tod* denkt.« In *Meine Preise* können wir die Rede nachlesen, aus der er stammt. Und so geht sie weiter:

> Man geht durch das Leben, beeindruckt, unbeeindruckt, durch die Szene, alles ist austauschbar, im Requisitenstaat besser oder schlechter geschult: ein Irrtum! Man begreift: ein ahnungsloses Volk, ein schönes Land – es sind tote oder gewissenhaft gewissenlose Väter, Menschen mit der Einfachheit und der Niedertracht, mit der Armut ihrer Bedürfnisse … Es ist alles eine zuhöchst philosophische und unerträgliche Vorgeschichte.

Hm. »Alles ist austauschbar« trifft es ziemlich genau.

Diese Dankesreden lesen sich alle gleich: wie klangvoller, apokalyptischer, pop-philosophischer Blödsinn. Das wirkt sich rückblickend auch auf den Bernhard aus, den wir alle so lieben. Vielleicht ist der entscheidende Satz ja ebenfalls austauschbar? Könnte er nicht genauso gut lauten: »Im Angesicht des Todes ist nichts mehr lächerlich«? Verwechselt Bernhard Dauerhaftigkeit hier nicht mit Wert? Hätte das Leben noch einen Sinn, wenn wir ewig leben würden? In seinen Romanen ist diese Hohlheit durchaus amüsant. (Der österreichische Schriftsteller Daniel Kehlmann berichtet von einem Doktoranden, der brav jeder Erwähnung von Goethe, Kant, Wittgenstein u. v. a. bei Bernhard nachgegangen ist, bis er schließlich zu dem Schluss kam, dass jenseits ihrer Namen nie etwas anderes über sie gesagt wird.) In den Ansprachen nimmt sie aber überhand: »Wir haben, sagen wir, ein Recht auf das Recht, aber wir haben nur ein Recht auf das Unrecht«; »Es ist die Frage: weiter, rücksichtslos weiter, oder aufhören, Schluss machen … es ist die Frage des Zweifels, des Misstrauens und der Ungeduld. Ich danke der Akademie, ich danke für Ihre Aufmerksamkeit.« Wobei, vielleicht ist *Meine Preise* ja auch vollständig ironisch? Würde das helfen? Ist es Ironie, gegen Staatspreise zu wettern und dann über zwei Jahrzehnte hinweg mehr Staatsgelder zu kassieren als jeder andere österreichische Schriftsteller? »Ich hasste die Preisgeber, aber ich nahm ihre Geldsummen an. Heute ist mir das nicht mehr möglich. Bis vierzig, denke ich, ja, aber dann?« Wie ein Internettroll, der nie falschliegt, der die Parameter ständig ändert, damit sie seinem Gefühl von Tugendhaftigkeit entsprechen. Das ist deprimierend. Und leider nicht auf die bekannte, gute Art. Der beste (der schlimmste?) Bernhard findet sich nach wie vor an den bekannten Orten *(Holzfällen, Beton, Der Untergeher)*.

Man nehme eine Kindheit mit Conan Doyle, Dumas und Stevenson, dazu das Fabuliererbe eines Borges und eines García Márquez und berufliche Anfänge als Übersetzer von Nabokov, Updike, Faulkner, James und Shakespeare. Das Ergebnis: die Erzählungen von Javier Marías. In *While the Women Are Sleeping** (New Directions, 22 $) begegnen sich Doppelgänger, Gespenster reichen Kündigungsschreiben ein, ein dichtender Landstreicher ist König von Redonda und ein Junge schreibt eine Geschichte aus der Perspektive eines Toten. Letzteres ist zugleich Fiktion und Realität: Der jugendliche Autor ist Marías selbst. Es sagt einiges über die kindlichen Freuden seines Stils aus, dass »Leben und Tod des Marcelino Iturriaga«, vom Autor mit vierzehn (!) Jahren verfasst, mit allem anderen im Buch mithalten kann. Kindlich, aber nicht kindisch. In »Nennen wir es Sehnsucht« entscheidet sich ein Hausmädchen, das sich in der Situation findet, dem Geist Emiliano Zapatas vorlesen zu müssen, für Sherlock Holmes von Conan Doyle, »auf dessen Raffinesse und lyrischen Stil sie mehr vertraute als auf jeden anderen wissenschaftlichen oder literarischen Köder«. Das gilt auch für Marías selbst. Er spielt Borges'sche Spielchen, ist dabei aber längst nicht so verrätselt. Manchmal sind die anglophilen

* Auf Deutsch finden sich die besprochenen Erzählungen in dem Band *Keine Liebe mehr: Akzeptierte und akzeptable Erzählungen* (Fischer Taschenbuch, 2016). (Anm. d. Ü.)

Anklänge etwas zu dick aufgetragen, wirken fast wie Parodien auf Groschenromane (»Lawson schaute ihn verblüfft an«; »Nachmittag für Nachmittag betrachtete sie den leeren Sessel und schimpfte mit der Stille [...] warf Vorwürfe in die leere Luft«). Und sicher gehört das Doppelgängerthema eigentlich Nabokov. Aber Marías bringt die hinreißendsten Umkehrungen (»Gut möglich, dass Gespenster, sollten sie noch existieren, die Wünsche der sterblichen Hausbewohner mit Bedacht durchkreuzen und nur erscheinen, wenn sie nicht willkommen sind, und sich verbergen, wenn man auf sie hofft und sie erwartet«), die bestürzendsten häuslichen Einsichten (»Es gibt nichts Schlimmeres, als für jemand eine Quelle der Zerstreuung zu sein«). Bei Conan Doyle findet man so etwas nicht.

Besonders eindrücklich an Marías ist sein Realismus. Die Figuren erzählen ihre Lügenmärchen umständlich, weisen auf Offensichtliches hin, schildern mehrfach das gleiche Detail. Das Implizite wird explizit. Ein Butler, der die Frau seines Dienstherrn mit schwarzer Magie belegt hat, beschreibt ihren Genauigkeitsfetisch ein wenig zu genau: »[...] sie will, dass ich immer meine weißen Seidenhandschuhe trage, Sie wissen ja, dahinter steckt die Idee, dass der Butler mit den Fingern überall langfährt, über die Möbel und die Geländer, um zu sehen, ob es Staub gibt, wenn es welchen gibt, werden die weißen Handschuhe sofort schmutzig [...]« Warum wird hier nicht gleich hinter »Staub« ein Punkt gesetzt? Andernorts – in einer Geschichte über einen Mann, der wie besessen seine perfekte Ehefrau filmt, die er umbringen will – wird diese Technik indirekt offenbart, das reine »Schauen« wird kontrastiert mit der »Fähigkeit zu ›sehen‹, was wir fast nie tun, weil es im Gegensatz zum Zeitlichen steht. Dann geschieht es, dass er alles ›sieht‹, die Figuren und den Hintergrund, das Licht, die Komposition und die Schatten, das Körperhafte und die Fläche, den Farbkörper und die Linie und jeden Pinselstrich.« Hier wird das Phantastische glaubhaft gemacht durch seine banale Klarheit, seinen Mangel an Schattierung.

Von Hybris und Herzoginnen

John Grays Werk *Wir werden sein wie Gott: Die Wissenschaft und die bizarre Suche nach Unsterblichkeit* bietet uns ein Doppelporträt menschlicher Hybris. Zum einen zeigt es einen Zirkel aus »Seelenforschern« im England des 19. Jahrhunderts, zum anderen ein Sammelsurium bolschewistischer »Gottesmacher«, deren Ziel es ist, das Leben auf Erden nachzubauen. Beide Bewegungen, so sieht es Gray, verbindet das Bestreben, den Tod zu besiegen. Die Wissenschaft in Gestalt des Darwinismus hat sowohl den Briten als auch den Russen die unerträgliche Wahrheit menschlicher Vergänglichkeit offenbart, und mangels eines überzeugenden religiösen Glaubens wandten sich beide Gruppierungen »der Wissenschaft zu, um genau der Welt zu entfliehen, die ihnen die Wissenschaft soeben erschlossen hatte«. Gray hängt der raffinierten Vorstellung an, eine auf solche Weise gegen sich selbst gewendete Wissenschaft könne zum »Einfallstor des Okkulten« werden. Oft ist dieses Okkulte durchaus ein Segen, wenn es etwa sonst ganz vernünftige Viktorianer und Edwardianer zu dem Glauben führt, sie könnten Nachrichten von jenseits des Grabes empfangen; mitunter wird es aber auch zu jener tödlichen schwarzen Magie, der es gelingt, an einem einzigen Tag des Jahres 1919 sämtliche Pfadfinder von Moskau verschwinden zu lassen. Den vorangegangenen Sätzen können Sie bereits entnehmen, dass Grays Fallstudien ihrem Wesen nach extrem unterschiedlich sind und es daher schwierig ist, sie in einer Inhaltsangabe zusammenzubringen. Oder ehrlich gesagt: Sie sind einfach nur schwierig, Punkt. Einer etwas herrischen Parallelschaltung in der Einleitung zum Trotz (»Die russischen Gottesmacher glaubten, den Tod mithilfe der Wissenschaft entmachten zu können. Die britischen Seelenforscher glaubten, wissenschaftlich beweisen zu können, der Tod sei lediglich der Übergang in eine andere Welt. In beiden Fällen verschwammen oder verwischten sich die Grenzen zwischen Wissenschaft, Religion und Magie«) beginnt das Buch als ein zweigeteiltes und bleibt es auch. Der Versuch einer Synthese ist gewagt – und zudem weitgehend metaphorisch. Gut möglich, dass das Lesepublikum eine solche Metapher als unzureichend empfindet, um eine fundierte Verbindung zwischen der übersinnlichen Praxis des automatischen Schreibens und dem todbringenden Treiben der Tscheka zu ziehen. Zumindest erweist es sich als schwieriges Unterfangen, einen Ton zu finden, der auf nur zweihundert Seiten alles vom trostlos Komischen bis zum uneingeschränkt Tragischen abdeckt.

Der britische Teil eröffnet 1874 mit einer Séance im Londoner Haus von Erasmus Darwin. Unter den Geladenen befinden sich sein Bruder Charles sowie George Eliot. Offenbar *die* Séance der Saison. Sie lief allerdings nicht besonders gut: Charles fand es »zu heiß und anstrengend« dort und ging bald wieder; Eliot sah sich in ihrer Skepsis bestätigt. Doch einer der Anwesenden an diesem Abend war ein Strenggläubiger und einflussreich noch dazu: Frederic Myers, Erfinder des Ausdrucks »Telepathie« und künftiger Präsident der Society for Psychical Research (SPR). In dieser Funktion befindet er sich in erstaunlich guter Gesellschaft: William James war dort ebenfalls Präsident, genau wie die Philosophen Henry Sidgwick und Henri Bergson. Zu den Mitgliedern zählten John Ruskin, Premierminister Gladstone sowie Premierminister Balfour. Und während Myers zu Lebzeiten eine Schlüsselfigur der Szene war, wurde er im Tod ihr wichtigstes Studienobjekt, nachdem er den hinterbliebenen Freunden eingeschärft hatte, sich auf posthume Nachrichten von ihm gefasst zu machen. James gab sich alle Mühe, solche Nachrichten zu empfangen, scheiterte aber; erfolgreicher waren die Ehefrauen und Witwen diverser SPR-Mitglieder, die sich als »Automatisten« betätigten und mehr als dreißig Jahre lang Nachrichten aus dem Jenseits von Myers, Sidgwick und anderen transkribierten. »Alle Personen, die mit den Kreuzkorrespondenzen zu tun hatten«, erläutert Gray, »gehörten zur obersten Gesellschaftsschicht der Edwardianischen Zeit. Viele Beteiligte hatten qualvolle Verluste hinnehmen müssen; einige pflegten insgeheim langjährige intime Beziehungen. Die Niederschriften wurden zum Vehikel für unverarbeitete persönliche Verluste und heimliche Liebschaften.« Unfassbar, wozu diese Briten nicht bereit sind (offen über ihre Gefühle zu sprechen). Unfassbar, wozu sie dann doch bereit sind (ihre schmerzlichen Gefühle auf die medial übermittelten Nachrichten von Toten zu übertragen). Gray gräbt da eine wirklich schräge Gemeinschaft aus: ein halbes Dutzend vornehmer Damen, die Übertragungen aus einem bewusstseinsstromartigen phantastisch-fiktiven Netzwerk voller Verweise entgegennehmen, Nachrichten, gespickt mit »Geschichten und Wendungen aus der griechisch-römischen Antike, der King-James-Bibel und Shakespeare ... Wordsworth, Browning und Tennyson«. Als Philosoph interessiert sich Gray allerdings weniger für die literarischen und unbewussten Motivationen als vielmehr für das offenkundige Grundprinzip, wie Sidgwick es formuliert: »Wenn der Mensch als Person den körperlichen Tod nicht überlebt [...], ergibt Moral keinen Sinn.« Mit anderen Worten: Wenn der Mensch kein besonderes Schicksal besitzt, wenn seine Existenz nicht ewig ist, sondern kontingent, dann ist der Glaube an die Moral als verpflichtendes System nicht mehr haltbar. Vor dem gleichen Dilemma standen auch Kant und Nietzsche, deren jeweilige Reaktion auf die Problemstellung (Verteidigung bzw. Abkehr) zugleich auch die Pole der ethischen Diskussionen des gesamten 20. Jahrhunderts markiert. Sidgwick befand sich im Lager der Verteidiger und tat das im Stil seiner Zeit: Er wollte die Kontingenz mit Wissenschaftlichkeit bekämpfen. Da die Wissenschaft seit Darwin aber zur Offenbarung extremer Kontingenz geworden war, konnte Sidgwick sich nur weiter als Wissenschaftler betrachten, indem er Darwins Botschaft absichtlich falsch interpretierte. Der Tod sei nur ein Stadium des Evolutionsprozesses: »Der Tod war nicht das Ende des Lebens, sondern nur ein Zwischenzustand im kosmischen Fortschritt.« Die Vorstellung, dass die Evolution unbedingt eine Progression von der niedrigsten hin zu höheren Lebensformen beschreibe, war – und ist – ein ebenso gängiges Missverständnis wie die Annahme, »*Survival of the Fittest*« meine immer, dass das »stärkste« Tier sich durchsetze. Darwin selbst war sich hinsichtlich dieser Frage uneins und argumentierte mitunter, die natürliche Selektion sei kaum planvoller als »die Richtung, aus der der Wind bläst«, sprach manchmal aber auch von einer Neigung »zur Vollkommenheit«. Gray ist sich alles andere als uneins: »Die Theorie der natürlichen Auslese enthält nichts, was diese Auffassung stützt.« Doch die »Auffassung« besaß immer schon ihre eigene Dynamik, die ohne weiteres in die Eugenik umschlagen konnte. Hier dient ein prominenter Anhänger, H. G. Wells, als Bindeglied zwischen London und Moskau. Früh von dem sowjetischen Projekt begeistert, schrieb er 1901 in *Anticipations* ebenso leidenschaftlich wie prophetisch über eine von den genetisch »Hochentwickelten« geführte Oligarchie: »Und was den Rest angeht, dieses Gewimmel aus schwarzen und braunen, schmutzigen weißen und gelben Gestalten, die nicht den neuen Anforderungen an Effizienz genügen – nun, die Welt ist eine Welt und kein Wohltätigkeitsball, und ich habe den Verdacht, dass sie abtreten müssen [...] Ihr Anteil am Kuchen ist, auszusterben und zu verschwinden.« Wells' Reise nach Moskau 1920 bildet den Rahmen für Grays Auslegung des Bolschewismus als »materialistische Version des Gnostizismus«, in der das Heil »kollektiver und körperlicher Art« sein wird und das Grundkonzept darin besteht, den Menschen von der Natur zu erlösen: »Mit dem Ziel, einen neuen Typ Mensch hervorzubringen, der nicht länger der Sittlichkeit unterliegt, kultivierte der Sowjetstaat den Tod in ungeheuerlichen Dimensionen. Eine unvorstellbare Anzahl von Menschen hatte zu sterben, damit eine neue Menschheit sich vom Tode losmachen konnte.« Adieu, Pfadfinder.

Von diesem Punkt an wird man, während man sich durch seitenlange Schilderungen stalinistischer Massenmorde blättert, das Gefühl nicht mehr los, sich doch recht weit vom ursprünglichen

Thema, der Unsterblichkeit, entfernt zu haben – es sei denn, man macht sich Grays These zu eigen, dass all diese Morde an Einzelnen dem künftigen Heil des *Ewigen Menschen* dienen. Noch gräulicher wird das Ganze, als Gray eine abschließende metaphorische Verbindung zwischen Okkultismus und Spionage zieht, die erneut zu schwach erscheint, um haltbar zu sein: »Sie ziehen Menschen an, die in den Ereignissen ein verborgenes Muster erkennen wollen.« Welchen Zweck verfolgt dieses seltsame Buch? Die Antwort findet sich in dem kurzen, aber niederschmetternden letzten Teil. Überschrieben ist er mit dem Titel »Süßer Vogel Sterblichkeit«. Hier erfahren wir, dass die »Verwechslung von Wissenschaft mit Magie ein Gebrechen von der Art [ist], für die es kein Heilmittel gibt«. Sie findet sich bis heute bei Wissenschaftlern, die glauben, sie könnten die Klimaerwärmung aufhalten (»Sie können dem Klimawandel, den sie in Gang gesetzt haben, nicht mehr Einhalt gebieten«), und bei den Dawkins-Jüngern, die überzeugt sind, die Wissenschaft könne wie durch Magie den Glauben an Gott unterlaufen (»Kein Muster menschlichen Verhaltens ist religiöser als der Versuch, die Welt ungläubig zu machen, und keines ist irrationaler, weil der Glaube im Grunde weder in der Wissenschaft noch in der Religion eine besondere Rolle spielt«). Dawkins wird hier zum ersten Mal erwähnt, trotzdem ist es möglich, das ganze Buch als raffinierte Anti-Dawkins-Kampagne zu lesen, als Versuch, die Diskussion weg vom vertrauten Kasperletheater-Kampf Wissenschaft gegen Religion und hin zu den Irrtümern zu lenken, die beiden gemeinsam sind. Gray will die Wissenschaft zu dem Zugeständnis nötigen, ihre Theorien seien (wie es die Philosophie schon vor langer Zeit eingeräumt hat) nichts weiter als Werkzeuge, »die wir gebrauchen, um mit der Welt umzugehen«. Das hört sich für literaturaffine Menschen wie Ihre Rezensentin grundsätzlich erst mal gut an, wobei ich mich schon frage, was echte Wissenschaftlerinnen wohl von Grays Behauptung halten würden, es gebe keine »Naturgesetze«, sondern nur »Regelmäßigkeiten«. Das finde sogar ich sophistisch:

Natürlich kann ich nicht mit absoluter Sicherheit wissen, dass der Apfel jedes Mal herunterfallen wird, wenn ich ihn fallen lasse, aber meine Erwartung geht doch ganz massiv in diese Richtung, und ich bin mir sicher, dass auch die Wissenschaft ihrer Tätigkeit auf Basis solch kontingenter Formen von Sicherheit nachgeht, die sie aus dem reichen empirischen Beweisschatz der Natur-»Regelmäßigkeiten« schöpft. (Und würden sich nicht die allermeisten Wissenschaftler auch ohne Zögern zu diesem milden Verlauf von Kontingenz bekennen?) Falls Sie Dawkins' Überhöhung der Wissenschaft zulasten der Religion allerdings ablehnen sollten, wie es ja viele tun, dürften Sie sich von Grays nüchterner Einschätzung ihrer Grenzen (»In der Welt der Erscheinungen erschöpft sich Wirklichkeit in dem, was der Fall ist und was geschieht. Darüber hinaus gibt es nichts«) angesprochen fühlen, selbst während Sie noch mit hochgezogenen Augenbrauen zusehen, wie Gray sich seinerseits übernimmt: »Die Wiederauferstehung der Toten am Ende der Zeiten ist weniger unglaubwürdig als die Vorstellung, die Menschheit werde, ausgerüstet mit wachsendem Wissen, in eine bessere Welt aufbrechen.«

Ich persönlich bin ja anfällig für diese Art von Rhetorik, auch wenn ich nie ganz den inneren Dawkins ausschalten kann, der da hartnäckig in einer Ecke meines Kopfes hockt, das Gesetz der Schwerkraft mit der Wiederkunft Christi vergleicht und rundheraus von mir wissen will, an was von beidem ich mein Leben eher hängen würde. Andererseits geht es Gray ja nicht um den Realitätsgehalt von Religion. Im Gegensatz zu Dawkins verschwendet er keine Energie darauf, die Leserschaft der Genesis mit paläontologischen Erkenntnissen zu konfrontieren (»Der Kern aller Religionen ist gelebte Praxis – Ritual und Meditation. Praxis geht Hand in Hand mit Mythen, und Mythen sind eben keine Theorien, die sich in rationaler Weise entwickeln«). Gray nimmt die Wissenschaft selbst aufs Korn. Aus seiner Sicht will der wissenschaftliche Naturalismus genauso wenig wie der religiöse Fundamentalismus akzeptieren, dass es eben keine verborgene Ordnung gibt, dass die Welt »im tiefsten Grunde chaotisch« ist und der menschliche Wille angesichts dessen »letztlich ohnmächtig«. Der Darwinismus war immer schon eine besonders bittere Pille, die Wissenschaftler kaum leichter herunterbekamen als Gottesfürchtige – auch Darwin selbst hat sich daran verschluckt. Und Gray seinerseits endet mit einer kafkaesken Note: »Am Ende mag alles möglich sein, nur nicht für uns.«

Apropos Streben nach Unsterblichkeit: Wussten Sie, dass die Duchess of Devonshire diesen Monat einundneunzig wird?* Es scheint, als hätte sie sich in den letzten Jahren an ihrem ganz persönlichen kleinen Voodoo-Zauber versucht: das eigene Leben zu verlängern, indem sie ständig Bücher darüber schreibt. Das aktuelle heißt *Wait for Me!* und müsste sich eigentlich schon mehr als altvertraut anfühlen, doch ähnlich wie Chatsworth, der vierhundert Jahre alte Adelssitz, dessen Schlossherrin sie war, ist auch das Leben der Duchess so geräumig, dass sich in irgendeinem Winkel immer noch Material genug für einen weiteren Memoirenband findet, so wie damals, als sie ganz hinten in einem alten Schrank ein Skizzenbuch von Van Dyck entdeckte. So viele Memoiren sie auch schreiben mag, der Nachfrage wird sie ohnehin nie gerecht: Keine noch so große Menge Mitford wird die Bewunderer dieses exzentrischen Clans je zufriedenstellen. Man kann sämtliche Romane von Nancy Mitford gelesen haben, alle Briefe und Biographien, und wird doch immer noch mehr über die sieben Geschwister und ihre unwiderstehlichen, ungeheuerlichen, kommunistischen, nationalsozialistischen und übertrieben vornehmen Umtriebe erfahren wollen. Die Duchess (unter Mitfordianerinnen als »Debo« bekannt) hat das begriffen und lässt gleich mit ihrer einleitenden,

* Leider ist die Duchess am 24. September 2014 von uns gegangen.

drei komplette Seiten umfassenden »Bemerkung über familiäre Spitznamen« Mitford-Manna auf ihre Fans herabregnen. Ich zitiere hier nur einen repräsentativen Abschnitt:

> Muv und Farve, unsere Eltern, nannten Nancy *Koko* [...] Pam und Diana sagten *Nuance* zu ihr, und für mich war sie immer nur die *Ancient Dame of France*, die alte französische Dame; mitunter nannte ich sie auch *French Lady Writer* oder einfach nur *Lady*. Pam hieß bei uns allen *Woman* in diversen Variationen. Tom wurde von Unity und Jessica *Tuddemy* genannt (dem Wort für »Tom« auf Boudledige, ihrer Privatsprache), was bald von uns anderen übernommen wurde. Diana hieß *Dayna* bei Muv und Farve, *Deerling* bei Nancy und bei mir *Honks* [...] Unity hieß *Bobo*, bei mir jedoch *Birdie* oder *Bird*. Jessica nannte sie *Boud* (das hieß »Bobo« auf Boudledige). Jessica ihrerseits hieß bei Muv *Little D*, bei Pam *Stea-ake* und bei mir *Hen* oder *Henderson*, im Allgemeinen wurde sie aber *Decca* genannt – und so bleibt es auch in diesem Buch.

Für die Rezensentin war das Buch ein gewaltiges Vergnügen, wenn auch mit Gewissensbissen, denn mein Verhältnis zu den Mitfords ist keineswegs unbelastet. In einer Weise, die die Duchess, wie sie außer Zweifel lässt, als ebenso banal wie bourgeois empfindet, fühle ich mich vom Antisemitismus der diversen Familienmitglieder abgestoßen, von ihrem grenzenlosen Anspruchsdenken, ihrer Zuneigung zu Oswald Mosley, Hitler und Stalin und der gelassenen Gewissheit, ein Mann, der »sein ganzes Leben der Politik und den öffentlichen Belangen gewidmet hat«, sei eher in der Lage, einen Sohn zu zeugen, »der in seine Fußstapfen tritt, als ein Mann, der sich weder mit dem einen noch mit dem anderen befasst hat«. So etwas glaube ich nicht, und ich glaube auch nicht, dass die Entkolonisierung, ebenso wie die Verstaatlichung des Kohlebaus, nur ein sinnloses Spektakel war oder dass den Hausputz am besten die Söhne oder Töchter derjenigen übernehmen, die bereits seit vierzig

Jahren bei einem putzen. Meine Großmutter war Bedienstete in einem Herrenhaus: Ich danke Gott dafür, dass der Krieg diesem Naturgesetz der Erbfolge ein Ende bereitet hat. Und doch! Die Mitford-Komödie finde ich einfach unwiderstehlich. Großartig, dass Farve in seinem ganzen Leben nur ein Buch gelesen hat – *Wolfsblut* von Jack London – und es so herausragend fand, dass er es sich nicht durch ein weiteres verderben wollte. Großartig, wie Debo vor dem Schlafengehen immer von ihrer großen Schwester Nancy getriezt wird: »Sobald du weg bist, führe ich Freudentänze auf!« Großartig, dass Nancy sich einmal als Penner verkleidet und ihre entsetzten Schwestern auf öffentlichen Plätzen mit anzüglichem Grinsen und einem »Krieg ich kein Küsschen?« bedrängt.

Tendenziell nimmt man Nancy als humoristischen Motor im Hause Mitford wahr, weil sie das alles so gut literarisch darstellen konnte, doch wenn man Debos Schilderungen liest, gehört der Respekt schon bald Farve, dessen komisches Talent ebenso gewaltig wie unabsichtlich war. Als er am Frühstückstisch gleich mehrere von Nancys hochnäsigen Freunden aus Oxford vorfindet, will er (äußerst lautstark) von Muv wissen: »Haben diese Leute denn kein eigenes Zuhause?« So ruft er Nancy ans Telefon, als ihr Verehrer Peter Watson sie sprechen möchte: »Nancy, das Wildschwein Watson will mit dir reden.« Und als Muv Farves literarisches Banausentum dadurch beheben will, dass sie ihm *Tess von den D'Urbervilles* von Thomas Hardy vorliest, muss sie überrascht feststellen, wie sehr Tess' Schicksal ihn rührt: »Aber, Liebling, wein doch nicht. Es ist nur eine Geschichte.« Darauf Farve: »WAS?! Willst du damit sagen, der Mistkerl hat sich das alles nur ausgedacht?«

Was Klassenbewusstsein angeht, braucht man sich bei den Mitfords keine großen Hoffnungen zu machen. Sie sahen sich selbst genauso natürlich als herrschende Klasse, wie sie wussten, dass jedes Frühjahr wieder die Butterblumen blühen. Churchill war für sie nur »Cousin Winston« und Macmillan »Onkel Harold«; Jack Kennedy war ein süßer Junge, der in dem Jahr, als Debo Debütantin war, auf ein paar Bällen aufkreuzte. Herrgott, sie hatten ja sogar Spitznamen für die Königsfamilie (Prinz Charles hieß bei ihnen *»Friend«*, die Queen Mum *»Cake«*). Akademische Erfolge jeglicher Art galten als hoffnungslos abgeschmackt, und die Jahreszeiten in England wurden nicht anhand von Wetteränderungen bemessen, sondern anhand des Massenandrangs an den verschiedenen Bahnhöfen: Ascot, Glyndebourne, Henley. Meine Toleranz für solche Dinge ist einigermaßen groß, hat aber auch ihre Grenzen. Als eine Freundin aus Amerika (Bunny Mellon) beschließt, Debos Schwiegermutter, die sich im Londoner East End für bedürftige Frauen einsetzt, ein paar Kleider zu spenden, sind Debo und die anderen entsetzt, als sie in den eintreffenden Kisten nichts als Balenciaga vorfinden. Sie bringen die Kleider beiseite und schicken den Frauen stattdessen »ordentliche, ungetragene Kleider aus unseren eigenen Beständen, die den Zwecken meiner Schwiegermutter vollauf genügten«. Die Mitfords führen derweil ihre neue Designermode spazieren. Debo dazu: »Kein Mensch hätte sich mehr daran gefreut.« Wo soll man da anfangen?

Klassendenken ist wie ein Kokon – man muss ein Genie sein, um sich da wieder herauszudenken. Debo ist kein Genie, das würde sie selbst als Erste einräumen. Aber als Autorin ist sie witzig, aufrichtig und unprätentiös und legt eine gewinnende Mischung aus Naivität und Weisheit an den Tag. Ihre gesellschaftlichen Erfahrungen sind sicherlich begrenzt (aber sind nicht all unsere gesellschaftlichen Erfahrungen begrenzt, ob in den obersten oder den untersten Schichten?), doch ihre persönlichen Erfahrungen sind breit gefächert und häufig traurig und rufen uns in Erinnerung, dass es menschliche Probleme gibt, vor denen uns kein Geld und keine Klassenzugehörigkeit der Welt bewahren kann. Debo war sechsmal schwanger: Drei Babys starben bei der Geburt, drei überlebten. Diese düstere Zeit – sowie den lebenslangen Alkoholismus ihres Mannes – handelt sie auf wenigen Seiten ab und beweist damit Verschwiegenheit und Gleichmut, jene früher so verbreiteten britischen Tugenden, deren Verschwinden sie an anderer Stelle beklagt, wie auch das Verschwinden von ellbogenlangen Abendhandschuhen und jener Abteilung von Harrods, wo der Landadlige seine Jagdhunde parken konnte, während er sich im Club aufhielt.

Édouard Levé und Peter Stamm

Am 15. Oktober 2007, zehn Tage nach der Abgabe des Manuskripts zu seinem Roman *Selbstmord*, nahm sich der Pariser Schriftsteller und Fotograf Édouard Levé mit zweiundvierzig Jahren das Leben. Sein Selbstmord bildet das dezentrale Zentrum von *Selbstmord*, das muss er gewusst haben. Als Konzeptkünstler schätzte Levé die »différance« von Bezeichnungen, die außerhalb einer gegebenen Struktur existieren und sie doch in ihrer Gesamtheit durchdringen – ein Vorgehen, das früher einmal auf Derrida beschränkt war, dann aber aufgrund seiner Allgegenwärtigkeit zunehmend einfach als französisch galt. In *Œuvres* (2002) beschreibt Levé 533 eigene Werke, die zu diesem Zeitpunkt noch nicht existierten. Sein Fotoprojekt *Homonymes* ist eine Serie von Porträts »normaler« Menschen, die den gleichen Namen wie Berühmtheiten tragen. Eine Variante dieses Konzepts kam bei *Amérique* (2006) zum Einsatz, einem visuellen Reisebericht, für den er drei Monate lang durch die USA reiste und dort nur Städte besuchte, die genauso hießen wie eine Stadt in einem anderen Land. Vielfach wirken diese Fotos ein bisschen nullachtfünfzehn: verlotterte Amerikaner, Reihenhäuser, verlassene Highways. Das Ironische daran scheint direkt aus der nächstgelegenen Urban-Outfitters-Filiale zu stammen. Das soll gar nicht neunmalklug klingen: Levés Kunst folgt im Kern tatsächlich einer Ästhetik des Pubertären, im Guten wie im Schlechten. *Pêcheur de Bagdad et sa fille*, das bitterböse Porträt eines übergewichtigen Vaters mit seinem Sohn (statt der Tochter aus dem Titel) beim Angeln in Bagdad, Florida, ist ein treffendes Beispiel für die undurchdringliche Großspurigkeit, mit der einem Teenager (und Pariser) oft so sehr auf die Nerven gehen. Andernorts, ganz konkret in einer Aufnahme mit dem Titel *Jeune femme de Paris*, findet Levé das genau richtige Teenagermädchen in der genau richtigen weißen Jeans: Mit ihrer mürrischen Schönheit wäre sie auch auf den Champs-Élysées nicht fehl am Platz. Levés Prosa ist auch nicht anders, sie wechselt immer wieder abrupt vom Banalen zum Erhabenen. Nehmen wir nur den Anfang von *Autoportrait*, seinem vorletzten, ohne jeden Absatz verfassten Roman, der nur aus auktorialen Aussagen besteht:

> Als Jugendlicher glaubte ich, eine *Bedienungsanleitung Leben* könnte mir beim Leben helfen und eine *Bedienungsanleitung Selbstmord* beim Sterben. [...] Das Ende einer Reise hinterlässt bei mir denselben traurigen Nachgeschmack wie das Ende eines Romans. Was mir nicht gefällt, vergesse ich. [...] Wenn ich an Sackgassen vorbeigehe, schaue ich prüfend hinein. Was am Ende des Lebens kommt, macht mir keine Angst. Ich höre selten auf das, was andere mir sagen. [...] Ich begreife nur langsam, wenn jemand mich schlecht behandelt, so sehr überrascht es mich: Das Böse ist irgendwie irreal.

Diese Mischung aus Nachdenklichkeit und Stolz, ehrlicher Befragung und reiner Pose – wäre ich fünfzehn, dann wäre *Autoportrait* meine Bibel. Auch als Erwachsene kann ich Levé nur schwer widerstehen, vielleicht ja, weil seine Pubertätsästhetik uns an die Texte erinnert, die uns ursprünglich einmal zum Lesen gebracht haben. Geschichten wie »Ein idealer Tag für Bananenfische«, auch dies ein Selbstmordtext und eine der pubertärsten – und schönsten – Erzählungen der amerikanischen Literaturgeschichte. Als Erwachsene wissen wir, wie überfrachtet, wie unfair das Dilemma ist, vor das Salinger seinen Seymour stellt. (Im Grunde doch: Wenn du nicht so wahrhaftig leben kannst wie ein Kind, warum dann überhaupt leben?) Doch wenn man die »Bananenfische« liest, führen sie einen in eine Zeit zurück, in der man sich schon umbringen wollte, wenn man nur zufällig ein verlogenes Gespräch mitanhörte. Ich glaube ja, wir bringen den shakespearehaften Autoren, denen es gelingt, die sieben Lebensalter des Menschen vom wimmernden Säugling bis hin zur zweiten Kindheit einzufangen, pflichtschuldigst Bewunderung entgegen, doch unsere besondere Verehrung heben wir uns für die Schreibenden auf, die – wie soll man das formulieren? – in jenem erbitterten, unausgeglichenen und mitleidlosen Alter hängen geblieben sind. (»Künste, die mit dem Vergehen von Zeit arbeiten«, schreibt Levé, »gefallen mir weniger als solche, die sie anhalten.«) Es ist kein Zufall, dass Schreibende, die die Zeit auf diese Weise anhalten, auch ihre eigene Pubertät als die beste Zeit ihres Lebens in Erinnerung haben:

> Meine besten Gespräche habe ich in meiner Pubertät mit einem Freund geführt, mit dem ich Cocktails trank, die wir aus dem Alkoholvorrat seiner Mutter blind zusammenmixten; wir redeten bis zum Morgengrauen [...] im Verlauf dieser Nächte verfasste ich Reden über Liebe, Politik, Gott und den Tod, von denen ich nicht ein Wort behalten habe, obwohl ich mich dabei manchmal vor Lachen auf dem Boden wälzte; Jahre später sagte dieser Freund seiner Frau in einem Moment, als sie Tennis spielen gehen wollten, er habe etwas im Haus vergessen, ging in den Keller und schoss sich mit einem Gewehr, das er sorgfältig dafür präpariert hatte, eine Kugel in den Kopf.

Dieser schockierende kleine Nachtrag, ganz beiläufig (so wie ein Teenager es machen würde!) in *Autoportrait* versteckt, führt direkt weiter zu den ersten Sätzen von *Selbstmord*:

> An einem Samstag im August verlässt du in Tenniskleidung deine Wohnung. Deine Frau begleitet dich. In der Mitte des Gartens lässt du sie wissen, dass du deinen Tennisschläger im Haus vergessen

> hast. […] [Du] steigst hinunter in den Keller. Deine Frau bemerkt davon nichts […] Einige Augenblicke später hört sie einen Schuss.

Es ist nur ein kleiner Sprung von der narzisstischen Klaustrophobie in *Autoportrait* zur narrativen Kraft von *Selbstmord* – vom *je* zum *tu* –, doch in dieser Differenz liegt die ganze *différance*. Das Buch findet eine betörende Balance zwischen Monolog und Biographie. Doch was für ein Mensch ist dieses *tu*? Tja, er ist du. Du bist zu rein für diese Welt. Und außerdem viel zu brillant. Du bist wie Seymour Glass und der junge Werther. Die gesellschaftliche Erfahrung findest du nicht wahrhaftig: »Eines Abends warst du mit anderen bei Freunden zum Essen eingeladen. […] du konntest dich auch nicht entschließen zu lügen, als du auf die simple Frage ›Wie geht's?‹ Antwort gabst.« Du bist sehr rein. Du bist wie Wittgenstein oder Jesus: »Einige Zeit später hat man dir verkündet, du seist angenommen. Deine Ausführungen zum Tod hatten dir eine der besten Noten eingebracht. Du hast die Aufnahme abgelehnt.« Du bist dir selbst entfremdet: »Du tratst näher [an den Spiegel] heran und erkanntest deine Gestalt wieder, aber sie kam dir vor wie die eines anderen.« Du lässt dich sehr leicht lesen (ich konnte dich gar nicht mehr aus der Hand legen!), auch wenn Levés Überlegungen zu dir nicht immer die alleroriginellsten sind. Dass Levé – inmitten der eigenen Extremsituation – mit so viel Zuneigung an dich denken kann, gibt dieser schlichten Auflistung von Fakten über dich großes emotionales Gewicht. Was noch? Mitunter wird deine Geschichte von theoretischen Predigten unterbrochen:

> Ein Lexikon ist der Welt ähnlicher als ein Roman, denn die Welt ist keine zusammenhängende Folge von Handlungen, sondern eine Komposition von Wahrnehmungen. […] Wenn Ereignisse aufeinander folgen, glaubt man, es sei eine Geschichte. In einem Lexikon dagegen gibt es keine Zeitfolge: ABC ist nicht mehr oder weniger

> chronologisch als BCA. Dein Leben in einer zusammenhängenden Ordnung zu beschreiben, wäre absurd. Die Gelegenheit macht die Erinnerung an dich. Mein Hirn lässt dich so zufällig in Details auferstehen, wie man Murmeln aus einem Beutel fischt.

Manches davon fand sich auch schon in *Autoportrait* (»Ich mag Ruinen lieber als Denkmäler«; »Ich schreibe in Fragmenten«). Autoren aus Paris sind offenbar überzeugt davon, dass der Rest der Welt das Leben für einen chronologisch erzählten Roman hält. Aber du als Figur überstehst auch den Einwand, dass Figuren sich nicht erschaffen lassen: »Weit von zu Hause entfernt hast du es genossen, verrückt zu sein, ohne als nicht zurechnungsfähig zu gelten, dumm zu sein, ohne auf deine Intelligenz zu verzichten, Hochstapler zu sein, ohne ein Delikt zu begehen.« Und jenseits dieser Abstraktionen deiner Persönlichkeit findet sich die gänzlich unphilosophische Erkenntnis, dass Antidepressiva dich deines Selbstseins komplett berauben können: »Plötzlich hattest du kein Gehirn mehr. Oder es war das eines anderen. Zwei Stunden bliebst du so sitzen und fragtest dich, ob du eigentlich du selbst warst.« »War das bisschen falsches Glück es wert, deine Willensfreiheit einzubüßen?«

Geht es da jetzt um dich – oder um Levé? Und spielt diese Differenz eine Rolle? Es ist, als hätte Levé den existenziellen Weg gefunden, eine Freundschaft abzubilden: zwei Seelen, die in einem Pronomen miteinander verschmelzen. Die Traurigkeit dieses Buches ist überwältigend. Und doch bietet es gleichzeitig Grund zur Freude, weil es die letzte Aufzeichnung eines Autors ist, der am Ende doch noch das passende Gefäß für sein Talent gefunden hat. In *Selbstmord* entwickeln Levés Fragmente eine wundersame Schärfe, sie können die Tragik in wenigen Sätzen heraufbeschwören: »Auf einer Kassette hast du eine Reihe von Nachrichten aufbewahrt, die irrtümlich auf deinem Anrufbeantworter hinterlassen worden waren. Eine davon lautete: ›Wir sind gut angekommen.

Wir sind gut angekommen. Wir sind gut angekommen.‹ Eine hoffnungslose, alte Frau hatte sie sehr langsam aufgesprochen.«

Sieben Jahre ist der vierte Roman von Peter Stamm, einem achtundvierzigjährigen Schweizer. Die englische Ausgabe hat ein zauberhaftes Cover: das Foto eines alten Bettgestells mit schicken modernen Bezügen vor einer in geschmackvollem Grau gehaltenen Wand. Ich warf nur einen Blick darauf und dachte: Mein Gott, so möchte ich auch leben! Diese spießbürgerliche Reaktion sollte sich, wie wir noch sehen werden, als thematisch wichtig erweisen. Der Roman geht einem regelrecht unter die Haut. Er empfängt uns in einem reinen, modernen Raum, der ebenso reizvoll wirkt wie das Zimmer auf dem Umschlag – und scheißt uns dann so richtig an, wenn Sie diesen schweizerdeutschen Ausdruck entschuldigen wollen. Er handelt von »Lifestyle« im allerweitesten Sinne und ist eine niederschmetternde Lektüre. Und so beginnt er: »Sonja stand in der Mitte des hellerleuchteten Raumes, im Zentrum wie immer.« Sonja ist eine brillante, bildschöne junge Frau, die Anfang der Achtziger in München Architektur studiert. Der Icherzähler ist Alex, ebenfalls ein angehender Architekt, der als Bekannter voller Bewunderung für sie beginnt (»Sie hatte mehr Talent als ich und war viel fleißiger«) und schließlich als ihr Ehemann endet. Spannend ist, wie es dazu kommt. Sonja ist mit einem von Alex' geselligeren Freunden zusammen, sie wirken wie ein echtes Traumpaar, doch als ihr Freund sie unerklärlicherweise verlässt (»Das verstehe ich nicht, sagte ich, wie man eine Frau wie dich aufgeben kann«), erwägt Alex einen möglichen Durchbruch von seinem in Sonjas Leben: »Manchmal spielte ich mit dem Gedanken, mich in Sonja zu verlieben, aber so naheliegend es gewesen wäre, so unangebracht schien es. […] Ich konnte sie mir nicht als meine Freundin vorstellen, nicht im Bett, noch nicht einmal nackt. […] Ein wenig kam sie mir vor wie jene Puppen, deren Kleider festgenäht und ein Teil ihres Körpers sind.« Sonja ist beklemmend perfekt und besitzt einen Machtwillen, der Alex fehlt. Sie glaubt, »die Welt durch Architektur verändern zu können«. Sie bewundert Le Corbusier; Alex ist der Dekonstruktivismus lieber.

Trotzdem fangen sie an, einander zu umkreisen, denn auch Sonja glaubt, bei Alex Potenzial zu sehen. Sie fahren zusammen nach Marseille, um sich die Cité Radieuse von Le Corbusier anzuschauen. Auf der Fahrt haben sie ein aufschlussreiches Streitgespräch: »Außerdem sei das doch nichts Schlechtes, wenn ein Gebäude seine Bewohner zum Besseren verändere. Ich sagte, der Mensch habe eine Geschichte, die es zu berücksichtigen gälte.« Für Alex ist diese Reise »eine Szene wie aus einem französischen Film aus den fünfziger oder sechziger Jahren, unser ganzes Leben war ein Film aus lauter Totalen, weite Räume im Mittagslicht, durch die kleine Menschen sich bewegten, alles sehr ästhetisch, sehr kühl und intellektuell«. Das potenzielle Paar kommt in der Wohnung von Sonjas Freundin Antje unter, einer deutschen Künstlerin Mitte vierzig, die, wie Alex, eine große Neugier auf menschliche Verirrungen hat, wie er ihren Bildern entnimmt: »Dann sah ich die unheimlichen Wesen auf den Bildern, ein Mann mit einem Fischkopf und einem riesigen Glied, das er in beiden Händen hielt, ein Stier, der eine Kuh bestieg, beide mit Menschenköpfen, zwei Hunde mit menschlichen Genitalien, die sich gegenseitig leckten.« Selbst auf Antje wirken Alex und Sonja in der Theorie unwiderstehlich gut. Als es schon spät ist, schiebt sie Alex in das Zimmer der schlafenden Sonja. »Unter der Achsel war ein kleiner, dunkler Schweißfleck, der einzige Makel in einem sonst perfekten Bild. Ich streichelte den Fleck mit dem Finger, eine andere Berührung wagte ich nicht.« So beginnt die Beziehung. Sie ziehen in eine gemeinsame Wohnung und erleben dort einen merkwürdigen Moment vor dem Spiegel, der mich noch mehr erschauern lässt als Levé:

> Wir standen nebeneinander im Bad und sahen uns im Spiegel an. Ein schönes Paar in einer schönen Wohnung, sagte Sonja und

> lachte. Ich drehte mich zu ihr und küsste sie und musste daran denken, wie sich jetzt auch dieses schöne Paar im Spiegel küsste, eine Vorstellung, die mich mehr erregte als der Kuss selbst. Ich fasste mit der Hand in Sonjas kurzes Haar, streichelte ihren ausrasierten Nacken. Du siehst aus wie ein Junge. Sie lachte und fragte, ob ich sie jetzt nicht mehr möge. Ich trat hinter sie und legte meine Hände auf ihre Brüste und sagte, ein paar Unterschiede gebe es ja glücklicherweise noch.

Hier zeigt sich, wie verstohlen Stamm vorgeht: Die bange Frauenfeindlichkeit unseres Icherzählers verbirgt er nicht (Alex wünscht sich eine brillante, moderne Frau, doch ihre neue Frisur macht ihn nervös; er will trotz allem auch eine Frau, bei der noch »ein paar Unterschiede« sichtbar bleiben). Doch in der Art, wie Sonja ihr Leben anpackt, als wäre es sein eigener Werbespot, liegt auch etwas frustrierend Vertrautes. Weihnachtsgeschenke werden ausgetauscht, Pläne für die Zukunft geschmiedet: »Es war ein Pappmodell eines Einfamilienhauses, sehr sorgfältig gearbeitet. Vor dem Haus standen zwei Figürchen, ein Mann und eine Frau. Irgendwann, sagte Sonja. Ich wollte sie auf den Mund küssen, aber sie drehte den Kopf weg, und ich küsste sie auf die Wange.« Sie heiraten, trotz aller offensichtlichen erotischen Kälte zwischen ihnen. Sie gründen eine gemeinsame Firma, entwerfen Wohnsiedlungen, Sonja voller Begeisterung, Alex durchaus ambivalent:

> [W]enn ich Jahre später eine der Siedlungen besuchte, wenn ich sah, wie die Gebäude in Besitz genommen worden waren – zum Trocknen aufgehängte Wäsche auf den Balkonen, achtlos hingeworfene Fahrräder vor den Hauseingängen, kleine Blumenbeete, die gegen jedes Landschaftskonzept angelegt worden waren –, auch dann empfand ich weniger Ärger als Angst und zugleich eine Art Faszination vor dem wuchernden Leben, das sich unseren Plänen entzog […]

Die Firma wächst. Sie ziehen in größere Büroräume. Um das zu feiern, lässt Alex Sonjas Lieblingszitat von Le Corbusier für sie rahmen: »*Alles ist anders. Alles ist neu. Alles ist schön.* Sie hängte es über ihren Schreibtisch und sagte, alles ist so, wie es sein soll.« Mein Gott, so möchte ich auch leben …

Vielleicht haben Sie jetzt das Gefühl, dass Stamm Sonja ein wenig übel mitspielt, und damit haben Sie durchaus recht. Eine flammend feministische Lektüre scheint angebracht. Da sind wir also eure selbstbestimmten Partnerinnen geworden, und jetzt hasst ihr uns dafür? So empfand ich das, völlig eindeutig, gleichzeitig konnte ich Stamms breiterer Kritik, die sowohl Frauen als auch Männer umfasst, ihre Kraft aber nicht absprechen. Erst verkauft man der Familie und den Freunden den eigenen Lebensstil (dessen Kernstück natürlich die Beziehung ist). Dann bringt man den Rest seines Lebens damit zu, ihn sich gegenseitig zu verkaufen. Bei einem langweiligen Mittagessen mit Sonjas Exfreund, der inzwischen erfolgreicher Geschäftsmann ist, bekommt Alex das alles vor Augen geführt:

> Er sprach von spontanen Netzwerken und von Lebensunternehmern, Menschen, die ihrem Leben gegenüber eine unternehmerische Grundhaltung hätten und sich immer wieder neu fragten, was sind meine Stärken, meine Vorlieben, meine Voraussetzungen? Was mache ich daraus? Wo will ich hin, und wie komme ich dorthin? Darin liegt die Zukunft, in der Ich-AG. Und was, wenn die Ich-AG Konkurs macht?, fragte ich.

Aber diese Möglichkeit darf nicht zugelassen, sie darf nicht einmal gedacht werden:

> [Sonja] hatte unsere Beziehung einmal mit einem Haus verglichen, an dem wir zusammen bauten, etwas, was nicht in dem einen oder dem anderen war, sondern was entstand aus unserem gemeinsamen

Willen. In diesem Haus gebe es viele Räume, hatte sie gesagt, ein Ess- und ein Schlafzimmer, ein Kinderzimmer und einen Speicher für die gemeinsamen Erinnerungen. Und was ist mit dem Keller, hatte ich gefragt, aber sie hatte nur gelacht.

Ja, was ist eigentlich mit dem Keller? In diesem perfekten Bild fehlt noch etwas beziehungsweise *jemand*: Iwona. Iwona ist der Keller dieses Romans, das Es zu Sonjas Über-Ich. Alex lernt sie kennen, als seine Beziehung mit Sonja gerade anfängt. Eine zufällige Begegnung im Biergarten. Sie ist gebürtige Polin, gläubige Katholikin, stämmig und schlecht gekleidet (»Sie trug eine beige Bundfaltenhose und eine Bluse mit einem folkloristischen Muster«). Sie hat keinerlei Ehrgeiz. Sie arbeitet in einer christlichen Buchhandlung. Sie ist praktisch einsilbig. Am Tag ihrer ersten Begegnung verbringen sie die Nacht miteinander. »Ohne dass irgendetwas geschah, hatte ich das Gefühl, sie gebe sich mir hin.« Womöglich ist sie auch verrückt, denn der erste vollständige Satz, den sie zu ihm sagt, lautet: »Ich liebe dich.« Und ihm ist vollständig schleierhaft, was ihn so zu ihr hinzieht: »Iwona langweilte mich, wir hatten einander nichts zu sagen. Nur im Bett war ich gern mit ihr zusammen, wenn sie dalag, weich und schwer in ihren hässlichen Kleidern, und ich mich ganz frei fühlte und ungehemmt.« In dieser verkehrten Welt wird ein kitschig dekoriertes Zimmer pornographisch (»Über dem Bett war ein kleines Kruzifix aus Plastik, an den Wänden hingen Postkarten und gerahmte Bibelsprüche. Im Bett lagen jede Menge Plüschtiere in schrillen Farben, wie man sie an Bahnhofskiosken kaufen konnte«), und Chaos und Dreck wirken unwiderstehlich: »Die Ärmlichkeit, die Unordnung und die Abwesenheit jeglicher Ästhetik schien mein Verlangen nur noch zu verstärken.« Guter Sex ist kein Kriterium: »[W]enn ich sie berührte, reagierte sie kaum, oder sie spielte mir etwas vor. Was mich nicht von ihr loskommen ließ, war ihre vollkommene Hingabe.« Offenbar wohnen wir zurzeit der Rückkehr einer uralten Figur in die zeitgenössische Literatur bei: der schlichten, hingebungsvollen jungen Frau. In Jonathan Franzens *Freiheit* findet sich ein weiteres Beispiel. Wie sich zeigt, hat das Haus der menschlichen Sexualität also doch (einen) Keller, sosehr wir auch versuchen, uns auf die Einbauküche zu konzentrieren.

Alex tut sein Bestes, diese merkwürdige Eskapade wieder zu vergessen. Doch auch nachdem er Sonja geheiratet hat, kehrt die Erinnerung an Iwona immer wieder zurück. Dann kommt das verflixte siebte Jahr. Was nun passiert, ist ein Schock: Den will ich Ihnen nicht verderben. Ohnehin ist das Ganze – geschickt in eine Rahmenhandlung eingebettet – ein Geständnis vor Antje, zwanzig Jahre später. Sie ist es, die über die Situation zu urteilen hat, und sie ist auch die soziale Instanz, die Sonja und Alex ursprünglich zusammengebracht hat. Ich würde sagen, es ist kein Zufall, dass sie zwanzig Jahre älter und damit im richtigen Alter ist, um die erste Welle des Feminismus mitbekommen zu haben. Unbeeindruckt von Alex' Beichte steht sie stellvertretend für die zornige Leserin:

> Aber ich hatte keine Wahl, ich konnte nicht anders. Antje sagte, ich mache es mir ein bisschen einfach. Sie glaube an den freien Willen. Hast du das nie erlebt, sagte ich, dass du etwas getan hast, obwohl du wusstest, dass es falsch war. Auch das gehört zum freien Willen.

Sieben Jahre kommt mir vor wie ein katholischer Roman, die faszinierende Ergänzung einer Tradition, zu der auch *Die Kraft und die Herrlichkeit*, *Die Blütezeit der Miss Jean Brodie* und das weniger bekannte Werk *Ein Liebesexperiment* von Hilary Mantel zählen (das ebenfalls vom Scheitern der ersten Feminismuswelle handelt und mit der Figur Karina eine Art Prototyp für Iwona enthält, stämmig und osteuropäisch). Das Verbindende zwischen den Romanen dieser Tradition ist, glaube ich, eine Tendenz, sich bestimmten Verirrungen zu stellen, ohne sie verschleiern oder auflösen zu wollen. Stamms Prosa (von Michael Hofmann wunderschön ins Englische übersetzt) ist einfach, dabei aber alles andere als schlicht: Fehlende Anführungszeichen lassen zu, dass Gedanken sich mit Aussagen vermischen, Schuldzuweisungen durcheinandergeraten und nur ein paar Kommas Alex' harmlose Worte von seinen vergifteten Taten trennen, wie das grammatische Äquivalent der »dünnen Schicht«, die er einmal zwischen zivilisiertem Verhalten und dem hässlichsten Chaos wahrnimmt, als er eine an die *Jerry Springer Show* erinnernde Talksendung im Fernsehen sieht. Ein zurückhaltender, aber treffsicherer Stil. Eigentlich wird man schon früh gewarnt, durch das Motto, das (dieses eine Mal!) nicht überflüssig, sondern tatsächlich ganz entscheidend ist: »Lichter und Schatten enthüllen die Formen.« (Le Corbusier) Ich war von Stamms Lichtern und Schatten so gefangen genommen, dass ich den Roman schon fast fertig gelesen hatte, bevor mir klar wurde, wie vehement ich eine Argumentation wie die seine ablehnen würde, wenn sie mir in irgendeiner anderen Gestalt unterkäme als in diesem Roman. Auf der vorletzten Seite steht Alex am Flughafen, sieht den startenden Flugzeugen zu und entdeckt dabei einen Mann mit zwei Kindern: »Er [wandte] sich wieder seinen Kindern zu und sagte, jetzt ist sie weg, und eines der Kinder, ein Junge von vielleicht zehn Jahren, fragte, wo? Ich sehe sie nicht. Da, der Vater zeigte in die Luft, da fliegt sie. Aber da, wo er hinzeigte, war nichts zu sehen außer dem bedeckten Himmel.« *Ganz schön weit gekommen, Baby*, schrieb ich an den Rand – *vielleicht zu weit?* Und konnte selbst nicht fassen, was ich da schrieb. *Sieben Jahre* ist ein Roman, der uns an den eigenen Dogmen zweifeln lässt. Was kann ein Roman mehr bewirken?

Paula Fox und Geoff Dyer

Jetzt, wo Paula Fox in jeder halbwegs gut sortierten amerikanischen Buchhandlung zwischen Ford Madox Ford und Mary Gaitskill im Regal steht, lässt sich leicht vergessen, wie viel Zeit sie draußen in der Wildnis verbracht hat. Die Geschichte ihrer Wiederentdeckung wurde schon oft erzählt: Zusammen mit der Reetablierung von Richard Yates gehört sie zu den schönsten Geschichten der New Yorker Verlagsbranche in den Neunzigern. Beide Revivals reagierten auf ein aktuelles Bedürfnis. Eine neue Generation von Schreibenden suchte nach Wegen, »Haus-und-Garten-Literatur« zu verfassen, wie Don DeLillo das einmal genannt hat – und zwar ohne sich dabei den Spott von Autoren wie DeLillo zuzuziehen. Ein neuer Realismus des häuslichen Alltags: unsentimental und doch lebendig, anklagend, ohne mürrisch zu wirken, symbolisch für das Land, aber trotzdem nicht zu schematisch. Manchmal sind die Bücher, von denen man träumt, längst geschrieben. Paula Fox' Roman *Was am Ende bleibt* tauchte in Jonathan Franzens Essay zur Verteidigung des Romans für *Harper's Bazaar* auf, »Perchance to Dream«, und in den Seminarräumen von David Foster Wallace; Schreibende empfahlen ihn ihrer Leserschaft ebenso wie einander. Und auch wenn Yates die eigentliche Supernova wurde, bleibt Fox doch die Autorin für die Autoren. Ihr Werk für Erwachsene ist kleiner als das von Yates und beherrschter (ohne seinen Hang zum Selbstmitleid), obwohl sie – persönlich wie professionell – Grund genug gehabt hätte, sich zu bemitleiden. Als ungewolltes Kind zweier Verzweifelter wurde sie oft allein gelassen, manchmal jahrelang, und wie Yates litt auch sie besonders unter einem vorgeblich »kreativen« Elternteil, der die Kunst dem Kind vorzog und den Alkohol beiden. Wie Yates musste sie zusehen, wie ihre Werke wieder aus den Läden verschwanden, während mittelmäßige Zeitgenossen gefeiert wurden. Beide neigten zur Skepsis hinsichtlich der Einzigartigkeit, die so viele Künstler als ihr Grundrecht in Anspruch nehmen (und der kommerzielle Misserfolg ihrer Bücher dürfte dieses Gefühl nur noch verschlimmert haben). Beide hingen nicht sonderlich an dem bürgerlich-konventionellen Leben, das sie am Ende ihrer chaotischen Kindheit erwartete. Dass bei beiden der Bombast so völlig fehlt, war mit ein Grund, warum die Leserschaft der Neunziger, erschöpft von der Unbezähmbarkeit des Personals und der Prosa bei Autoren wie Wolfe und Mailer, sie so ins Herz schloss. Es war wieder einmal Zeit für Schreibende mit einem eingebauten, stoßfesten Quatschdetektor, wie ihn schon Hemingway empfahl. Den besitzt Fox auf jeden Fall; in mancher Hinsicht ist ihr Detektor dem von Hemingway und Yates, die sich beide nach und nach zur Witzfigur soffen, sogar überlegen. Fox kannte diesen Typus nur zu gut. Ihren Vater, den Roman- und Drehbuchautor Paul Hervey Fox, beschreibt sie schlichtweg als »Schriftsteller und Trinker«. Im Vorwort zu *Die Zigarette und andere Stories* veredelt sie die Witzfigur, die er war, zum eindrücklichen Porträt:

> Die wenigen Male, die ich ihn in meiner Kindheit und Jugend sah, war er meistens betrunken. Als junger Mann hatte er gut ausgesehen. Poetisch und vernuschelt erging er sich in endlosen, stockenden Schilderungen, wie er und andere Schriftstellerkollegen dem Familienleben und den Frauen zu entkommen versuchten. Alle Schriftsteller, behauptete er, seien verhinderte Romantiker, die vor der Häuslichkeit und den Frauen in die Gebirgshöhen zu flüchten suchten, aber vom weiblichen Brut- und Nisttrieb immer wieder ins Flachland hinuntergezerrt würden.

Fox hat fünfundvierzig Jahre damit zugebracht, zwei Eigenschaften zu kultivieren, die ihrem Vater fehlten, Selbstbeherrschung und Empathie: »die dauerhafte Anteilnahme an allen Lebewesen«. Im neuesten Sammelband erhält dieses Interesse eine breite Bühne, über Fiktives, Erinnerungen, Vorträge und Essays hinweg, die keine klare Trennung der Genres vornehmen. Fox bleibt darin ihrer Selbstwahrnehmung treu:

JOURNALIST: Aber worin liegt denn dann aus Ihrer Sicht der Unterschied zwischen Autobiographie und Fiktion?
PAULA FOX: Für mich ist da kein großer Unterschied.

Und das feine Gewebe ihrer fiktiven Texte, deren visuelle Schärfe, fügt sich tatsächlich nahtlos ins Nichtfiktive ein. Im oben zitierten Interview mit der *Paris Review* verteidigt sie sich gegen die Kategorisierung als Intellektuelle und beschreibt ihre Gabe wie folgt: »Ich kann *sehen.*« Das kann sie allerdings. Aus einem Essay, der ihren Umzug nach Brooklyn schildert: »Aber man konnte den Himmel sehen, wie man ihn in Manhattan nur selten sah. Als ich nach oben blickte, erkannte ich [...] dass er grenzenlos war, kein Dach für eine Stadt, nicht Teil eines Bühnenbilds, sondern schlicht der Himmel.« Als sie durch ihr neues Zuhause geführt wird: »Durch die offene Tür erblickte ich ein Bad, das auf mich wie schlichte weiße Unterwäsche wirkte, leicht angeschmuddelt.« Und im Rückgriff auf eine vierzig Jahre zurückliegende Erinnerung erweckt sie eine einstige Bekannte mit einer meisterhaften Mixtur von Adjektiven zum Leben: »Ich teilte mir ein riesiges Zimmer mit einer Frau, die in ihrer Jugend Mitglied einer Schauspieltruppe gewesen war. Selten erlebte ich sie nüchtern. Meistens schlief sie, und wenn sie wach war, behandelte sie mich mit ausgesuchter, lallender Höflichkeit.« Gelegentlich wird diese feinsinnige Aufmerksamkeit auch entlegeneren Gegenständen zuteil. Wie viele New Yorker Autoren setzt auch Paula Fox bei uns die intime Kenntnis der Machenschaften hinter den Kulissen der bekannten ortsansässigen Literaturzeitschriften voraus, in diesem Fall der *Commentary*, wo sich offenbar die internen Dramen der Greenbergs (der Familie von Fox' Mann) abspielten. Spannender für ein breites Lesepublikum ist da schon ihre Begegnung mit Frieda, der Witwe von D. H. Lawrence, in Taos, New Mexico, wo sie auch die Bilder von Lawrence zu sehen bekommt: »Ich fand sie abstoßend. Dargestellt waren nackte Frauen, die über einen Steinboden krochen, mit riesigen Brüsten und Hintern, die Gesichter zornig oder blank wie Luftballons. Die Farben waren grell und brutal, voller Kraft und Hysterie.« Das exakte Gegenteil von Fox' eigenem Ansatz sorgenvoller Beherrschtheit. Die Barbarei abwehren, die an den Rändern der Zivilisation lauert – das ist die klassische Fox'sche Grundsituation. »Ist das jetzt bei Jahrtausenden menschlicher Kultur herausgekommen?«, schreit sie bei dem Versuch, zwei sich prügelnde Kinder zu trennen. »Sind wir alle nichts weiter als bissige, mörderische Bestien?«

Ob Paula Fox die Barbarei des Menschen für etwas Angeborenes hält oder aber für das Ergebnis der Umstände, bleibt in ihrem Werk verstörend ambivalent. Durch alles zieht sich eine hartnäckig rassistische Spannung (liberale Weiße stehen für die Zivilisation, arme Schwarze und Latinos symbolisieren das Chaos), und die Tatsache, dass sie selbst sich standhaft weigert, diesbezüglich ihre Karten auf den Tisch zu legen, macht die Thematik noch unbequemer. Harsche Urteile werden meist anderen in den Mund gelegt: »[Ich] erwähnte die Kriminalität in der Gegend, die ich auf Armut und Perspektivlosigkeit zurückführte. Doch an dem Punkt verblüffte sie mich. ›Die Menschen‹, sagte sie, ›haben eine innere Anlage zum Verbrechen.‹« Ich glaube, sie möchte dem Unglück auf die Spur kommen, von wo es auch kommen mag, wenn es das Glück durchdringt, wo immer sich dieses auch befindet. *Et in Arcadia ego*. Das Schlachtfeld ist wahrhaftig groß genug, um viele schmutzige amerikanische Kämpfe darauf auszutragen: zwischen Klassen, Rassen, Glaubensrichtungen. Das ist nicht immer schön. In »Die zärtliche Nacht«, der anrührenden Schilderung ihrer Freundschaft mit einem schwulen Nachbarn, ist AIDS das Ungeheuer inmitten des Idylls, und Fox tritt mit ihrem klaren und doch liebevollen Blick ans Krankenbett des bedauernswerten Mannes: »[...] seine Finger [fühlten] sich an wie eine Handvoll Bleistifte.« Manche ihrer Schlussfolgerungen klingen für ein heutiges Lesepublikum allerdings doch etwas daneben:

> Was ich als Kind mit vier Onkeln, von denen drei homosexuell waren, vage geahnt hatte, war mir mit zunehmendem Alter deutlich geworden. Es gibt unter Homosexuellen genauso viele Unterschiede – wenn nicht mehr – wie unter anderen Menschen.

Ein wenig zivilisierter Teil von mir würde so etwas gern als »Oma-Moment« bezeichnen, ebenso niedlich wie überflüssig. Dann fällt mir aber wieder ein, dass nur eine Autorin mit übernatürlichen Kräften ihrem Publikum vom Alter her so fern sein kann wie Fox (sie ist Jahrgang 1923), ohne mit den gerade gängigen Glaubenssätzen ein wenig durcheinanderzukommen. Hin und wieder tut sich eine Kluft zwischen den Generationen auf. Fox verbringt vielleicht ein bisschen mehr Zeit als nötig damit, heutige sprachliche Unzulänglichkeiten zu beklagen (die inflationäre Verwendung des Wortes »Rollenvorbild« beispielsweise oder die korrekte Präposition nach »Auswirkungen« – »auf, nicht für«). In den neueren Geschichten finden sich solche Attacken häufiger, tauchen in den Äußerungen missmutiger Männer auf, die den Fernseher anbrüllen. Für Fox bildet der Verfall der Sprache eine weitere Phalanx des hereinbrechenden Chaos, doch im Kampf dagegen verliert sie mitunter etwas das Augenmaß, wie es Menschen, die ihren Lebensunterhalt mit Worten verdienen, leicht passieren kann. Sie beklagt sich, dass das Radio vom Fernsehen verdrängt wurde, und betrachtet die moderne Kindheit als kitschigen Unschuldsmythos. Sie zitiert E. M. Forster (»Sie gab es auf, sich selbst verstehen zu wollen, und reihte sich in das gewaltige Heer der Unwissenden, die weder ihrem Herzen noch ihrem Verstand folgen, sondern kraft irgendwelcher Schlagworte ihrem Schicksal entgegengehen«), doch wenn man vor gedanklichen Plattitüden warnt, sollte man sich zumindest bemühen, seinerseits die älteste und tief sitzendste zu vermeiden: *Früher war alles besser*.

Mir ist die Paula Fox lieber, die fiktive Texte verfasst, die, deren Ohr so gut ist, dass sie einmal mehrere »schwarze« Geschichten geschrieben (zwei sind hier enthalten) und sie bei der Zeitschrift *The Negro Digest* eingereicht hat, wo sie auch angenommen wurden. Hoyt Fuller, der damalige Herausgeber, »schrieb mir, um herauszufinden, ob ich eine Schwarze wäre. Er hat das sehr dezent gemacht, aber ich habe doch gemerkt, dass es in seinem Brief um diese Frage ging.« Fox kann nicht nur *sehen*, sie kann auch *hören*, und sie kann *fühlen* – und auf diesen entscheidenden Gebieten haben ihre Kräfte kein bisschen nachgelassen. Eine Erzählung, »Grace«, hat mich völlig umgehauen. Sie handelt von einem Junggesellen und seinem kranken Hund. Gegen seinen Willen muss er das Tier für eine Operation beim Tierarzt lassen. Ratlos betritt er eine Bar, um etwas zu essen und zu trinken:

> Als es kam, war das Steak zäh und erinnerte ihn an die Handschuhe, die er trug, wenn er mit Grace spielte. Und sie lag in diesem Augenblick in einem dunklen Käfig, verwirrt, aber gefasst. Oder vielmehr gleichmütig, das arme Ding, vom Strom des Daseins dahingetragen. Kein Wunder, dass sie manchmal plötzlich aufstand und in ein anderes Zimmer spazierte, um sich hinzulegen. Es war kein Gedanke, der sie trieb, sondern bloß das Bedürfnis nach einer kleinen Freiheit, ein wenig Bewegung im Schicksalsgefüge. Warum hatte er schließlich in dieser schrecklichen schummerigen Bar Station gemacht?

Das nenne ich mal Empathie! Als der Hund stirbt, spürt der Mann das Bedürfnis, seine Exfreundin anzurufen:

> »Und was willst du?« Ihr Atem ging schnell.
> »Ich würde dich gern sehen.«
> »Wozu?«
> »Jean, ich weiß, wie gemein es war, was ich zu dir gesagt habe.«
> »Du warst so – verächtlich!«
> »Ich weiß. Ich hatte kein Recht –«
> Sie unterbrach ihn. »Das hat niemand.«

Weder die Schwarzen noch die Weißen, weder die Reichen noch die Armen, weder die Eltern noch die Kinder. Niemand.

»Wäre es wohl unbescheiden«, fragt Geoff Dyer im Vorwort zu *Otherwise Known as the Human Condition: Selected Essays and Reviews*, »zu behaupten, dass dieses Buch Einblicke in eine nicht ganz unrepräsentative Art des Daseins als Literat im ausgehenden 20. und frühen 21. Jahrhundert gibt?« Ja, Geoff, durchaus. Ganz unzutreffend wäre es aber auch nicht. Und wenn nicht gerade Sie selbst es wären, der diesen Satz äußert, könnten Sie sogar so weit gehen, »nicht ganz unrepräsentativ« durch »typisch« zu ersetzen. Zahlreiche Rezensenten, die nicht Geoff Dyer sind, haben die ungewöhnliche Vielfalt dieses Bandes hervorgehoben, der von der Fotografie über die Literatur, die Musik, Reisen, Sport, Krieg und Frieden bis hin zu Liebe, Sex und Familie gelangt – sogar bis hin zum Sex *mit* der Familie, aber dazu später mehr. Mir ist das Eklektische daran allerdings weniger wichtig als die Einheitlichkeit des Ansatzes. Über ein Foto von Robert Capa aus dem Jahr 1943, auf dem ein italienischer Soldat mit seiner Freundin eine Landstraße entlanggeht, schreibt Dyer: »Kunstwerke halten uns dazu an, *angemessen* auf sie zu reagieren, und deshalb äußert sich meine Reaktion beim Anblick dieses Fotos als Schwur: Niemals werde ich ein anderes Foto mehr lieben.« Jeder dieser Essays versucht, eine *angemessene* Reaktion zu sein, dem Kunstwerk zu entsprechen, in gewisser Weise mit ihm zu verschmelzen wie mit einem Liebesobjekt. Für Dyer kommt der Akt der kritischen Würdigung der Sehnsucht sehr nahe (»Ich will dieser Soldat sein!«). Bei der Besprechung eines Schnappschusses von Jacques Henri Lartigue, der eine attraktive Frau im Liegestuhl zeigt, ist es Dyer selbst, der sich über sie beugt und haucht: *»Excusez-moi, mademoiselle. J'espère que je ne vous dérange …«* Er will auf diesen Fotos sein, gleichzeitig will er aber auch der jeweilige Fotograf sein. Sein kritisches Instrumentarium ist im Kern romanhaft: voyeuristisch. Was, wenn ich nicht ich wäre? Was, wenn ich jemand anders sein, etwas anderes tun könnte? Wie mag es sein, Fotograf zu sein? Oder Musiker? Oder Bildhauer? Der Titel eines Essays über Susan Sontag, »Regarding the Achievement of Others«, ließe sich eigentlich auf das ganze Buch übertragen. Als Dyer den Fotografen (und manischen Zitatsammler) William Gedney zitiert, stößt er auf einen Satz, der sein eigenes Interesse am Rollentausch näher beleuchtet: »›Als Millionster zieh ich aus, um die Wirklichkeit der Erfahrung zu finden‹, schrieb Joyce. Gedney macht ein Sternchen daran und dreht beide Begriffe um – ›die Erfahrung der Wirklichkeit‹ –, um die Suche des Fotografen von der des Schriftstellers abzusetzen.«

Dyer sucht offensichtlich ständig, die Suche anderer zu begreifen. Als »literarischer und akademischer Gatecrasher«, der »ungeladen bei jedem Wissensgebiet vor der Tür steht«, zitiert er Susan Sontags anspruchsvolles Diktum (»Meine Vorstellung von Schriftstellern: Menschen, die sich für ›alles‹ interessieren«) zwar anerkennend, zeigt sich jedoch selbst in seinem Schriftstellersein weniger hochtrabend als Sontag und sehr viel komischer – britischer, bin ich versucht zu sagen. Für Dyer ist der Grat zwischen vollständigem Desinteresse und gewaltigem Interesse an einer Sache erstaunlich schmal: Konzentration, ja selbst Besessenheit, entsteht aus Zerstreutheit und Langeweile. Seine Erfahrungen mit der Fotografie sind da ganz typisch. Sein Desinteresse daran schlug urplötzlich in ein gewaltiges Interesse um, so gewaltig, dass er – ein Schritt, den 99 Prozent der Normalsterblichen sicher nicht gehen würden – ein ganzes Buch darüber geschrieben hat. Und doch hat er sich in all der Zeit, wie er darlegt, nie selbst eine Kamera gekauft. Als er vom Bibliothekar am Institute of Jazz Studies gefragt wird, welche Qualifikationen er denn vorweisen könne, um ein Buch über Jazzmusik zu schreiben, antwortet er: »Ich höre sie gern.« Und sobald er in einem Fachgebiet erfolgreich Fuß gefasst hat, »mich dort eingerichtet und ein, zwei Jahre einen Heidenspaß damit gehabt habe«, lässt er es ebenso abrupt wieder sausen und orientiert sich anderweitig.

In diesen Essays ist eine rastlose Unterströmung zu spüren, als würde ein Netz immer weiter ausgeworfen, ständig auf der Suche nach neuen Versionen jener ursprünglichen Explosion ästhetischer Freude, der Literatur, der es gelingen konnte, aus einem Schuljungen aus der Arbeiterschicht einen international anerkannten »Literaten« zu machen. Langjährige Dyer-Leser dürfte es nicht überraschen zu erfahren, dass D. H. Lawrence bei dieser Wandlung eine zentrale Rolle spielte. Wie es der Zufall will, war Lawrence auch für Paula Fox zentral: Beide haben im selben Alter, mit fünfzehn, dasselbe Buch gelesen: *Söhne und Liebhaber*. Für Fox war das Buch ein »Erweckungserlebnis«; für Dyer war es »die Dramatisierung eines Prozesses, bei dem die Lektüre des Romans einen exemplarischen Teil bildete« und bei dem es sich um die eigentümlich englische Problematik handelte, »in der Arbeiterschicht aufzuwachsen – und sich daraus zu lösen«. Trotzdem ist Lawrence für Dyer weit mehr als ein Rollenvorbild (tut mir leid, Paula) in Bezug auf Klassendenken. Lawrence steht für das unverblümte Thematisieren von Sex, er steht dafür, dem Akademischen zu entkommen, er steht dafür, sich nicht »einer Klasse zugehörig« zu fühlen, sondern stattdessen »überall zu Hause« zu sein, er steht für Kinderlosigkeit und Abenteuerlust, er steht dafür, »sich nie davon abhalten zu lassen, über etwas zu schreiben, nur weil man streng genommen nicht richtig dafür qualifiziert ist«. In der klaustrophobischen Welt der britischen Literatur steht Lawrence für Freiheit. Zwischen den beiden Autoren existiert vor allem eine geistige Verbindung: Stilistisch haben sie so gut wie nichts gemeinsam. Dyer bewundert an Lawrence dessen fundamentale Offenheit für die Welt, »seine Verbundenheit mit der gesamten Schöpfung«, wie Frieda es formuliert hat. Doch der schwülstige Stil, für den Lawrence – durchaus zu Recht, wie ich finde – verrufen ist, fehlt bei Dyer völlig.

An einer Stelle des Essays über Gedney zitiert Dyer einen Ausspruch des Fotografen, der wie eine Selbstreflexion anmutet: »Es ist nicht einfach, unprätentiös, schlicht, direkt, ehrlich und trotzdem intelligent zu sein.« Für britische Autoren ist das nahezu unmöglich, aus Gründen, die eng mit der Klassenthematik verknüpft sind, wie Dyer es in einem höchst brillanten Essay über Richard Ford darlegt:

> Diese glücklichen amerikanischen Schriftsteller, für die sich die vorherrschende Erzählstimme in der Literatur so nah am Leben der Menschen innerhalb der Erzählung bewegt! [...] Denken Sie nur einmal daran, durch wie viele Nadelöhre sich James Kelman zwängen muss, um die Lücke zwischen Erzählstimme und Dialog zu schließen; und dann denken Sie an Ford und diese gemütliche Feld-Wald-und-Wiesen-Stimme, die sich auf beiden Seiten des Anführungszeichens gleichermaßen zu Hause fühlt.

Genau das finde ich an Dyer besonders bemerkenswert: seinen Ton. Diese Schlichtheit, das Klassenlose, das Zugängliche und trotzdem Gelehrte – in dieser Kombination bekommen das nur wenige britische Autoren jemals hin. Der Ton erlaubt ihm Äußerungen wie die folgende: »Unsere Zeit ist nicht nur eine, in der jeder – vom Präsidenten der USA bis hin zum namenlosen Bauern – im Kino sterben kann; sie ist auch eine Zeit, in der gewissermaßen nur noch im Kino gestorben wird.« Man könnte das Verfahren vielleicht als »erhabenen Plauderton« bezeichnen. Es erinnert stark an John Berger – einen weiteren von Dyers Helden –, doch Dyer fühlt sich Bergers politischer Verknappung nicht so verpflichtet und kann sich deshalb auf eine Weise dem Persönlichen widmen, zu der Berger nicht fähig war. Man kann sich nur schwer vorstellen, dass Berger über Analsex schreibt oder über Sex im Hotelzimmer oder dass er uns auseinandersetzt, zu den Freuden des fiktiven Schreibens gehöre vor allem, dass man sich Menschen erfinden darf, genauer gesagt eine Schwester und noch genauer gesagt »die *perfekte* Schwester – eine, die man erotisch anziehend findet«.

Wie Martin Amis – dem Dyer viel von seinem Humor verdankt – weiß auch Dyer, dass ein Schriftstellerleben »hauptsächlich aus Ängsten und Ehrgeiz« besteht. In den literarischen Essays verleiht ihm das eine eindringliche psychologische Schärfe. Bei der Erörterung der Romanze zwischen der amerikanischen Literatur und dem Boxsport startet er mit Hemingway'scher Prahlerei (»Ich fing ganz behutsam an und nahm mir Mr Turgenjew vor [...] Dann kämpfte ich zwei Runden mit Mr Stendhal, und ich glaube, in der letzten war ich ihm überlegen«), um dann ganz geschickt einen Männerwettstreit unter Papas Nachkommen um den kraftstrotzendsten, brutalsten, »kaputtesten« Satz aufzuziehen, ein Nullsummenspiel, an dessen Ende sich »das Dilemma eines aktuellen literarischen Ideals in Amerika« findet: »Wenn man doch bloß gar nicht schreiben – und *trotzdem noch schreiben könnte*!«

Was letztlich alles nur besagt, dass Geoff Dyers Quatschdetektor tatsächlich ausgesprochen hoch entwickelt ist. Doch jeder Quatschdetektor hat auch seine Fehler. Bei Dyer könnte das eine unnötig defensive Haltung sein. »Inwieweit«, fragt er mit Blick auf Sontag, »ist es möglich, großartige Prosa zu schreiben, ohne auch großartige Romane zu verfassen?« Die Antwort ist absurd offensichtlich (»Bei *In Amerika* war ich so stolz darauf, es fertig gelesen zu haben, dass ich eigentlich das Gefühl hatte, selbst einen Preis dafür verdient zu haben«), er scheint aber trotzdem nicht zu glauben, dass wir ihm glauben könnten. Über Rebecca West schreibt er: »Und wenn sie nicht ganz als Autorin erster Güte gilt, liegt das wohl hauptsächlich daran, dass viele der Werke, auf die sich ihr Ruf stützen müsste, stillschweigend als zweitrangig zu jener Form betrachtet werden, in der sich wahre Größe nach allgemeiner Erwartung offenbaren muss, namentlich dem Roman.« Und über Ryszard Kapuściński: »Er ist das Opfer eines überkommenen kulturellen Vorurteils, das die Belletristik als vornehmste Domäne literarischer und kreativer Bedeutung annimmt.« Vor fünfzig Jahren vielleicht. Es bleibt das einzige Thema auf vierhundert Seiten, mit dem Dyer (ein klein wenig) langweilt. Am Ende bewahrt ihn aber sein Humor vor dem Vorwurf, sich selbst zu ernst zu nehmen. Der setzt ihn auch von Berger, Lawrence und Sontag ab: Er macht diese Essays nicht nur zur bildenden Lektüre, sondern zur reinen Freude. Der Text über den in Galerien hoch gehandelten Fotografen Edward Burtynsky beginnt folgendermaßen:

> Ob man sie nun an den Wänden der Corcoran Gallery in Washington sieht oder im begleitenden, von Steidl publizierten Buch, die Fotos aus *Oil* konfrontieren den Betrachter mit großen, verstörenden Fragen. Wie können wir bloß weiter in dieser Größenordnung produzieren? Wie können wir weiter so konsumieren? Sind wir nicht an einem Punkt, an dem wir sagen müssten: Okay, das reicht jetzt wirklich? Ist dieses Level an Luxus und Überfluss, an das wir uns so gewöhnt haben, überhaupt noch tragbar? Kurzum, wie viele dieser aufwendigen und kostspieligen Edward-Burtynsky-Produktionen können wir noch ertragen? Das meine ich übrigens nur leicht sarkastisch.

Sarkastische Umkehrung gehört zu seinen Spezialitäten. Dyer dabei zu beobachten, wie er dieselbe Nummer bei der Vorstellung eines todernsten J.M. Coetzee auf einem Literaturfestival durchzieht, ist mit das Komischste, was das Internet zu bieten hat.

Im autobiographischen Teil macht der vertraute Schalk etwas Sanfterem Platz. Hier wird das so verlockend coole Leben als unabhängiger Autor in den Langwierigkeiten des Lebens als Einzelkind verortet, und unausgefüllte Zeit im Übermaß erwies – und erweist – sich als längst nicht so paradiesisch, wie es Außenstehenden scheinen mag: »Während viele Menschen meines Alters von der Last ihrer Verpflichtungen, Verantwortlichkeiten und Verbindlichkeiten zunehmend in die Knie gezwungen werden, macht mir vor allem die *Freiheit* zu schaffen.« Dyer ist ein exzellenter Chronist des eigenen Ennui und womöglich gerade dann besonders bewegend, wenn er offenbart, dass der junge Mann, der sich selbst aus Büchern erschaffen hat, heute kaum noch eines zu Ende liest: »Aber wie konnte das bloß passieren? Wie bin ich von einem Menschen, der sich für *alles* interessiert, zu einem Menschen geworden, der sich für *gar nichts mehr* richtig begeistern kann?«

Ich habe Dyer einmal mit Kingsley Amis verglichen, ein Vergleich, von dem er vermutlich nicht sehr angetan wäre, nachdem Amis' Interessen zum Ende hin doch so engstirnig provinziell und britisch waren und die von Dyer so atemberaubend breit sind. Trotzdem habe ich die Verbindung immer schon gespürt, ohne einen allzu vernünftigen Grund dafür angeben zu können. Entsprechend froh war ich, in seinem Essay über Rebecca Wests Buch *Schwarzes Lamm und grauer Falke* auf eine lustige Stelle zu stoßen, an der die beiden Männer scheinbar eins werden. Dyer erörtert Wests »Affirmation des Angenehmen« vor dem Unangenehmen. Dahin geht auch seine eigene Vorliebe, und findig, wie er ist, führt er ein Zitat von W. H. Auden aus dessen Gedicht »In Time of War« an, das die Empfindung widerspiegelt: »Lieber bei Sinnen als verrückt, geliebt und nicht gefürchtet; / Lieber ein nettes Essen als ein scheußliches; / Lieber zu zweit im Bett als ganz allein, und lieber glücklich.« Und genau *dieses* Gedicht hat auch Kingsley für sein viel zitiertes Credo ausgeschlachtet, dass *etwas Nettes netter sei als etwas Scheußliches*. Dort begegnen sich Kingsley und Dyer also: in der Verpflichtung an die moralische Reinheit des Genusses. Und das erklärt auch, warum sich in all den vielen Seiten bei Dyer kein einziger klassischer »Verriss« findet. Ein Mann, der nicht einmal Lust auf Yoga hat, wird sich kaum dazu aufraffen, einen Text von tausend Wörtern über etwas zu schreiben, das er furchtbar findet. Überlegen ist Dyer Amis senior – und so vielen weiteren Vertretern dessen, was er als die »›Blütenweiße Bettwäsche‹-Schule britischer Literatur« beschreibt – allerdings in seiner Fähigkeit, die Schönheit und das Grauen des Daseins gleichzeitig im Kopf zu behalten, wie er in Algerien, auf den Spuren Camus', eines weiteren seiner literarischen Idole, unter Beweis stellt: »Ich werde von zwei widersprüchlichen Gefühlen ergriffen: Es gibt so viel Schönheit auf der Welt, dass es eigentlich unglaublich ist, wie wir auch nur einen

Augenblick lang unglücklich sein können; und es gibt so viel Mist auf der Welt, dass es eigentlich unglaublich ist, wie wir auch nur einen Augenblick lang glücklich sein können.«

Zweibeiner gut, Sechsbeiner schlecht – und Sontag am allerschlimmsten!

Bin ich ein überflüssiger Mensch? Diese Frage stellen viele Romane – viele Romanautoren –, wenn auch selten so explizit und im Allgemeinen nicht auf dem Cover. Doch so lautet der Titel einer Novelle von Mela Hartwig, 1931 verfasst und auf Englisch jetzt von der Dalkey Press* neu herausgegeben, und er wirkt damit wie eine Rettungsboje, lenkt unseren Blick auf eine Autorin, die im Vergessen zu versinken droht. Hartwig, 1893 in Wien geboren, war zunächst Schauspielerin, bevor sie Schriftstellerin wurde; sie war mit Doktor Robert Spira verheiratet, einem Kunsthistoriker und Kritiker, und als der »Anschluss« Österreichs an Nazideutschland kam, floh das Paar nach London, wo sie sich mit Virginia Woolf anfreundeten. So viel erfährt man vom Verlag, und mehr lässt sich schwer herausfinden. Es gab noch einen weiteren frühen Roman mit einem ähnlich provokanten Titel, *Das Weib ist ein Nichts*, der einen Skandal auslöste (und um ein Haar mit Greta Garbo verfilmt worden wäre). Zu meiner Freude stieß ich auch auf einen Rundbrief der britischen Association of Jewish Refugees, der einen Bericht zu Melas 70. Geburtstag enthält, ein kurzer Absatz voller anrührender Informationen: »Als sie 1938 ins Land kam, stand sie vor schier unüberwindlichen Schwierigkeiten, ihre Tätigkeit als Schriftstellerin weiter auszuführen. Aus dieser Ernüchterung heraus fand sie schließlich eine andere Ausdrucksform für ihre künst-

* Im deutschen Original beim Grazer Literaturverlag Droschl. (Anm. d. Ü.)

lerischen Neigungen, die sie von der deutschen Muttersprache unabhängig machte: die Malerei.« Der nächste Hinweis in derselben Publikation ist dann 1967 ein Nachruf. Im englischsprachigen Universum ist sie wohl hauptsächlich im blendenden Kielwasser Virginia Woolfs mitgeschwommen, die ihren Einfluss geltend machte, um Doktor Spira aus einer kurzfristigen Internierung auf der Isle of Man zu befreien, und dem Paar später noch einmal zu Hilfe kam, als einige Bilder, die Robert Spira aus Wien mitgebracht hatte, zu Fälschungen erklärt wurden (Woolf hatte zugesichert, sie von Sir Kenneth Clark, dem künstlerischen Sachverständigen des Königs, begutachten zu lassen). Sonst liegt uns nur noch eine Fußnote vor: Kürzlich wurde in einer versteckten Schublade in Sissinghurst ein Stapel Korrespondenz zwischen Woolf und Vita Sackville-West entdeckt, und in einem der Briefe ist beiläufig von Mela die Rede, ein verschlagener Tennisball zwischen diesen beiden Profispielerinnen, der lange irgendwo im hohen Gras verborgen lag. War Mela dankbar dafür, Gegenstand von Virginias gut vernetzter Großzügigkeit zu sein? Oder fühlte sie sich gegängelt, empfand den Statusunterschied zwischen ihnen als quälend? Freundin oder Freundin-Feindin? Eine gewisse Flatterhaftigkeit darf man schon erwarten bei einer Frau, die ihren Roman folgendermaßen anfängt:

> Ich bin Stenotypistin. Ich habe nahezu ein Dutzend Dienstjahre hinter mir. Ich stenographiere äußerst flink und bin flotte Maschinschreiberin. Ich erwähne das nicht, um damit zu prahlen. Ich erwähne es nur, weil ich feststellen will, dass ich zu etwas tauge. […] [D]as ist meine Geschichte, die ich niederschreiben will, obwohl sie so lächerlich alltäglich, so verzweifelt alltäglich ist, dass sie eigentlich gar keine Geschichte ist.

Die Geschichte, soweit man sie so nennen kann, ist eine beklemmende, monologische Schimpftirade, denen ihres Landmanns Thomas Bernhard nicht ganz unähnlich: eine Art zu schreiben, die immer wirkt wie von einer Wiener Couch aus diktiert, wenn auch ohne alle Hoffnung auf therapeutische Erfolge. Vergessen Sie Anna O. – hier kommt Aloisia Schmidt: voller Selbsthass, zwanghaft masturbierend, narzisstisch, manisch-depressiv und auch sonst eine echte Frohnatur:

> Ich bin nicht schön, ich bin nicht hässlich. Ich habe ein Gesicht, das weder angenehm noch unangenehm auffällt, das weder anziehend noch abstoßend ist, das man einfach nicht beachtet. Ich kann mir, glaube ich, das Geständnis ersparen, dass ich schön sein möchte. Das ist selbstverständlich. Aber ich beteuere, dass ich zuweilen hässlich sein möchte, abstoßend hässlich. Ich kann nicht erklären, weshalb ich zuweilen abstoßend hässlich sein möchte. Vielleicht, weil man mich dann beachten müsste, vielleicht.

Der Vergleich mit Bernhard deprimiert zunächst: Warum lenken männliche Autoren ihre Wut in Sadismus um, während ihre weiblichen Pendants im Masochismus versinken? Nach dem Bericht über Aloisias ebenso unglückliche wie erbitterte Kindheit (»Ich habe, wenn ich mir nicht nachträglich Empfindungen unterschiebe, was ich natürlich nicht beurteilen kann, schon als Kind darunter gelitten, wenn man mich nicht beachtet hat«) lugt die Leserin nur noch furchtsam zwischen den Fingern hindurch, als Aloisia erwachsen wird und Männer ins Spiel kommen:

> [...] ich glaube fast, dass er [ihr erster Freund, Emil K.] mir nur deshalb so ungemein imponierte, weil ich zumeist das, was er sagte, nur halb verstand. [...] Ich konnte plötzlich nicht mehr begreifen, wie ein so kluger Mensch wie er sich mit mir überhaupt abgeben konnte. Er konnte sich doch nicht auf die Dauer damit begnügen, dass ich ein hübsches Gesicht hatte. Er hatte mich noch nicht durchschaut, denn sonst hätte er mich bereits verlassen [...]

Aloisia ist sehr versiert in der Selbstsabotage (»Ich hätte also damals Ursache genug gehabt, zufrieden zu sein, aber ich glaube, ich habe ein ganz besonderes Talent dazu, hinter jedem Erfolg, den ich habe, immer schon den Misserfolg, den ich meiner Meinung nach verdiene, zu spüren, denn ich war ganz und gar nicht zufrieden«) und zweifelt selbst in ihren Schilderungen der Ereignisse noch an, ob sie dazu überhaupt fähig ist. Der Satz »Ich weiß nicht, ob ich mich verständlich ausdrücke« taucht immer wieder auf, wie ein Stottern – und in aller Regel nach einem Absatz von absoluter Klarheit.

In einer Onlinerezension bezeichnet eine gewisse Kate Mela Hartwig als »Wiener Carrie Bradshaw aus der Hölle«. Das ist ein kluger Vergleich, auch wenn ich glaube, dass Kate sie damit verteufeln möchte, während ich eher dazu neige, sie in den Himmel zu loben. Während ich mich noch mit Aloisia abmühte – abwechselnd begeistert und entnervt, so wie es mir seinerzeit mit Carrie ging –, kam mir der Gedanke, dass die Logik solcher weiblicher Erzählungen durchweg missverstanden wird, denn was wie Selbsterniedrigung aussieht, ist häufig nur die Umkehrung von Selbstdarstellung und Selbstbehauptung. Die Häufigkeit dieses Missverständnisses überrascht nicht: Es werden schließlich keine Mühen gescheut, die Selbsterniedrigung so überzeugend wie möglich zu gestalten. Man denke nur an die Mystikerinnen aus dem Mittelalter, allzeit bereit, sich die Brust zu durchbohren, um Jesus einzulassen, oder an die Selbstzerfleischung heutiger weiblicher Comedians oder Kolumnistinnen: Tod durch tausendmalige Abwertung von eigener Hand. Aber leben sie nicht trotzdem alle ihr eigenes Leben bis zum Ende, wie Orwell es einmal formuliert hat, als er den »reinen Egoismus« Schreibender schildert? Macht Carrie am Ende nicht doch immer genau das, was sie will?

Wozu dann also etwas anderes schreiben? Vielleicht ja, weil es keine klar umrissene weibliche Sprache für Triumphe gibt, kein Recht auf Prahlerei, keine äußerliche Symbolik, die von Glück und

Macht zeugt. Wir können nun mal nicht einfach zum Schwanzvergleich antreten, wie das so schön heißt. Dem männlichen erzählerischen Ego hat es noch nie an Präzedenzfällen gemangelt, von den Arbeiten des Herkules bis hin zu Portnoys Beschwerden, doch das weibliche Ego, dem der Zugang zu den breiten Straßen kommerziellen Erzählens so lange verwehrt blieb, hat das offenbar mit der Erschließung entlegener, kurviger Seitenpfade wettgemacht. Mit Heldengeschichten, die gar nicht heldenhaft klingen. Mit Selbstdarstellungen, die wie Selbstvernichtung aussehen. Und trotzdem haben wir ein Ego. Wir wollen, und wir bekommen auch. Es ist einfach nur ein Wollen aus dem Hinterhalt, das sich ständig ändert, sich den Umständen anpasst – oder, besser gesagt, immer nur zu reagieren scheint. Aloisia zum Beispiel berichtet uns mitunter, sie sei »nicht schön, nicht hässlich«; manchmal behauptet sie aber auch, sie sei abstoßend, und gelegentlich hält sie sich offenbar für den Inbegriff des Fabelhaften. Die Sache ist in ihrem Kopf nie abgeschlossen. Es hängt sehr davon ab, auf wen sie reagiert …

> Es entging mir selbstverständlich nicht, dass ihn meine Nähe erregte, und ich zweifelte gar nicht daran, dass ihm mein Gesicht und vielleicht auch mein Körper ausnehmend gut gefielen. Ich zweifelte auch nicht daran, dass mein Gesicht und mein Körper es verdienten, geliebt zu werden, denn ich war damals, und nur weil er davon überzeugt war, überzeugt davon, ungewöhnlich hübsch zu sein.

… oder doch nicht? Frauen wie Aloisia handeln sich von ihren aufgeweckteren Schwestern gern eine abgedroschene Kritik ein: Solche Frauen definieren sich doch nur über ihr Verhältnis zu Männern! Was sind sie noch, ohne Männer? Überflüssige Menschen womöglich? Aber dann schaut man sich diese »Männer« etwas näher an und stößt auf eine durchaus andere Geschichte. Aloisias Männer sind wie die von Carrie, sie kommen und gehen, wechseln häufig und bringen sie doch nie ganz von ihrem Weg ab; sie sind Pappkameraden, Chiffren. Gefangen in der überhitzten Darstellung einer weiblichen Selbstverwirklichung, die nicht nur sich selbst erfindet, sondern auch die Männer, auf die sie angeblich reagiert. Ob das nun sadistisch oder masochistisch ist, interessiert viel weniger als der offensichtliche Egoismus daran.

Hartwig weiß das alles sehr genau:

> Das ist Hochmut, Luise, dass du so gering von dir denkst. Meinst du denn, dass es mir, dass es irgendwem erspart bleibt, zuweilen oder häufig oder beständig mit sich selbst unzufrieden zu sein, an sich selbst zu zweifeln, meinst du, dass es mir, dass es irgendwem erspart bleibt, beständig zwischen den Fähigkeiten, die einem gegeben sind, und dem Ehrgeiz, den man sich anmaßt, Kompromisse zu schließen, meinst du, dass es mir, dass es irgendwem erspart bleibt, sich zu bescheiden, sich mit sich selbst abzufinden? Aber du machst dir ein Schicksal daraus [...]

Das sagt Emil K., Aloisias erste Liebe, als er sie wegen dem zur Rede stellt, was wir heute wohl als »den Scheiß, den sie erzählt«, bezeichnen würden. Er wird dabei auf eine Weise deutlich, die selbst Carrie verstehen würde: »Du fühlst dich offenbar nur glücklich, wenn du dich unglücklich fühlst.« Und genau das macht das Buch so faszinierend, trotz der oft umständlichen Formulierungen und des ganzen Freud'schen Getues: Es ist eben nicht einfach nur Ausdruck weiblicher »Hysterie«, sondern eine schelmische Kritik daran, quasi von innen heraus. Seine viel beschworene »Überflüssigkeit« deutet es zur lebenswichtigen Wirkmacht um, denn es ist gerade Aloisias Besessenheit von sich selbst, die alles antreibt und entscheidet. Ich finde nicht, dass sie oder auch Carrie dafür allzu viel Bewunderung verdienen, doch es erklärt den Genuss, den ihr erzählerischer Bogen uns verschafft. Ein Machtrausch ist immer ein Genuss. Und was für eine Macht das ist! Nicht eine Sekunde lang wird uns erlaubt, Abstand zu Aloisia zu gewinnen; sie ist nicht nur alles andere als überflüssig, man kann als Mitmensch nur hoffen, im Verhältnis zu ihr irgendwie von realer oder eingebildeter Bedeutung zu sein. Sie erfindet komplette Beziehungen zu Männern, die kaum ahnen, dass es sie gibt. Männern, die sie anbeten, bricht sie das Herz, indem sie ihre Hingabe beharrlich bestreitet. Hinter einem Vorhang versteckt sieht sie zu, wie die Frau, die sie am meisten bewundert, von dem Mann zurückgewiesen wird, den sie am meisten begehrt; die Frau erschießt sich später, und der Mann verzweifelt. Und Aloisia? Tja, dem Titel zum Trotz ist sie offenbar die Letzte, die am Ende der Geschichte noch aufrecht steht:

> Ich bin heute noch Angestellte dieser Baufirma. Ich gelte als äußerst flinke Stenographin und als flotte Maschinschreiberin. [...] Ein Bürokollege, der Buchhalter, bewirbt sich sehr eifrig um mich und hat mir den Antrag gemacht, mich zu heiraten. Ich erwähne das nicht, um damit zu prahlen, ich erwähne es nur, um darzutun, dass es Menschen gibt, die besser von mir denken, als ich selbst von mir denke. Ich würde mich, wäre ich ein Mann, gewiss nicht heiraten.

Liebe Leserin, glauben Sie das bloß nicht.

Bei all ihren Schwierigkeiten mit dem anderen Geschlecht frage ich mich, ob Aloisia nicht vielleicht lieber ein Silberfisch wäre. Bei den Silberfischen ist es nämlich so, dass das Männchen mit einem dünnen Faden ein Spermapäckchen an einem Zweig befestigt, das das Weibchen dann mit seiner Genitalöffnung aufnimmt. Hat es das Päckchen geleert, verspeist es den Rest. Emotionale Nachwehen gleich null. Gelernt habe ich das aus *Sex on Six Legs: Lessons on Life, Love and Language from the Insect World* von Marlene Zuk, ein Buch, das mich mit so vielen Insektenanekdoten versorgt hat, dass ich kaum noch Verwendung dafür finde. Beim Abendessen würden sie nicht nur das Tischgespräch, sondern gleich das ganze Essen beenden. Ein Gefühl großer Macht: Ich kann es nur empfehlen.

Egal was Ihr Gegenüber alles über Insekten zu wissen glaubt, nach Lektüre dieses Buches wissen Sie garantiert mehr. Der Betreffende könnte beispielsweise sagen: »Ach ja, manche Wespenarten injizieren ihren Beutetieren, den Kakerlaken, ein lähmendes Gift, das ihnen erlaubt, die Kakerlake in ihr Wespennest zu schleifen, und sie gleichzeitig frisch hält.« Worauf Sie nur seufzend die Butterschale mustern, um Ihren Bekannten dann – nicht ohne die gebotene Bescheidenheit – darüber aufzuklären, dass eine bestimmte Juwelwespenart die Kakerlake nicht einfach nur lähmt, sondern ihr »einen wohlplatzierten Stich in den Kopf« verpasst, »sodass Nervensystem und Beine noch gut genug funktionieren und sie selbständig laufen kann«. Die Wespe führt nun die Kakerlake ins Verderben und kapert damit im Prinzip ihren freien Willen. Kakerlaken-Zombies! Kleine Fußnote: Sollte Ihnen jemals ein stummes Grillenmännchen begegnen, das keine Weibchen mehr anlockt, dann liegt das nicht daran, dass es schüchtern wäre, sondern daran, dass im Vorfeld eine Fliege ihre Larven auf ihm abgelegt hat und eine oder mehrere der daraus entstandenen Maden in seinen Körper eingedrungen sind und ihn nun, auf Grillengröße angewachsen, von innen auffressen und in ihm weiterleben. Grillen-Fliegen-Zombies! Spiel, Satz, Sieg für Sie.

Doch dieses Buch ist noch sehr viel mehr als eine Möglichkeit, vor Ihren Bekannten aufzutrumpfen. Es bietet die Chance, sich genauer damit zu beschäftigen, wie Gene sich jenseits all des Wunschdenkens, der kulturellen Vermutungen und ideologischen Vorurteile, mit denen wir oft an die Erforschung unserer eigenen Spezies herangehen, eigentlich verhalten. Durch den Variantenreichtum ihres Erbguts – »Ein Affe hat sehr viel mehr Ähnlichkeit mit einer Maus als ein Grashüpfer mit einem Floh« – sind Insekten hier ebenso klar im Vorteil wie durch ihre fundamental fremden Verhaltensweisen, die es uns schwer machen, sie zu vermenschlichen, auch wenn wir das, wie wir noch sehen werden, nach Kräften versuchen.

In den Geistes- und Gesellschaftswissenschaften wird gern eine gewisse Verachtung für die »naiven«, rein genetischen Erklärungen für bestimmte Verhaltensweisen zur Schau gestellt. Schließlich, so die Argumentation, sind wir doch kultivierte Tiere, und die Vorstellung, dass die Gene Punkt für Punkt mit typisch menschlichen Verhaltensweisen in Zusammenhang gebracht werden können, ist ein klarer Kategorienfehler. Zuk kommt in mancher Hinsicht zu einem ähnlichen Ergebnis, doch die Argumentation, dass Gene nicht »erneut mit einer konkreten Eigenschaft und nur dieser einen Eigenschaft verknüpft werden können«, ist für sie kein antiwissenschaftliches Argument. Denn mit einer bestimmten Verhaltensweise verknüpfte Gene sind auch noch mit Myriaden weiterer Verhaltensweisen verknüpft und weichen zudem in ihrer Ausprägung endlos voneinander ab, je nachdem, was für Umweltfaktoren (etwa Ernährung und chemische Beeinflussung) auf sie einwirken. Zuk zeigt uns das anhand der Honigbiene. Früher galt die Lehrmeinung, dass Honigbienen nicht als solche geboren, sondern durch den Verzehr von Gelée royale dazu gemacht würden. In Wahrheit ist man nicht nur, was man isst, sondern auch das, als was man geboren wurde – am wichtigsten aber ist das Zusammenspiel aus beidem: »Bei der Honigbiene gehen verschiedene Nährstoffe eine Wechselwirkung mit dem Genmaterial ein und legen so bestimmte Entwicklungswege an bzw. blockieren andere.« Besitzt eine Larve das Königinnengen, erhöht das die Wahrscheinlichkeit, dass sie zur Königin wird, es ist aber keine Garantie: Honigbienen reagieren »ausnehmend empfindlich auf kleinste Veränderungen in ihrem Umfeld«. Pumpt man zehn Minuten lang Kohlendioxid in eine Larvenkammer mit Königinnen und Arbeiterinnen, führt das unmittelbar zu Unterschieden in der genetischen Ausprägung; bei den Königinnen wird die Bildung der Eierstöcke befördert, bei den Arbeiterinnen unterdrückt. Selbst wenn die Gene gleich sind (und Königinnen und Arbeiterinnen teilen mindestens zweitausend Gene), prägen sie sich im Gehirn der beiden Einzelgruppen unterschiedlich aus. Das Bild, erläutert Zuk, sei »sowohl komplexer als auch genetisch determinierter«. In vieler Hinsicht ist es ein chaotisches, unbefriedigendes Bild: So viel von unserem Genmaterial erweist sich als überflüssig, funktionsuntüchtig, als Überbleibsel früherer Inkarnationen. Wie die Insekten sind auch wir wandelnde Müllhalden unserer evolutionären Vergangenheit.

In anderer Hinsicht ist das Bild aber auch sehr viel farbiger, als wir es uns mit unserer hermeneutischen Neigung, jeden phänotypischen Beleg in genotypischem Schwarz-Weiß darzustellen, je ausmalen könnten. Nehmen wir (noch einmal) die Bienen. Zuk bleibt generell relativ frohgemut angesichts unserer völligen Unkenntnis der Insektenbiologie, doch auch für sie gibt es Grenzen, und eine davon ist der Film *Bee Movie – Das Honigkomplott*, in dem Jerry Seinfeld eine männliche Honigbiene spielt. »Da reiht sich Fehler an Fehler«, schimpft sie, »und dichterische Freiheit steht neben himmelschreiender Unfähigkeit.« Es tröstet sie kaum, dass Aristoteles ähnliche Vermutungen über das Geschlecht der Bienen angestellt hat, genau wie Benjamin Franklin und Charles Stuart Calverley, ein Dichter aus dem 19. Jahrhundert, der die Biene in seinem Gedicht vermännlicht. Ein erwartbarer Irrtum: Die große Biene im Bienenstock, die von allen umsorgt wird, musste selbstverständlich der »Bienenkönig« sein, die Tiere, die nur faul herumlagen, mussten weiblich und die mit der Fähigkeit zu stechen wiederum männlich sein. Aber warum übernahmen die Männchen dann die gesamte Brutpflege? Dieses Detail verwirrte Aristoteles derart, dass er »schließlich zu dem Schluss kam, die Biene müsse die Genitalien beider Geschlechter in sich vereinen«. Zuk geht es darum, dass man durch solche Vermutungen nicht nur ein schiefes Bild der Geschlechterrollen in der Welt der Insekten bekommt, sondern diese Rollen auch in der eigenen Welt immer weiter verzerrt. Außerdem »verpasst man einfach wahnsinnig viel«. In der Welt der Insekten kann die Fiktion mit der Wahrheit nicht mithalten. Wie abgefahren, dass (männliche) Drohnen aus unbefruchteten Eiern entstehen und Schwestern dadurch enger miteinander als mit ihren Müttern verwandt sind!

Spannend ist auch, dass fast alle anthropomorphen Fehleinschätzungen, von denen Zuk in ihrem Buch berichtet, mit dem Geschlecht zusammenhängen. Es macht ihr großen Spaß, uns von den ebenfalls weiblichen Wanderameisen zu berichten, die über Generationen für mordlüsterne männliche Krieger gehalten wurden: Stattdessen, hält Zuk dagegen, findet hier eine Extremform des Räubertums statt, »und dabei geht es nicht um Kriegsführung, sondern um Nahrungsbeschaffung«. Also keine marodierenden Horden, sondern vielmehr Massen von Müttern, die den Supermarkt stürmen. Und schon vermenschliche ich wieder. Das lässt sich schwer vermeiden. Und ist nicht schon der Titel eine Aufforderung, die Insektenlektionen auch auf das menschliche Leben anzuwenden? Vielleicht können wir die Verbindungen zwischen uns ja ergründen, ohne die Unterschiede einzuebnen: »Weil wir vor Urzeiten gemeinsame Vorfahren mit den Insekten hatten, können wir sie als Möglichkeit verwenden, zu erforschen, wie wir trotz radikal unterschiedlicher Fortbewegungsmittel doch scheinbar alle ans selbe Ziel gelangen.« Das habe ich auch im Kopf behalten, als ich über den unter Käfern üblichen Kindsmord las:

> Dessen nachweisliches Auftreten unter Insekten erschien den Menschen nie so recht relevant, vielleicht ja, weil wir uns in ihrem Verhalten nicht automatisch wiederzuerkennen glauben [...] Inzwischen ist klar, dass es höchstwahrscheinlich zumindest zeitweise aus Anpassungsgründen geschieht, denn gegebenenfalls kann es einfach zu riskant erscheinen, unter extremen Lebensbedingungen oder zu großen Opfern seitens der Eltern Junge aufzuziehen, um es weiter zu praktizieren. [...] Wenn es hart auf hart kommt, hören die ganz Harten – und die Klugen – auf, sich um ihre Nachkommen zu kümmern.

Zuk zieht den Vergleich nicht, aber mir fielen sofort die »Hexenkinder« in Westafrika ein, die von ihren Eltern umgebracht werden. Wenn man zehn Mäuler zu stopfen, aber nur Nahrung für vier hat, ist so ein Volksglaube vielleicht eher Vorwand als Ursache. Wie sonst soll sich das Menschentier seine brutaleren Überlebensentscheidungen erklären?

Angesichts der natürlichen Anziehungskraft von Zuks Gegenstand ist es fast schade, dass sie, vermutlich im Namen des »Populärwissenschaftlichen«, so viele flache Wissenschaftlerwitze reißt. Als der niederländische Naturforscher Jan Swammerdam im 17. Jahrhundert einen »Bienenkönig« seziert, um zu beweisen, dass es sich um ein Weibchen handelt, lesen wir Folgendes: »›He, schon gehört? Der alte Swammerdam schneidet nächsten Dienstag ne Biene auf! Wer weiß, was für kuriose Strukturen er da entdecken wird! Gehen wir doch zuschauen – ich bringe eine Runde Met mit.‹ Ob er wohl Eintrittskarten verkauft hat?« Ein paar seltsame Versuche, einen Gegenwartsbezug herzustellen, gibt es auch. Als sie uns von der erstaunlichen Fähigkeit der Bienen berichtet, sich menschliche Gesichter zu merken, verliert sich Zuk in einer »Krieg gegen den Terror«-Phantasie: »Sofort hatte ich das Bild einer Biene vor Augen, die beispielsweise beim Sicherheitscheck am Flughafen von einem Zimmer aus die Gesichter der Passagiere auf Übereinstimmungen mit den Fotos bekannter Terroristen abgleicht. Es wäre eine interessante Frage, ob das wohl besser funktionieren würde als die aktuellen Bemühungen.« Dabei hatten Sie mich mit dem »Spermapäckchen« doch längst am Haken, Professor.

Es gibt tatsächlich ein Geschöpf, das nennt sich flugunfähiger Blasenkäfer; er ist in den Dünenlandschaften im Südwesten der USA beheimatet. Dort legt er seine Eier auf einer Pflanze namens Spitzkiel ab, auf der er aber, wie der Zufall es will, nicht überleben kann. Deshalb schmarotzt er bei einer speziellen Bienenart, die ebenfalls in der Wüste ansässig ist. Und jetzt halten Sie sich fest:

Die frisch geschlüpften Larven, mehrere hundert, versammeln sich alle ganz oben auf der Pflanze. Gemeinsam sehen sie aus wie die weibliche Version der eben erwähnten Bienenart; sie sondern sogar einen Geruch ab, der an ihre Sexuallockstoffe erinnert. Die männliche Biene fliegt also vorbei und hält die wimmelnde Fälschung für eine potenzielle Gefährtin. Bis der Bienenmann seinen Irrtum erkennt, sind ihm bereits etliche opportunistische Larven auf den Rücken gesprungen. Wenn er dann später seine eigentliche Gefährtin entdeckt hat, wechseln die Larven auf sie über und damit in der Folge auch in ihr Nest, wo sie heranwachsen und sich von den dortigen Pollen- und Nektarvorräten ernähren. Warum ich Ihnen das erzähle? Weil es mich an den Lebenszyklus aus *Sempre Susan: A Memoir of Susan Sontag* von Sigrid Nunez erinnert. Sontag muss verflixt viel Nektar vorrätig gehabt haben, nachdem sich immer noch so viele Leute daran dick und rund fressen. Was für ein Verhältnis besteht zwischen den Blasenkäfern und den Bienen? Eine Freundschaft? Eine Freund-Feindschaft? Nunez balanciert diesen schmalen Grat in einem grausam-stylishen, schöngeistigen Stil entlang, der nur in den Aussagen geschmacklos ist, nie in den Sätzen selbst. Man spürt, sie will moralisch für das verurteilt werden, was sie hier macht, ihre komplette Verteidigung steht bereits – aber es ist doch eine ermüdende Art, so an ein Buch heranzugehen, mitten hineinzutappen in die Falle, die von einer bedürftigen Autorin gelegt wurde. Nein, viel interessanter ist, wie fremd uns eine weibliche Intellektuelle offenbar immer noch erscheint, wie wir sie – selbst nach ihrem Tod – mit unseren Gerüchten und unserer Neugier bestupsen und bestochern, als wäre sie ein dicker Bienenkönig, über dessen Geschlecht wir uns nie ganz sicher sein können. Hat sie jemals gekocht? Hat sie jemals geputzt? War sie überhaupt irgendwie mütterlich? Fühlte sie sich gleichermaßen zu Männern wie Frauen hingezogen? Hat sie sie unterschiedlich behandelt? Hat sie sich die Haare gefärbt? Hat sie auf ihr Gewicht geachtet? War sie eitel? Hatte sie wirklich keinen Sinn für Humor? Hat sie wirklich mit ihrem eigenen Sohn geschlafen? (Dieses schäbigste aller Gerüchte, das von Nunez wieder aufgegriffen wird, ist ein Beispiel für die erwähnte Geschmacklosigkeit.) Arme Susan. Wir haben alle unsere Fehler, aber wir werden dennoch nicht alle aufgespießt wie ein Käfer und in einem Sammelkasten zur Schau gestellt, wo uns jeder sehen kann.

Ein Sommer mit St. Aubyn

Wir haben bestimmte Vorstellungen von einem »Sommerbuch«. Es soll am Strand gelesen werden, in der Hängematte oder im hohen Gras. Es verheißt Vergnügen und komplettes Eintauchen: Wenn man es alle paar Minuten auf die Brust sinken lässt, um über das Mittagessen nachzudenken, dann ist es höchstwahrscheinlich kein Sommerbuch. Ein echtes Sommerbuch ist echter als der Sommer selbst: Man lässt Freunde und Familie links liegen, zieht sich auf sein Zimmer unter das Moskitonetz zurück und vertieft sich – in meinem Fall – wieder in die Umtriebe des Patrick Melrose. Die Patrick-Melrose-Romane von Edward St. Aubyn erzählen die weitgehend autobiographische Geschichte der Familie Melrose, die nur auf dem Papier als »gute Familie« gelten kann. Von der Mutter Eleanor, einer reichen Erbin und Alkoholikerin, vernachlässigt, vom adligen Vater David ab dem Alter von fünf Jahren missbraucht, wächst Patrick zu einer Art von englischem Gentleman heran, der, je nachdem, welches Buch man gerade liest, in New Yorker Hotelsuiten Heroin drückt, den Mythos des Sisyphos in der Manteltasche mit sich herumträgt, kleine Whiskyfläschchen leert, während er mit seinen Kindern in Kew Gardens spazieren geht, und sich selbst noch im schlimmsten Zustand des Absturzes an etliche versprengte englische Gedichtzeilen erinnern kann.

St. Aubyns Spezialität ist es, die gesamte Handlungsfülle eines Romans in einen einzigen Tag zu packen, mit vielen Vorstößen in die Vergangenheit. Häufig findet an dem fraglichen Tag irgendeine Form von »gesellschaftlicher Tortur« statt, am besten umschrieben als schauderhafte Zusammenkunft von Leuten, die man am liebsten gar nicht kennen würde. Man hält ein Häppchen in der Hand, wartet darauf, dass einem das Glas aufgefüllt wird, spielt mit Selbstmordgedanken, während am anderen Ende des Raumes irgendein Tölpel eine Rede hält – das Thema der katastrophalen Party hat ganze Generationen englischer Schriftsteller zu heftigen Gefühlsäußerungen angeregt. (Laut Kingsley Amis gibt es im Englischen keine deprimierenderen Wörter als die folgenden drei: »Rot oder weiß?«) In *Zu guter Letzt*, dem krönenden Abschluss dieser fünf Bücher umfassenden Serie, haben wir es endlich zur Beisetzung von Patricks Mutter geschafft (sein Vater ist bereits dankenswert früh, in *Nette Aussichten*, verstorben) – eine sehr viel komischere Kulisse, als man meinen sollte: »Man hatte den Eindruck, als werde jeder Buchstabe, der den Eingang des Beerdigungsinstituts passierte, sofort in Frakturschrift verzerrt, als sei der Tod ein deutsches Dorf.« Patrick ist inzwischen mittleren Alters, hat eine Ehe und eine Scheidung hinter sich und gerade einige Zeit in der berühmten britischen Entzugsklinik The Priory verbracht. Er fürchtet einen Rückfall. Aber er hat auch hohe Erwartungen an diese Beerdigung:

> Jetzt wo er Waise war, schien alles perfekt. Es kam ihm vor, als habe er sein ganzes Leben lang auf dieses Gefühl der Vollständigkeit gewartet. Wie gut hatten es doch all die Oliver Twists dieser Erde, die von Anfang an in diesem beneidenswerten Zustand lebten, dessen Erlangung ihn fünfundvierzig Jahre gekostet hatte – doch der relative Luxus, von Bumble und Fagin erzogen worden zu sein, statt von David und Eleanor Melrose, musste zwangsläufig zu einer Schwächung der Persönlichkeit führen.

Sterbende Eltern, Heroin, Missbrauch in der Kindheit, Gefühlskälte, Selbstmord, Alkoholismus – stoppen Sie mich ruhig, falls es zu sommerlich wird. Nichts in der Handlung könnte einen auf die reiche, bissige Komik der Welt des Edward St. Aubyn vorbereiten oder auf ihre noch sehr viel überraschendere philosophische Dichte. Für den Großteil seiner schriftstellerischen Laufbahn, bis *Muttermilch* es 2006 auf die Shortlist des Booker Prize schaffte, blieb St. Aubyn ein breites Lesepublikum versagt, vielleicht gerade wegen dieser vermeintlichen Diskrepanz zwischen Stil und Inhalt. Mit dem Witz eines Wilde, der Leichtigkeit eines Wodehouse und der Wepsigkeit eines Waugh umhüllt er das Ich am Abgrund mit seiner kunstvollen Prosa: »erstickt, fallen gelassen, gezeugt durch Vergewaltigung und zur Vergewaltigung gezeugt« – Situationen, wie man sie sonst eigentlich eher als Leserin von Cooper oder Burroughs kennt.

Jetzt sind die Melrose-Bücher auf einmal schwer in Mode, und man ist versucht, das der Flutwelle des Adligen und Vornehmen zuzuschreiben, die gerade über England hinwegschwappt: eine königliche Hochzeit, ein konservativer Premierminister, ein Kabinett aus Mitgliedern des Bullingdon Club, eine Terence-Rattigan-Renaissance am National Theatre, *Downton Abbey* im Fernsehen. Doch damit ist man auf dem falschen Luxusdampfer. St. Aubyn will die Upperclass nämlich nicht preisen, sondern sie begraben – wenn auch nie zur Gänze und keineswegs ohne Zuneigung –, und dazu bedient er sich genau jenes ironischen Konversationsmodus, in dem diese Schicht so versiert ist. (»›Das ist die stärkste Sucht von allen‹, sagte Patrick. ›Heroin? Lächerlich. Aber versuch einfach mal, die Ironie aufzugeben […]‹«) Mit ihrem robusten Anspruchsdenken lassen seine Figuren diese Aufgabe mitunter ganz leicht erscheinen: Es geht nicht so sehr ums Schreiben als vielmehr ums Sichraushalten. Diese Charaktere drücken sich nicht lange herum und warten darauf, von einem hart schuftenden allwissenden Erzähler vorgestellt zu werden. Sie nehmen die Zügel gleich selbst in die Hand, als wollten sie sagen: *Jetzt gib schon her, Herrgott. Du hast ja offensichtlich nicht die leiseste Ahnung, was du da machst.* Das sind die ersten Sätze von *Zu guter Letzt*:

> »Überrascht?«, fragte Nicholas Pratt, pflanzte seinen Gehstock auf den Krematoriumsteppich und starrte Patrick grundlos ein wenig verächtlich an, eine überflüssig gewordene, aber längst nicht mehr zu ändernde Angewohnheit. »Ich bin ja in letzter Zeit geradezu auf Trauerfeiern abonniert. Das wird man in meinem Alter zwangsläufig. Bringt ja nichts, zu Hause herumzusitzen, lauthals über die Unwissenheit der jugendlichen Nachrufschreiber zu lachen, oder dem eher eintönigen Vergnügen zu frönen, die täglichen Abgänge unter seinen Altersgenossen zu zählen. Nein! Man muss ›das Leben abfeiern‹: Da geht es hin, unser Schulflittchen! Es heißt, er habe sich mit Anstand geschlagen, aber ich weiß es besser! – so was in der Art, damit die gesamte Lebensleistung angemessen gewürdigt wird. Wohlgemerkt, ich sage nicht, das alles sei nicht sehr bewegend. Diese letzten Lebenstage haben etwas vom Effekt anschwellender Orchestermusik. Und natürlich graut einem fürchterlich. Auf meinen täglichen Runden vom Krankenbett zur Trauerbank und wieder zurück muss ich immer an jene Öltanker denken, die früher alle vierzehn Tage an irgendeinem Felsen zerschellten, und an die Schwärme von Vögeln, die mit verklebten Flügeln am Strand krepierten und verwirrt aus den gelben Augen blinzelten.«

Mein lieber Schwan! Im Fall von St. Aubyn ist es einfach ein bisschen schwach zu sagen, er habe »ein gutes Ohr für Dialoge«. Mancher mag zwar behaupten, dass es auf Erden doch unmöglich noch jemanden geben kann, der tatsächlich so redet wie Nicholas Pratt, aber man braucht nur an einem beliebigen Wochentag den Garrick Club zu betreten, schon findet man ein halbes Dutzend davon, die in ihren Ohrensesseln lümmeln und ihren Verdauungsbrandy schwenken. (Ein kleiner Hinweis: Probieren Sie das besser nicht aus, falls Sie kein Mitglied sind. Oder kein Mann.) Die demographische Gruppe ist zwar wirklich winzig, doch die kleinsten Gruppen haben schon die längsten Romanzyklen hervorgebracht (siehe Proust!). Und Patrick fühlt sich der überlegenen Gemeinschaft, der er entstammt, auch keineswegs selbst überlegen; im Gegenteil, er identifiziert sich mit ihr und erkennt sich als »jemanden, der versucht hatte, sich aus allem herauszureden, was er gedacht und gefühlt hatte«. Die Romane treffen diesen Typus und sein endloses Gerede haargenau, doch am Ende bleibt vor allem eine Verteidigung der ganz bescheidenen englischen Syntax übrig, ihrer Windungen und Wendungen, ihres Scharfsinns und ihrer Komik, vor allem aber ihrer Kontrolliertheit. Denn während Patrick Melroses Geschichte oberflächlich betrachtet wie eine Geschichte des Exzesses daherkommt, erhalten die Bücher selbst ihre Struktur aus der Vorstellung, dass sprachliche Kontrolle eine gewaltige Kraft ist. In der Welt des St. Aubyn hat derjenige, der die Erzählung kontrolliert, auch die Kontrolle über das Ereignis. Frei nach Lewis Carroll könnten wir das als den Humpty-Dumpty-Effekt bezeichnen.

Patrick zumindest ist stark mit Humpty Dumptys Frage beschäftigt, wer die Macht hat, und kommt mit seiner grauenvollen Familie nur zurecht, indem er sie in vernichtende Verbaldiagnosen einfasst. Als er in der Kirche zu seiner »unglücklichen Tante« Nancy hinüberschaut, die sich darüber beklagt, wie spärlich und bürgerlich die Beisetzung ihrer Schwester besucht sei (»Mummy hatte zum Beispiel in ihrem ganzen Leben nur einen einzigen Autounfall, aber während sie da kopfüber im verbeulten Blech hing, baumelte neben ihr die Infantin von Spanien«), offenbart sein innerer Monolog sowohl die Wurzel von Nancys Problem als auch St. Aubyns Umgang mit den zwei Zoll Elfenbein, mit denen Jane Austen ihr Schreiben verglich:

> [...] die psychischen Auswirkungen ererbten Reichtums, der rasende Wunsch, diesen Reichtum loszuwerden, und der rasende

> Wunsch, sich daran festzuklammern; der demoralisierende Effekt dessen, dass man all die Dinge besaß, für deren Erwerb andere Menschen ihr kostbares Leben opferten; die mehr oder minder heimliche Überlegenheit und die mehr oder minder heimliche Scham des Reichen, die zu typischen Tarnungen führten: der Philanthropielösung, der Alkohollösung, der Maske der Exzentrizität, der Suche nach Heil im vollendeten Geschmack; die Besiegten, die Müßiggänger und die Leichtfertigen und ihre Gegenspieler, die Bannerträger – sie alle lebten in einer Welt, deren schillernde Wahlmöglichkeiten Arbeit und Liebe nur schwer durchdringen konnten.

Wenn man Rezensionen schreibt, verbringt man eine Menge Zeit damit, anderer Leute Sätze abzutippen, auch »Zitieren« genannt. Normalerweise ist das eine langweilige Tätigkeit; bei St. Aubyn ist es aber eine Freude. Ach, diese Semikolons, diese Disziplin! Diese so perfekt, so rhythmisch platzierten Kommata, beladen und gesegnet, überladen fast, und doch stabil und niemals Gefahr laufend zusammenzubrechen. Als ließe man ein wunderschönes Stück Brokat durch die Finger gleiten. Diese Weigerung, sich der puritanischen Kürze amerikanischer Sätze zu unterwerfen (oder schlimmer noch: der artifiziellen Arglosigkeit eines englischen Satzes, der klingen soll wie aus dem Französischen übersetzt) – da könnte man fast schon patriotische Gefühle entwickeln.

Aber diese Sätze sind kein bloßer Zierrat. Sie sind wichtig, weil sie die Komik erst ermöglichen: Wenn man in jeder Zeile so viele einzelne Fächer schafft, ist immer Platz genug für mindestens zwei Witze und einen gekonnten Seitenhieb. Und es handelt sich um Humor von der schwärzesten Sorte, den vor allem Patricks Eltern abbekommen, selbst noch im Tod. Bei diesem finalen Auftritt erfahren wir mehr über Eleanors »Philanthropielösung«, die erstmals in *Muttermilch* zur Sprache kam und sie zu Lebzeiten veranlasste, ihre ganze Aufmerksamkeit (und ihr Geld) zunächst Wohltätigkeitsorganisationen für Kinder zu widmen (»Eleanor hatte ihn oft mit seinem Vater allein gelassen, während sie an einer Ausschusssitzung des Save the Children Fund teilnahm«), um sich dann in ihren letzten Lebensjahren einer Gemeinschaft aus falschen Esoterikern anzuschließen, die sie im Handumdrehen um ihr Haus in Saint-Nazaire bringen, den Schauplatz von Patricks unglücklicher Kindheit und katastrophaler Ehe. Und das alles, »ohne in den beständigen Felsen [ihrer] Selbsterkenntnis auch nur einen Millimeter tief zu ritzen«. Und falls man als Leser der früheren Bände noch an David Melroses psychopathischer Veranlagung zweifeln sollte, setzt zugleich eine Anekdote aus seiner Zeit als Großwildjäger seine Persönlichkeitsstörung in ein neues, grauenhaftes Licht: »Er ging zu dem Tollwütigen« – einem Mann, den seine Jagdgesellschaft in einem eigentlich für den Transport toter Wildschweine gedachten Netz an einen Baum gehängt hat – »und schoss ihm in den Kopf. Als er zu der wie vom Donner gerührten Gesellschaft zurückkehrte, nahm er ›mit einem Gefühl absoluter Ruhe‹ wieder Platz und sagte: ›Das war die größte Gnade.‹ Der Satz machte am Tisch die Runde: die größte Gnade.« Aus dieser Erzählung kristallisiert es sich heraus: dass auch das Geschichtenerzählen eine Form der Tyrannei sein kann; und dass die Engländer, sei es aus Höflichkeit, klassenbedingter Unterwürfigkeit oder einfach nur aus schlichter Angst, viel zu oft Erzählungen verteidigen, die so wenig wahr wie äußerst grausam sind.

Die Frage danach, was Wahrheit ausmacht – und wessen Version der Ereignisse sich schließlich durchsetzt –, beginnt als ironische Erkundigung und steigert sich dann zu einer Diskussion über das Wesen des Bewusstseins. Um uns diesen erstaunlichen Übergang zu erleichtern, bekommen wir Erasmus Price serviert, seines Zeichens gefeierter Akademiker, Gast bei Eleanors Beisetzung und Autor von *So klug wie zuvor: Entwicklungen in der Bewusstseinsphilosophie*. Patricks ebenfalls anwesende Exfrau Mary hatte einmal eine Affäre mit Erasmus, was Patrick erst klar wird, als er sie eines Abends im Bett Erasmus' Buch lesen sieht:

›Du könntest dieses Buch doch niemals lesen, wenn du nicht eine Affäre mit dem Autor hättest‹, riet er mit halb geschlossenen Augen. ›Glaub mir, sogar dann ist es praktisch unmöglich.‹

Diese Eröffnung hat einen Rückfall zur Folge, »eine ›absolut unerträgliche‹ Phase [...], in der Patrick sein neues Blackout-Einzimmerapartment nur noch verließ, um sie [Mary] über Bewusstseinsforschung zu belehren oder auszufragen [...]«:

›Wer wird uns von der Erklärungslücke befreien?‹, schrie er, wie Heinrich der Zweite nach einem Mörder schrie, der seinen aufrührerischen Priester töten sollte. ›Und ist jene Lücke nur ein Produkt unseres missverstandenen Diskurses?‹ Er faselte weiter. ›Ist die Realität eine einvernehmliche Halluzination? Und ist ein Nervenzusammenbruch eigentlich die Weigerung, einvernehmlich zu handeln? Na los, nicht so schüchtern, sag mir, was du meinst!‹
›Warum gehst du nicht einfach in dein Apartment zurück und kippst dort um? Ich will nicht, dass dich die Kinder in diesem Zustand sehen.‹
›Was für ein Zustand? Den Zustand philosophischer Neugierde?‹

Sind Gehirn und Geist ein und dasselbe? Aus welchem Stoff ist das Bewusstsein gemacht? Ist eine »Person« einfach nur die Summe einer Reihe von Anekdoten, die sich das Bewusstsein über sich selbst erzählt? Es ist nicht verwunderlich, dass Patrick sich nach dem sehnt, was Mary als »überzeugende, taugliche Bewusstseinstheorie« bezeichnet: Wenn man das eigene Unglück mit Medikamenten bekämpft, setzt man natürlich all sein Vertrauen in die »Erklärungslücke«, in die Hoffnung, den Geist zu heilen, indem man das Gehirn behandelt.

Das Dumme ist nur, dass Patrick die Dinge nicht als einheitliches Ich mit einem in sich geschlossenen Geist erfährt; stattdessen ist ihm das Leben unvollständig, fast schon formlos:

> Das gesellschaftliche Leben hatte die Tendenz, ihn mit seiner grundsätzlichen Ablehnung der Prämisse zu konfrontieren, die individuelle Identität definiere sich dadurch, dass sie die Erfahrung in eine immer strukturiertere und kohärentere Geschichte verwandelte. In der Reflexion, nicht im Erzählen fand er Authentizität. Der Druck, seine Vergangenheit in anekdotischer Form zu präsentieren oder gar die Zukunft in Gestalt vehementer Bestrebungen, führte dazu, dass er sich schwerfällig und künstlich vorkam. [...] Sein authentisches Selbst war der aufmerksame Zeuge einer Vielzahl unsteter Eindrücke, die es, an sich, nicht vermochten, sein Gefühl der Identität zu steigern oder zu schmälern.

Genau diese grundsätzliche Ablehnung bringen die Melrose-Romane zur Sprache. Keine der Figuren wird bevorzugt, nicht einmal Patrick; die Serie kümmert sich nicht um klare Grenzen zwischen Haupt- und Nebenfiguren, sondern dringt stattdessen immer in den Geist jedes Einzelnen ein. Schön ist das nicht, was dabei zum Vorschein kommt: ein schmutziger Strom von Begierden, wenig korrekten Eindrücken, starken Meinungen, Selbstrechtfertigungen und Selbsttäuschungen. Strukturell gesehen sind das ideale Voraussetzungen für Komik, aber es schwingt auch sehr viel Ernst mit, denn die Kernfrage des komischen Romans – Wie kann ich sicher sein, dass ich nicht lächerlich bin? – besitzt eine große Nähe zu der Kernfrage der Bewusstseinsphilosophie: Wie kann ich sicher sein, was real ist? Beim Empfang nach der Beisetzung erleben wir, wie Fleur, eine geistesgestörte Bekannte von Patricks Mutter, die Patrick selbst noch aus der Entzugsklinik kennt, die Gäste abklappert, um sie zu fragen, ob sie schon mal ihr bevorzugtes Antidepressivum ausprobiert hätten. Sie kommt auch zu Erasmus:

> ›Haben Sie es mal mit Amitriptylin versucht?‹, fragte sie.
> ›Nie von ihm gehört‹, erwiderte Erasmus. ›Was hat er denn geschrieben?‹

Fleur wurde klar, dass Erasmus noch wesentlich gestörter war, als sie ursprünglich angenommen hatte.

Patrick weiß, dass Fleur verrückt ist, wir wissen, dass Fleur verrückt ist, und auch Erasmus wird es in Kürze feststellen – aber weiß Fleur es selbst? Wenn wir das Begräbnis aus ihrer Perspektive sähen und nur aus ihrer, wir würden es als »Realität« bezeichnen, weil wir es nicht besser wüssten. Was völlig absurd ist, denn welcher vernünftige Mensch würde auf Fleurs Aussagen vertrauen? Und doch ist genau dieser einzigartige, begrenzte und unglaubwürdige Zugang zum Realen das Schicksal jedes Einzelnen auf dieser Welt.

Die brillanteste Formulierung des Buches ist gar nicht geistreich, sondern einfach nur schmerzhaft zutreffend: »[Er hatte] seine Beziehung zu ihr [seiner Mutter] die längste Zeit eher als Einwirkung auf seine Persönlichkeit, denn als Austausch mit einer anderen Person betrachtet.« Patrick ist natürlich ein Extremfall, doch auch für uns andere, die wir in ebenso festgefahrenen, vergifteten Beziehungen zu unseren sogenannten »Lieben« stecken, sind die Fragen aus *Zu guter Letzt* nicht lustig. Als Patrick Marys Einladung ausschlägt, sie zu besuchen und mit seinen Kindern zu essen, bekommt er von seinem Sohn Thomas zu hören: »›Eigentlich […] solltest du unbedingt noch mal drüber nachdenken, denn dazu ist dein Kopf da!‹« Aber ist es überhaupt möglich, seinen Kopf so zu gebrauchen? Ist es möglich, sich frei zu entscheiden? So lange schon wird Patrick von Kräften regiert, die sich scheinbar seiner Kontrolle entziehen – Traumata, Charaktereigenschaften, Hirnchemie –, dass ihm die Vorstellung eines »selbstbestimmten Lebens« geradezu »extravagant« erscheint: »Wie wäre es, auf nichts zu reagieren und auf alles einzugehen?«

Der junge Teddy St. Aubyn schuf Romane voll blendender Porträtkunst, nicht unähnlich den Gemälden in den großen Herrenhäusern seiner Vorfahren. Perfekt in der Ausführung, oft grausam, leicht zu bewundern – und doch lassen sie etwas wie ein zentrales

Mysterium vermissen, diesen kleinen Teil eines Menschen, der sich durch keinen Akt noch so spitzfindiger Mimesis fassen lässt. Alle sind ausgestellt, kategorisiert. *Zu guter Letzt* bekennt sich zu den Grenzen des Expliziten. »Es ist sehr hilfreich«, räumt Patrick ein, »sie [seine Mutter] einmal aus anderen Blickwinkeln zu sehen als dem, in dem ich gefangen bin.« Das sagt er zu Annette, der Esoterikexpertin, bei deren Vortrag er gut hundertzwanzig Seiten vorher Folgendes erlebt hat:

> Oh, bitte, mach voran, dachte Patrick. Gerade erlitt Charles Bronson in einem einstürzenden Tunnel eine Panikattacke, Schäferhunde bellten hinter Stacheldraht, Suchscheinwerfer schwenkten über das aufgebrochene Erdreich, aber bald schon würde er, als deutscher Bankangestellter verkleidet, durch die Wälder rennen, auf die Bahnstation zu, mit gefälschten Ausweispapieren, die Donald Pleasence das Augenlicht gekostet hatten. Bald würde alles vorbei sein, er musste nur noch ein paar Minuten länger auf seine Knie starren.

Das allmähliche Herannahen einer Art Ehrlichkeit führt unweigerlich dazu, dass die Integrität des Komischen darunter leidet, so wie der beißende Genuss zu sagen, was man gar nicht meint, dem therapeutischen Impuls Platz macht: zu sagen, was man wirklich meint. Es ist schlicht und einfach nicht lustig, an die subtilgeistreiche Bemerkung über Save the Children noch den expliziten Satz anzuhängen: »Patrick konnte sich des Gedankens nicht erwehren, dass ihr leidenschaftlicher Wunsch, alle Kinder dieser Welt zu retten, ein unbewusstes Eingeständnis ihres Unvermögens war, das eigene Kind zu retten.« Und auch die letzten Sätze der Patrick-Melrose-Romane hätten durchaus davon profitiert, wenn die letzten drei gestrichen worden wären (»Er griff zum Hörer und wählte Marys Nummer. Er würde noch mal drüber nachdenken. Denn dazu war der Kopf, wie Thomas sagte, ja schließlich da«).

Doch hier und auch andernorts spürt man einen emotionalen Imperativ, der dem Autor mehr bedeutet, als bis auf die letzte spitze Bemerkung mit Evelyn Waugh gleichzuziehen. (Nicholas: »›Ungeachtet seiner Schattenseiten als Vater hat er [David] doch zumindest nie seinen Sinn für Humor verloren.‹« Patrick: »›Er konnte nur den Dingen eine komische Seite abgewinnen, die keine hatten. Das ist kein Sinn für Humor, sondern nur eine Form von Grausamkeit.‹«) In diesem funkelnden Erwachsenenroman kann ich gar nicht anders, als bei dem kitschigen Satz des kleinen Jungen dahinzuschmelzen, wenn ich mir vorstelle, dass St. Aubyn – der seinen eigenen Kindern bescheinigt, sie hätten ihn letztendlich doch noch ein kleines bisschen glücklich gemacht – ihn dort platziert hat wie das Siegel auf einem Liebesbrief.

Der eisernen Verachtung für die Psychiatrie, die in Patricks Kreisen herrscht – gleich nach der Beisetzung fällt Nicholas infolge eines Herzinfarkts tot um, mitten in einer Tirade zu diesem Thema, das »›die menschliche Vorstellungskraft mit mörderischen Babys und inzestuösen Kindern verseucht ...‹« –, und seinem eigenen Panzer aus Ironie zum Trotz scheint Patrick aus Therapie und Entzug tatsächlich echte Kraft gezogen zu haben, und er hört sich zu seinem eigenen Erstaunen Sätze aus dem Repertoire der Priory äußern, die Nicholas den Schaum vor den Mund getrieben hätten: »Groll bedeutet, Gift zu trinken und zu hoffen, dass jemand anders daran stirbt.« Verschwunden ist der Beckett zitierende Heroinsüchtige, der »saß in Träumen ertrunken und brannte darauf zu enden«. Und so wie Becketts Krapp ist auch der neue Patrick Melrose jemand, der es nicht mehr nötig hat, jemand zu sein – der nicht einmal mehr versucht, jemand zu sein. Ihm fehlen im besten Sinne die Worte. Zu den sprachmächtigsten Beschreibungen genau dieser Art von Sprachlosigkeit zählt William Empsons sechs Zeilen langes Meisterwerk »Lass los«. Während Patrick am Rande eines Rückfalls im Taxi sitzt, fällt ihm dieses Gedicht ein:

›Zurück zur Priory?‹, fragte der Fahrer, schon nicht mehr ganz so verständnisvoll.

Von denjenigen unter uns, die zurückmüssen, will er nichts wissen, dachte Patrick. Er schloss die Augen und streckte sich auf dem Rücksitz aus. ›Das Reden würde reden und so weit daneben gehen.‹ Und dann? Und dann? ›Bloß nicht ins Irrenhaus und was dazugehört.‹ Und was dazugehört. Welch eine wunderbare Sprachlosigkeit, wie sie sich drohend ausdehnt und dann wie unter Zwang wieder zusammenzieht.

Die meisten Schriftsteller hätten sich hier mit Auslassungen aus der Affäre gezogen, aber um so demütig und vorsätzlich falsch zu zitieren, muss man schon St. Aubyn sein. In Romanen kommt ständig irgendwem »etwas in den Sinn«, meistens allerdings auf so hochglanzpolierte Weise, dass es das echte Bewusstsein Lügen straft. Bei St. Aubyn aber ist das Irrenhaus nie allzu weit.

Vom Inselleben und von der Mutterliebe

Überall in der jamaikanischen Diaspora kann man Variationen des folgenden Wortwechsels hören:

JAMAIKANER/IN EINS: Warst du in letzter Zeit mal da?

JAMAIKANER/IN ZWEI *(mit einem Seufzer)*: Wenn ich hinfahre, sag ich *keinem* was. Ich kann da einfach nicht Urlaub machen. Jamaika ist *so* anders!

Es folgen verklärende Erinnerungen an das Jamaika der Siebziger oder auch der Fünfziger oder Dreißiger – je nach Alter und politischer Überzeugung der Gesprächsteilnehmer – sowie ein paar neidvolle Bemerkungen über eine Nachbarinsel (»Warst du schon mal auf St. Lucia? *Da* ist es schön!«). Anschließend wendet sich die

Unterhaltung dann dem eigenen Zuhause zu – dem *»yard«*, wie er immer noch genannt wird, ob er nun in London, Manchester oder Miami liegt –, wo der vielköpfige jamaikanische Clan in aller Regel in irgendein »gräuliches« innerfamiliäres Drama verstrickt ist, das von der gesamten Verwandtschaft verteufelt wird (»Keinen Respekt haben die, für gar nichts!«), das aber offenbar auch keiner lösen kann.

Ian Thomsons hervorragendes Buch *The Dead Yard: A Story of Modern Jamaica* ist eine 350 Seiten starke Abhandlung über das Obige. Voll mit einfühlsamen und erstaunlich gut transkribierten Beispielen jamaikanischer Gespräche (Thomson ist weiß und Schotte), wurde es offenbar von einem eher brutalen britischen Gespräch inspiriert: »J. G. Ballard hat mir vorgeschlagen, an ›irgendeinen deprimierenden Ort‹ zu reisen, ›so was wie Tschetschenien – wie wär's denn mit Jamaika?‹« Dieses Geständnis ist nicht gerade dazu angetan, bei den Jamaikanerinnen und Jamaikanern, die generell zu Wachsamkeit und verletztem Stolz neigen, Sympathien für das Buch zu wecken (»Was wollen Sie auf Jamaika?«, will eine Frau bei einem Treffen der Jamaican Historical Society von Thomson wissen. »Sind Sie hier, um zu glotzen und sich lustig zu machen?«). Andererseits weiß niemand besser als die Jamaikaner, wie viel Verzweiflung ihr Inselparadies heimsucht. Thomsons Buch geht über die viel beschworenen Funktionsstörungen hinaus und stellt sie in den notwendigen historischen Kontext, und sein literarisches Empfindungsvermögen entspricht der seltsamen Schönheit dieses Ortes: »Ich stand wie gebannt am Fenster, während die Palmen, von Blitzen beleuchtet, mit den Köpfen auf den Rasen knallten, um dann wieder zurückzuschnellen wie federleichte Trockenfliegenruten.«

Thomson, der bereits ein ebenso ausgezeichnetes Buch über Haiti verfasst hat, *Bonjour Blanc*, stellt fest, dass die Inselbewohner, die er anfangs trifft, voller Warnungen stecken, die sie ihm auf jamaikanische Weise mitteilen: »Ich war gewarnt worden, nicht ins Zentrum zu fahren. ›Da sind die Leute voller Groll, *very grudgeful*‹, erklärten mir die Bewohner der Außenbezirke.« *Grudgeful* heißt auf Jamaika meistens auch ›bewaffnet‹: »Hast du keine Waffe dabei [...], killen dich die Drogentypen – hast du eine Waffe dabei, killen sie dich noch viel schlimmer.« So sagt es Valerie Salmon, Haushälterin aus Kingston, um die fünfzig und unter den ersten Jamaikanerinnen, die Thomson den Teufelskreis aus Neid, Selbsthass und Armut zu erklären versuchen, der ihrem Land die höchste Mordrate der Welt beschert hat: »Auf Jamaika hätten alle ›Vorurteile‹: Selbst die Ärmsten aus den Barackensiedlungen am Stadtrand schauten noch auf die Squattersiedlungen im Zentrum herab. ›Keine Ahnung, ob das so ein Herren-Sklaven-Ding ist‹, fährt Valerie fort, ›aber so ist das hier.‹«

Und Thomson hat selbst wenig Zweifel daran: »Die ganze jamaikanische Gesellschaftsordnung ist von ihrer Sklavereivergangenheit gezeichnet. Als 1965 in Morant Bay eine Statue von Paul Bogle [dem Anführer eines Aufstands von 1865 und Fürsprecher der Armen] enthüllt wurde, kam es zu Ausschreitungen, weil die Anwohner die Statue mit der Begründung ablehnten, der Baptistenpfarrer sehe *viel zu schwarz* aus.« (Hervorhebung von mir) Diese Besessenheit, wenn es um Hautfarbe geht, um Ungerechtigkeiten und Clanpolitik (beide politischen Parteien Jamaikas verfügen über ihre jeweils eigenen paramilitärischen bzw. *Gangsta*-Flügel, die sich in den Slums von Tivoli Gardens Schießereien liefern), findet ihren ganz konkreten Widerhall in der Sklavenvergangenheit. Die »indigene« Bevölkerung Jamaikas traf vor dreihundert Jahren als Schiffsfracht auf der Insel ein, als Eigentum der *»triangle merchants«*, die den Dreieckshandel mit Sklaven zwischen England, Afrika und Jamaika beförderten: »Eine typische ›Dreiecksfahrt‹ transportierte Handelsware (beispielsweise Perlen, Gewehre und Schießpulver) von England nach Afrika, anschließend Sklaven von Afrika in die Karibik und schließlich, auf der Rückreise nach England, Zucker, Kaffee, Baumwolle, Reis und Rum. Es war eines der perfektesten Handelssysteme der Moderne.«

Auf der berüchtigten Überfahrt des Sklavenschiffs *Zong* aus Liverpool im Jahr 1782 kamen alle 470 Sklaven an Bord ums Leben; der Kapitän ließ zunächst diejenigen über Bord werfen, die an Krankheiten gestorben waren, und ging dann dazu über, auch die Kranken samt ihren Fesseln zu entsorgen: »Alle Übrigen, so berichtet es ein Augenzeuge, ›wanden sich voller Abscheu aus den Griffen ihrer Peiniger und sprangen von sich aus in den Tod‹.« Gelangte man doch nach Jamaika, fand man sich in einer Tropenhölle wieder: »Denn für das Verbrechen des ›Rebellentums‹ lautete die Strafempfehlung, die Sklaven am Boden zu fesseln und sie mit einer Fackel ›nach und nach von den Füßen und Händen bis hinauf zum Kopf‹ zu verbrennen, ›auf dass sie Schmerz im Übermaß empfänden‹. Auf ›geringere‹ Vergehen stand ›das Abschlagen des halben Fußes mit der Axt‹.« Als »Rebellentum« galten das Stehlen von Rum, unverschämtes Verhalten, die Weigerung, Wasser zu pumpen, sowie eine unangemessene Ausdrucksweise.

Das koloniale Jamaika stülpte dieser blutigen Geschichte dann ein kleines Pseudoengland über: Die Züge fuhren pünktlich (heute fahren gar keine Züge mehr), und alle konnten »Jerusalem« singen, doch die afrikanischen Wurzeln der Jamaikaner wurden zum Gegenstand der Scham und weitgehend totgeschwiegen. Als die Briten Ende der Fünfziger abzogen, wurden sie schon bald von den Amerikanern ersetzt, anfangs noch verdeckt, als Jamaika zum Spielstein im Kalten Krieg wurde, später dann vor allem ökonomisch, indem sie den anfälligen Konsummarkt mit billigen Exportgütern überschwemmten. Auf einer solchen Geschichte fußt kein gesunder moderner Staat, und Jamaika kann die Stabilität, für die England sechshundert Jahre gebraucht hat, unmöglich in fünfzig erreichen. Jamaika ist wie ein misshandeltes Kind: Kein Wunder, dass es sich auch als Erwachsener noch komisch verhält.

Als Thomson 2007 dort ist, werden ein Mann und seine ganze Familie wegen »respektlosen Verhaltens« erschossen: Der Mann hatte im Bus einer Frau unter den Rock geschaut. Zwei Jugendliche aus Mandeville, die beim Lebensmittelklauen erwischt wurden, werden »mit Schaufeln und Spitzhacken niedergeschlagen und von Hunden gebissen; einer der beiden blieb durch eine Rückenmarksverletzung gelähmt«. Auf dieser Insel mit ihren drei Millionen Menschen werden tagtäglich fünf ermordet. Carolyn Gomes, Geschäftsführerin der Menschenrechtsgruppierung Jamaicans for Justice, bringt es auf den Punkt: »Die ganze Sache mit dem Dissen und dem Respekt auf Jamaika ist komplett hausgemacht. Wenn man im Leben immer so erniedrigt wird, braucht man es dringend, dass die Leute einem Respekt zeigen, und man braucht die Knarre, um sich bemerkbar zu machen.« Thomson kommt zu dem Schluss, dass die Vorstellung von Respekt aus der Abwesenheit bürgerlicher Werte entstanden ist und jamaikanische Männer dazu anhält, »um ihrer selbst willen« nach Macht und Geld zu streben.

Derweil setzt sich das gesellschaftliche Gütesiegel heller Haut, das auf den Plantagen entstanden ist, weiter fort. Hier äußert sich Sheila Hamilton, eine dreiundsiebzigjährige Friedensrichterin: »Ich bin nicht schwarz. Ich bin braun. Eine Frau mit hellbrauner Haut … Eigentlich bin ich fast schon weiß.« In fast allen Interviews, die Thomson führt, wird dieses Hautfarbenbewusstsein früher oder später Thema. Mary Langford, jamaikanische Autorin und Historikerin gemischtethnischer Herkunft, ist ein recht typisches Beispiel: »Sie wohnt in einem schönen Haus in Kingston, in dem es von Mahagonimöbeln, silbernen Polo-Pokalen, silbernen Teekannen, vor allem aber von Dienstmädchen wimmelt. Die Dienstmädchen haben alle sehr schwarze Haut, was die ›Hellhäutigkeit‹ ihrer Arbeitgeber hervorheben soll […] Mir erklärt sie: ›Ich habe keine Angst vor Afrika per se oder vor der afrikanischen Kultur. Aber da ist einfach zu viel Ganja im Spiel, zu viel Dancehall und zu viele Nickerchen am Nachmittag.‹« Viele Angehörige der jamaikanischen Elite in diesem Buch sehen die Siesta offenbar als Inbegriff moralischer Laxheit. Dabei ist ein Nickerchen am Nachmittag das einzig Vernünftige, was man im jamaikanischen Klima tun kann. »*Soon come*« – »ein Ausdruck, der das Leben auf Jamaika immer noch verfolgt und für Außenstehende die jamaikanische Seele versinnbildlicht« – ist im Grunde eine regionale Weisheit, Ausdruck schlichten gesunden Menschenverstands, wenn draußen 40 Grad herrschen und es in Strömen regnet. Oder um es echt jamaikanisch zu sagen: *We slow till we wan fi go fast*. Wir machen langsam, bis wir wieder schneller machen.

Die Inseln der Freude auf Jamaika (und im Buch) entstehen hauptsächlich durch die Menschen, die versuchen, ein »Jamaika für die Jamaikaner« zu schaffen, wie es George Bernard Shaw einmal im *Gleaner*, der Tageszeitung von Kingston, empfohlen hat. Ein wenig Hoffnung findet Thomson bei den ländlichen Nachkommen der Maroons, entflohener Sklaven, die ihre eigenen Dorfgemeinschaften begründet und sich ihr Erbe von der Goldküste erhalten haben (und die nichts in die Ghettos von Kingston zieht), sowie in der eigenständigen Gemeinschaft der Rastafari (deren berühmtestes Genussmittel sich allerdings als einigermaßen kontraproduktiv erweist: »Je mehr du rauchst«, erklärt einer von ihnen Thomson, »desto eher fällt Babylon«). Unterdessen geht es den Jamaikanern mit jüdischen, indischen und chinesischen Wurzeln offenbar blendend, sehr zum Unmut der schwarzen Mehrheit. Durch ihre eigenen Sprachen, Schulen und religiösen Einrichtungen waren diese Minderheitengesellschaften nie abhängig von einem Staat, der widersinnigerweise daran festhält, aus jedem jamaikanischen Setzling eine englische Eiche zu machen:

> Im ländlichen Teil von Jamaika fragte ein Schulinspektor eine Gruppe Kinder: »*How many feet has a cat got?*« – »Wie viele Beine hat die Katze?« Die Frage war in angestrengt korrektem, hochsprachlichem Englisch formuliert, bereits die kleinste Abweichung davon hätte als »Wilden-Sprache« gegolten. Es folgte ein langes, ratloses Schweigen, bis die jamaikanische Lehrerin die Frage schließ-

lich auf Patois wiederholte: »*How much foot have puss?*« Ein Wald von Händen schnellte in die Höhe.

Das klingt alles, als wäre dieses Buch deprimierend, aber das ist es nicht. Die Strahlkraft und Unverwüstlichkeit der jamaikanischen Kultur zeigt sich überall: in der Fruchtbarkeit des Bodens, im Erfindungsreichtum des Patois und in der Musik, die auf der Straße gespielt wird. Ich bin überzeugt, dass diverse Jamaikaner diverse Hühnchen mit Thomson zu rupfen haben werden: Ist ja auch ärgerlich, wenn einem ein *backra*, ein Weißer, sagt, was Sache ist. Beklagt er den Aufstieg der Amerikaner in Jamaika etwa aus Sentimentalität über den britischen Machtverlust? (Und wieso verplempert er so viel Zeit damit, die Überbleibsel der Kreise um Prinzessin Margaret / Errol Flynn / Ian Fleming zu interviewen?) Ich selbst habe nur einen grundsätzlichen Einwand, und das ist seine konservative Haltung zur Musik. Wie viele Weiße seiner Generation ist Thomson ein Reggae-Fan alter Schule, er schätzt Jazz und Ska und Rocksteady, sperrt sich aber gegen Hip-Hop und Dancehall:

> Sie [die Musik] scheint ihre moralische Haltung verloren zu haben, ist vom Feiern auf der Straße zum unwürdigen Soundtrack des Kommerzes geworden und weist kaum noch Ideologie auf [...] Als wäre der Kampf komplett aufgegeben, und es würde nur noch auf öde, computergenerierte Rhythmen zurückgegriffen. Den Weg von Horace Andys »In the Light« zu Sean Pauls »Shake that Thing« lässt sich nur schwer als Fortschritt bezeichnen.

Ich bin wirklich kein Sean-Paul-Fan, aber mir scheint doch, dass Thomson sich hier etwas entgehen lässt. Mit »Shake that Thing« meint er vermutlich »Get Busy«, einen Radio- und Videohit von 2003, in dem diese Textzeile eine tragende Rolle spielt. Der Song ist natürlich reine Phantasie, aber es geht darin nicht um die von

Thomson so gefürchteten Knarren, Karren und kleinen Luder. Klar, Sean Paul steigt aus einem weißen Cadillac Escalade, doch wohin geht er dann? In ein jamaikanisch-amerikanisches Vororthaus. Oben begrüßt er ganz höflich die Altvorderen, Mann und Frau – die gerade Fischbällchen zubereiten und Domino spielen – und geht anschließend zur Party in den Keller, wo er zu seinem eigenen Song toastet, den MC macht, wie man früher gesagt hätte. Hier unten tanzen junge Jamaikaner und Jamaikanerinnen in rivalisierenden Gangs, zeigen irrsinniges und absolut gleichwertiges Können, legen es darauf an, sich gegenseitig mit Moves zu überbieten, bei denen Pina Bausch nach dem nächsten Mauseloch Ausschau gehalten hätte. Ihre Kleider, ihre Haare, die Art, wie sie Kopf und Hände bewegen – das wird alles sofort in Monrovia, New York, Tokio nachgemacht. (Das weiß sogar Thomson: »Inzwischen hat Jamaika so viel Einfluss auf die indigene britische Kultur, dass selbst der jamaikanische Akzent unter weißen britischen Teenagern hip geworden ist. Die schwarze Kultur Jamaikas ist heute die Jugendkultur Londons.«) Und wenn sich Sean Paul, der nach jamaikanischen Maßstäben *»yellow«* ist, gelblich also, an die heißeste Braut der Party ranmacht, ist das Bemerkenswerte, dass sie schwarz ist. Nicht gelblich, nicht kaffeebraun – richtig schwarz. Wenig später hat der Hausherr den Lärm satt, schnappt sich das Mikro und beendet die Party – und wird als Autorität akzeptiert. Keiner zückt eine Knarre, wie um uns daran zu erinnern, dass Jamaikaner großmehrheitlich friedliebende Menschen sind. Für mich sagt diese Szene vor allem eines aus: Was wäre, wenn so viel Schönheit, Talent, Style, Witz und Intelligenz tatsächlich eine Heimat fänden, nicht nur am Set eines Musikvideos, sondern in einem funktionsfähigen Staat? Da bete ich um ein *Soon Come.*

Danzy Senna hat etwa den gleichen Hautton wie Sean Paul und 1998 einen ziemlich guten und, wie sich zeigt, prophetischen Essay mit dem Titel »Mulatto Millennium« geschrieben, der sich über die neumodische amerikanische Begeisterung für alles ethnisch Gemischte lustig macht. Danach schrieb sie *Caucasia**, einen klugen, teilweise autobiographischen Roman über eine Familie wie ihre eigene: weiße Mutter, extremistischer schwarzer Vater. Etwas an der eigenen äußerlichen Ambivalenz (nicht aus ihrer Sicht, sondern aus der der Menschen, die sie ansehen) hat ihr ungewöhnlich tiefe Einsichten in das Thema Identität verschafft. Was, wenn man von den Mitmenschen als vollkommen andere Persönlichkeit wahrgenommen würde, je nachdem, wie man die Haare trägt? So krass formuliert sie das natürlich nie: Stattdessen ist ständig eine Art subtiler Rollentausch im Gange, die Figuren reagieren auf Basis oberflächlicher Zeichen aufeinander, die in einer aufs Visuelle reduzierten Kultur scheinbar alles bedeuten. Auch in *You Are Free*, ihrer neuen Sammlung von acht Erzählungen, ist die irreführende Dualität aus Schwarz und Weiß noch vorhanden, und eine zweite ist hinzugekommen: Mutter und Nichtmutter. Ich muss zugeben, dass ich Senna zum ersten Thema deutlich lieber lese. Bei der Frage nach der Hautfarbe bleibt sie stets bissig-spielerisch; beim Thema Mutterschaft wird sie dogmatisch. Eine Ausnahme bildet die hervorragende Eröffnungsgeschichte, die beide Themen geschickt miteinander vermischt. »Admission« erzählt das Mittelschichtsmärchen eines schwarzen, intellektuellen Paares, das sein Kind bei einer exklusiven Kita anmelden möchte (»Ich hatte gehört, dass Will und Jada schon auf der Warteliste standen«). Eigentlich bewerben sie sich dort nur aus Spaß und rechnen mit einer Absage, als sie dann aber eine Zusage bekommen, hat der Mann Bedenken, sowohl wegen der Kosten als auch wegen des Anmaßenden daran (»Wir sollen uns einschränken – und zwar ernsthaft –, nur damit das Kind mit den künftigen reichen Säcken von Amerika in eine

* Auf Deutsch 1999 unter dem Titel *Schnee in Alabama* erschienen und inzwischen vergriffen; die hier besprochene Kurzgeschichtensammlung ist bisher nicht übersetzt. (Anm. d. Ü.)

Klasse gehen kann?«), und legt ein Veto ein. Und der Frau wird plötzlich klar, wie sehr sie das will (»Ich will nicht, dass Cody in einem öffentlichen Kindergarten versauert«).

Bis dahin wirkt die Geschichte wie eine etwas zu realistische Schilderung eines der verlässlich öderen Momente des Mittelschichtslebens – aber dann wendet sich das Blatt. Wie, werde ich Ihnen nicht verraten, denn die Kraft von Sennas Geschichten liegt gerade in ihrem Talent für solche Wendungen, das mir wie die ästhetische Reaktion auf die sehr menschliche Erfahrung vorkommt, in der Wahrnehmung anderer selbst so eine »Wendung« zu vollführen. Alle Geschichten, die sich mit Hautfarbe beschäftigen, besitzen eine beinharte Komik (die hinreißende Erzählung über einen Mischlingshund beginnt so: »Die Kleine war ein Phänomen. Sie sah gar nicht nach Mischling aus, eher nach einer noch unentdeckten Rasse. Ständig versuchten Fremde auf der Straße herauszufinden, woher sie stammte«), und selbst die am offensichtlichsten konstruierten Voraussetzungen funktionieren noch, vielleicht ja, weil Senna erkennt und selbst erlebt hat, was für ein aufwendiges Konstrukt Rassen sind. Eine Geschichte, »Triptych«, erzählt dreimal die gleiche kurze Geschichte von einer Familie, die beim Abendessen sitzt – doch in jeder Version gehört die Familie einer anderen Rasse an. Das erfährt man nicht über die Beschreibung ihrer Hautfarbe, sondern anhand von winzigen kulturellen Markierungen: den Postern an der Wand, dem Namen des Hundes, der Mahlzeit auf dem Tisch. Das ist sehr raffiniert und nervenaufreibend, weil man in jede Neuerzählung der Situation so viel Ballast mitbringt. Und »Situationen« sind Sennas große Stärke (der Stil ist ruhig, unauffällig): »There, There« geht von der spannenden Voraussetzung einer jungen Frau aus, die im Internet liest, dass sich jemand am Arbeitsplatz ihres Freundes das Leben genommen hat, doch als der Freund nach Hause kommt, erzählt er nichts davon, und dieser Riss des Nichtgesagten wird im Lauf des Abends immer breiter, bis er wie eine Kluft zwischen ihnen liegt. Senna besitzt die

Carver'sche Gabe aufzudecken, worüber wir (nicht) reden, wenn wir über Liebe reden.

Angesichts von so viel kluger Raffinesse ist es seltsam, das Thema Mutterschaft so unverblümt und mit einem merkwürdig triumphalen Unterton behandelt zu sehen. In »The Care of the Self« sind wir etwas plump aufgefordert, unsere Heldin Livy, die ihr New Yorker Singleleben aufgegeben hat, um in New Mexico Kinder zu bekommen und schluffig zu werden, mit Ramona zu vergleichen, ihrer schlanken, glamourösen Freundin, die mal mit einem gewissen Julian verheiratet war: »Von den Abendessen bei Ramona und Julian ging Livy grundsätzlich verstörter weg, als sie eingetroffen war, halb erschlagen von dem Glück dieser Beziehung. An manchen Abenden fragte sie sich sogar, ob die zwei sie vielleicht einfach nur einluden, um sich zu vergewissern, dass man verheiratet besser dran war als allein.« Jetzt allerdings haben sich die Vorzeichen geändert, und Ramona ist Single. Sie besucht die frischgebackene Mutter Livy und geht mit ihr ins Spa, wo Ramona ihren großartigen Körper zur Schau stellt und viel davon redet, »sich etwas Gutes zu tun«. Sennas leichter Pinselstrich ist hier verschwunden; wir sollen diese Ramona hassen, und das tun wir auch: »Es war, als wäre Ramona nur nach New Mexico gekommen, um zu sehen, wie grässlich das Eheleben, das Mutterleben, sein konnte – und zurückfahren würde sie bestärkt in der Überlegenheit ihres Lebens als freie Singlefrau in der Großstadt.« Ramona, die für Pilates schwärmt und »ihre straffe, strahlende Gestalt im Spiegel begutachtet«, verfolgt das Karriereziel, »Lebensberatung mit einer Tätigkeit als Personal Trainerin zu verbinden«. Sie hat nicht die leiseste Chance.

Derweil ist Livy, bei aller Schlampigkeit und allen leichten Eheproblemen, stolz, als ihr klar wird, wie viel glücklicher als Ramona sie ist und dass es sich bei diesem Glück um ein tieferes, sinnerfüllteres handelt. Sie hat die Eitelkeit der Kinderlosen hinter sich gelassen: »Das war vorbei. Sie wusste […], sie war vorbei, diese Romanze mit sich selbst.« Und wenig später wird dieser wenig schwesterliche Standpunkt noch einmal bekräftigt: »Sie spürte, wie das Tochter-Ich, jung und eitel, in ihr starb, und das Mutter-Ich sich gewaltig und traurig hinter ihm erhob und sie mit nichts Geringerem als der ganzen Menschheitsgeschichte verband.« Die heute höchst beliebte Vorstellung, dass Mutterschaft Frauen unmittelbar mit der ganzen Weisheit des Buddha ausstatte, erklärt leider nicht, warum wir Mütter unsere eigenen Mütter als so kolossale Nervensägen empfinden. Und sie erklärt auch nicht, warum manche kinderlosen Frauen, beispielsweise George Eliot, über die gleiche Fähigkeit verfügen, sich an die gewaltige, traurige Last der Geschichte anzuschließen. Wenn das Muttersein uns wirklich zu so guten, uneitlen Menschen macht, wenn es wirklich ein so hoch entwickelter Zustand ist, wie kommt es dann, dass wir trotzdem noch das Bedürfnis haben, so hart über unsere Schwestern zu urteilen, die sich gegen Kinder entschieden oder aus Gründen, die sich ihrem Einfluss entziehen, keine bekommen haben? (Ramona wird in New York in nur einer Woche auf der Straße zusammengeschlagen und muss herausfinden, dass ihr Mann schwul ist.)

Noch eine weitere Geschichte, »What's the Matter with Helga and Dave?«, ist dieser Pappkameradin der perfekten Frau gewidmet. Diesmal handelt es sich um Helga, die gerade Mutter geworden ist, offenbar aber nicht die richtige Sorte Mutter: »[Das Baby] war wohl erst ein paar Monate alt, aber ich konnte mir nicht vorstellen, dass diese Mutter – mit ihrer grazilen Figur und ihrer gelassenen Miene – jemals ein Kind in sich getragen, geschweige denn es aus sich herausgepresst haben sollte.« Zudem begeht Helga auch noch das Verbrechen, der Ich-Erzählerin, die selbst gerade Mutter geworden ist, zu raten, nicht länger als zwei Monate zu stillen (»Sie wollen gar nicht wissen, wie Ihre Brüste aussehen, wenn Sie damit durch sind«, warnt sie). Je verlotterter und müder die Ich-Erzählerin sich fühlt, desto perfekter erscheint Helga, doch am Ende der Geschichte stellt sich natürlich heraus, dass die ach so perfekte Helga in Wahrheit unglücklich und unbefriedigt ist (»Dave kann mich nicht ausstehen. Ich glaube, heimlich wünscht er sich, ich wäre tot. Wir haben uns seit Monaten nicht mehr angefasst«). Und schließlich stillt die Ich-Erzählerin auch noch Helgas Baby. Bei der Lektüre dieses Buches hatte ich das gleiche bittersüße Gefühl, das viele Frauen empfunden haben, als sie mitansehen mussten, wie der erste schwarze Präsident vor der ersten Präsidentin kommt. In der Rassenfrage kommen wir eventuell allmählich voran. Aber was ist aus der Schwesterlichkeit geworden?

Über wilde Mädchen, grausame Vögel – und Rimbaud!

Die beiden besten Bücher, die ich diesen Monat gelesen habe – *Die linke Hand der Dunkelheit* und *Freie Geister* –, sind alles andere als neu, sondern bereits 1969 bzw. 1974 erschienen. Ihre Autorin ist aktuell einundachtzig Jahre alt. Beim Versuch, sie in all ihrer Erhabenheit zu beschreiben, komme ich mir vor wie einer von Ursula K. Le Guins intergalaktischen Eindringlingen, der gerade seine ersten Schritte auf fremdem Boden macht – ich war nicht mehr so angetan von einer fernen Realität, seit ich die Schranktür nach Narnia hinter mir geschlossen habe. Es kommt nicht oft vor, dass wir einen Roman mit der Überlegung zuklappen: »Was genau ist eigentlich Geschlecht?«, oder: »Was heißt es wirklich, etwas zu besitzen?« Doch genau dieses Kunststück eines anthropologischen Verfremdungseffekts vollführt Le Guin (selbst Tochter einer Anthropologin) mit ihren nicht einzuordnenden Bewohnern des Planeten Winter (denen nur für einen leidenschaftlichen Akt namens »Kemmer« Geschlechtsteile wachsen). Oder mit ihren anarchistisch-genossenschaftlichen Odoniern, den Bewohnern von Anarres, die keine Vorstellungen von Eigentum oder Hierarchie haben. Le Guins *The Wild Girls* ist ein schmales Bändchen mit einer Erzählung, einem Interview, ein paar kürzeren Gedichten, einer kleinen Betrachtung über die Tugend der Bescheidenheit sowie einem zornigen Essay über Konzernverlage, »Staying Awake While We Read«, der im Vorfeld bereits in *Harper's Bazaar* erschienen ist. Die Gedichte enttäuschen eher (»The Next War«: »Er wird sich seinen Ort, / Er wird sich Zeit, er wird sich Leben nehmen / Und sie verschwenden«), die Essays und vor allem das Interview sind schmissig und kämpferisch (»Ich habe nur eine einzige Möglichkeit, ignorante Snobs daran zu hindern, Genreliteratur mit ihrer snobistischen Ignoranz zu überziehen, und die besteht darin, ihre Ignoranz und ihren Snobismus nicht noch zu verstärken, indem ich lüge und behaupte, die Science-Fiction, die ich schreibe, sei gar keine Science-Fiction, sondern ihnen stattdessen vierzig, fünfzig Jahre lang mit mehr oder weniger Geduld klarzumachen, dass sie falschliegen, wenn sie Science-Fiction und Fantasy aus der Literatur ausschließen, und meine Argumente dadurch zu bestätigen, dass ich gut schreibe«). Der mächtigste Grund, *The Wild Girls* aufzuschlagen, ist allerdings die mit dem Nebula Award ausgezeichnete Titelgeschichte, eine Erzählung über eine Kultur der Herrschaft und Sklaverei auf einem fremden Planeten. Hier lernen wir die Stadt kennen, in der die Kronen-Menschen leben, während auf dem Land die Dreck-Menschen ihr Dasein fristen. Die Dreck-Menschen sind ein unterdrückter Nomadenstamm. Manchmal dringen die Männer der Kronen-Menschen in die Dreck-Gebiete vor, entführen die wilden kleinen Mädchen und nehmen sie mit zurück in ihre Stadt, um sie als Sklavinnen zu halten oder zu Konkubinen heranzuzüchten. Die Welt der Stadt hat einen festgelegten Verhaltenskodex: Vorschriften zum Essen, Schlafen, Tanzen und Sprechen, die in ihrer Ausgefeiltheit auch für einen Zyklus von der Länge der Le Guin'schen *Erdsee*-Saga ausreichen würden, doch irgendwie gelingt es ihr, diese komplexe Kommune auf wenigen Seiten zusammenzufassen.

»Zeigen, nicht sagen« – so lautet das abgedroschene Workshopmantra, und Le Guin zeigt uns, wie das geht. Sie hält sich nicht mit langen Terminologielisten auf oder mit (zumindest aus meiner Sicht) langweiligen, Tolkien-haften Ahnenreihen. Ihre Welten sind zugleich künstlich und naturalistisch – wir begeben uns hinein und finden sie vollständig ausgeformt vor, bevölkert von Figuren, die tief in ihren imaginären Lebensräumen verwurzelt sind:

> Am Abend stiegen sie hinauf zum Hügelkamm und sahen unten in der Ebene, zwischen Auen und gewundenen Bächen, die Hütten der Nomaden in drei Kreisen recht weit voneinander entfernt stehen. [...] Die Kinder breiteten längliche gelbbraune Wurzeln auf dem Gras aus, die Alten zerschnitten die größten Wurzeln und legten sie auf Roste über kleinen Feuern, damit sie schneller trockneten.

Werden diese Welten angegriffen, dann spüren wir die Gewalt ganz intim, nicht zuletzt, weil Le Guin mit ihrer Schreibkunst allen anderen lebenden und nicht im »Genrefach« tätigen Schreibenden in nichts nachsteht:

> Ein kleines Mädchen wehrte sich so erbittert, biss und kratzte, bis der Soldat sie fallen ließ und sie unter schrillen Hilfeschreien davonkrabbelte. Bela ten Belen rannte ihr nach, packte sie an den Haaren und schnitt ihr die Kehle durch, damit die Schreie verstummten. Sein Schwert war scharf, ihr Hals war weich und schmal; der Leib sank weg vom Kopf, nur noch von den Knochen hinten am Nacken gehalten. Er ließ den Kopf fallen und rannte zu seinen Männern zurück.

Teilweise geht es in *The Wild Girl* auch um die alte Dichotomie Jungfrau / Hure: Zurück in der Stadt begegnet uns eine Kronen-Kultur, die der unseren nicht gänzlich fremd ist und in der Frauen zugleich als Mütter verehrt und als erotisches Eigentum erniedrigt werden. Durch seine feministisch-sozialistischen Themen hat Le Guins Werk einen gewissen radikalen Chic, und ihre Bücher wurden im Lauf der Jahre als offene Unterstützung für so unterschiedliche Anliegen wie Anarchismus, Kommunalismus und lesbischen Separatismus interpretiert. Doch Science-Fiction kann natürlich nicht nur von ignoranten Snobs falsch gelesen, sondern auch von ihren größten Fans falsch ausgelegt werden. Im Interview hat sich Le Guin leicht spitzbübisch gegen das labbrige Multifunktionslabel des »Progressiven« verteidigt:

> Ich bin nicht progressiv. Ich halte das Konzept des Progressiven für einen ärgerlichen und generell auch schädlichen Fehler. Mich interessieren Veränderungen, das ist aber etwas völlig anderes. Ich schätze steife, spießige, strenge, ernsthafte, gewissenhafte, verantwortungsbewusste Menschen wie Mr Darcy und die Römer.

Darcy mit seinen festgefahrenen Meinungen und seiner langsamen emotionalen Entwicklung wirft seinen Schatten wohl auch auf Doktor Shevek, den Helden von *Freie Geister*, der von seinem Heimatplaneten, einer anarchistischen Welt, die ihm perfekt vorkommt, auf einen kapitalistischen Planeten reist und diesen abstoßend findet. Doch die Lektionen, die er auf seiner Reise von einer Utopie zur nächsten lernt, sind ambivalent: Wenn Le Guins Figuren andere Welten – und andere Bewusstseine – kennenlernen, gibt ihnen das meist die Möglichkeit, sich kritisch mit den eigenen tief verwurzelten Annahmen auseinanderzusetzen. Das Gleiche gilt für ihre Leserschaft. Wie Austen und (Achtung, Genresprung!) Seneca vergegenwärtigt und schildert Le Guin Veränderungen auf ernsthafte, gewissenhafte, verantwortungsbewusste Weise.

Manche würden behaupten, dass Magnus Mills eine Form von SF-Literatur schreibt, in der das S nicht für »science«, sondern für »speculative« steht. Andere würden ihn vielleicht in jene alte

Tradition des Geschichtenerzählens einreihen, zu der auch Lewis Carroll, Mervyn Peake und Shakespeare gehören und eigentlich auch sonst alle, die über eine funktionsfähige, phantasievolle Vorstellungskraft verfügen. Heutzutage gibt es davon anscheinend zunehmend weniger, was Mills' Leistung umso eindrücklicher macht. Er ist ein Märchenerzähler inmitten einer Zeit gemäßigter Fiktionen und sorgfältiger Reportagen. Sein Buch *Zum König!* ist eine großartige Fabel über die Eitelkeiten des Asketentums. Es beginnt so: »Ich wohne in einem Haus, das ganz und gar aus Blech gebaut ist, mit vier Blechwänden, einem Blechdach, einem Blechschornstein und einer Blechtür. Eben ganz und gar aus Blech.«

Mir ist nie so recht klar, wie bewusst er sich seiner Allegorien ist: Seine Geschichten sind weder in sich geschlossene Systeme noch eine Eins-zu-eins-Übertragung philosophischer Argumente. Er wird regelmäßig mit Kafka verglichen, doch die Unterschiede sind aussagekräftiger als die Ähnlichkeiten: Kafka hat uns in Form seiner Briefe und Tagebücher mehr als genug Beweismaterial für das abseitige Fundament seines »schlichten« Stils hinterlassen. Liest man ein Interview mit Mills, kann man nie sagen, ob er tatsächlich nichts von den großen Ideen ahnt, die andere aus seinen Werken herauslesen (Pynchon ist Fan), oder einfach nur ein ausgebufftes Schlitzohr ist (über seinen Schreibprozess sagt er: »Ich versuche immer, zumindest auf derselben Seite nicht zweimal dasselbe Wort zu verwenden«). Unpassend ist der Vergleich mit Kafka aber so oder so nicht: Mills teilt Kafkas Leidenschaft für die Reinheit des für sich stehenden Absatzes, der für sich stehenden Seite, dafür, jeden Kommentar zu beseitigen, Ironie niemals durch Erklärung zu unterlaufen. Das Ungeziefer aus der *Verwandlung* steht in einer Million Abschlussarbeiten für eine Million unterschiedlicher Dinge: In der *Verwandlung* selbst aber ist das Ungeziefer einfach nur ein Ungeziefer, so wie Mills' Mann in dem Haus aus Blech einfach nur ein Mann in einem Haus aus Blech ist.

Für beide Autoren ist Freiheit eine Illusion, und die Männer, die nach ihr suchen, machen sich lächerlich. Wenn einmal Frauen auftauchen (nicht allzu oft), bringen sie Gefühle mit und, schlimmer noch, den Bruch der Routine. Das Chaos!

> Auf den ersten Blick wusste ich, dass es alles hatte, was ich brauchen würde: ein Ort, an dem ich ungestört essen und trinken und schlafen konnte, vor den Elementen geschützt durch nichts als eine Schicht Wellblech. Eine sehr bescheidene Behausung, muss ich zugeben, aber sie sah sauber und ordentlich aus, und so zog ich ein. Lange Zeit war ich hier ziemlich zufrieden und überzeugt, ich würde keinen besseren Ort zum Leben finden. Aber dann stand eines Tages eine Frau vor meiner Tür und sagte: »Also hier hast du dich die ganze Zeit versteckt.«

Ich finde diese Zeilen köstlich: die eingekochte Jus einer wässrigen Soße. Mills schafft es, erzählerische Metaphern auf ihre Essenz zu reduzieren. In seinen *Entdeckern des Jahrhunderts* brechen die Männer auf ins Herz der Finsternis (zum »Äußersten Erreichbaren Punkt jenseits der Zivilisation«), nehmen ihre unnützen Vorstellungen von der Zivilisation aber mit; in *Ganze Arbeit* sind alle damit beschäftigt, sogenannte UniVans zu fahren, von denen jeder eine Ladung Ersatzteile für UniVans zu einem UniVan-Depot transportiert, wo weitere UniVans gebaut werden. Die Arbeit macht einen nicht mehr nur unfrei; sie ist ein in sich geschlossener Kreislauf. In beiden Fällen steht die Prosa weit offen und gesichtslos da, um die Allegorie einzulassen. Was kommt mit, als die Frau auftaucht? Welthaftigkeit? Sünde? Wahnsinn? Mills sagt es uns nicht. »Man könnte nun die Frage stellen: Wer war diese Frau? Also, ich kannte sie eigentlich kaum. Die Freundin eines Freundes, wenn man so will.«

In seinem neuen Roman *A Cruel Bird Came to the Nest and Looked In* kehrt Mills in die Welt der lächerlichen, ineffizienten Männer zurück, Männer ohne Frauen und Männer, die von der

Macht korrumpiert wurden. Er kehrt zurück ins Reich archetypischer Erzählungen, in diesem Fall einer über einen ausgebüxten König:

> Als die Uhr zehn schlug, nahm Smew das Register zur Hand.
> »Fangen wir an«, sagte er. »Schatzkanzler?«
> »Anwesend«, sagte Brambling.
> »Postminister?«
> »Anwesend«, sagte Garganey.
> »Königlicher Astronom?«
> »Hier«, sagte Whimbrel.
> »Anwesend«, sagte Smew.
> »Anwesend«, sagte Whimbrel.
> [...]
> »Inspektor der Königlichen Betriebswerke?«
> »Anwesend«, sagte Dotterel.
> »Mauerglaskraut?«
> »Anwesend«, sagte Wryneck.
> »Erster Komponist des Königlichen Hofes?«
> »Anwesend«, sagte ich.
> »Seine Erhabene Durchlaucht, Königlicher Herrscher über die Reiche, Herrschaftsgebiete, die Kolonien und das Commonwealth von Greater Fallowfields?«
> Smew wartete, aber es kam keine Antwort. [...] »Abwesend«, sagte er und machte ein Kreuz in das Register.

Das ist die leicht gekürzte Fassung der ersten Seite (der gesamte Appell ist noch länger). An verschiedenen Stellen des Romans wird diese Szene komplett wiederholt – jedes Mal mit einer eleganten kleinen Variante –, um die Beckett'sche Absurdität der Lage zu verdeutlichen: ein Königreich, in dem die eigentlichen Staatsgeschäfte weit hinter die Verwaltung der Staatsgeschäfte zurücktreten. Es ist »im Reich üblich, die höchsten Ämter nur mit Leuten zu besetzen, die nicht allzu viel über ihr Fachgebiet wissen«. Unser Ich-Erzähler, der Erste Komponist, weiß nichts über das Komponieren von Musik, und der Königliche Astronom hat keine Vorstellung davon, wo Norden ist:

»Warum muss ich das denn wissen?«, fragte Whimbrel.
»Glaub mir, es ist wichtig«, sagte ich. »Außerdem fragt dich vielleicht jemand danach.«
»Wer denn?«
»Jemand, der dorthin will.«
»Mit dem Schiff, meinst du?«
»Ja, vielleicht, oder sogar auf dem Landweg.«
»Aber wer denn?«
Whimbrel war eindeutig nicht begeistert von dieser Sache mit dem »Norden«.
»Gut«, sagte ich und versuchte es anders. »Was, wenn der Herrscher von dir wissen will, wo Norden ist? Was machst du dann?«
»Ach ja«, sagte Whimbrel. »Daran habe ich noch gar nicht gedacht.«

Der Herrscher allerdings bleibt abwesend, er hinterlässt nur einen Brief, in dem er »dem Wunsch nach einer höfischen Belustigung aus Anlass der Feier des Zwölf-Tage-Fests« Ausdruck verleiht. Um ihn zufriedenzustellen, beschließt die Ratsversammlung, ein Stück ohne Namen aufzuführen, in dem der Geist eines ermordeten Königs bei einer Abendgesellschaft erscheint; im »richtigen« Leben taucht unterdessen in der Stadt immer wieder jemand auf, den man für den verkleideten Monarchen halten könnte und der zu einer Truppe fahrender Schauspieler gehört – und natürlich ist alles am Ende das Stück zum Zwölf-Tage-Fest. *Macbeth*, *Was ihr wollt*, *Maß für Maß*, *Hamlet* – das alles wirbelt in einer ziemlich vertrackten Mixtur durcheinander, die ihren Sinn einfach nicht offenbart, so wie man sich auch ganz sicher ist, dass der Titel (Mills hat ein Händchen für Romantitel) eine der zahlreichen ornithologischen

Zeilen aus *Macbeth* sein muss, was dann aber doch nicht ganz der Fall ist. Dieses Königreich ist in einer englischen Märchenwelt verloren, die sich so sehr auf ihre vergangene Pracht verlässt, wie die englische Literatur immer noch auf Shakespeare als ihren größten Augenblick zurückschaut – doch am Rand des Waldes sind die unsentimentalen Spötter, die täglich vierundzwanzig Stunden durcharbeiten, keinerlei kulturelle Nostalgie pflegen und sich wie Zugschaffner kleiden, bereits dabei, ein neues Imperium zu errichten.

Bei Mills macht der Plot das Buch aus, trotzdem komme ich um die Anmerkung nicht herum, dass sein Schreibstil nach sieben Romanen und drei Kurzgeschichtensammlungen in etwas mehr als zehn Jahren Zeichen der Ermüdung aufweist. Ich zweifele nicht daran, dass Mills seine wirren Parabeln bis zum Sankt-Nimmerleins-Tag weiterschreiben könnte, aber als Leserin schätzt man es doch auch, wenn man beim Autor eine Entwicklung spürt, und in *A Cruel Bird* finden sich nur wenige Genüsse, die man nicht auch in praktisch identischer Form in Mills' anderen Romanen erleben könnte. Interessanterweise enthält gerade dieses jüngste Werk aber mehr als die übliche Dosis (leicht) verschleierter Versuche seitens Mills, seinen kargen Stil zu verteidigen:

> Sanderling nahm Wryneck am Ärmel, führte ihn hinüber zu dem Bild und fing an, es ihm zu erklären. Er war jedoch so klug, gar nicht erst über künstlerische Techniken zu reden: Pinselstrich, Licht, Farbe, Perspektive und so weiter. Das hätte ihn sofort an seine Grenzen gebracht. Stattdessen schilderte er, wie ein Schiff sich eigentlich fortbewegt, angefangen bei den Grundprinzipien.

Mills' Vorstellungskraft wird von dem angeheizt, was mit Gebäuden, Werkzeugen, Maschinen, Turmzimmern und Zügen geschieht; was mit Menschen geschieht, entlockt ihm nur abstrakte Klischees: »Ich erschauerte, als meine achtundneunzig Musiker weiter vorwärtsstrebten, sich in immer größere Höhen erhoben, um dann in neue Tiefen hinabzustürzen.« Für sich genommen zeigen sie sich bewusst unartikuliert. »Du liebe Zeit!« ist da schon fast das höchste der Gefühle, und in Kombination mit Mills' Vorliebe für Wiederholungen wird dieser Tick der Sprachlosigkeit auf Dauer eher ermüdend als amüsant.

Das Hauptproblem ist wohl die Länge. Was in Novellen wie *Zum König!* oder *Die Herren der Zäune* noch funktioniert, tut sich hier schwer mit der größeren Distanz. Es gibt einfach zu viele Passagen, in denen sich Mills' Stärken und Schwächen Seite an Seite offenbaren:

> Hinter dem Bahnhof ragten, von Dunst umhüllt, hohe Gebäude empor; Fabriksirenen plärrten, aus den riesigen Schornsteinen stieg Rauch empor; in gähnenden Stahlkammern flogen die Funken; von einem Gerüst senkte sich an einer Kette langsam ein Eisenträger herab; Kabel entrollten sich von rotierenden Kabeltrommeln; überall um mich herum sammelte die Stadt der Spötter Kraft für den vor ihr liegenden Tag, und mir blieb nichts weiter übrig, als diese offenkundige Leere unglücklich zu betrachten.

Neben den Absurditäten der Welt konnte Kafka auch die Leere im Innern des Menschen beschreiben – er konterte Ironie mit Agonie. Mills kann nur das Wort »Leere« heraufbeschwören. Das Buch ist trotzdem noch eine ausgesprochen komische und erfrischend merkwürdige Dystopie, aber 276 Seiten sind schon ein langer Zeitraum, um ihn in einer Spielzeugstadt zu verbringen. Da sehnt man sich doch nach wilderen Gefilden.

Wilder als Rimbaud geht es nicht. Vor seinem einundzwanzigsten Lebensjahr hatte dieser jugendliche Poet schon zu Fuß die Alpen überquert, sich in Livorno als Hafenarbeiter verdingt, sich in Verlaine verliebt (und sich von ihm ins Handgelenk schießen lassen, worauf der ältere Dichter für zwei Jahre ins Gefängnis musste), sich als Söldner gemeldet, auf der Straße geschlafen, in einer Absteige gelebt, wo er täglich Absinth trank, den Weg von Charleville nach Paris ebenfalls zu Fuß zurückgelegt – ach ja, und natürlich *Ein Aufenthalt in der Hölle* geschrieben, in dem er sein nächstes Vorhaben ankündigt: »Mein Tagwerk ist vollbracht; ich verlasse Europa. Die Seeluft wird meine Lungen versengen; verlorene Klimate werden mir die Haut gerben.« Als Nächstes schloss er sich der Königlich Niederländischen Indischen Armee an und reiste nach Java, wo er wenig später desertierte und im Dschungel untertauchte. Er blieb ein paar Monate, und kein Mensch weiß auch nur das Geringste darüber, was er dort getrieben hat.

Jamie James, ehemaliger Kunstkritiker beim *New Yorker*, hat über diesen »verlorenen Rimbaud« ein notgedrungen kurzes wunderbares Buch verfasst. *Rimbaud in Java* war ursprünglich als Roman geplant, doch dann verzweifelte James daran, seinem Protagonisten Dialoge in den Mund zu legen, und bog zum Sachbuch ab: eine sehr vernünftige Entscheidung. Ein Hochseilakt bleibt auch der Alternativweg. Es ist kein wissenschaftliches Buch und eigentlich auch kein historisches, und es ist erst recht – Gott bewahre! – keine »Betrachtung«. Meistenteils erspart es seiner Leserschaft auch sinnlose Formeln wie: *Wäre Rimbaud tatsächlich hier gewesen, dann hätte er höchstwahrscheinlich* … Stattdessen hat es eine sehr viel ehrlichere Schreibmotivation zu bieten, ganz frei vom Lack des »Professionellen«: Liebe. Dieses Buch ist, wie James es selbst formuliert, »ein Akt der Begeisterung«.

Seine Begeisterung für Rimbaud grenzt an Besessenheit, und folglich hat er, wie andere Jünger auch, ein tiefes, vielleicht auch etwas unsinniges Interesse an der Frage, ob Rimbaud dort draußen im Dschungel nun Opium geraucht hat oder nicht, ob er sich einen Liebhaber genommen und ob er seine Heimreise auf dem Dampfer *Prins van Oranje* oder auf einem der Phinisi, der ortsüblichen Segelschiffe, angetreten hat – was sich natürlich alles unmöglich herausfinden lässt. Derartige Spekulationen faszinieren James, und er verwebt die verschiedenen Möglichkeiten mit seinem Verständnis der Dichtung und des Menschen. Auch wenn sich das alles anfangs extrem versponnen anhört (zumindest mir ging es so, als ich den Klappentext las), wird einem doch schnell klar, dass der beste Grund, *Rimbaud in Java* weiterzulesen, nicht in den Fakten oder den Phantastereien liegt, sondern in dem Erlebnis zu lesen, wie wunderschön jemand über etwas schreiben kann, was er selbst, nun ja, wunderschön findet:

> Der Nimbus, der Rimbauds umgekehrte Odyssee inzwischen umgibt, der Grund, dass manche sich so leidenschaftlich dafür begeistern können, den genauen Verlauf seiner zahllosen Versuche, von zu Hause fortzukommen, nachzuzeichnen, zehrt auch von der magnetischen Anziehungskraft seiner Dichtkunst. Seine Macht schöpft er aus einer grundlegenden Qualität des Rätselhaften: Je länger man über Rimbauds Leben sinniert, desto mehr kann man den Eindruck gewinnen, als wäre das Muster aus Rätseln, die einem in den Weg geworfen werden, ein bewusst erschaffenes Gebilde, die vormoderne Skizze einer raffinierten postmodernen Geste und kein dem Risiko geweihtes Leben wie jedes andere.

Natürlich ließen sich dafür auch genügend zentnerschwere Kulturgeschichten finden, aber ich muss sagen, mir gefällt die Idee, in ein paar Stunden so viel über Java, den Orientalismus, Rimbaud, viktorianische Haltungen zur Homosexualität, weltweite Schiffswege und den Suezkanal zu lernen. Das Buch hält seine Fackel in den dunklen Schacht des 19. Jahrhunderts und erhellt ein kleines Fleckchen innen an der Wand, sehr weit unten. Früher musste man ganze Regalkilometer der Bibliothek abklappern, um überhaupt herauszufinden, wonach man suchte; heute weiß man das schneller, und man weiß auch schneller, was man niemals finden wird. Mikrogeschichte? Sollte das ein neuer Trend sein, bin ich die Letzte, die sich beschwert.

Zum Schluss noch ein persönliches Wort der Rezensentin. Ich muss mich zu meinen eigenen unsinnigen Phantastereien bekennen – solchen, in denen es möglich ist, gleichzeitig einen Roman zu schreiben, zu unterrichten, ein Kind großzuziehen und eine regelmäßige Kolumne am Laufen zu halten. Für mich erweist sich das zur Zeit eindeutig als *»Speculative Fiction«*. Darum muss ich mich voller Bedauern von der *»New Books«*-Kolumne verabschieden – zumindest vorläufig – und darf Larry McMurtry als meinen großartigen Nachfolger begrüßen.

DAS ICH, DAS ICH NICHT BIN*

1. Unmögliche Identitäten

Vor Kurzem habe ich einen Roman in einer Form geschrieben, die ich so noch nie verwendet hatte: der Ich-Erzählung. Sicher, ich hatte schon Essays in der Ich-Form verfasst und natürlich jede Menge E-Mails, Geburtstagskarten, Mitteilungen an die Lehrerinnen meiner Kinder und gelegentlich auch Vorträge wie diesen – aber noch nie Literatur. Ehrlich gesagt fand ich die Vorstellung immer ein wenig abstoßend. Vielleicht ja, weil ich sehr jung mit dem Schreiben angefangen habe, in einem Alter, in dem ich das Gefühl hatte, alle, die mich lasen, könnten sich mit Fug und Recht fragen: Für wen hält die Kleine sich eigentlich? Meine Antwort darauf lautete: »Für niemanden.« Es wurde mir sehr wichtig, daran zu glauben, dass meine Literatur von anderen handelte und nicht von mir, ich war merkwürdig stolz auf dieses Konzept, so, als führte es den Beweis, dass ich weniger selbstbezogen oder eitel war als die Autobiographin, die Bloggerin oder die Verfasserin von Bildungsromanen. Niemand konnte mir Hybris vorwerfen, wenn es mich gar nicht gab. Im Rückblick scheint mir, dass dieses moralische Unbehagen rund um die erste Person Singular eine sehr britische Gewohnheit ist. In der Schule lernen wir mit als Erstes – gleich nachdem man uns von seiner Größe in Kenntnis gesetzt

* Dieser Vortrag wurde am 27. Oktober 2016 als Inaugural Philip Roth Lecture in der Newark Public Library gehalten.

hat –, dass Shakespeare, unser größter Schriftsteller, im Grunde niemand war. Damit meine ich nicht nur, dass wir nur sehr wenig Autobiographisches über ihn wissen, obwohl das natürlich stimmt. Ich meine damit, dass wir ständig dazu angehalten werden, Shakespeare für das Paradebeispiele dessen zu halten, was Keats die »negative Befähigung« nannte, für einen Mann also, der offenbar keine starken Meinungen oder festen Glaubenssätze vertrat, der im Zweifel und in hundert Masken lebte, dessen Einfühlung in andere keine Grenzen kannte, der in seinen berühmten Stücken überall und nirgends war wie ein gnomischer Gott. Das könnte man natürlich auch anders denken, nämlich so, dass Shakespeare ein unersättliches Ego besaß und deshalb glaubte, für *alle* sprechen zu können: den schwarzen Herzog, das verkleidete Mädchen, den sorglosen Prinzen, den wahnsinnigen König. Doch so denken wir in Großbritannien selten, stattdessen betrachten wir Shakespeares Form des Unpersönlichen als eine der höchsten literarischen Tugenden. Die Ich-Erzählung stellt sich in diesem erhabenen Kontext als eine Art Schwelgerei dar, eine narzisstische Schwäche, der vielleicht die Franzosen und die Amerikaner frönen, die Briten jedoch nicht oder zumindest so gut wie nie. Das machen wir in Großbritannien ständig: Wir verwechseln ästhetische mit ethischen Entscheidungen.

Jedenfalls waren es wohl solche Gedanken, die mich dazu veranlasst haben, meinen Roman *Von der Schönheit* in der gewählten Form zu schreiben, einer höchst erhabenen dritten Person, die fast schon viktorianisch klingt. Diese Stimme übertrug ich dann auf eine Welt, die nicht meine war, auf eine Familie, wie ich sie nie hatte, eine Kindheit, die denkbar weit von meiner eigenen entfernt war, zumindest aus meiner Sicht. Die Kinder im Roman wachsen auf dem Campus einer Universität auf, ihr Vater ist ein weißer Wissenschaftler. Und dann, an anderen Stellen des Romans, lebt die Erzählerstimme scheinbar in diesem weißen Wissenschaftler und manchmal auch in seiner schwarzen, britischen, jugendlichen

Geliebten, manchmal in seiner afroamerikanischen, nicht mehr ganz jungen Ehefrau und manchmal in einer weißen Siebzehnjährigen aus dem Mittleren Westen, die ganz hinten im Seminarraum des Wissenschaftlers sitzt, verwirrt und verstört von seinem Unterricht. Diese Art Literatur habe ich immer am liebsten geschrieben und gelesen: eine, die sich in viele verschiedene Körper, viele verschiedene Leben einschleicht. Literatur, die nach außen blickt, hin zu anderen. Als das Buch dann fertig war und ich darüber nachdenken konnte, sah ich sehr viel klarer, dass dieses Ich, das ich bin, sich sozusagen unterirdisch durch alles zog. *Von der Schönheit* ist zwar nicht mein Leben, trotzdem aber voll von meiner Liebe, meinen Interessen, meinen Ideen. Mozarts *Requiem* war damals ebenso meine große Leidenschaft wie haitianische Malerei, ich stehe auf Hip-Hop, Rembrandt bringt mich zum Weinen, ich liebe meine Geschwister und schwimme für mein Leben gern. Ich hatte gerade geheiratet und dachte viel darüber nach, was Ehe wohl bedeutet. Der Roman protokolliert die Dinge, mit denen ich mich beschäftigt habe, auch wenn sie auf Fremde übertragen wurden. Autobiographisches im engeren Sinn, soweit überhaupt vorhanden, lag tief verschüttet und war praktisch vollkommen unbewusst. Aber es war da. Ganz gegen Ende beispielsweise schlägt eine Teenagerin ein anderes Mädchen ins Gesicht, weil Letztere den Jungen geküsst hat, in den Erstere verknallt ist. Es ist der einzige Vorfall im ganzen Roman, der buchstäblich wahr ist. Mit fünfzehn habe ich mal eine Mitschülerin k. o. geschlagen, weil sie einen Jungen geküsst hatte, in den ich verknallt war. Aber ich hatte nie den Plan, diese Szene in den Roman zu bringen – ich plane meine Romane generell nicht sehr –, und ich hatte vor allem nicht die leiseste Ahnung, dass ich die Szene schreiben würde, bis ich es tat. Und doch, wenn man *Von der Schönheit* liest, scheint vieles in der Handlung genau auf diesen Moment zuzulaufen, als wäre das Ganze von vornherein darauf angelegt gewesen. War es möglich – das fragte ich mich, als das Buch fertig war –, dass mein Unterbewusstsein mich in gewisser Weise ausgetrickst, mich auf den Holzweg geführt hatte, diesen langen Roman zu schreiben, dass es alle möglichen Themen und erzählerischen Wendungen hineingesponnen und mich, die Autorin, damit in dem Glauben gelassen hatte, mein Buch handele von Klasse, Rasse, amerikanischem Feminismus oder was ich in meiner Unschuld sonst noch alles für sein Thema hielt, während es, mein Unterbewusstsein, das ganze Konstrukt nur deshalb errichtet hatte, um eine überzeugende Bühne zu schaffen, auf der ich die traumatische Erinnerung an einen einzelnen, zwanzig Jahre zurückliegenden linken Haken verarbeiten konnte? Eine lustige Vorstellung und für mich auch eine durchaus verstörende. Jemand wie ich hat gern die Kontrolle über das eigene Schreiben, hängt dem Glauben nach, ästhetische Entscheidungen im Großen und Ganzen sachlich und vernünftig zu treffen. Und gerade bei *Von der Schönheit* war ich eigentlich dazu angetreten, die Stimme zu sein, die vom Berg herabschallt, die ich aus meiner Kindheit kannte und in so liebevoller Erinnerung hatte, die gemessene Stimme der viktorianischen Literatur – ich glaubte, ihre Autorität zu brauchen. Ich wollte doch nicht klingen wie eine wutentbrannte Fünfzehnjährige, die immer noch ihre alten Wunden leckt.

Was ist die wahre Rolle des Autobiographischen in der Literatur? Jahrelang hielt ich es für eine Art Schwäche, ein Versagen der Phantasie, eine etwas peinliche Angelegenheit. Aber vielleicht kann man es ja auch auf andere, positivere Weise sehen. »Glücklich der Romancier«, behauptet Nabokov, »dem es gelingt, einen echten Liebesbrief aus seiner Jugend in einem Roman aufzubewahren, wo er wie eine saubere Kugel in schlaffem Fleisch eingebettet liegt und zwischen den fiktiven Existenzen völlig sicher ist.« Vielleicht liegen solche »sauberen Kugeln« gelebter Erfahrung ja in allen Romanen verborgen: Vielleicht ist das ja der Grund, warum wir überhaupt schreiben, ob uns das in dem Moment nun klar ist oder nicht. Nabokov war jedenfalls sehr glücklich bei der Vorstellung, dass seine

Literatur ein Ort sei, an dem sich die zarten Schmetterlinge seiner persönlichen Erfahrungen bewahren, aufspießen und der ewigen Wertschätzung darbieten ließen. Man spürt beim Lesen, wie viel Freude es ihm macht, einen gewissen zierlichen Knöchel, an den er sich noch aus St. Petersburg erinnerte, die Fuchsstola einer toten Geliebten oder eine vielfarbige Scheibe aus dem Gutshaus seiner Kindheit einzuschmuggeln. Ich persönlich bin weniger glücklich damit, meine Literatur als Vehikel zu betrachten, über das ich meine persönlichen Erinnerungen einem größeren Publikum aufdränge, wie so eine Langweilerin auf Facebook, die uns zwingt, uns all ihre alten Fotos anzuschauen: Für mich führt das direkt in die Schwelgerei. Zwischen der sauberen Kugel meiner Erinnerungen und den fiktiven Existenzen, die ich schildere, glaube – hoffe – ich doch, dass meine Literatur sich hauptsächlich auf die fiktiven Existenzen konzentriert, also auf die Literatur selbst. Für mich ist Literatur eine Art zu fragen: Was, wenn die Dinge anders wären, als sie sind? Und ein zentraler Bestandteil dessen ist wiederum die Frage: Was, wenn ich anders wäre, als ich bin? Ich habe die Praxis des Schreibens immer vor allem als Flucht aus dem Ich gesehen, nicht als Weg, es zu erforschen. Trotzdem mache ich, wenn ich Romane von anderen lese, die gleichen Fehler wie alle Laienleser: Ich verwechsele Portnoy mit Roth und Humbert mit Nabokov und Janie mit Zora Neale Hurston. Nennen wir es den »autobiographischen Fehlschluss«. Und wenn jemand in meinem Alter, mit dem oder der ich befreundet bin, einen Roman schreibt, der im Weltraum spielt und vom Volk der einbeinigen Dinglebots handelt, kann es trotzdem noch vorkommen, dass ich heimlich denke: *Klar, ist ja alles gut und schön, ich verstehe schon, was du da mit deinen Dinglebots anstellst – aber geht es hier nicht eigentlich um deine Scheidung?* Ich stelle auch fest, dass ich diesen Fehler am häufigsten mache, wenn ich eine Ich-Erzählung lese. Doch anstatt meine Geringschätzung für diesen autobiographischen Instinkt beim Lesepublikum und bei mir selbst zu äußern, möchte ich lieber nach einer Möglichkeit suchen, das »Ich, das ich nicht bin« der Schreibenden mit dem »Ich, für das ich dich halte« zu versöhnen, das die Leserschaft zu sehen glaubt. Schreibende behaupten ja grundsätzlich, es sei alles fiktiv, und Lesende haben grundsätzlich den Verdacht, dass das nicht stimmt. Wer hat recht?

Ich glaube, um Literatur in vollem Umfang schätzen zu können, mag es hilfreich sein, sich einen Ort vorzustellen, der die Erfahrung der Schreibenden und die der Lesenden nebeneinanderstehen lässt, eine Welt, in der Portnoy zugleich ganz und gar Philip Roth sein und mit Philip Roth nichts zu tun haben kann. Das klingt nach einer unmöglichen Identität, doch für mich ist Literatur genau der ambivalente Raum, in dem unmögliche Identitäten möglich werden, sowohl für die Schreibenden als auch für ihre Figuren. An *Portnoys Beschwerden* fasziniert mich am meisten, dass in der Zeit des Entstehens sowohl Portnoy als auch sein Autor jeder auf seine Weise mit einer unmöglichen Identität belastet waren. Um erst einmal Portnoy abzuhandeln: 1969 war es zwar möglich, zum Mond zu fliegen oder sich die atomare Auslöschung vorzustellen, aber es war *nicht* möglich, in dieser Welt Portnoy zu sein. Oder zumindest nicht Alexander Portnoy in Newark. Nein, man durfte kein unflätiger, sexbesessener, durch und durch unernster und unfrommer masturbierender junger Jude aus Newark sein, der es mit roher Leber treibt und seine Mutter hasst. Das vergisst man leicht, jetzt da Portnoy sicher und geborgen zwischen den prestigeträchtigen Buchdeckeln der *Library of America* ruht. Aber schauen Sie sich mal ein paar alte Zeitungsartikel an, dann fällt Ihnen schnell wieder ein, wie unmöglich er damals war. Mein Gott, er hat einen regelrechten Aufstand ausgelöst. Und trotzdem gilt dieser unflätige Sohn Newarks heute als ebenso amerikanisch, als ebenso beliebt wie Apple Pie. Er steht auf Collegelektüre- und Bestenlisten. Jüdische Mütter schenken ihn ihren jüdischen Söhnen zum Geburtstag; Großmütter kaufen ihn sich in einem Anfall von Nostalgie als Hörbuch. Portnoy war nicht Roth, und er war auch nicht real, doch in ihm liegt die echte Roth'sche Freiheit verwahrt, erschaffen von Roth, einst unmöglich und jetzt voll umgesetzt, eine Freiheit, zu der inzwischen jeder leichten Zugang hat. Man muss das Buch nicht einmal gelesen haben: Man lebt ja längst in dieser Welt, die von Portnoy berührt und verändert wurde. Indem Roth auf eine ganz bestimmte, auf ambivalente, literarische Weise »Ich« sagte, hat er durch Portnoy eine neue Art »Ich« in der Welt möglich gemacht, ein Geschenk der Freiheit, das von einer ganzen Generation Schreibender, von Millionen Lesenden und schließlich sogar von einer weltweiten Gemeinschaft aufgenommen wurde. Häufig wird dieses Geschenk mit der sehr viel öderen Vorstellung vom Künstler verwechselt, der seiner Leserschaft etwas wie ein persönliches Rollenvorbild anbietet. Ich glaube durchaus, dass Kunst Verhaltensmodelle bieten kann und das oft auch tut oder zumindest zu bestimmten Verhaltensmöglichkeiten anregt, doch der ambitionierte Ton des Wortes »Rollenvorbild« gefällt mir gar nicht. Das Geschenk, das Roth uns mit Portnoy gemacht hat, war gerade deshalb so gewaltig, weil es kein ambitioniertes Element und keine konkrete Richtung enthielt. Wie jedes gute Geschenk gefällt es uns umso besser, je weniger Bedingungen daran geknüpft sind. Das Angebot lautete nicht: *Auch du kannst wie Portnoy sein.* Es lautete: *Portnoy existiert! Sei, wie du willst.*

Vor ein paar Minuten habe ich angedeutet, dass Philip Roth damals, 1969, eine ebenso unmögliche Identität besaß wie Portnoy. Unmöglich nenne ich sie deshalb, weil Roth ein »großer amerikanischer Romanautor« werden wollte, was man als jüdischer Autor zu diesem konkreten Zeitpunkt eigentlich noch nicht schaffen konnte. Doch seit *Goodbye, Columbus* schrieb er sich mit Feuereifer immer weiter heraus aus dieser Unmöglichkeit, ein weiteres Freiheitsgeschenk, so groß und wirkungsvoll, dass es uns heute fast wie eine natürliche Gabe vorkommt und es leicht in Vergessenheit gerät, dass wir das alles ihm zu verdanken haben. Gemeinsam mit Saul Bellow hat Roth die unmögliche Identität von jüdisch plus amerikanisch plus Autor so komplett zur Auflösung gebracht, dass die Vorstellung eines Juden als Großem Amerikanischem Romanautor uns heute so natürlich und offensichtlich erscheint wie ein kalifornischer Mammutbaum, der sich vor uns erhebt. Später probte eine neue Generation den Aufstand gegen die dargebotene Freiheit: Sie glaubte nicht mehr an »groß«, an »amerikanisch« oder auch nur an »Roman«. Manche wollten die säkulare jüdische Welt, wie Roth sie schildert, wieder durch die sakrale jüdische Welt ersetzen. Andere wollten seine Version einer außer Rand und Band geratenen männlichen Sexualität mit einer weiblichen Gegenerzählung überschreiben. Das ist sehr gut so. Freiheiten verknöchern und müssen von Jüngeren abgelehnt und/oder angepasst werden. Bald schon werden auch die Jüngeren von denen, die nach ihnen kommen, wieder als alt und paternalistisch wahrgenommen, und der ganze ödipale Kampf geht von vorne los. Doch nichts von alledem kann den Geschenken konkreter Autoren dauerhaft ihren Wert nehmen, und Roths Geschenk war größer als die meisten. So viele unserer Vorstellungen davon, was ein Menschenleben ist, was daran wichtig ist und was lächerlich, was schön und was hässlich, was ernst und was urkomisch, hat er mit seinem überwältigenden Aufgebot literarischer Stellvertreter verkompliziert, durcheinandergebracht, lächerlich gemacht, gefeiert, gefestigt und zerstört. Für mich besteht die letzte und größte Lektion seiner Werke im Beharren auf dem grundsätzlich fiktiven Status von Identität. Denn Roths Männer sind ihrem Wesen nach alle »self-made«. Sie reden sich in ein ganz bestimmtes Dasein hinein. Und sie können sich auch wieder herausreden. Nichts ist ihnen heilig, sie sind niemandem verpflichtet und so furchtlos, wie Roth als Autor immer furchtlos war. Er hat Dinge niedergeschrieben, die unaussprechlich, unmöglich schienen, und indem er sich diese Freiheit genommen hat, hat er sie, ob nun bewusst oder unbewusst, weitergegeben.

Persönlich kann ich sagen, dass ich mir Portnoys Freiheiten

schon vor langer Zeit unter den Nagel gerissen habe, um mein eigenes Projekt anzugehen. Er ist mit ein Grund dafür, dass ich beim Schreiben nicht versuche, positive schwarze Rollenvorbilder für mein schwarzes Lesepublikum zu erschaffen, und auch generell kein Interesse daran habe, ideale Menschen heraufzubeschwören, denen meine Leser nacheifern, die sie ihren Kindern als leuchtende Beispiele vorhalten können. Ich habe mir von Roth die Freiheit genommen, freie Figuren zu erschaffen, frei in ihrem Verhalten und unabhängig von jeder Verpflichtung, manche gut, manche schlecht, manche bewundernswert, manche verdorben und manche auch regelrecht böse. Ich versuche, dem schmalen, engen Pfad die weite, offene Straße entgegenzusetzen. Denn das Unmögliche an Identitäten im wahren Leben ist ihre Enge. In meinem Fall habe ich mich schon als Kind als dritte, unmögliche Option in einer ansonsten dualen Kultur verstanden: nicht schwarz und auch nicht weiß, sondern beides. Für ein Kind gibt es viele Arten, auf so ein Gefühl des Unmöglichen negativ zu reagieren: mit Wut, Trauer, Verzweiflung, Verwirrung. Aber es gibt auch eine andere, spannendere Reaktion, die ich als von Grund auf kreativ betrachte, und ich glaube, sie steht an der Wurzel des Umstands, dass sich so viele Schreibende als Kinder auf irgendeine Weise fremd gefühlt haben. Wenn man sich als Kind in seinem Ich nicht zu Hause fühlt, erfährt man dieses Ich auch nicht als »natürlich« oder »unausweichlich« – so wie es anscheinend viele Menschen tun –, und das mag einem im Moment selbst zwar betrüblich erscheinen, kann aber auch deutliche Vorteile mit sich bringen. Betrachtet man sich selbst nicht als naturgegebenes, unhinterfragbares Gebilde, kann das wiederum dazu führen, dass man sich der radikalen Kontingenz des Lebens im Allgemeinen, seines hochgradig zufälligen Wesens bewusst wird. Ich bin Philip, ich bin Colson, ich bin Jonathan, ich bin Rivka, ich bin Virginia, ich bin Sylvia, ich bin Zora, ich bin Chinua, ich bin Saul, ich bin Toni, ich bin Nathan, ich bin Vladimir, ich bin Leo, ich bin Albert, ich bin Chimamanda – aber wie leicht hätte ich auch jemand ganz anderes sein können, mit den entsprechenden Gefühlen und Vorlieben, mit den fixen Ideen, den Fehlern und Vorzügen. Für mich ist das der primäre romanhafte Impuls: der Sprung hinein in die Möglichkeit eines anderen Lebens. Und aus dieser Haltung entsteht die Fähigkeit, das Ich, das man zufällig ist, aus einer gewissen, häufig ironischen Distanz zu betrachten, beispielsweise dem Abstand, den Philip Roth zwischen sich und seinem Portnoy geschaffen hat. Darin liegt eine Freiheit, vor allem für den Autor. Ich gehöre zu den Menschen, die Schreiben inzwischen als eine Art psychische Störung betrachten, die in der Kindheit entstanden ist und ein starkes zwanghaftes Element enthält. Doch Schreibende, die den Zwang verspüren, dieser Freiheit für sich zu folgen, geben sie fast schon zwangsläufig auch an andere weiter. Dass ich meine eigene Identität als Kind als etwas so Starres betrachtet habe, war beispielsweise Ausdruck eines Versagens der Phantasie, sowohl meiner eigenen als auch der meiner Umgebung. Im Grunde hatte ich als einzigen Leitstern nur den alten abgedroschenen Pappkameraden des »tragischen Mulatten«, der mir in schlechten Romanen und noch schlechteren Filmen begegnete. Dann entdeckte ich Hanif Kureishi, der seine eigene unmögliche Identität – Pakistani und Brite, homo und hetero – in seinen hinreißenden Erstling *Der Buddha aus der Vorstadt* verwandelte, den dann wiederum ich las und spürte, wie sich etwas Unmögliches in mir löste. Ich hatte Freiheit geschenkt bekommen.

Mir scheint, als würden Menschen, die unmögliche Identitäten erleben – die es beispielsweise unmöglich finden, sich selbst als muslimisch und homosexuell oder jüdisch und unflätig, als schwarz und nerdig, weiblich und unmoralisch oder protestantisch und irisch zu denken –, eine entsetzliche Spannung in sich aufbauen. Das Schöne an Portnoy ist, wie er diese Spannung in Gelächter und Prosa auflöst, aber wir wissen natürlich, dass sich im richtigen Leben solche unmöglichen Identitäten viel zu oft in Form von Gewalt entladen. Das Seil in uns ist so straff zwischen scheinbar unvereinbaren Polen gespannt, dass wir glauben, es zerschneiden zu müssen. Meistens ist die Gewalt nur innerlich: Wir töten einen Teil von uns. Wir ignorieren, dass wir schwul sind oder schlau, maskulin, melancholisch oder ängstlich. Wir schneiden uns diesen Teil heraus und leben verstümmelt weiter. Das ist eine persönliche Tragödie. Schlimmer sind die Fälle, in denen sich die innere Gewalt nach außen wendet und andere in Gefahr bringt: Wenn wir das »Fremde« in uns auf andere Menschen projizieren und diese stellvertretend verletzen oder sogar töten. Wie viele der jungen Männer, die überall auf der Welt Bomben auf der Straße zünden, entpuppen sich anschließend als jemand, der aus eigener Sicht ein Doppelleben führte, eine unmögliche Identität: als schwuler und zugleich heterosexueller Mann, als frommer Gläubiger und wilder Straßenjunge, als westlich und östlich in einem? Natürlich würden nur naive, romantische Narren den Roman oder jede andere Kunstform zum Allheilmittel für diese Form innerlicher Verwirrung erklären. Und Romane, die ausdrücklich zu diesem Zweck geschrieben werden, sind garantiert furchtbar langweilig. Mein Schreiben ist ganz sicher keine öffentliche Dienstleistung. Zumindest als Leserin bin ich mir aber bewusst, dass ein beachtlicher künstlerischer Schöpfungsakt – wagemutig, abseitig, ohne jede Verpflichtung, frei – auch den Nebeneffekt haben kann, das Klima in einem Land, in einem Volk, in einem bestimmten historischen Augenblick und nicht zuletzt auch in mir zu verändern, indem er mir Freiheiten verschafft, für die ich heute sehr dankbar bin. Vielleicht ist der autobiographischste Teil meines Schreibens ja dieses kaum bewusste Wissen tief im Innern, dass ein Teil von mir immer in der Zeit zurück schreibt, zurück zu dem verwirrten braunen Mädchen, das ich einmal war, und für die Bücher sorgt, die ich damals gern gelesen hätte.

2. Der Realitätseffekt

Das hört sich jetzt albern an, aber nach zwanzig Jahren auktorialen Erzählens hatte ich eigentlich schon fast vergessen, wozu die Ich-Erzählung überhaupt gut ist. Wenn meine Studierenden sie verwenden wollten, hielt ich ihnen häufig einen meiner sehr britischen halb ästhetischen, halb ethischen Vorträge über die Begrenzungen, die ich darin sah, nur »Ich« zu sagen. Wo blieben die anderen Figuren? Wo blieb die Wendung nach außen? In dem Moment aber, als ich selbst anfing, aus der Ich-Perspektive zu schreiben, wurde mir klar, wie falsch ich gelegen hatte. Ich erkannte, wie diese Form sich etwas ganz Grundlegendes zunutze macht, das wir tagtäglich erleben, wenn wir mit unseren Kindern, Partnern, Freunden und Feinden reden, wenn wir die Gespräche anderer mitanhören und auch sonst in fast jedem zwischenmenschlichen Austausch: die verborgene Kraft der Anekdote, des Geständnisses, der Beichte, der Zeugenschaft. *Es war einmal ein …* – das ist das simpelste Beispiel einer auktorialen Erzählsituation, aber was für eine Arbeit dann noch nötig ist, um die Leserin von deren Realität zu überzeugen! Sie hat sofort unzählige Fragen. *Einmal – wann genau? Und wo? Was für Leute waren das? Warum erzählst du mir von ihnen? Mit welcher Berechtigung erzählst du mir diese Geschichte?* Vergleichen wir das mit dem Satz: *Gestern ist mir etwas passiert.* Da ist der Realitätseffekt stark und unmittelbar. Alle Fragen erübrigen sich. Warum ich dir das erzähle? Weil es mir passiert ist! Was für eine Freiheit ich gefühlt habe, während ich diese von vorn bis hinten falsche Autobiographie entwarf, die trotzdem noch an jedem Punkt real klang, weil ich mir erlaubt hatte, »Ich« zu schreiben und damit fälschlich einen Wahrheitsanspruch zu erheben. Beim Schreiben dieses Buches kam ich mir oft genug fast ein bisschen frivol vor. Welches andere Medium lässt es einem schon durchgehen, über fünfhundert Seiten hinweg zu lügen und das alles als die nackte Wahrheit hinzustellen? Gleichzeitig bekam das Verhältnis zu meiner Leserin einen ganz neuen Reiz. Falls sie vorher, im Lauf unserer langen gemeinsamen Geschichte, schon den Verdacht gehabt hatte, dass meine Romane nur verschleierte Versionen meiner selbst waren, was würde sie dann jetzt denken? Wie oft kann man »Ich« sagen und von der Leserin erwarten, dass sie immer noch glaubt, es sei das Ich, das man nicht ist?

Das kam mir alles furchtbar neu und aufregend vor, aber natürlich ist Philip Roth schon seit vierzig Jahren damit beschäftigt, die potenziellen Konsequenzen dieser aufgeladenen Dynamik herauszukitzeln. In unseren Köpfen sind der Mensch Roth und seine vielen aus Papier und Tinte erschaffenen Stellvertreter untrennbar miteinander verknüpft: Das Publikum versteht den Ausdruck »Fiktion« hier üblicherweise nur als Feigenblatt von Verlagsseite, das allzu persönliche Enthüllungen verdecken soll. Weil ich das wusste, lagen für mich Teile des Reizes und der Angst, aus der Ich-Perspektive zu schreiben, genau in der Erkenntnis, dass ich mich nach der Veröffentlichung für dieses fiktive Ich würde rechtfertigen müssen, so wie Roth es so viele Male für seine fiktiven Ichs getan hat: Teile ich ihre Ansichten, ihre Biographie, ihre Geschichte, ihre Mutter? Ich konnte mich in die Zukunft versetzen und ganz genau erkennen, wie nervig ich solche Fragen finden würde, wenn das Buch erst einmal da war, und es hat mich trotzdem nicht abgehalten, ich habe weitergemacht, wahrscheinlich weil der Realitätseffekt – der am Ende doch ein *literarischer* Effekt bleibt – beim Schreiben ein so ungemein vergnügliches Werkzeug ist. Man hat die Leser genau da, wo man sie haben will, sie fressen einem aus der Hand, und der eigentliche Lackmustest, der eigentliche Kampf der Literatur – dass sie es glauben – erscheint plötzlich möglicher als je zuvor. So anstrengend es für den Roth aus Fleisch und Blut oft auch gewesen sein mag, für Zuckerman, Portnoy oder Mickey Sabbath gehalten zu werden, ich verstehe jetzt doch sehr viel besser, warum er es getan hat. Die Ich-Erzählung eröffnet die wundersame Möglichkeit, anderen eine wahre Lüge zu erzählen: *Lass dir berichten, was mir passiert ist.*

In letzter Zeit war in literarischen Kreisen viel die Rede davon, die Leserschaft sei das *Es war einmal …* leid und wolle nur noch Werke lesen, die direkt aus der Realität zu ihnen sprechen, die nur noch sagen: *Lass dir berichten, was mir passiert ist.* (*Es war einmal …* wirkt zu hart, zu distanziert, erfordert scheinbar zu viel Mühe, ist zu schwer zu glauben.) Menschen, die rund um die Uhr in einer Nachrichtenkultur leben, sind mit zu vielen echten Geschichten beschäftigt, um sich noch mit Märchenländern und erfundenen Gestalten abzugeben. Wer dieser Ansicht ist, führt als Beweis den großen Erfolg von Autoren wie Karl Ove Knausgård und Elena Ferrante an, von Verfassern autobiographischer Romane wie Ben Lerner und Sheila Heti und ehrlichen, essayistischen Shootingstars wie Ta-Nehisi Coates und Lena Dunham. Ich schätze all diese Autorinnen und Autoren, wenn auch nicht, weil ich sie echter fände. Dieses Argument erscheint mir in sich ein bisschen infantil, weil es den Realitätseffekt mit der eigentlichen Realität verwechselt. Beispielsweise bin ich von jeher überzeugt, dass die Verfasserinnen autobiographischer Texte praktisch genau dasselbe tun wie ich: Sie ordnen Sätze auf einer Seite an und erzielen damit Effekte. Ich kann leider nicht daran glauben, dass Karl Ove Knausgård sich auf wundersame Weise an den genauen Wortlaut von Gesprächen aus seiner Kindheit erinnert, wenn ich von mir selbst weiß, dass ich nicht einmal mehr das gestrige Gespräch mit meinem Mann im Detail rekonstruieren könnte. Das ist alles Schreiben. Der Realitätseffekt ist nur einer von vielen literarischen Effekten und kann in verschiedensten Ausprägungen zum Einsatz kommen; er macht sich das Ich aus Fleisch und Blut zunutze, schürft darin nach Informationen, schlachtet es nach Ersatzteilen aus und präsentiert es dann auf neue Weise. Aber das Ich aus Fleisch und Blut kann niemals selbst auf der Seite erscheinen. Das mag jetzt ein wenig sehr offensichtlich klingen, aber ich glaube, viele von uns neigen –

verwirrt vom Realitätseffekt – dazu, es zu vergessen. Auf der Seite können nur Verben und Adjektive, Substantive und Adverbien auftauchen sowie das wirkmächtige Wörtchen »Ich«. Philip Roth ist nicht Portnoy und kann es auch niemals sein, weil es einfach nicht möglich ist, einen echten Menschen auch nur teilweise in Sätzen wiederzugeben. Echos, Schatten, Umkehrungen, Fragmente – das lässt sich im Schreiben erschaffen. Doch das komplette Programm findet sich nur auf einer anderen Ebene. Roths einzigartige Leistung bestand darin, dass er die Trugschlüsse seiner Leser hinsichtlich des Verhältnisses zwischen Figuren und ihren Verfassern als einen seiner literarischen Effekte nutzte. Wo Roth aufhört und Zuckerman anfängt, wie viel vom jungen Philip im jungen Portnoy steckt, ob das da jetzt Roths Ehe ist oder nicht und das hier Roths Geliebte oder nicht – diese Fragen sind in literarischer Prosa nicht zu beantworten, es ist jedoch eine kraftvolle hermeneutische Erfahrung, sie im Kopf des Lesers auszulösen. Roths Werke spielen mit dem Realitätseffekt und damit auch mit unserer interpretatorischen Empfindsamkeit. Wenn Mickey Sabbath am Grab seiner Geliebten masturbiert, über wen sind Sie dann empört? Über Roth? Über Mickey? Und wen wollen Sie verteidigen? Seine verstorbene Frau (die nur aus Sätzen besteht)? Frauen im Allgemeinen? Männer im Allgemeinen? Im richtigen Leben wünschen wir uns oft, dass unsere Urteile und moralischen Entscheidungen rasch, einmalig und entschlossen ausfallen. Literatur bringt unser Gefühl für das, was wir mit unseren Urteilen bewirken können, durcheinander. Sie bringt unseren gewaltigen und gewaltsamen Wunsch, in allen Fragen recht zu behalten, praktischerweise zum Erliegen und erzeugt eine ebenso heillose wie unbändige Mixtur aus Wahr und Falsch. Das ist der Ort, an dem die Dinge zugleich wahr und doch nicht wahr sind: die ultimative Unmöglichkeit. Ich glaube, große Romane befreien uns hin zu dem Verständnis, dass die Spannung zwischen Wahr und Unwahr womöglich doch lebbar sein könnte, dass sie nicht immer gleich vor dem Gericht der öffentlichen Meinung oder in unserem beklemmend konservativen gesellschaftlichen Leben abgeurteilt und unmittelbar neutralisiert werden muss. Ein Roman ist im echten Leben ganz und gar ohne Konsequenzen, zumindest glauben wir das beim Lesen, und in dem Raum, den er schafft, können wir waghalsiger sein, mutiger, und unsere eigenen Unsicherheiten besser aushalten.

Wenn man einen Roman aus der Ich-Perspektive schreibt, nimmt man eine unmögliche Identität an, man wird zu einer Person, die man nicht sein kann, weil man ja schon man selbst ist – und nicht das »Ich« aus dem Buch – und das eigene Leben gelebt, die eigenen Abenteuer erlebt, die eigenen Höhen und Tiefen durchlebt hat. Meine vorgetäuschte Lebensgeschichte in *Swing Time* endet damit, dass »meine« Mutter stirbt. Als ich das Buch meiner sehr lebendigen Mutter zu lesen gab, fragte ich mich, was sie wohl davon halten würde. Ich wusste, wie merkwürdig stark der Realitätseffekt darin wirkte: Eine Bekannte, die es gelesen hatte, schickte mir danach eine Mail, um mir ihr Beileid zum Tod meiner Mutter auszusprechen. Doch meine Mutter las es mit Gleichmut. Vermutlich hat sie inzwischen schon so viele falsche und fiktive Mütter bei ihrer Tochter erlebt, dass sie sich längst an dieses Ich, das ich nicht bin, gewöhnt hat und sich nicht mehr allzu sehr den Kopf darüber zerbricht, obwohl ich weiß, dass es nicht lustig gewesen sein kann, von anderen für Clara aus *Zähne zeigen* oder für Kiki aus *Von der Schönheit* gehalten zu werden, ständig damit rechnen zu müssen, dass vor einem selbst schon ein fiktives Ich im Raum steht – oder tatsächlich für tot gehalten zu werden. Der polnische Dichter Czesław Miłosz hat einmal die berühmte Warnung ausgesprochen: »Wird ein Schriftsteller in eine Familie hineingeboren, ist es mit dieser Familie vorbei.« Bisher scheint meine Familie sich noch ganz gut zu schlagen, und das trotz der Tatsache, dass ich auch noch einen Comedian und einen Rapper als Brüder habe – dass also de facto drei Kinder denselben Clan narrativ ausweiden. Aber die Smiths halten weiter stand. Ich habe keine Ahnung, wie es für die Roths war, vermute aber, dass es nicht immer einfach gewesen sein kann. Die Freiheit, die Romane ihrer Leserschaft nach meiner Auslegung bieten können, erstreckt sich nicht ohne weiteres auch auf die echten Menschen, von denen man fälschlich glaubt, sie würden auf diesen Seiten geschildert. Für sie, so fürchte ich, ist Literatur eher eine Art Gefängnis. Aus diesen und zahllosen weiteren Gründen bin ich mir niemals wirklich sicher, ob sich das Schreiben von Romanen tatsächlich auszahlt. Eine Bilanz lässt sich nur schwer ziehen. Ich denke an all den Schmerz, den Autoren wie Richard Yates und John Cheever ihren Familien verursacht haben, und setze dann all die Freude dagegen, die diese Männer in mir ausgelöst haben. Schreibende erschaffen sich ihre Ersatz-Ichs und nutzen sie, um damit allen Fesseln und Festlegungen zu entfliehen, aber sie können auch sehr kaltschnäuzig mit dem Leben anderer verfahren und auf ihrer wilden Jagd in die Freiheit Menschen, die sie lieben, über den Haufen rennen. Karl Ove, so behaupten es zumindest die Zeitungen, wird aktuell von seiner halben Familie verklagt. Und doch ist die Freiheit, die dieser Autor in die ganze Welt getragen hat, gewaltig und nicht leicht abzutun. Ich dachte als junge Autorin immer, dass schließlich alles auf die alte bärbeißige Warnung von William Butler Yeats hinauslaufe: »Ein Mann von Geist hat lediglich die Wahl, / Entweder Leben oder Werk vollkommen zu machen …« Jetzt allerdings erscheint mir das nur wie eine weitere unmöglich straff gespannte Identität, die sich dringend ein bisschen locker machen müsste. Warum müssen Leben oder Werk denn perfekt sein? Schreibende stolpern genauso durch die Welt wie alle anderen auch, prüfen ständig Soll und Haben auf den Bilanzen ihrer Entscheidungen, wissen, dass sie hier fördern und dort verletzen. Zumindest in meinem Leben stolpern das Ich aus Fleisch und Blut und das Ich, das ich nicht bin, gleichermaßen umher, und keins von beiden kommt der Perfektion dabei auch nur nahe. Trotzdem empfinde ich es als ungeheures Glück, mich dem lebenslangen Projekt widmen zu können, sie miteinander in

Beziehung zu setzen, ihre Kommunikation, ihre wechselseitige Ablehnung und ihre Streitereien zu verwalten. Wenn ich nur halb so lange auf beide Arten »Ich« sagen darf, wie es Mr Roth gelungen ist, dann kann ich mich wahrhaftig als ausgesprochen glückliche Frau bezeichnen.

FREIHEITEN

GESCHRIEBENES LEBEN

Ich wollte immer schon Tagebuch schreiben. Meine ganze Teenagerzeit hindurch habe ich es versucht, aber immer wieder aufgegeben. Ich träumte davon, sehr offen zu sein, so wie Joe Orton, dessen Tagebücher ich bewunderte; ich war in der Bibliothek darauf gestoßen, mit ungefähr vierzehn. Ich las sie halb aus literarischem und halb aus pornographischem Interesse, folgte Joe aufgeregt in so viele Winkel der Stadt, wo ich bisher nur entlangspaziert war, er es aber irgendwie geschafft hatte, dort unerlaubten Sex zu haben. Und ich dachte mir: *Wenn du selbst Tagebuch schreibst, müsste es genauso sein, durch und durch frei und ehrlich.* Aber dann stellte ich fest, dass ich über sexuelle Sehnsüchte nicht schreiben konnte (weil zu schüchtern und nicht aufrichtig genug), und sexuelle Aktivitäten konnte ich auch nicht schildern – ich hatte ja keine –, und so geriet das Tagebuch zu einer banalen Beschreibung angeblicher Verliebtheiten und ausgedachter Romanzen, und ich hatte es bald über und legte es beiseite. Einige Zeit später versuchte ich es noch einmal und konzentrierte mich diesmal ausschließlich auf die Schule, wie eine Figur von Judy Blume, berichtete von Vorfällen auf dem Schulhof und Freundschaftsdramen, schaffte es aber nie, dabei ein potenzielles Publikum auszublenden, und das verdarb mir alles: Es fühlte sich an wie Hausaufgaben. Ich versuchte ständig, die Dinge möglichst vorteilhaft für mich darzustellen, für den Fall, dass So-und-so es in die Finger bekäme und allen zeigte. Die Unaufrichtigkeit des Tagebuchschreibens, diesen Ton, den man sich doch angeblich nur für sich selbst zulegt – das fand ich alles derart deprimierend. Im Leben ist auch so schon zu vieles künstlich, da braucht man nicht noch die eigenen geheimsten Gedanken zu hübschen Mustern anzuordnen. Vielleicht ist es aber auch umgekehrt: Manche Leute können offen und schlicht über ihre Gefühle schreiben, während ich mich nicht davon abhalten kann, sie zu hübschen Mustern anzuordnen.

Als junge Erwachsene las ich viel in Virginia Woolfs Tagebüchern und dachte mir erneut, dass ich wirklich Tagebuch schreiben sollte. Inzwischen kannte ich mich gut genug, um zu wissen, dass mir das Nachzeichnen intimer Gefühle in einem Tagebuch vollkommen unerträglich sein würde, ich war viel zu befangen und außerdem zu faul für so ein tägliches Arbeitspensum. Also versuchte ich, mich in Form und Stil an Woolfs einbändigem *Writer's Diary* zu orientieren und nur an den Tagen etwas zu schreiben, an denen ich ein literarisches Erlebnis hatte, sei es, dass ich etwas geschrieben oder gelesen hatte oder anderen Schreibenden begegnet war. Dieses Tagebuch währte genau einen Tag. Es beschrieb einen Nachmittag mit Jeff Eugenides und kostete mich zwölf Seiten und die halbe Nacht. Undenkbar! Bei dem Tempo würde das Schreiben über das Leben ja länger dauern als das Leben selbst. Ich glaube, Teil des Problems war die Notwendigkeit, aus der Ich-Perspektive zu schreiben, eine Form, die ich bis vor Kurzem noch mühsam und stressig fand. Außer in begrenzten essayistischen Anfällen war ich nicht in der Lage, sie selbstbewusst zu verwenden. Als ich noch jünger war, wurde mir sogar jedes Mal ein klein wenig schlecht, wenn ich das Wort »Ich« auf der Seite sah – wieder diese Befangenheit –, und ich versuchte immer, es hinter einem »Wir« zu verstecken. Mir fällt auf, dass sich das, seit ich in Amerika lebe, nicht nur allmählich verändert hat, sondern quasi zur Lawine geworden ist: Wenn ich jetzt auf diese Seite schaue, sehe ich ein höheres Aufkommen an »Ichs« als in jedem beliebigen Stück Walt Whitmans. Aber wenn es um Tagebücher und dergleichen geht, habe ich immer noch eine geistige Blockade. Mich quälen nach wie vor die gleichen kindischen Fragen. Für wen ist das? Was ist das für eine Stimme? Wem mache ich hier was vor – mir selbst?

Mir wird klar, dass ich meine Tage nicht aufzeichnen möchte. Mein Gehirn ist eines von der Art, das alles löscht, sobald es vorbei ist, fast unmittelbar, so wie der Hund aus dem Disney-Film *Alice im Wunderland*, der, mit Besen am Kopf und Handfeger am Schwanz, den Pfad wegfegt, den er noch entlangläuft. Ich weiß nie genau, was ich an welchem Tag gemacht habe oder wie alt ich war, als dieses oder jenes passiert ist – und genauso will ich es auch haben. Wenn ich einmal sehr alt bin und der Kopf »nachlässt«, wird sich das, vermute ich, kaum anders anfühlen als das Leben, das ich jetzt führe, in meinem Mief aus Unmemoriertem, der die Lieben um mich herum zwar in den Wahnsinn treibt, mir aber offenbar irgendwie entspricht, denn ich bin anscheinend selbst mit größter Willensanstrengung nicht in der Lage, etwas daran zu ändern. Ich frage mich, ob es nicht unterschwellig mit der Art zusammenhängt, wie ich meine Romane schreibe, in denen dann beispielsweise die Fußmatte einer Wohnung, in der ich vor Jahren gelebt habe, wieder auftaucht, bis auf die letzte Falte und den letzten Faden exakt so, wie sie damals war, während ich trotzdem nicht sagen könnte, wann genau ich dort gewohnt habe, mit wem ich damals zusammen war, ja nicht einmal, ob mein Vater noch gelebt hat. Vielleicht macht dieses Nichterinnerungssystem – dem es nicht gelingt, die Daten wichtiger Ereignisse zu speichern – die Arbeit des anderen Erinnerungssystems überhaupt erst möglich, weil das Fehlen des ersten den nötigen Raum für das zweite schafft, den Weg bereitet für dieses Was-auch-immer, das da wie scheues Nachtgetier durch meinen Kopf saust und seltsame Gegenstände im Schlepptau hat: Fußmatten, eine einzelne verwelkte Pfingstrose oder einen heiß geliebten Erdbeeraufkleber, der das letzte Mal 1986 gesichtet wurde, aber nach wie vor seine Erdbeerform hat und auch immer noch nach Erdbeere riecht.

Wenn es um geschriebenes Leben von der echten, ehrlichen, tagebuchhaften, vollständig ungeschminkten Sorte geht, werde ich bei Petrus an der Himmelstür und auch bei allen anderen nur mein E-Mail-Konto bei *Yahoo!* vorweisen können, das ich circa 1996 eröffnet habe und immer noch benutze. Dort dürfte sich (auch wenn ich lieber sterben würde, als das alles noch einmal zu lesen) vermutlich die größte Annäherung an eine ehrliche Schilderung meines Lebens finden, zumindest die größte schriftliche. Das bin ich, im Guten wie im Schlechten, mit allen guten Taten, schmutzigen Lügen, privaten Zankereien, literarischen Freundschaften und Online-Modekäufen. Wie vermutlich bei den meisten gehört auch bei mir die Vorstellung, jemand könnte in meinem Mailpostfach herumstöbern, nach Herzenslust alles lesen und mich dann verurteilen, zu den ganz persönlichen Albträumen. Andererseits: Falls meine Kinder nach meinem Tod einmal wissen wollen, wie ich im ganz alltäglichen Sinne war, nicht als Autorin und auch nicht als mehr oder weniger vorzeigbare Persönlichkeit, sondern einfach nur als das dumme Menschenkind hinter alldem, dann wären sie sicher gut beraten, sich dort umzusehen.

DAS BAD

Als ich acht Jahre alt war, zogen wir aus unserer Sozialwohnung an einen Ort, der mir vorkam wie ein Palast. Von außen wirkte er wie ein komplettes Haus, und so fühlte er sich auch von innen an. Wir hatten eine Eingangstür nur für uns, und wenn man hinten aus dem Fenster schaute, sah man einen großen, quadratischen, verwilderten Garten, der offensichtlich auch nur uns gehörte. Den meisten Besuchern fiel gar nicht auf, dass es eine Maisonettewohnung war und im unteren Teil des Gebäudes noch eine Sozialwohnung lag, die über einen Seiteneingang zu erreichen war; dort wohnte eine indische Familie, die mir zur Begrüßung als Erstes zeigte, wie man ein Dreieck aus Teig zu einer Samosa faltet. Nicht lange nach unserem Einzug machte mein Vater sich daran, den gemeinsamen Garten zu teilen, indem er einen leicht windschiefen Holzzaun errichtete. Ich glaube nicht, dass diese Aufteilung eine Kampfansage war: Es handelte sich um eine rein praktische Maßnahme, das Resultat unterschiedlicher Auffassungen darüber, was einen Garten ausmacht (Koriander und Kartoffeln gegen Blumen und Planschbecken). Als der Zaun stand, waren alle zufrieden. Jeder hatte sein kleines Reich. Und vom Fenster aus bekam man immer noch dieses Gefühl von Großzügigkeit, von Platz.

Drinnen gab es vier Schlafzimmer. Je eines für mich und meinen Bruder (wobei ich aus alter Gewohnheit nachts meistens aus meinem Zimmer zu ihm in seines schlich), eines, in dem mein Vater und meine schwangere Mutter schliefen, und ein »Gästezimmer« unten, in das wir sporadisch junge Mädchen aus Europa locken konnten. Diese Mädchen erschienen mir immer höchst glamourös und sehr exotisch. Sie trugen Swatch-Uhren, makellose Dunlop-Sneakers und Naf-Naf-Sweatshirts in Primärfarben; sie schauten die Tour de France im Fernsehen und hatten offensichtlich wirklich Spaß daran. Ständig musste man ihnen die Abbey Road zeigen und sie dort auf dem Zebrastreifen fotografieren. Und gute Miete zahlten sie natürlich auch. Später, als mein jüngster Bruder da war, wurde das Gästezimmer zum Aufenthaltsort für eine Reihe spanischer »Au-pairs«, die sich, statt Miete zu zahlen, um uns drei kümmerten, während meine Eltern arbeiteten, mein Vater bei einem kleinen Papierhersteller, meine Mutter als frisch diplomierte Sozialarbeiterin. Wir hatten den Aufstieg offensichtlich geschafft. Es war das erste Mal, dass wir über so viel zusätzlichen Raum verfügten. Neben dem Gästezimmer gab es noch das Bad, das eine eigene Toilette beherbergte und gleich neben einem zweiten kleinen Raum lag, in dem sich ebenfalls *eine weitere Toilette* befand. Diese beiden toilettenhaltigen Zimmer waren die große Freude meiner Mutter*, sie wurden mit Sorgfalt eingerichtet und immer peinlichst sauber gehalten. Sowohl die jungen europäischen Mädchen als auch die späteren Au-pairs waren aufgefordert – um nicht zu sagen: verpflichtet –, regelmäßig ihre Bewunderung zu äußern, sofern ihnen an einem friedlichen Aufenthalt bei uns gelegen war.

Das Gästezimmer, die zweite Toilette – für meine Eltern war all das Ausdruck einer sehr britischen Form von Lebensleistung. Beide

* Meine Mutter, die immer noch in dieser Maisonettewohnung lebt – und unsere einstigen Zimmer alle vermietet hat –, hegt eine große Schwäche für Toiletten: Erst kürzlich hat sie sich dort, wo ursprünglich ihr Schlafzimmerschrank war, eine dritte einbauen lassen. Das Thema Toilette ist für Yvonne nie erschöpft, wie ihre Kinder alle zur Genüge wissen; die Faszination geht bis in ihre eigene Kindheit auf Jamaika zurück, wo sie nur ein Erdloch zur Verfügung hatte. Sie kommt von praktisch keiner Reise ohne ein Foto der dortigen Örtlichkeiten zurück: Plumpsklos aus Ghana, blitzsaubere Toiletten aus Port Verde, Überschalltoiletten aus Japan …

in Armut aufgewachsen, waren sie nun ganz offiziell Teil dessen, was bei Volkszählungen als *»lower middle class«* bezeichnet wird. Mir ist klar, dass diese Abstufungen gesellschaftlicher Schichten für Menschen außerhalb Großbritanniens häufig verwirrend, von Grund auf absurd und in ihrer Kleinteiligkeit schwer nachvollziehbar sind, aber ich will es doch versuchen. Wenn man in den achtziger Jahren zur *lower middle class* gehörte, reiste man hin und wieder nach Europa – wenn auch nur mit Flügen, die um drei Uhr morgens gingen, und in Flugzeugen, in denen man sich für das Raucherabteil entscheiden konnte –, man fuhr einen Mini Metro und kaufte frisch gepressten Orangensaft. Man ging selbstverständlich auf eine staatliche Schule und hatte noch nie einen Skilift zu Gesicht bekommen, aber man las den *Guardian** und, wenn wieder mal ein ordentlicher Sexskandal die Titelseite beherrschte, auch den *Daily Mirror*, man hatte diese hübschen gestreiften Jalousien von Habitat in der Küche und Porzellanteller an den Wänden und hatte längst erkannt, dass Fußmatten mit witzigen Sprüchen geschmacklos waren. Man erzählte allen, man schaue nie den Privatsender ITV, was aber eigentlich gelogen war: Man schaute ständig ITV. Und jeden Sommer lud man das Auto voll und tuckerte die M4 entlang nach Devon oder Cornwall, und hielt unterwegs an, um – dank sei dem National Trust! – auf einem der diversen Landsitze der diversen mittellosen Adligen Tee zu trinken. So war es zumindest bei uns. Wenn ich zurückdenke, erinnere ich mich an lauter glückliche Momente. Ich bin überzeugt, jede Volkszählungskategorie macht ihre eigenen Rechte für sich geltend – die armen, aber edlen Arbeiter, das strebsame Bürgertum, die eleganten Reichen, die heiteren Hochwohlgeborenen, die Intellektuellen oder künstlerisch Veranlagten aus der *Haute Bourgeoisie* –, doch auch die ungeliebte *lower middle class* hat ihren Stolz, obwohl ihre

* Sofern man links war.

Zufriedenheit nach meiner Erfahrung vor allem einer Reihe kontrafaktischer Überlegungen entspringt. In der *lower middle class* ist man nicht unbedingt mit dem zufrieden, was einem widerfährt, sondern vielmehr mit dem, was einem *nicht* widerfährt. Wenn nicht mehr jede Rechnung, die auf der Fußmatte landet, eine existenzielle Bedrohung darstellt, fühlt man sich von einer lähmenden und beklemmenden Form alltäglicher Angst befreit. Dabei bleibt man aber von dem Selbsthass unberührt, der die solideren Schichten der *middle* und *upper middle class* häufig heimsucht, und das Gefühl völliger Entkräftung, das sich nur allzu oft bei Angehörigen der höheren Schichten einstellt, ist einem fremd. Dem Kind der *lower middle class* stehen, wie Fußballtrainer das gern formulieren, alle Optionen offen. Was gar nicht heißen soll, dass man nicht hoffen würde, die gescheiterten Träume der Eltern, vor allem auf dem Gebiet der Bildung, doch noch wahr zu machen – das tut man durchaus, aber man begreift auch, dass (auch für sie) nicht mehr gleich die Welt untergeht, falls man scheitern sollte. Und während man weiter durchs eigene Leben tuckert, bietet sich jedes Mal, wenn man kurz anhält und in den Rückspiegel schaut, ein ganz anderer Blick als der, der sich vor dem Kind von Langzeitarbeitslosen, erwerbstätigen Armen oder neu Eingewanderten auftut. Man sieht, dass die Eltern in dieser Welt einen kleinen, aber doch einigermaßen stabilen Platz für sich gefunden haben, der nicht – oder wenigstens nicht lebensentscheidend – von einem selbst abhängt. Und deshalb hat man selbst ein wenig Raum für die eigenen Träume. Man muss nicht unbedingt Ärztin werden. Im Gegenteil: Solange man nicht erwartet, dass einem die Träume in irgendeiner Form finanziert werden, hat man im Grunde jede Freiheit, so viel zu träumen, wie der kleine Kopf es hergibt. Als meine Eltern erfuhren, dass sie eine angehende Autorin und zwei angehende Rapper unter ihren Kindern hatten, war ihre Reaktion im Wesentlichen: Tut, was ihr nicht lassen könnt!

Heute sehe ich, wie befreiend das war. Natürlich gab es keine

Garantie und erst recht keine Versprechungen, aber das hieß auch, dass nichts endgültig entschieden und nichts komplett ausgeschlossen werden musste. Das hat mir ein großes Gefühl von Freiheit verschafft. Und während ich meine eigenen Kinder großziehe, wird mir klar, dass sie auf merkwürdige Weise weniger Freiheit von mir erben, als ich von meinen Eltern bekommen habe. Ihre materiellen Verhältnisse sind sehr viel besser, und ihre Eltern bekriegen sich auch nicht dauernd (vier Jahre, nachdem sie ihren »Palast« bezogen hatten, trennten meine Eltern sich aufs Erbittertste). Aber das komplett unbeschriebene Blatt, vor das mich meine Eltern gesetzt haben – und das zu gleichen Teilen beflügelnd und furchterregend war –, kann ich meinen Kindern nicht bieten. Das Risiko ist in ihrem Fall weitgehend beseitigt, denn es gehört nach wie vor zu den sichersten Sachen der Welt, in die solide englische Mittelschicht hineingeboren zu sein – wenn auch nicht mehr ganz so sicher wie früher. (In meiner Kindheit musste man sich schon etwas richtig Spektakuläres leisten, um ernsthaft aus der britischen Mittelschicht verbannt zu werden, etwa heroinabhängig sein oder sich den Hare-Krishnas anschließen.) Doch trotz steigender Immobilienpreise und schwindender Renten stehen viele der wichtigsten Kapitel im Leben eines Mittelschichtskindes längst fest; sie werden gleich bei der Geburt verfasst. Meine Kinder werden mit hoher Wahrscheinlichkeit studieren. Sie werden mit hoher Wahrscheinlichkeit nicht im Teenageralter Eltern werden. Und dann sind meine Kinder zu allem Überfluss auch noch die Kinder von Schriftstellern. Ich bin schon erwachsenen Kindern von Schriftstellern begegnet, deren Leben ständig von den Worten anderer überlagert und untergraben wurde. Ich glaube, ich habe eine Ahnung davon, wie erdrückend so etwas sein kann. Ehrlich gesagt, wenn ich mir vorstelle, ich wäre eins meiner Kinder, dann wäre ich wahrscheinlich schwer in Versuchung, die Schule zu schmeißen und im Teenageralter Mutter zu werden, und sei es nur, um meine eigene Freiheit zu behaupten.

Zu den merkwürdigen und nicht sonderlich angenehmen Elementen des Elterndaseins gehört etwas, das ich als den »retrospektiven Strudel« bezeichnen möchte. Ein wirres Schaukeln zwischen Gegenwart und Vergangenheit, von einer Intensität, dass einem fast übel wird, und doch auf seine schmerzhafte Weise sehr lehrreich. Ein Beispiel: Ich habe meine älteste Freundin Sarah zu mir nach Hause eingeladen, unsere Kinder rennen herum und amüsieren sich weitestgehend miteinander, während wir klammheimlich rauchen, eine Flasche Weißwein leeren, über unsere sämtlichen Freundinnen herziehen und lauthals lachen, und dann kommen die Kinder wieder herein, und ich zwinge sie, zu dieser meiner allerbesten Freundin »Tante Sarah« zu sagen, was sie zutiefst fragwürdig finden, aber ich beachte ihre Einwände gar nicht – genauso wenig wie ihren Wunsch, ihnen etwas zum Abendessen zu machen – und rede weiterhin sehr laut und lache schrecklich viel, und mittendrin denke ich auf einmal: Ach so, jetzt wird mir alles klar! Genauso war das früher mit Mum und »Tante« Ruth, deshalb haben sie uns auch nach 18 Uhr nichts mehr verboten, und wir durften ein oder sogar zwei Stunden länger aufbleiben, bis endlich irgendwer auf die Idee kam, eine Tiefkühlpizza in den Ofen zu schieben – jetzt verstehe ich! Mum und Ruth waren schon beste Freundinnen, bevor es uns gab, sie arbeiteten beide sehr viel und hatten sehr wenig Zeit, es war also immer ein großes Ereignis, wenn sie sich einmal trafen. Sie redeten wahnsinnig gern miteinander. Sie waren beide Menschen, die neben ihren Kindern noch sehr viel anderes im Kopf hatten. Und sie waren ein bisschen angeschickert vom billigen Weißwein. Ach so! Elterliches Verhalten, das mir vor dreißig Jahren ein absolutes Rätsel war, klärt sich jetzt auf völlig neue Weise. Das passiert mir in letzter Zeit immer häufiger. Es ist etwa 16 Uhr am Sonntagnachmittag, ich falle, nach fast achtundvierzig Stunden ununterbrochener Kinderbetreuung, in ein schwarzes Loch, eine an Lebensmüdigkeit grenzende Talsohle, und meine Kinder sind verwirrt: Auf ihre Fragen ernten sie nur leere

Blicke oder einsilbige Antworten, und dann springe ich plötzlich wie aus dem Nichts auf und brülle sie wegen irgendeiner winzigen, unbedeutenden Kleinigkeit an – und mitten im Brüllen reißt es einen Teil von mir zurück, mitten hinein in besagten retrospektiven Strudel, und ich denke: Ach so – *so* hat sie sich vor dreißig Jahren gefühlt. Darum ist sie plötzlich so still geworden und hat an die Wand gestarrt. Sie konnte es einfach *keine Sekunde länger mehr aushalten*. Keine Sekunde länger: diese Kinder, die sich darüber streiten, wer was genommen hat und was fair oder unfair ist, die ständigen Forderungen und die völlig unnötigen Trotzanfälle, das Gefühl, nicht einmal eine Minute für sich zu haben, und dann läuft auch noch die ganze Zeit der Fernseher, dieselbe Sendung, die jeden Tag läuft, mit der immergleichen gottverdammten Titelmusik … Ach *so*! Jetzt wird mir alles klar. Und meine Mutter hatte sogar drei. Dazu noch eine äußerst unglückliche Ehe und nur wenige der Ventile und Freiheiten, die ich für selbstverständlich halte. *Und sie war erst neunundzwanzig*. Der retrospektive Strudel wird zur retrospektiven Klarsicht.

Während sich das Bild der Vergangenheit immer mehr verfeinert, sehe ich vor allem ein Zimmer in neuem, halbtragischem Licht: das Bad in der Maisonettewohnung meiner Eltern. Es war nicht groß – vielleicht fünf Quadratmeter –, doch jetzt begreife ich, wie viel es fassen musste. Auf der einen Seite war es nur ein kleines Bad mit angedeutetem Meeresdekor – hier eine Muschel, dort ein Stück Koralle, genau die Dinge eben, die Briten gern im Bad haben. Doch für meine Eltern war es auch eine Art Traumraum, in dem sich Erinnern und Verlangen ganz in T. S. Eliots Sinn verquickten. Der Beitrag meiner Mutter bestand in Pflanzen. Sie waren grün, tropisch und wildwuchernd: Ihre Knollen reckten sich aus der Erde und streckten sich oft zum Topf nebenan hinüber, wo sie dann weiterwuchsen, und wenn man baden wollte, musste man sich zunächst mit diesen Ranken auseinandersetzen und mit den

Insekten, die sie vor allem im Sommer anlockten. Ich bin nicht besonders gut mit Namen, aber es waren auf jeden Fall etliche Graslilien darunter, ein paar Farne und etwas Großes mit breiten glänzenden Blättern, das das Licht des einzigen Fensters aussperrte und das Ganze in eine Art tropische Schwitzkammer verwandelte.* Der übliche Kommentar von Gästen lautete: »Herrje, dadrin kommt man sich ja vor wie im Dschungel!« Üppig und unbekümmert wucherte Grün über Grün über Grün. Schnitt man es zurück, beschleunigte das den Vorgang nur. Dreißig Jahre später stand ich bei einem Literaturfestival auf Jamaika inmitten von wucherndem Grün über Grün über Grün und fühlte mich im Kopf zurückversetzt in ein Bad in einem fernen Land, das auf ewig … Jamaika war. Dabei war mir als Kind nie in den Sinn gekommen, dass meine Mutter Heimweh haben könnte. Kinder sind so narzisstisch: Ihnen kommt nie etwas über andere Menschen in den Sinn, erst recht nicht über ihre Eltern. Und weiterhin ist mir nie in den Sinn gekommen, wie interessant es war, dass mein Vater ebendiesen kleinen Raum als Dunkelkammer verwendete. Es weckte kein bisschen Neugier bei mir. Mir fiel überhaupt erst auf, was er da machte, als ich ihn einmal versehentlich störte; ich wollte ins Bad, um eine unserer zahlreichen Toiletten zu benutzen, und fand das Zimmerchen stockdunkel, bis auf ein eigenartiges rotes Leuchten. Mein Vater schrie mich an: »Tür zu, verdammt!« Ich machte die Tür zu, blieb aber im Raum. Ein kurioser Anblick: mein Vater mit hochgekrempelten Ärmeln vor einer Schüssel mit Flüssigkeit, dazu dieses rote Licht, das die klare Habitat-Silhouette unseres modernen Heims in etwas Unterirdisches und für mich Verstörendes verwandelte. Was hatte diese geheime Kammer in unserer Wohnung verloren? Ich blickte nach oben und sah, dass er vor den Pflanzen, zwischen zwei Wänden, eine Wäscheleine gespannt hatte. Daran

* Mein Bruder Ben vermutet, es müsse sich um ein »Geldbäumchen« gehandelt haben, was thematisch natürlich gut passt.

waren große Kontaktbögen befestigt, aus denen langsam Bilder hervortraten. Ich hatte diesen Vorgang noch nie gesehen und wartete gespannt, was da kommen würde. Meine ganze Kindheit hindurch hatte ich gehofft, bei meinem Vater ein verborgenes künstlerisches Genie zu entdecken – war es das vielleicht?

Doch als die Bilder immer klarer wurden, stellte sich heraus, dass sie alle uns zeigten. Mich, meinen Bruder Ben und meinen Bruder Luke, immer und immer wieder. Rund um die Toilette lagen kleine Ilford-Filmdöschen verstreut, Schwarz-Weiß-Filme, vierundzwanzig Bilder pro Rolle. Auch diese, stellte sich heraus, zeigten nichts als uns. Ich war enttäuscht. Ich wusste im Ansatz, dass mein Vater früher einmal von einer Karriere als Fotograf geträumt hatte; viel später erfuhr ich, dass diese Träume auch kurz Wirklichkeit gewesen waren, viele Jahre vor unserer Geburt. Zu der Zeit, als wir in die Maisonettewohnung zogen, war er so sehr Fotograf, wie der Vater, der immer Fünferfußball spielt, Profispieler ist. Er hatte alle Ambitionen in diese Richtung fallen lassen. Jetzt drehte sich alles nur noch um uns, alles wurde dem Familienleben untergeordnet und um dieses herum neu sortiert. Als Kind hatte ich dafür bloß Verachtung übrig, obwohl ich davon profitierte. Die Tatsache, dass mein Vater ein so langweiliger, zuverlässiger und nüchterner Mensch war, der seine eigenen Freuden und Ambitionen auf ewig hintanstellte, ist, davon bin ich heute überzeugt, der Ursprung jeglicher emotionalen Stabilität, die ich mir im Leben erhalten konnte. Damals jedoch erfüllte mich seine Unfähigkeit – oder seine mangelnde Bereitschaft –, für sich selbst zu leben, mit Entsetzen. Besonders verhasst war mir die Formulierung *wegen der Kinder*; das schien mir ein Ausdruck zu sein, mit dem man sich aus der Verantwortung stehlen wollte, die eigenen Wünsche und Ideen tatsächlich auszuleben, die eigenen gottgegebenen Fähigkeiten einzusetzen. Zwölf Jahre lang mit jemandem verheiratet zu bleiben, den man im Grunde nicht leiden kann – wegen der Kinder! Was war denn das für ein Irrsinn? Und doch blicke ich jetzt, im retrospektiven Strudel, mit neuer Wertschätzung auf die Hingabe meiner Eltern an dieses Grundprinzip. Ich könnte es immer noch nicht, aber ich verstehe, warum sie es getan haben. Sie waren beide ohne Vater aufgewachsen – in beiden Fällen mit verheerenden Folgen. Um ein weiteres klassisches Klischee der *lower middle class* zu bemühen: Sie wollten, *dass ich es mal besser habe.*

Natürlich gibt es Abstufungen, trotzdem glaube ich, jedes Elternhaus ist ein Schauplatz emotionaler Gewalt, voll unterdrückten Zorns, durchsetzt von tiefen persönlichen Enttäuschungen. Es liegt in der Natur der Sache, dass niemand komplett unversehrt, mit allem, was er oder sie sich wünscht, aus einer Familie hervorgeht. Ich muss an den wunderbaren Satz von Jerry Seinfeld denken: »Spaß für die ganze Familie – so was gibt es nicht.« Irgendwer muss immer etwas aufgeben: Die Frage ist nur, wie viel und wer es aufgibt. In retrospektiven Strudelmomenten sehe ich sehr klar, dass meine Eltern mir viel mehr gegeben haben, als man aus meiner Sicht auch nur irgendwem geben sollte, und sehr viel mehr, als ich meinen eigenen Kindern geben kann. Denn obwohl meine Kinder oberflächlich betrachtet von allem mehr von mir bekommen – mehr Geld, mehr »Möglichkeiten«, ganz sicher mehr Urlaub und ganz sicher viel mehr Platz –, haben meine Eltern mir ihr Leben gegeben. Für meinen Vater ersetzten Kinder und Familienleben die Kunst. Und für meine Mutter hat ein neues Land das alte ersetzt, ob sie wollte oder nicht, so ist es passiert. Vor solchen krassen Entscheidungen stand ich nie. Meine Eltern sind ganz und gar in diesen hart umkämpften Raum eingetaucht, in dem Erwachsene mit Kindern leben, und haben beide versucht, ihre Ambitionen umzusetzen, »ihr Leben« zu leben und »Zeit für sich« zu finden – ein paar tropische Pflanzen hier, ein paar Kontaktbögen dort –, und doch hat keiner je all das bekommen, was er oder sie sich wünschte. Ich lebe auch in einem umkämpften Raum mit Kindern, doch in dieser Runde sind die Kämpfe nicht einmal annähernd so brutal.

Wenn ich an meine Eltern denke, dann oft mit einigen Schuldgefühlen: weil ich Dinge getan habe, die sie niemals tun konnten, und zwar in ihrem Beisein, mit ihrer Zeit, als wären sie tatsächlich nur das gewesen – die Hüter meiner Zeit, keine eigenständigen Menschen, die ihre eigene immer kürzer werdende Lebenszeit zu Ende lebten. Das gilt vor allem für meinen Vater, wenn auch vielleicht nur, weil seine Lebenszeit bereits zu Ende ist. Meine Mutter hat ihre Bildung als Erwachsene nachgeholt und kann sich jetzt, immer noch halbwegs jung, ihren eigenen Marotten und Interessen widmen, mit einer gewissen Sicherheit durch die staatliche Rente, der sie entgegensieht und für die sie dreißig Jahre lang gearbeitet hat. Sie reist, sie lebt – sie schreibt sogar. Aber mein Vater hat sein Leben lang darauf gewartet, dass ein bestimmtes Bild von ihm aus dem Kontaktbogen hervortritt, und das ist nie geschehen. Stattdessen trat mein Bild hervor, das meines Bruders Ben und das meines Bruders Luke. Falls mein Vater in irgendeiner Form Künstler war – und mein Gefühl sagt mir, er war es –, dann hat seine Kunst jenes Bad niemals verlassen und ist schließlich mit ihm gestorben.* Derweil schreibt meine Mutter, während ich diese Zeilen tippe, an einem Roman über Jamaika. Und meine Kinder – tja, die

* Nach dem Tod meines Vaters entdeckte ich zwischen seinen Sachen seine früheren Auftragsarbeiten – hauptsächlich Katalogfotos mit Models aus den fünfziger und sechziger Jahren – sowie einen ganzen Fundus Familienfotos, die sich, was ich als Kind nie vermutet hätte, als ungemein spannend erwiesen. Mein Lieblingsbild ist eine Familienszene. Darin ist Harvey selbst zu sehen, mit seiner ersten Frau Blanche und seiner ältesten Tochter, meiner Halbschwester Diana, der er nach allem, was ich höre, ein sehr viel weniger brauchbarer Vater war: emotional distanziert und häufig auch einfach abwesend. Das Foto ist auf S. 425 abgebildet. Ich bemerke die vielen hereinbrechenden Schatten, den dramatischen Kampf des Lichts, das versucht, der schleichenden Dunkelheit zu entkommen. Ich bemerke die vielen begrenzenden Rahmen, die ungelenken Winkel, die Mischung aus Natürlichem und Inszeniertem, den Kontrast aus Wärme und Kälte. Er hat dem Foto selbst keinen Titel gegeben – das wäre ihm nie in den Sinn gekommen. Aber ich war so frei, ihm einen zu geben.

müssen ihr Leben mit, neben und in der Kunst ihrer Eltern führen; sie müssen sich anhören, wie wir über die Bücher reden, die wir gerade schreiben oder lesen, über die Filme, die wir gesehen haben, oder die Filmdrehbücher, die wir gern schreiben möchten, und haben von Anfang an mitbekommen, dass sie nicht das Einzige sind, was in diesem Haus mit seinen vielen Zimmern geschaffen, umsorgt und großgezogen wird. Ob das gut oder schlecht für sie ist – oder für uns –, weiß ich nicht. Aber meinem Gefühl nach kann man so viele Zimmer haben, wie man will, und so viele Bücher, Filme und Songs, die von der erbaulichen Schönheit des Familienlebens schwärmen – es bleibt doch eine Tatsache, dass »Familie« immer eine irgendwie gewaltsame Veranstaltung ist. Erst Jahre später, im retrospektiven Strudel, erkennt man allmählich, wer auf welche Weise verletzt wurde und wie schwer.

Nachtrag: Zwei Jahre, nachdem ich diesen Text geschrieben hatte, schickte mein Bruder Ben – der neben vielem anderen auch Rapper ist – mir sein neues Album. Obwohl er diesen Essay nie gelesen hat, musste ich feststellen, dass er – aus all den vielen Bildern, die unser Vater hinterlassen hat – als Titelbild für sein Album genau das gleiche Bild ausgewählt hatte, das ich hier abgebildet habe.

Familie als gewaltsame Veranstaltung – Harvey Smith, undatiert

MENSCH VS. LEICHNAM

I.

Eines Abends im September, im Laufschritt auf dem Heimweg von einer Essenseinladung, um den Babysitter abzulösen, zog ich meine ziemlich hohen Schuhe aus und hüpfte barfuß – es regnete – die Crosby Street entlang nach Hause. *Hepatitis*, dachte ich. He-pa-ti-tis. Mein Wohnhaus erreichte ich patschnass, bleich wie der Tod. Der Portier – der mir beim Aufbruch noch ein Kompliment gemacht hatte – wurde rot und senkte den Blick auf sein Handy. Auf einem Beistelltisch in der Eingangshalle lag ein einsames kleines Buch mit festem Einband. *The World's Masterpieces: Italian Painting*. 1939 veröffentlicht, keine dreißig Seiten lang, mit billig marmoriertem Vorsatzpapier und einer freundlichen Widmung auf Deutsch: *Meinem lieben Schüler* … Jemand hatte dieses Buch jemand anderem geschenkt, in Karmel (dem Gebirge in Israel? Der Mount-Carmel-Schule in Brooklyn?), am 2. März 1946.

Die Handschrift sprach für ein hohes Alter. Wer immer diese Widmung geschrieben hatte, war inzwischen tot; wer immer das Buch geschenkt bekommen hatte, wollte es nicht mehr haben. Ich nahm das ungeliebte Ding mit hinauf in den 15. Stock, in der Hoffnung, daraus etwas über italienische Meisterwerke zu lernen. Wenn ich ehrlich bin, hätte ich mich viel lieber mit meinem iPhone beschäftigt, durch ein paar E-Mails gescrollt. Das machte ich an den meisten Abenden, seit ich mir das Gerät vor einem hal-

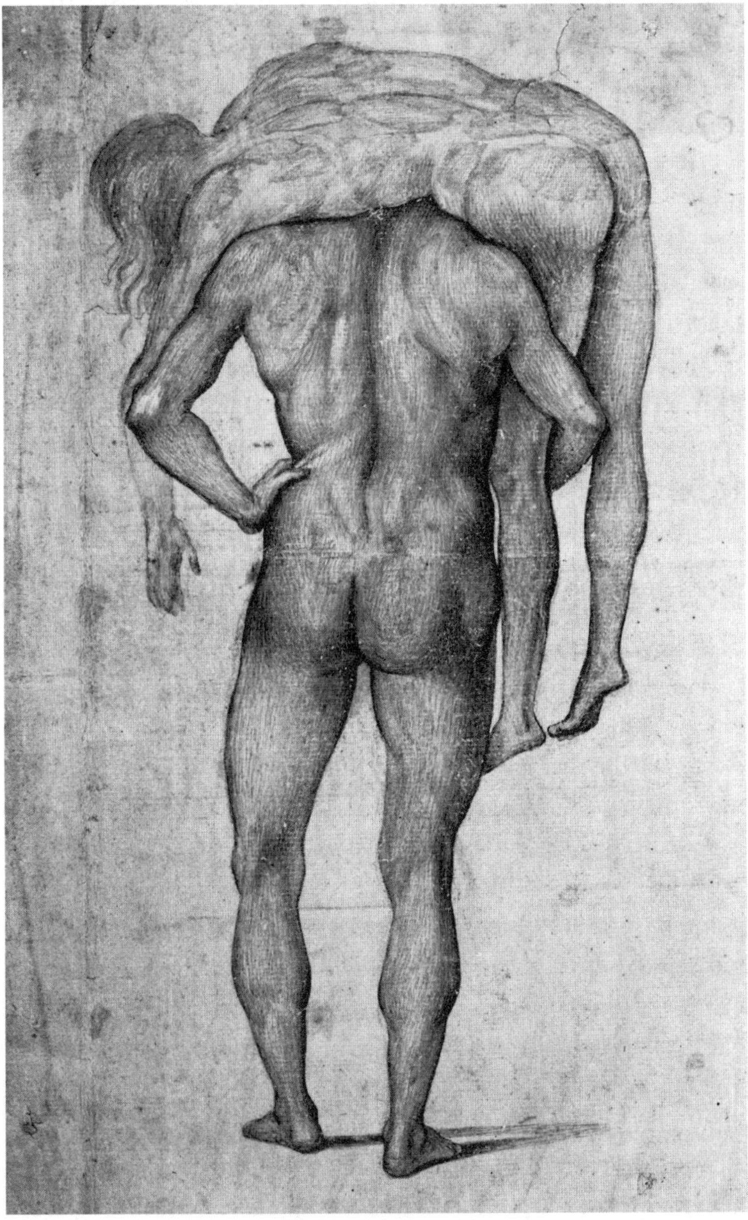

ben Jahr zugelegt hatte. Doch jetzt war da dieses Buch, wie ein Vorwurf. E-Mails oder italienische Meisterwerke?

Durch einen Schleier aus Wodka zog ein imposantes historisches Aufgebot an mir vorbei: Cimabue, Giotto, Fra Angelico, Fra Filippo Lippi, Raffael, Michelangelo. Geburts- und Todesdaten, schlecht reproduzierte Bilder, öde, unanfechtbare Fakten. (»Das 15. Jahrhundert brachte viele Veränderungen nach Italien, und diese Veränderungen spiegelten sich auch in den Werken der Künstler.«) Jeder Maler »präziser« mit dem Pinsel als sein unmittelbarer Vorgänger, bereitwilliger, die »Realität« (hässliche Bauern, schlichte Landschaften) einzulassen. Madonnen boten gierigen Babys ihre Brustwarzen dar, und Venedig wurde aus vielen verschiedenen Perspektiven betrachtet. Jesus küsste Judas. Der Frühling erschien als Allegorie. Das Fazit: »Seit den Tagen des großen primitiven Künstlers Cimabue hatten sich in der italienischen Kunst große Veränderungen vollzogen. Die Renaissance bahnte dem Realismus den Weg und damit endlich auch der Wahrheit, wie wir sie in der Natur finden.«

Ein Werk von 1939 mag einer Leserin im Jahr 2013 unschuldig vorkommen. Aber für wie abgebrüht, wie »allwissend« wir uns halten, obwohl wir doch eigentlich so wenig wissen! Ich habe mich oft durch solche Abhandlungen gearbeitet und kann mir immer noch nicht merken, wer früher war, Fra Angelico oder Fra Filippo Lippi. Mein Kopf hat seine Schwierigkeiten mit imposanten historischen Aufgeboten. Aber Goldgelb und Eierschalenblau, seidene Faltenwürfe in Rot und Grün, Glockentürme und Fichtenhaine, die Penisse und Scheiden von Säuglingen (die ich jetzt zum ersten Mal in meiner Beziehung zur italienischen Malerei nach ihrer Wahrhaftigkeit beurteilen kann), die Blicke zwischen der Madonna und ihrem Sohn – das sind alles Dinge, die mein Kopf akzeptiert. Und durch solche Details blätterte ich mich ganz frohgemut, als mich eine Kohlezeichnung stutzen ließ – mich am Haken hatte. Das ganze imposante historische Aufgebot stob auseinander. Es gab nur noch dieses eine: *Männlicher Akt von hinten, einen Leichnam auf den Schultern* von Luca Signorelli (ca. 1450–1523).

Der männliche Akt ist nackt, er hat die linke Hand in die Taille gestützt und besitzt den idealen Rücken, an dem jeder Muskel nachgezeichnet ist. Sein Hintern ist voller Leben, monumental wie der von Michelangelos David (»den Werken Luca Signorellis zweifellos sehr verpflichtet«). Er schreitet energisch aus, mit dem linken Fuß zuerst, und über seinen Schultern hängt ein Leichnam – ob männlich oder weiblich, lässt sich nicht sagen. Der Akt hat einen muskulösen Arm um das magere Bein des Leichnams geschlungen, damit er nicht herunterfällt. Er trägt diesen Leichnam irgendwo hin, vom Betrachter weg; sie sind im Begriff, den Bildrahmen zu verlassen. Ich starrte auf diese Zeichnung, versuchte mich an einem Gedankenexperiment, scheiterte. Dann griff ich mir einen Stift und schrieb fast alles, was Sie bis jetzt gelesen haben, an den Seitenrand. Ein einfaches Experiment – im Grunde eher eine Herausforderung. Ich versuchte, mich in den Leichnam hineinzuversetzen.

Stellen Sie sich vor, Sie sind ein Leichnam. Damit meine ich nicht das Erlebnis, ein Leichnam zu sein – als Leichnam ist man offenkundig am Ende allen Erlebens. Ich meine vielmehr: Stellen Sie sich vor, dass diese Zeichnung eine absolute Gewissheit über Sie darstellt, nämlich die, dass Sie eines Tages ein Leichnam sein werden. Vielleicht fällt Ihnen das ja ganz leicht. Sie sind knallhart rationalistisch, machen sich keine Illusionen über das Wesen des Daseins. Ich bin, wie mir im Freundeskreis einmal erklärt wurde, »sentimental-humanistisch«. Nicht nur streikt meine Vorstellungskraft bei der Aussicht, mich als Leichnam zu denken, selbst meine Augen können dem Leichnam nicht lange treu bleiben, es zieht sie zurück zu der monumentalen Lebendigkeit. Zu dem Rücken, dem Hintern, den Schenkeln, den Armen. Über alle Abgründe aus Geschlecht, Hautfarbe, Geschichte und Muskeltonus hinweg bin ich dieser Mann, und der Mann ist ich. Oh, ich kann mir ohne weiteres vorstellen, einen Leichnam zu tragen! Ich sehe mich, wie ich ihn ein ganzes Stück weit schleppe, eine Straße entlang oder durch eine Einöde, und ihn schließlich ablade, nicht ohne über seine wachsende Starre zu staunen, darüber, wie er in dieser L-Form verharrt, als wollte er gewissermaßen strammsitzen. Und es ist ein Kinderspiel, das Knacken eines Knochens hinten am Hals zu hören, wenn ich den Leichnam – vielleicht ein bisschen zu energisch – absetze.

Es macht mir keinerlei Schwierigkeiten, mir eine Realität auszumalen, in der jeder (außer mir) einmal zum Leichnam wird. Wie die meisten Menschen in New York rechne auch ich praktisch täglich damit, irgendwann mit nichts als einem Einkaufswagen voller Wasserflaschen, einer Taschenlampe und einem geliebten Menschen tot auf den Schultern den West Side Highway entlangzutrotten, auf der Suche nach einem geeigneten Ort, ihn zu begraben. Ein solches postapokalyptisches Szenario – die Zukunft, in der alle (außer man selbst) zum Leichnam geworden sind – dürfte aktuell zu den detailliert durchdachtesten Fiktionen unserer Zeit gehören.

Lebende Leichen – Zombies – folgen uns überall, in Romanen, im Fernsehen, im Kino. Im realen Leben werden ganz normale Menschen zu sogenannten »Preppern«, allzeit bereit, ganze Leichenberge zu erklimmen, solange das ihr eigenes Überleben sichert. So oder so ist der Tod aber immer etwas, das anderen widerfährt. Im Gegensatz dazu ist die Zukunft, in der ich tot bin, gar keine Zukunft. Sie hat keine Realität. Wenn sie die hätte – wenn ich wirklich und wahrhaftig glauben würde, dass das Dasein als Leichnam nicht nur eine mögliche, sondern die *einzig sichere* Zukunft für mich ist –, dann würde ich alles Mögliche anders machen. Zuallererst würde ich mein iPhone abschaffen. Ein anderes Leben führen.

Was ist ein Leichnam? Das, was erst diesen April zu Hunderten aufgestapelt wurde, als in Bangladesch das Rana Plaza einstürzte. Das, was auf dem Boden aufkommt, wenn wieder einmal ein Mensch vom Foxconn-Gebäude, der größten iPhone-Herstellungsanlage Chinas, springt. (Seit 2010 sind einundzwanzig Personen auf diese Weise gestorben.) Wie Blumen sprießen Leichname in knospenden Grüppchen, wann immer auf einem Marktplatz im Irak oder in Afghanistan eine Bombe explodiert. Ein Leichnam ist das, wozu sich einzelne wütende bewaffnete Amerikaner mitunter gegenseitig machen, aus merkwürdig wenig einleuchtenden Gründen: weil sie gefeuert wurden, weil eine Frau ihre Liebe nicht erwidert, weil keiner in der Schule sie versteht. Manchmal geschieht das – entsetzlicherweise – auch mit einem oder einer von »uns«, dann ist meistens der Krebs der Übeltäter oder ein Auto, und in solchen Momenten tun wir völlig zu Recht alles, um das Konzept des »Leichnams« zu meiden und stattdessen das Sein eines vormals lebendigen Menschen zu feiern und hochzuhalten, der sich, auch wenn er jetzt zu den »lieben Verstorbenen« zählt, niemals auf bloße Materie reduzieren lässt.

Oft ist zu hören, die Kluft zwischen dieser nahen Betroffenheit und der fernen Gleichgültigkeit sei ein natürlicher Instinkt. Die Gleichgültigkeit, ob nun natürlich oder nicht, wächst jedenfalls, bis wir an einen Punkt gelangen, an dem die konzeptuelle Kluft zwischen dem nahen und dem fernen Leichnam fast gleich groß ist wie die zwischen den Lebenden und den Toten. Mit Kindern wird man auf dieses fundamentalste aller »Grundprinzipien« noch sehr viel aufmerksamer. Oben – unten. Schwarz – weiß. Arm – reich. Lebendig – tot. Wenn ein angloamerikanisches Kind auf die Welt blickt, sieht es viele seltsame Unterteilungen. Besonders merkwürdig ist die ungleiche Verteilung der Leichname. Wir stammen offenbar aus einem Land, in dem die Menschen im Allgemeinen lebendig sind. All die anderen Menschen aber (die häufig braun sind und häufig arm) stammen aus todbringenden Orten. Was für ein Pech, an einem solchen Ort geboren zu werden! Warum haben sie sich den bloß ausgesucht? Kein abwegiger Gedanke für ein Kind. Grotesk ist nur, wie viele von uns tief im Innern ihres nackten Ichs noch ganz ähnliche Gedanken hegen.

Für Künstler ist es ein permanentes Problem: Wie kann ich auf die Realität des Todes pochen, für andere und für mich selbst? Es ist keine bloße existenzialistische Spinnerei (obwohl auch das durchaus vorkommt). Es ist vielmehr Teil dessen, was die Kunst sich für uns und mit uns vorstellen kann. (Ich bin sentimental-humanistisch: Ich glaube noch daran, dass die Kunst dazu da ist, uns zu helfen, selbst wenn es eine schmerzhafte Hilfe ist – dann erst recht.) Anderswo wird der Tod nur selten ernsthaft gedacht oder auch nur diskutiert – es sei denn, irgendein Jungspund aus dem Silicon Valley arbeitet wieder einmal daran, ihn auf ewig zu beseitigen. Und trotzdem muss sich eine Welt, in der sich vom Gesetzgeber bis zum Jugendlichen kein Mensch vorstellen kann, ein elendiger Leichnam zu sein – eine Welt, die nur aus resoluten, quicklebendigen Männern besteht, die energisch aus dem Bildrahmen schreiten –, als wahnwitziger und fragwürdiger Lebensraum erweisen. Als Welt der Illusionen.

Historisch gesehen hat sich die Wendung vom Repräsentativen zum Abstrakten als Ablehnung dieser Illusionen geäußert – zumindest bei den Künstlern, die willens waren, ihr Vorhaben in Worte zu fassen. Aus einem Minimanifest, das Mark Rothko 1943 an die *New York Times* schickte: »Wir sind für flache Formen, weil sie Illusionen zerstören und die Wahrheit aufdecken.« Aber was ist »Wahrheit«?

> Ein gutes Bild, in dem es um nichts geht, existiert nicht. Wir behaupten, dass der Gegenstand absolut entscheidend und ein Gegenstand überhaupt nur von Wert ist, wenn er tragisch und zeitlos ist.

Für Rothko war der Tod die Wahrheit – dieses tragische, zeitlose Ding –, und es fällt schwer, seine Karriere nicht als unaufhaltsame Reise hin zu ihm zu lesen. Sein Werk *Omen of the Eagle* von 1942 (inspiriert von der *Orestie* und seinerseits die qualvolle Betrachtung dreier Leichname: Agamemnon, Kassandra und Klytämnestra) hat wohl zu diesem kurzen Manifest geführt und ist offensichtlich ein Übergangswerk, auf dem sich inmitten der berühmten Rothko'schen Schichten noch klar erkennbare Formen finden: Masken aus der griechischen Tragödie, Vogelköpfe, etliche surrealistische Füße.

Bis zur Rothko Chapel schließlich (der Künstler nahm sich kurz vor ihrer Enthüllung das Leben) hatten sich die Schichten geleert – nicht nur die Formen waren verschwunden, sondern auch die Farben. Mit seinen schwarz-auf-schwarzen todbringenden Rechtecken (deren Herstellung er als »Qual« empfand) zielte Rothko ausdrücklich auf etwas ab, das man nicht sehen will. Das kann auch als Erklärung für ihre emotionale Kraft herhalten: Wie ein Memento mori führen sie uns an einen unerträglichen und doch unerlässlichen Ort.

Rothko wollte mit dem, was wir nicht sehen wollen, tiefe Affekte in uns auslösen. Doch es gibt noch eine andere Lösung für unseren Hang zur Illusion: die Affektlosigkeit. Dem Betrachter das *Gefühl* geben, ein Leichnam zu sein. Denn wenn Bilder sich einfach nur vermehren, als würden sie ohne menschliches Zutun mechanisch ablaufen, stellt man als Betrachterin fest, dass einem der natürliche Zugang fehlt. Simulakren laufen scheinbar ohne uns ab, so wie die Welt sich ohne uns weiterdreht, wenn wir nicht mehr sind. Und die Vorstellung vom Künstler – und vom Betrachter – als menschlichem, zu tiefen Gefühlen, zur »Qual« fähigem Subjekt vernebelt sich zusehends.

Kunst, die mit dem Konzept mechanischer Reproduzierbarkeit spielt – die Werke Andy Warhols sind das naheliegende Beispiel –, vermittelt uns etwas darüber, wie es wäre, ein Ding zu sein, ein Gegenstand. Es ist kein Zufall, dass auch Warhol ein begeisterter Anhänger der Leichenkunst war: In seiner Serie *Death in America* wimmelt es von Toten, die alle ohne einen Hauch menschlichen Mitleids dargestellt sind – auch wenn man sie trotzdem nicht als kalt und abstrakt bezeichnen kann. Auf einer Ebene – der, auf der sie am häufigsten gefeiert werden – empfindet man beim Anblick von Warhols Leichnamen gar nichts. Und doch ist das Traumatische an ihnen gerade dieses Wissen um die eigene Leere. »Wie kann ich mir so etwas Schreckliches anschauen und nichts dabei spüren?« Das ist die Quintessenz der Warhol'schen Empfindung, der ein sehr langes Nachleben beschert ist. *Unbehaglich betäubt:* Auf dieses Nichtgefühl zielen auch heute noch viele junge Künstlerinnen und Künstler aller Sparten ab.

Beim Gedanken an Warhols Verhältnis zum Leichnam erscheint es mir seltsam, dass ich just an diesem Septemberabend den Kunstkritiker Hal Foster kennengelernt hatte, denn das Essen, von dem ich kam, hatte in seiner Wohnung stattgefunden. Es ist jetzt fast zwanzig Jahre her, dass er den Warhol-Effekt in seinem Buch *The Return of the Real* beschrieb:

> Das berühmte Motto der Kunstfigur Warhol lautet: »Ich will eine Maschine sein.« Diese Aussage wird üblicherweise als Bestätigung der Leere von Künstler und Kunstwerk gleichermaßen verstanden, verweist aber womöglich weniger auf ein leeres als vielmehr auf ein geschocktes Subjekt, das das Wesen dessen, was es so schockiert, als mimetischen Schutzschild gegen den Schock übernimmt: Ich bin auch eine Maschine, ich erzeuge (oder konsumiere) auch serielle Produktbilder, ich biete Paroli, im Guten wie im Schlechten […] Was man nicht besiegen kann, so Warhols Behauptung, dem muss man sich anschließen.

Foster definiert hier einen »traumatischen Realismus«, der sich auf Lacans Definition des Traumas als »verfehlte Begegnung« mit dem Realen stützt. Wir wiederholen das Trauma mechanisch, um seine Realität verschleiern und kontrollieren zu können, reproduzieren es dadurch aber auch in Teilen. Und das Reale arbeitet sich im Wiederholungsprozess ohnehin durch. Eines von Fosters Beispielen – Warhols Bild *White Burning Car III* – weist Anklänge an den

Signorelli auf. Auch hier haben wir einen Leichnam – der aus dem brennenden Auto geschleudert wurde und jetzt am Kletterhaken eines Strommasts hängt – und einen lebendigen Mann, der vorbeischlendert, auf dem Weg hinaus aus dem Bildrahmen. Warhol hat sich ein Bild aus der Boulevardpresse angeeignet, das ursprünglich in der *Newsweek* veröffentlicht wurde.

Einerseits sehe ich darauf, wie auf dem Signorelli, das Elendige, Undenkbare (mich selbst als Leichnam), und für mich stellt das – wie für Andy – eine Möglichkeit dar, das Trauma (dieser Vorstellung) zu beherrschen und zu kontrollieren. Ich kann mich mithilfe des Siebdrucks vor der Wahrheit drücken. Aber nicht komplett. Ein Bild von Warhol, so Fosters brillante Argumentation, wirkt immer weiter auf uns ein, es verbirgt das Reale zwar teilweise, wiederholt es aber auch und gibt es wieder bis zur Unerträglichkeit. Die Wiederholung des Bildes – ein wackliger Turm: drei Reproduktionen neben zweien – erweist sich als wesentlich. Irgendwo auf dem Weg verwandelt sich die Serie. Und aus *Gott sei Dank, dass ich das nicht bin* wird nach und nach (womöglich ja in dem letzten, frei gelassenen Feld): *Mein Gott, das werde ich einmal sein.**

Vielleicht ist dieses bange Doppelbewusstsein – *Das bin ich nicht / Das werde ich sein* – Teil des Preises, den wir dafür zahlen, dass wir mit und unter Maschinen leben. Sind wir nicht beispielsweise jedes Mal, wenn wir ein Fahr- oder Flugzeug besteigen, im Kopf bereits verunfallt und zum Leichnam geworden? Noch ehe wir unsere Salzbrezeln gereicht bekommen, sehen wir uns schreien und beten, vom Himmel fallen, in Flammen aufgehen. Und wenn

* In einer Gruft in Rom hat man die Knochen von etwa viertausend Kapuzinermönchen, die dort zwischen 1500 und 1870 beigesetzt wurden, zu inszenierten Szenen angeordnet: Voll bekleidete Skelette beten in Zimmern, die ganz aus Knochen bestehen, mit Kronleuchtern aus Knochen, Sesseln aus Knochen und Wänden aus lauter Schädeln. Im letzten Zimmer ist ein Memento mori in den Boden eingelassen: »Was ihr seid, waren wir einst; was wir sind, werdet ihr sein.«

wir gerade mitten in einem Warhol-Moment stecken, wirkt alles andere nur noch wie schlechte Werbung. Das ist ein weiterer bleibender Reiz von Warhol: Wann immer uns etwas vorgaukeln will, wir würden ewig leben (was praktisch jede Werbung, jede Fernsehsendung und jede Zeitschrift ständig tut – das Flugmagazin so gut wie alle anderen), brauchen wir nur an Andy zu denken (der die kommerzielle Sprache dieser Medien selbst verwendet hat), um tief im Innern unseres nackten Ichs zu wissen, dass es nicht stimmt.

Derweil ist die Wiedergabe der Natur in all ihrer Schönheit – eine hoch geschätzte Technik italienischer Meisterwerke – die Kunstform, die dem Sentimental-Humanismus am besten entspricht, weil sie dem betrachtenden Subjekt Mitgefühl und Empathie gestattet: Es darf um all die wunderschönen Menschen weinen, die schon zum Leichnam geworden sind oder noch werden müssen (mit Ausnahme von mir). Eine Reaktion, der ich niemals ganz entsagen werde, nicht einmal für ein halbes Dutzend brennender weißer Autos. Tizians *Ranuccio Farnese*, dem zwölfjährigen Spross dieses uralten italienischen Clans, ins zarte, noch ungeformte Gesicht zu blicken und dabei einen Jungen zu sehen, dessen Schicksal es ist, zum Leichnam zu werden! Und das trotz aller kunstvollen Stickereien auf seinem roten Wams, trotz des Erwachsenenschwerts, das er um die schmalen Hüften trägt, trotz der schweren Last des Erbes, auf die der Mantel hindeutet, den er sicherlich auf Wunsch seines Vaters umgelegt hat … Hier sind alle Zeichen unauslöschlicher Individualität versammelt, und doch hat sich keines als ausreichend erwiesen, dem Unvermeidlichen Einhalt zu gebieten. (Auch noch so viele »Selfies« werden das nicht schaffen.)

Fällt mein Grauen vor dem Leichnam mit der Entdeckung zusammen, dass ich ein zeitgebundenes »Individuum« bin? Vorher waren wir nur körperliche Hüllen, die eine Zeitlang eine Seele beherbergten, vorher waren diese Seelen nur unterwegs in die Ewigkeit. In einer Kultur, die an die Ewigkeit des Bewusstseins glaubt, bleibt der Leichnam abstoßend, ist aber nicht mehr von sich aus »tragisch«. Der moderne »Trick« der Porträtkunst – das Festhalten eines »einzelnen« Augenblicks im Leben eines Individuums (so viel ergreifender hier, an der Schwelle zum Erwachsenwerden) – mag zwar ästhetische Illusion sein, hilft uns aber zumindest, uns daran zu erinnern, was für ein großes »Ereignis« ein Menschenleben tatsächlich darstellt, wie viel mit der Leichnamwerdung verloren geht. Wir werden auf ewig Leichnam sein – aber einst waren wir doch am Leben! Die Alten Meister haben uns die emotionale Kraft individueller Repräsentation gelehrt. (Und fünfhundert Jahre später bieten unsere Zeitungen den neuesten Leichnamen immer noch Platz – sofern sie zu »uns« gehören –, und die Toten werden mindestens so akribisch und kunstvoll mit Geschichten ausgestattet wie eine Stickerei der Farnese.)

Selbstverständlich haben wir auch unsere Einstellung zum menschlichen Leiden von ihnen gelernt. Audens berühmte Zeilen passen zu Warhols brennendem Wagen ebenso haargenau wie zu Bruegels *Landschaft mit dem Sturz des Ikarus* oder Piero della Francescas *Geißelung Christi*:

[...] wie gut sie seinen Platz
Im Menschlichen verstanden, dass es sich einfach ereignet,
Während die Leute essen, ein Fenster öffnen,
Unbeteiligt vorbeigehn;

Aber schaffen das alle Alten Meister gleich gut? Äußerstes technisches Können, perfekte Illusionen, errichten manchmal eine Sperre zwischen d(ies)er Betrachterin und dem brauchbaren Gefühl, nach dem sie sucht. Betörende italienische Meisterwerke gibt es viele. Es gibt aber auch Momente, in denen man sich aktiv daran erinnern muss, dass mir die stabile Beziehung zwischen mir als Subjekt und dem gemalten Gegenstand (den ich betrachte, als artikulierte er eine mich nicht einschließende Wahrheit) zwar suggeriert werden soll, in der abschließenden Analyse jedoch nichts als atemberaubende Illusion ist.

Vor dem Signorelli dagegen steht man wie angewurzelt. Er hat die Gabe des Impliziten. Er erzeugt eine instabile Dreiecksbeziehung – zwischen uns, dem Leichnam und dem »Anderen«. Wenn ich die Zeichnung betrachte, bin ich keine Frau, die einen Mann betrachtet, der einen Leichnam trägt. Ich bin der Leichnam. (Selbst wenn ich diesen Gedanken nur ein paar Sekunden lang verfolge, weil ich doch lieber der/die/das »Andere« sein möchte.) Und dieser Leichnam werde ich unendlich viel länger sein, als ich jemals eine individuelle Frau mit Gefühlen, Vorstellungen, Armen und Beinen gewesen bin, die sich manchmal ein paar Bilder anschaut. Das bin ich nicht. Aber das werde ich sein.

2.

Früher am Abend, bei Hal Foster, hatten wir über Karl Ove Knausgård gesprochen, den norwegischen Verfasser des sechsbändigen Romans (oder Memoirs?), das im Original den Titel *Mein Kampf* trägt (und von dem bisher zwei Bände ins Englische übersetzt sind).* Wo immer ich dieses Jahr auch hinkam, unter Büchermenschen wurde von diesem Norweger geredet. Der erste Band, *Sterben*, schildert minutiös die vollkommen banale Existenz von »Karl Ove«, seine ereignislose Kindheit, seine Probleme mit Mädchen, den Versuch, als Jugendlicher Bier für eine Silvesterparty zu kaufen (der über fast hundert Seiten geht), und den Tod seines Vaters.

Der zweite, *Lieben*, präsentiert eine Ehe so detailliert, wie es ein Mensch nur ertragen kann:

* Inzwischen liegen alle sechs Bände auf Deutsch und auf Englisch vor. (Anm. d. Ü.)

> Woran dachte sie?
>
> Oh, ich wusste es natürlich. Wenn ich ins Büro ging, war sie tagsüber bis zu meiner Rückkehr mit Vanja allein, fühlte sich einsam und hatte sich wahnsinnig auf diese zwei Wochen gefreut. Ein paar ruhige Tage mit ihrer kleinen Familie, darauf hatte sie sich gefreut. Ich dagegen freute mich nie auf etwas anderes als den Augenblick, in dem sich die Tür meines Büros hinter mir schloss und ich allein war, um schreiben zu können.

Als Ganzes wirken diese Bände nicht über Synekdochen oder Metaphern, nicht über Schönheit oder Dramatik, noch nicht einmal über ihr Erzählen. Bemerkenswert daran ist Karl Oves heute so seltene Fähigkeit, in seiner eigenen Existenz vollkommen präsent zu sein und voller Aufmerksamkeit für sie. Jedes Detail wird niedergeschrieben, ohne offensichtliche Eitelkeit oder Ausschmückung, als fänden Schreiben und Leben gleichzeitig statt. Eigentlich dürfte nichts daran in irgendeiner Form bemerkenswert sein, bis auf die Tatsache, dass es einen absolut hineinzieht. Man lebt Karl Oves Leben mit ihm.

Während wir beim Essen über ihn sprachen, wie Groupies, die über ihre Lieblingsband diskutierten, musste ich feststellen, dass die meisten ihre Zeit in Karl Oves Haut zwar ebenso intensiv erlebt hatten wie ich, wir aber trotzdem einen Abweichler unter uns hatten. Einen Einspruch aufgrund von Langeweile, was Knausgård selbst wohl nicht einmal bestreiten würde. Wie Warhol gibt er sich nicht die geringste Mühe, irgendwie interessant zu sein. Trotzdem ist es nicht die gleiche Sorte Langeweile, die Warhol zelebrierte, nicht die saubere Sorte, die, wie Andy es formuliert hat, »den Sinn verschwinden lässt«, wodurch man so viel »besser und leerer« zurückbleibt. Knausgård hält es mit der barocken Langeweile. Sie erscheint in vielen Ausführungen: die Langeweile bei Kinderfesten, beim Bierkaufen, beim Verheiratetsein, beim Schreiben, beim Ich-Sein, im Umgang mit der Familie. Eine Kathedrale der Langeweile. Und wenn man sie betritt, ähnelt sie stark derjenigen, in der man selbst lebt. (Das gilt vor allem, wenn man, wie Karl Ove, verheiratet ist und schreibt. Solche Menschen sind besonders empfänglich für Karl Oves eigentümlichen Charme.) Es ist ein Buch, das die lästigen Kämpfe unseres täglichen Lebens anerkennt und es dennoch für nichts weniger als eine Tragödie hält, dass jedes dieser nicht nur von Langeweile, sondern auch von Fjorden, Zigaretten und Werken Albrecht Dürers erfüllten Leben mit der totalen Auslöschung enden muss.

Aber es passiert doch nichts!, rief unser Abweichler. Trotzdem kann ein Leben, in dem praktisch nichts passiert, ein wunderschöner Kampf sein, wenn man vollkommen präsent in ihm ist und ihm volle Aufmerksamkeit widmet. Vielleicht sind wir hier in den USA eher an Kunst gewöhnt, die die Langeweile des Lebens inszeniert und dazu eine Beilage des (inzwischen) schon altbekannten Warhol'schen Nihilismus serviert. Dazu fällt mir das gleich-und-doch-nicht-gleiche, maximalistische erzählerische Werk des jungen Autors Tao Lin ein, dessen jüngster Roman *Taipeh* sich ebenfalls der hochdetaillierten Wiedergabe einer Alltagsexistenz verschrieben hat. Auf mich hatte dieses Buch – obwohl ich es immer wieder unerträglich fand – nach beendeter Lektüre eine ähnlich kumulative Wirkung wie Knausgård.

Beide dokumentieren erschöpfend ein Leben: Man »identifiziert« sich nicht einfach nur mit der Figur, man »wird« diese Figur. Eine narrative Klaustrophobie ist hier am Werk, die keine Distanz zwischen Lesern und Protagonisten zulässt. Dass sich das Leben mit Tao Lins Paul deutlich schonungsloser gestaltet als das Leben mit Karl Ove, liegt auch an einem gewissen geographisch-historischen Glücksfall: Schließlich kann Karl Ove immer noch auf den integrierten Trost der erhabenen Fjorde zurückgreifen, während Paul nur Downtown Manhattan (mit Ausflügen nach Brooklyn und einem kurzen Abstecher nach Taipeh), das Internet und tütenweise verschreibungspflichtige Medikamente vorweisen kann.

Lins Werk kann irritieren, aber ist es nicht auch ein bisschen abwegig, sich über einen Künstler zu ärgern, weil er uns die regionalen Einzelheiten unserer regionalen Realität zurückspiegelt? Das Unerträgliche an *Taipeh* sind nicht die Sätze (die sind sogar ausgesprochen gelungen), sondern das Leben, das Paul uns beim Lesen mit ihm zu teilen zwingt. Sowohl Lin als auch Knausgård scheuen die Lösung des Minimalistischen und Abstrakten auf hochinteressante Weise und entscheiden sich stattdessen für den Intensivkurs. Komm mit, scheinen sie zu sagen, komm herein in dieses Leben. Wenn du uns nicht besiegen kannst, schließ dich uns an, hier, im Realen. Schön ist das vielleicht nicht – aber es ist das Leben.

Würde uns die verfrühte Leichnamwerdung anderer betroffener machen, wenn wir aufmerksamer dafür wären, was es heißt, ein lebendiger Mensch zu sein? Für die Sentimental-Humanistin ist diese Frage der Punkt, an dem die Ästhetik sich der Politik annähert. (Falls man überhaupt daran glaubt, dass beide sich begegnen. Viele tun das nicht.) Betroffenheit über die verfrühte Leichnamwerdung diverser Geschöpfe – der Armen, der Frauen, der Menschen mit anderer Hautfarbe, der Homosexuellen, der Tiere – entsteht, jenseits des Rechtsbereichs, dem sie von jeher angehört, normalerweise im Reich des Imaginären. Erst werden wir aufmerksam – dann merken wir auf. Unterdessen bekommen wir heute viel von unserer eigenen Unaufmerksamkeit zu hören: ein Vorwurf, den wir ständig gegeneinander und auch gegen uns selbst erheben. Es wird behauptet, in Amerika würden zwölfmal so viele Websites über Miley Cyrus aufgerufen wie über den Giftgasangriff in Syrien. Ich lese selbst sehr viel über Miley Cyrus, spätabends, auf meinem iPhone. Und am nächsten Tag wacht man auf und findet sich schrecklich. Mein »Kampf«! Die übertriebene Absurdität von Karl Oves Titel ist ein schlechter Witz, der einem immer wieder durch den Kopf geht, während man versucht, sich selbst ein Leben zu erschaffen, das eines erwachsenen Menschen würdig ist. Wie wird man präsenter, aufmerksamer? Uns selbst und den anderen gegenüber? *Für* die anderen?

Man muss die Fähigkeit entwickeln, einfach nur man selbst zu sein und nicht ständig etwas zu tun. Handys verhindern das, sie nehmen uns die Fähigkeit, einfach nur dazusitzen ... Dabei macht doch genau dies eine Person aus ... Denn unter allem anderen in unserem Leben liegt etwas, und das ist leer – auf ewig leer.

So sagt es der Comedian Louis C. K. in Ausübung seiner Comedy-Kunst-Philosophie, und auch er ruft uns in Erinnerung, dass wir eines Tages alle zum Leichnam werden. Sein Ziel in diesem Sketch bestand darin, uns von unseren Handys loszueisen oder uns zumindest dazu zu bringen, die verflixten Dinger etwas weniger zu benutzen (»Nie ist man so richtig traurig oder so richtig glücklich, man ist einfach nur halbwegs zufrieden mit den eigenen Produkten, und dann ist man tot«), der Sketch verbreitete sich viral, und viele Menschen lächelten traurig darüber und dachten sich, wie haargenau er zutraf und dass doch wirklich jeder (mit Ausnahme von ihnen) öfter mal das Handy ausmachen und mehr Zeit mit echten Menschen offline verbringen sollte, weil doch jeder (mit Ausnahme von ihnen) eines Tages sterben muss und dann für immer tot sein wird, und sollte man als Mensch nicht leben – wahrhaftig leben, ein richtiges Leben führen –, solange man noch am Leben ist?

BEGEGNUNG MIT JUSTIN BIEBER

Ich bin nicht auf Twitter, trotzdem ertappe ich mich ziemlich häufig beim Gedanken an Justin Bieber. Es ist kein erotisches Interesse – zumindest glaube ich das nicht. Mein Interesse ist eher – sehen Sie es mir nach – philosophischer Natur. Früher hegte ich eine ähnliche Faszination für den jungen Michael Jackson. Die Grundfrage lautet: Wie ist es, so ein Mensch zu sein? Wie fühlt sich das an? Fühlt man sich überhaupt noch wie ein Mensch? Und könnte Justin Bieber einem das sagen, wenn man ihm begegnen würde?

Wenn ich an Bieber denke, stelle ich ihn mir gern bei einem dieser offiziellen Meet-and-Greets vor, die seine Plattenfirma organisiert. Zwei Tage verbringt er in einem Stadion, sitzt vor dem Logo des örtlichen Radiosenders und erlebt sich als alleiniger, obsessiver Fixpunkt einer nicht enden wollenden Schlange von Teenagern. Er begegnet und grüßt, drückt Hände und nickt, nimmt die Liebesbekundungen Wildfremder entgegen: jede einzelne offenbar aufrichtig und jede einzelne im Grunde gleich. Mit unbewegtem Lächeln auf den Lippen hört er sich an, wie sie immer und immer wieder die Zauberworte aussprechen: »Ich kann nicht fassen, dass ich Justin Bieber begegne!« Als wäre er gar kein Mensch, sondern ein Bergmassiv, das sie erklommen haben. Das ist Justin Bieber, das »Liebesobjekt«. Das Konzept des Liebesobjekts: Das interessiert mich. Viele Menschen, heute mehr denn je, arbeiten auf diesen Zustand hin. Man kann das verstehen: Dem Liebesobjekt fließt so viel Liebe zu. Warum sollten wir noch Ärztinnen oder Lehrer werden wollen, wenn uns das Modell des Liebesobjekts vor Augen steht? In die Welt hinauszutreten und nur Liebe zu begegnen, von allen, überall – das ist ein ganz vernünftiger Traum. Dagegen treten die meisten von uns in die Welt hinaus, ohne genau zu wissen, was ihnen begegnen wird: vielleicht Widerstand, vielleicht Gleichgültigkeit, vielleicht Verachtung. Der Augenblick der Begegnung ist immer unsicher, aufgeladen. Für das Liebesobjekt aber liegt in jedem Zusammentreffen eine geschmeidige Gewissheit. Denn weil das Liebesobjekt bereits überall bekannt und beliebt ist, haben alle Begegnungen mit anderen in einem gewissen Sinn immer schon stattgefunden. Es begegnet nur denen, die glauben, ihm bereits begegnet zu sein, die es längst lieben. Jeder, dem Bieber begegnet, ist schon ein Gläubiger, ein *»Belieber«*.

Und doch wissen wir als Publikum, das solche Vorgänge schon so oft beobachtet hat, nur zu gut, dass das Liebesobjekt in vielen Fällen auch eine tragische Figur ist. Das Liebesobjekt »lebt den Traum« (diesen Traum, von jedem, dem man begegnet, die Worte »Ich liebe dich!« zu hören), bis der Traum schließlich zum Albtraum wird. Dann ist der Moment gekommen, von dem an das Liebesobjekt niemandem mehr begegnen will. (Manchmal lässt vorher auch noch die Aura nach, die das Liebesobjekt umgibt, was aber nichts am Ergebnis ändert.) Das Liebesobjekt zieht sich zurück. Es lässt sich nur noch selten in der Öffentlichkeit sehen, und tut es das doch einmal, geschehen seltsame Dinge. Mit einem Mal scheinen all seine Begegnungen zu missglücken: Menschen werden niedergeschlagen, Handys werden entwendet, Babys werden aus dem Fenster gehalten, Drogen genommen, Autos zu Schrott gefahren. Die engsten Vertrauten des Liebesobjekts geraten in Sorge. Es wird zu ganz neuen, verstörenden Begegnungen angehalten, mit Therapeuten, Drogen-, Ernährungs- und Steuerberatern. Doch diese Begegnungen verschärfen das Problem nur noch: Auch hier wird es wieder zum Objekt, das analysiert, befühlt, untersucht wird. Die Vertrauten verzweifeln. Gibt es denn keine Begegnung, die noch helfen könnte?

Stellen wir uns folgende Begegnung vor: zwischen Justin Bieber, dem weltweiten Popstar, und Martin Buber, dem längst verstorbenen jüdischen Philosophen. Ja, ja, ich weiß schon. Aber in meinem Kopf sind die beiden dazu bestimmt, sich zu begegnen.* Buber hatte viel über das Konzept des Meet-and-Greet zu sagen, auch wenn die Begegnung, die Buber im Sinn hat, zugegebenermaßen aus etwas mehr besteht als einer Umarmung, einem raschen Peace-Zeichen und einem Foto. Er glaubte, dass man, um einer anderen Person wirklich zu begegnen, in einen intimen, komplexen und kostbaren Zustand eintreten muss, einen Zustand, den wir nur selten erreichen. »Alles wirkliche Leben ist Begegnung«, behauptet er. Doch nach Bubers strengen Maßstäben begegnen nicht nur die *Belieber* aus der Schlange vor dem Autogrammtisch Justin Bieber niemals richtig, die meisten Menschen begegnen nur selten – falls überhaupt – ihren engsten Freunden, nicht alle Mütter begegnen ihren Kindern und mancher Ehemann ist seiner Frau noch nie begegnet, obwohl er jede Nacht neben ihr schläft. Diese und andere merkwürdige Einsichten lassen sich aus Bubers berühmtem Essay *Ich und Du* von 1923 gewinnen, einem quasimystischen Werk, das die Frage stellt, was es eigentlich bedeutet, einem anderen Menschen auf dieser Welt wahrhaft zu »begegnen«. Hier ist die anfängliche, trügerisch schlichte Prämisse:

> Die Welt ist dem Menschen zwiefältig nach seiner zwiefältigen Haltung.
> Die Haltung des Menschen ist zwiefältig nach der Zwiefalt der Grundworte, die er sprechen kann.

* Bieber und Buber sind unterschiedliche Schreibweisen desselben deutschen Nachnamens. Wie könnte ich mir anmaßen, solche Hinweise des Universums einfach zu ignorieren?

> Die Grundworte sind nicht Einzelworte, sondern Wortpaare.
> Das eine Grundwort ist das Wortpaar Ich-Du.
> Das andre Grundwort ist das Wortpaar Ich-Es […]

Ich-Du und *Ich-Es*: zwei Haltungen, mit denen man der Welt begegnen kann. Und insofern, als wir der Welt mit der *Ich-Es*-Haltung begegnen, so Buber, finden wir uns im Reich der Dinge wieder. Den »Inhalten« seines Lebens tritt ein Mensch mit der *Ich-Es*-Haltung gegenüber, mit ihr begegnet er Gegenständen und Konzepten, Nationen und Institutionen, Autos und Bäumen, dem Himmel und dem Meer. Die Welt der Dinge steht ihm jederzeit zur Verfügung. In dieser Welt kann er schalten und walten, ordnen und erschaffen, entziffern und zerstören und auf verschiedenste Weise seinen Willen ausüben. In dieser Welt verbringt er seine gesamte Zeit. Nun ja, sagen Sie jetzt vielleicht – na und? Sie haben eventuell den Verdacht, Buber könnte sich als einer dieser Mystikertypen entpuppen, der Ihnen weismachen will, die Welt der Dinge – die Welt, die für Gabeln, Steuerformulare, Käse und Justin Bieber sorgt – sei nur eine »Illusion«. Doch so einer ist Buber nicht. Er steht immer mit einem Fuß fest auf dem Boden. Buber verteidigt den Stellenwert der Welt des *Es*. Von allem anderen einmal abgesehen vollziehen sich dort die diversen Leistungen der Menschheit. Und dort spielen sich auch Schmerz, Armut, Grausamkeit und Ausbeutung ab, was für diejenigen, die darunter leiden, niemals illusorisch sein kann. Trotzdem, daran hält Buber fest, sind wir zwiefältige Wesen: »Und in allem Ernst der Wahrheit, du: ohne Es kann der Mensch nicht leben. Aber wer mit ihm allein lebt, ist nicht der Mensch.« Denn neben unserer Beziehung zu Dingen und Konzepten sind wir auch Menschenwesen, die einander begegnen und Beziehungen zu anderen Wesen ausbilden. Das ist die Welt des *Ich-Du*. Sie betrifft die wahre Begegnung zwischen Personen und ist etwas völlig anderes:

> Stehe ich einem Menschen als meinem Du gegenüber, spreche das Grundwort Ich-Du zu ihm, ist er kein Ding unter Dingen und nicht aus Dingen bestehend. Nicht Er oder Sie ist er, von andern Er und Sie begrenzt, im Weltnetz aus Raum und Zeit eingetragner Punkt; und nicht eine Beschaffenheit, erfahrbar, beschreibbar, lockeres Bündel benannter Eigenschaften. Sondern nachbarnlos und fugenlos ist er Du und füllt den Himmelskreis. Nicht als ob nichts andres wäre als er: aber alles andre lebt in *seinem* Licht.

Ein anderer Mensch ist für Buber radikal *anders* – »er leibt mir gegenüber und hat mit mir zu schaffen« – und kann als solches niemals reduziert oder assimiliert, in uns aufgenommen oder unserem Willen unterworfen werden. Andere Menschen sind kein weiterer Posten auf unserer weltlichen Liste der Dinge. Sie werden auch nie vollständig von unseren Berichten über sie oder unseren Erfahrungen mit ihnen erfasst. Und doch sind wir, laut Buber, ständig bestrebt, aus der *Ich-Du-* eine *Ich-Es*-Beziehung zu machen, eine Sachlage, die er (erfrischenderweise!) als völlig natürlich ansieht, als erwartbar. Buber erkennt, dass wir diese anderen, wenn wir erfolgreich in der Welt leben wollen, als »Er« und »Sie« und »Justin Bieber« und *»Belieber«* bezeichnen müssen, dass wir sie uns zunutze machen, sie als Gegenstände betrachten werden, die sich unserem Bewusstsein präsentieren – vielleicht sogar als Aufhänger für einen Essay. Wenn wir das jedoch tun, so Buber, sollten wir uns zumindest *klarmachen*, dass wir genau das tun. Wir sollten erkennen, dass wir in die Welt des *Ich-Es* zurückgekehrt sind und die »Person«, von der wir glauben, ihr zu begegnen, letzten Endes nur ein Ding dieser Welt für uns ist, ein weiterer Gegenstand, den wir »erfahren«. Denn indem wir unsere *Ich-Es*-Beziehungen erkennen und benennen, sind wir schließlich besser in der Lage, das seltene Vorkommen eines *Ich-Du* in unserem Leben festzustellen und zu fördern:

> Den Menschen, zu dem ich Du sage, erfahre ich nicht. Aber ich stehe in der Beziehung zu ihm, im heiligen Grundwort. Erst wenn ich daraus trete, erfahre ich ihn wieder. Erfahrung ist Du-Ferne.

Das klingt etwas verwirrend; ich muss es erst einmal selbst ein bisschen für mich sortieren. Dabei kann mir Bieber helfen, und sei es nur, weil er ein so extremes Beispiel für das Erfahren anderer Menschen ist und sein Exempel darin etwas merkwürdig Reines hat, wie eine isolierte Probe in ihrer Petrischale. Also stelle ich mir jetzt wieder eines der *Belieber*-Mädchen in der Autogrammschlange vor. Sie steht dort an, um eine Erfahrung zu machen, eine Erfahrung, die scheinbar schon im Moment des Geschehens in die Vergangenheitsform gebannt wird, nach dem Motto: *Ich habe gerade seine Hand gehalten, er hat mich gerade umarmt, gerade bin ich Justin Bieber begegnet* … Die Begegnung ist nicht nur immer schon Erzählung, sie existiert auch eigentlich nur richtig als Erzählung. Das sehen wir nur so klar, weil Bieber eben Bieber ist. Es liegt ja auf der Hand, dass die einzige Beziehung eines *Belieber*-Mädchens zum Weltstar Bieber eine Geschichte ist, die wieder und wieder erzählt wird – sich selbst und anderen –, während Bieber in seiner Menschenrealität kaum daran beteiligt, fast schon überflüssig ist. Es fällt nicht weiter schwer, die *Beliebers* dafür zu verspotten, und doch könnten wir Elemente ihres Zusammentreffens mit Justin Bieber auch in unserem eigenen Verhältnis zu ganz und gar nicht berühmten Menschen erkennen: zu unserer Schwägerin oder unserer Mutter, zu unseren Freunden oder Partnern, unseren Kollegen, ja, sogar zu unseren Kindern. Wenn wir ganz ehrlich mit uns sind, kommt es nicht allzu oft vor, dass wir diese Menschen »den Himmelskreis füllen« lassen. Die meiste Zeit zeigen sie sich doch nur als Gegenstände auf unserem Weg, als Beispiele für etwas, als Ärgernisse und Argumente, als Güter, die uns in gewisser Weise gehören, oder als Begründung und Erklärung für diverse Elemente unserer eigenen Identität. Hin und wieder treten wir aber doch in eine *Ich-Du*-Beziehung mit einem anderen Menschen – so, wie wir es mit Bieber niemals könnten –, und in solchen Momenten ist alles anders. Die Begegnung mit Justin Bieber ist nicht damit zu vergleichen, dem eigenen Vater in die Augen zu sehen, wenn er stirbt, oder das eigene Neugeborene zum ersten Mal schleimig und grau auf der Brust liegen zu haben. Sie hat nichts damit zu tun, die Geliebte an dem Tag zu treffen, an dem man erkannt hat, dass man sie liebt, und sie hat auch nichts mit dem Moment zu tun, in dem man seinem Arzt gegenübersitzt und die gefürchtete Diagnose von ihm hört. Das soll gar nicht heißen, dass sich all diese Momente nicht ohne weiteres auch als Erfahrung berichten lassen, doch während sie geschehen, sind sie nicht sofort Erfahrung, sondern *Ich-Du*-Begegnungen mit einem anderen Wesen (oder mit dem eigenen inneren Wesen), und es ist, als würden sie nur im gegenwärtigen Augenblick existieren. Denn zu den entscheidenden Möglichkeiten, eine *Ich-Du*-Beziehung zu erkennen, gehört laut Buber die Art, wie sie regelrecht die Zeit anhalten:

> Das Ich des Grundworts Ich-Es, das Ich also, dem nicht ein Du gegenüber leibt, sondern das von einer Vielheit von »Inhalten« umstanden ist, hat nur Vergangenheit, keine Gegenwart. Mit anderm Wort: insofern der Mensch sich an den Dingen genügen lässt, die er erfährt und gebraucht, lebt er in der Vergangenheit, und sein Augenblick ist ohne Präsenz.

Ich glaube nicht, dass es möglich ist, all das, was Buber hier sagt, objektiv zu beweisen; ich kann nur den Maßstab meines eigenen Lebens und des Ihren daran anlegen. Und ich unterstelle Ihnen jetzt einfach mal, dass bei der Begegnung mit einem geliebten Menschen, bei einer Geburt oder wenn Sie sich in einer für Leib und Leben extrem gefährlichen Situation befinden* – dass bei

* Um nur die am häufigsten angeführten Beispiele zu nehmen.

all diesen Gelegenheiten etwas Merkwürdiges mit der Zeit passiert. Sie sind auf einzigartige Weise mit Ihrer Aufmerksamkeit im gegenwärtigen Moment. Sie sind sich bewusst, dass Sie ihn leben.

Alles wirkliche Leben ist Begegnung. Aber das, was die meisten von uns die meiste Zeit machen, fühlt sich eher nach »Präsentieren« an. Nach dem Motto: Ich präsentiere mich dir mit all meinen besonderen Qualitäten, und du präsentierst dich mir. Du erfährst meinen Stil, meine Identität. Im Weiteren entwickeln wir »Gefühle« füreinander. Doch selbst diese »Gefühle« – der Aspekt unserer Identität, der uns besonders wertvoll ist – sind für Buber weit weniger wichtig als unsere Fähigkeit, eine Beziehung einzugehen: »Gefühle werden ›gehabt‹«, wie er etwas überheblich schreibt. »Die Liebe geschieht. Gefühle wohnen im Menschen; aber der Mensch wohnt in seiner Liebe. Das ist keine Metapher, sondern die Wirklichkeit [...]« Dies, hält Buber fest, ist besonders schwer zu begreifen, »wenn man erst wie der moderne Mensch gelernt hat, sich ausgiebig mit den eigenen Gefühlen zu befassen [...]«. Gefühle – so hat man uns das zumindest von klein auf vermittelt – sind unser naturgegebenes »Innenleben« – sie machen uns zu etwas Besonderem. Sie bilden unsere »Identität«. Doch Bubers Problem mit den Gefühlen liegt im bequem Abgeschiedenen ihres Wesens. Mit den Gefühlen ist es nämlich so, dass sie sich letztendlich ohne weiteres im eigenen Innern erzeugen, sich zelebrieren, hegen und zum Fetisch machen – und ebenso leicht wieder abstreifen – lassen, und das alles vollzieht sich innerlich, ohne das geringste Zutun einer anderen Menschenseele. Wenn man das Ganze zynisch und ein klein wenig marxistisch betrachten will, bilden sie in unserer spätkapitalistischen Gesellschaft auch eine Form persönlicher Zerstreuung, die uns hinterhältig als Entschädigung für die oft brutale, automatisierte und schlecht bezahlte Anonymität unseres Arbeitslebens angepriesen wird. »Gefühle sind das ›Drinnen‹«, so schreibt es Buber, »in dem man lebt und sich von den Einrichtungen erholt.« Hey, Kleine, da ist Justin Bieber! Hör endlich auf, dir wegen der Gewerkschaft den Kopf zu zerbrechen! Hab mal ein paar Gefühle für ihn!

> Unter dem Grundwort der Trennung stehend, das Ich und Es voneinanderhält, hat er sein Leben mit den Mitmenschen in zwei sauber umzirkte Reviere geschieden: Einrichtungen und Gefühle. Es-Revier und Ich-Revier. […] Beide kennen den Menschen nicht: jene nur das Exemplar, diese nur den »Gegenstand«, keins die Person, keins die Gemeinsamkeit.

Ich weiß ja nicht, wie es Ihnen geht, aber ich stelle fest, dass ich mich Buber in diesem Punkt widersetzen möchte. Ich persönlich hänge nämlich sehr an meinen Gefühlen (und an der komplexen, faszinierenden Persönlichkeit, auf die sie hindeuten). Außerdem kann ich mich offenbar nicht daran hindern, sie zu haben, sosehr Buber sie auch kritisieren mag. Doch auch wenn ich hier nicht vollständig mit Buber mitgehen kann, empfinde ich ihn trotzdem als nützliches Korrektiv für einige meiner niedersten Instinkte. Wenn ich beispielsweise mein eigenes Leben durch die Buber-Linse betrachte, erkenne ich, dass meine Gefühle, so stark sie auch sein mögen, mir womöglich kaum mehr von der Realität enthüllen als den Bereich, der von meinem Selbstbild umrissen wird. Dieses Wissen ist nützlich. Ich bin täglich mit Situationen konfrontiert, deren Realitätsgehalt ich anhand meiner Gefühle einschätzen muss (besonders akut wird das bei ehelichen Streitigkeiten). Aber wird denn etwas wahr, nur weil ich stark empfinde? Könnte es nicht sein, dass ich mich in vielen Fällen, in denen meine Gefühle besonders stark sind, im Grunde kaum von all den verblendeten jungen Mädchen in der Justin-Bieber-Autogrammschlange unterscheide, die ja schließlich auch so viele Gefühle für ihn haben, so ungeheuer viele aufrichtige, tiefe, schmerzliche Gefühle, über die sie sich selbstverständlich definieren, die jede Einzelne von ihnen zum *Belieber* machen …

Hier unterbrechen wir kurz für ein musikalisches Zwischenspiel und wollen uns den Text von Biebers Smash-Hit »Boyfriend« anschauen.* Er erscheint mir wie ein recht gutes Beispiel für die zwiefältige Welt des Selbstbetrugs, in der die meisten von uns die meiste Zeit leben. Worum geht es letztendlich in allen Songs des jungen Bieber? Um Beziehungen. Sie wollen, sie bekommen, sie brauchen, sie haben. In dieser Hinsicht sind sich Buber und Bieber erneut sehr nahe – nicht nur im Namen, sondern auch im Geiste –, denn Bubers Schreiben beschäftigt sich ebenfalls ausschließlich mit Beziehungen. Und doch ist die Welt des Bieber, so geschmeidig sie sich auch als Welt des *Ich-Du* tarnen mag – unverkennbar die Welt des *Ich-Es.* Es besteht zum Beispiel eine klare Trennung zwischen Bieber, dem »Boyfriend«, und der anonymen Frau, die er erobern will. Bieber ist derjenige mit allen Gefühlen, allen Sehnsüchten. Die Frau hingegen erscheint eher wie ein Gegenstand, den er am Arm tragen möchte wie eine Uhr oder eine Tasche. Und im weiteren Verlauf des Songs geht Bieber auch nicht – wie Buber sich das für ihn erhoffen würde – eine »lebendig gegenseitige Beziehung« mit einem anderen Menschen ein. Nein. Er zählt all die Dinge auf, die er für sie machen, *mit* ihr machen könnte, sowie all die Dinge, die er hat und sein könnte. Es ist ein Leichtes, Biebers Welt des *Ich-Es* zu missbilligen, aber wie gesagt: Ist das nicht eigentlich die Welt, in der die meisten von uns die meiste Zeit verbringen? Hier haben wir ein Individuum mit starkem Willen und einer Menge Ehrgeiz (er will sie an Orte führen, wo sie noch nie war), und großzügig ist der junge Mann auch noch (er hat Geld, das er gern ver-

* Liebe Leserinnen und Leser – würden Sie ihn bitte googeln? Ursprünglich war er Teil dieses Essays, doch wie sich zeigt, ist es unwahrscheinlich teuer, den kompletten Text eines Popsongs abzudrucken.

pulvern möchte), dazu gutmütig, friedfertig und allem Anschein nach aufrichtig auf das Glück seines Gegenübers bedacht (er will nicht streiten, und er möchte, dass sie so hell leuchten kann wie ein Engel im Schnee). An und für sich ist er also kein schlechter Kerl. Er bespielt die Welt des *Ich-Es* recht einfühlsam. Er ist sogar bereit, je nach Wunsch ein anderer Mensch zu werden. Mit Sicherheit hat er also das *Gefühl*, eine Beziehung mit einem anderen Menschenwesen zu führen. Aus Bubers Perspektive gibt es da aber einige Probleme. Viele sogar. Allen voran das Monologische von Biebers Ansatz. Er wiederholt ständig: *»Hey girl, let me talk to you«*, dabei spricht er im Grunde nicht mit ihr oder auch mit sonst jemandem – er redet auf die Frau ein (die dazu nur dauerhaft schweigt) und umkreist sie dazu im Takt eines R&B-Beats, einmal hinter ihr, einmal direkt an ihrem Ohr, einmal neben ihr im Auto, ganz im Einklang mit der gruseligen Popversion männlichen Erklärungswahns, die sich in den Charts so erstaunlich großer Beliebtheit erfreut (vergleiche auch Justin Timberlake und Pharrell Williams). In Bubers Begrifflichkeit ist die junge Frau eine bloße *Erfahrung*, die Bieber macht, er hat aber keine echte Beziehung zu ihr, und damit besitzt sie vorläufig keine Realität – sie könnte auch eine Ausgeburt seiner Phantasie sein. Entsprechend ist Bieber seinerseits zwar ein sehr berühmtes und beliebtes »Eigenwesen«, aber noch keine Person:

> Eigenwesen erscheint, indem es sich gegen andere Eigenwesen absetzt.
> Person erscheint, indem sie zu andern Personen in Beziehung tritt.
> Das eine ist die geistige Gestalt der naturhaften Abgehobenheit*, das andre die der naturhaften Verbundenheit.

* Und außerdem eine gespenstisch zutreffende Definition eines Großteils unseres heutigen Onlinelebens, siebzig Jahre vor Entstehung des Internets.

Wie Bieber hegen und pflegen wir unsere Identität als »Eigenwesen« und arbeiten, ebenfalls wie Bieber, eifrig daran, uns von anderen abzusetzen. Wie Bieber haben wir das Gefühl, Beziehungen zu führen, auch wenn unsere Beziehungen zu anderen die meiste Zeit nur in den Geschichten bestehen, die wir erzählen (uns selbst und anderen). Doch wo liegt die Lösung? Aus Bubers Perspektive wäre es schon ein guter Anfang, vom Monolog zum Gespräch zu wechseln. Was also, wenn Biebers Song ein Duett wäre? Dann wäre Bieber schon mal mehr wie Sokrates. Buber schätzt Sokrates: »Aber wie schön und rechtmäßig klingt das so lebhafte, so nachdrückliche Ich des Sokrates! Es ist das Ich des unendlichen Gesprächs [...] Dieses Ich lebte in der Beziehung zum Menschen, die sich im Gespräch verkörpert. Es glaubte an die Wirklichkeit der Menschen und ging zu ihnen aus.« Der Kern der Sache ist es, die Realität anderer Menschen zu erkennen – und zu erleben, dass sie auch uns in unserer Realität erkennen. Was allerdings leichter gesagt ist als getan. Ich musste feststellen, dass es zu den schwierigeren Dingen des Lebens gehört, einen anderen Menschen wahrhaft als Person bestehen zu lassen – unabhängig von den eigenen Phantasien, Sehnsüchten und Gefühlen, mit denen man ihn umgibt. Besonders schwierig ist das wahrscheinlich für Justin Bieber, der in den Phantasien von Millionen gefangen ist. Und auch wenn Sokrates das Vorbild einer Existenz im Gespräch ist, so bedeutet es doch ein Leben im bloßen Monolog, wenn man im 21. Jahrhundert so berühmt ist wie Bieber. Ich könnte mir vorstellen, dass es selbst Sokrates mit seiner grenzenlosen Begeisterung für die Begegnung schwergefallen wäre, noch an die Realität der Mitmenschen zu glauben, wenn er erst einmal in einem Stadion in Tokio zwei Tage lang fünftausend davon »begegnet« wäre. Buber hat für dieses Phänomen eine Bezeichnung gefunden, er nennt es das »dämonische Du«. Als Beispiel nimmt er Napoleon: »Er war das dämonische Du der Millionen, das nicht antwortende, das auf Du mit Es antwortende [...]« Jeder Anführer eines Kults spricht dieses dämonische

Du aus, und heute gibt es sehr viel mehr *Beliebers* auf der Welt, als je für Napoleon gekämpft haben – wobei man von Justin Bieber, auch wenn er ein kleiner Rotzlöffel ist, zumindest nicht behaupten kann, dass er dörferweise russische Bauern abgeschlachtet hätte. Seine Freveltaten – soweit man von solchen sprechen kann – richten sich weitgehend gegen sich selbst. Drogen, Anzeigen wegen Trunkenheit am Steuer, gerichtliche Vorladungen, rassistische Aufwallungen, frühzeitige Rentenpläne … Als könnte er nur durch die Zerstörung des von uns erschaffenen vollkommenen Liebesobjekts zu jenem halb vergessenen Menschenkind zurückfinden, das vor so vielen Jahren in den gähnenden Schlund von YouTube blickte und sich das kleine Herz aus dem Leib sang.

Wissen Sie, ich bin ja wirklich kein *Belieber* – aber ich möchte auch nicht, dass er nach Kanada abgeschoben wird. Mein vorherrschendes Gefühl, wenn ich über Berühmtheit dieses Ausmaßes nachdenke, ist Mitleid. Das dämonische Du würde ich meinem schlimmsten Feind nicht wünschen:

> [D]em alles zuglüht und der selbst in einem kalten Feuer steht; zu dem tausendfache, von dem keine Beziehung führt; der an keiner Wirklichkeit teilnimmt und an dem unermesslich teilgenommen wird als an einer Wirklichkeit.
>
> Wohl sieht er die Wesen um sich als zu verschiedener Leistung befähigte Motoren, die es für die Sache zu berechnen und zu verwenden gilt.

Ihm, der das dämonische Du ausspricht, werden alle und alles bloß Mittel zum Zweck. (»Anne war ein großartiges Mädchen. Hoffentlich wäre sie auch *Belieber* geworden«, schrieb Justin ins Gästebuch des Anne-Frank-Hauses.) Alles ist Gegenstand, bis hin zum eigenen Ich. Um mit Buber zu sprechen: *Auch er selbst wird von sich als Es behandelt.* Mir ist völlig klar, dass wahre *Belieber* das Gefühl haben, es gebe auf dieser Welt mindestens einen Menschen, zu dem ihr Held in ein *Ich-Du* treten könne, und dabei handele es sich um seine On-off-Freundin, eine weitere junge weltweite Berühmtheit, die Schauspielerin Selena Gomez. Vielleicht konnte er das ja, und vielleicht war sie das auch – eine Zeitlang zumindest. Doch die *Ich-Du*-Beziehung ist notorisch schwer aufrechtzuerhalten, sie ist der ständigen Bedrohung durch das *Ich-Es* ausgesetzt; das gilt vermutlich besonders dann, wenn man ein schwerreicher, einsamer junger Mann ist, der im Begriff steht, die einzig halbwegs gegenseitige Beziehung zu verlieren, die er je gehabt hat, und die (einst) Geliebte, die die Beziehung zu beenden versucht (und ihm dabei sanft einen Entzug nahelegt), mit SMS-Nachrichten bombardiert:

»Viel Spaß mit dem Leben OHNE MICH, SCHLAMPE!!! Fick dich!«
»Ich hör dich gar nicht, Baby, mein Geld raschelt so laut!«
»Komm schon. Erzähl mir nicht, dass der hier dir nicht fehlt: [bitte ein sogenanntes »Dick-Pic« dazudenken]«*

Hier spricht das dämonische Du mit lauter Stimme.

Nachtrag: Wahre *Belieber* haben längst erkannt, dass dieser Essay etwa 2013 verfasst wurde, noch vor Erscheinen von Biebers großem Hitalbum *Purpose* (auf dem zu meiner Freude auch das *Ich-Du* wieder Einzug hielt) und lange bevor er im Frühjahr 2016 auf Instagram verkündete, künftig keine Meet-and-Greets gegen Bezahlung mehr abzuhalten: »Ich nehme dabei so viel von der geistigen Energie anderer Menschen auf, dass ich hinterher ganz ausgelaugt und unglücklich bin.«

* Aus einer Reihe von SMS-Nachrichten von Bieber an Gomez, die geleakt und im Internet veröffentlicht wurden.

LIEBE IM GARTEN

Boboli-Gärten, Florenz

Als mein Vater schon alt war und ich noch jung, kam ich zu etwas Geld. Obwohl ich mir dieses Geld mit Arbeit »verdient« hatte, war es sowohl für mich als auch für meinen Vater kaum anders, als hätten wir im Lotto gewonnen. Wir lasen den Vertrag gleich mehrmals, sahen ihn immer und immer wieder durch wie einen Lottoschein, um ganz sicherzugehen, dass er auch keinen Fehler enthielt. Er enthielt keinen Fehler. Ich sollte wirklich dafür bezahlt werden, dass ich ein Buch schrieb. Eine geraume Zeit lang waren wir beide ratlos, wie wir mit dieser neuen Realität umgehen sollten. Mein Vater ließ nicht von der Gewohnheit ab, seinen Briefen an mich einen Zehn- oder Zwanzigpfundschein beizulegen. Ich lud den Rest der Familie (meine Eltern waren schon lange getrennt) in ein »Resort« in der »alten Heimat« (der Karibik) ein, wo wir gelangweilt mit Golfwagen herumkurvten, uns fürchterlich stritten und uns in grimmigem Schweigen, als einzige Schwarze in der Schlange, am Buffet anstellten, um uns schimmerndes Obst in absurd großen Mengen aushändigen zu lassen.

Es kostete mich einige Zeit der Besinnung, bis mir klar wurde, dass dieses Geld vielleicht ein bisschen früh für mich kam, aber genau zum richtigen Zeitpunkt für meinen Vater. Ein Arbeitsleben, das seinen Anfang nahm, als er dreizehn war, und in Armut, Alter und einer Scheidung endete, konnte so vielleicht doch noch weich landen. Mit diesem Ziel vor Augen siedelte ich Harvey aus seiner schäbigen Londoner Wohnung in ein Häuschen am Meer um, und als es später Frühling wurde, dachten wir nicht über Cornwall, Devon oder den Lake District als Urlaubsziel nach, sondern über Europa.

Ein unerhörter Gedanke! Wenn auch nicht ganz ohne Beispiel. In dem Sommer, bevor ich mein Studium anfing, hatte mein Vater, gewissenhaft, wie er war, einen Finanzplan aufgestellt, der uns beiden eine viertägige Reise nach Paris ermöglichen würde. Los ging's. Doch für einen fast siebzigjährigen Weißen und eine schwarze Siebzehnjährige ist es gar nicht so einfach, zusammen einen Kurzurlaub in Europa zu verbringen; das Feixen Wildfremder folgt einem auf Schritt und Tritt. Wir hielten uns ungern länger als nötig im Restaurant oder im Frühstücksraum unseres winzigen Hotels auf. Stattdessen fanden wir auf dieser ersten experimentellen Reise unseren Spaß am Spazierengehen. Durch die Straßen, durch die Museen – am allerhäufigsten aber durch die Gärten. In einem Garten braucht man kein Geld auszugeben, man muss keine mühseligen Gespräche in einer fremden Sprache führen, und niemand findet es seltsam oder provinziell, wenn man vor einem Denkmal oder einem See seinen Reiseführer zückt.

In öffentlichen Parks ist es ein klein wenig leichter, sich zugehörig zu fühlen. Das habe ich schon als Teenager instinktiv gespürt (und, wenn ich daran zurückdenke, auch schon als Kind in Hampstead Heath). Während der nächsten paar Jahre, an der Uni, fühlte ich mich erneut zu Gärten hingezogen, diesmal auf intellektuellem Gebiet. Ich schrieb meine Abschlussarbeit über »Englische Gartenlyrik zwischen 1600 und 1900«, wobei mein Fokus vor allem auf den vielfältigen Arten lag, die »Arbeit« sowie die »Arbeiter« im englischen Garten verborgen zu halten. Man beachte, wie der Ha-Ha den Zaun und die herkömmliche Mauer ersetzt. Man betrachte den einsam-poetischen Einsiedler in seiner Höhle, symbolischer Ersatz für all die wenig poetischen Männer, die die Grube für den künstlichen See einst ausgehoben haben. Der englische Lord blickt auf seine Schöpfung und sieht genau das: eine »Schöpfung«, frei von Arbeiterbaracken und Lasttieren. Mit großer Kunstfertigkeit hat er seinen Garten zum Abbild der Natur gemacht. Das Fenster seines Schlafzimmers in Surrey enthüllt ihm eine Aussicht wie aus einer klassischen Pastoralen, scheinbar ursprünglich und doch höchst erlesen, den toskanischen Hügeln vergleichbar, die er auf seiner Kavaliersreise, seiner Grand Tour, sehen durfte.

Beim Schreiben entwickelte ich ein großes Interesse am Konzept der »Grand Tour«. Ich las die Tagebücher vermögender Engländer, die Berichte über ihre Reisen nach Italien oder Deutschland, und folgte ihnen dabei, wie sie Bilder und Statuen betrachteten und erwarben, durchstreifte aufwendig angelegte Gärten mit ihnen, bewunderte all den Marmor, stand am Fuße riesiger Ruinen und sann über die erhabene Vergeblichkeit des Lebens nach und dergleichen mehr. Es gibt schlimmere Schicksale. Während der Herbstferien besuchte ich Harvey in seiner Zweizimmer-Schuhschachtel in Kilburn und dachte mir: Warum sollte mein alter Herr nicht auch noch seine Grand Tour bekommen?

Aber als sich die Möglichkeit dann ergab, musste ich feststellen, dass mein Vater sich viel mehr für Frankreich interessierte als für Italien. Er hatte eine Vorliebe für das dortige Essen, die Städte, das Erscheinungsbild der Frauen. Wir zofften uns ein bisschen, und ich setzte mich durch: Wie alle Dreiundzwanzigjährigen war ich sehr versiert darin, jede gute Tat perfekt mit meinen eigenen Wünschen in Einklang zu bringen (obwohl wir dann später doch noch nach Frankreich fuhren). Wir buchten Florenz. Das Hotel hieß Porta Rossa. Wie ich höre, hat es unlängst eine Wandlung durchgemacht und sieht jetzt aus wie jedes andere elegante Boutique-Hotel auf dem Kontinent, doch als ich mit Harvey dorthin fuhr, war es noch eine echte *pensione*, praktisch unverändert seit dem 19. Jahrhundert.

Durch die Fenster – die wir, so lautete die strenge Anweisung, ausschließlich nachts öffnen durften – zog es, die Zimmerschlüssel waren schwer, schlüsselförmig und an riesigen Samttroddeln befestigt. Die Zimmer selbst waren wunderbar groß, aber praktisch leer, sie enthielten nichts als ein unbequemes Bett mit kratzigen Laken, einen knarzenden Schrank, einen Korbsessel und einen dunkelrot gefliesten Fußboden. Kein Fernseher, keine Minibar, nichts zu essen. Aber man musste nur an die Decke blicken, hinauf zu den beiläufig erhaltenen Resten anonymer Fresken, um zu spüren, welchen Makel man auf sich und sein Volk laden würde, wenn man jetzt zum Pagen hinunterging (ein Telefon gab es nicht) und sich beschwerte. Sicher, wie Lucy Honeychurch und Charlotte Bartlett bei E. M. Forster hatten auch wir kein Zimmer mit Aussicht – es sei denn, man möchte ein Stück Mauer aus dem 12. Jahrhundert als Aussicht bezeichnen –, doch ich war in der Phase meines Lebens, in der es mir schon Freude genug war, überhaupt eine Lebenslage mit einer Romanfigur zu teilen, selbst wenn es keine sehr angenehme war.

Am Morgen brachen wir auf. Wir hatten uns vorgenommen, zu den Boboli-Gärten zu finden. Doch in Florenz brechen viele aus einem Hotel auf, in der Hoffnung, zu einem bestimmten Ort zu finden – und den wenigsten gelingt es. Man biegt, den Stadtplan in Händen, in eine schmale Gasse ab, geht selbstgewiss am *Gelato*-Laden vorbei, drängt sich durch die Menschenmenge am Zugang zum Ponte Vecchio, wendet sich nach links und findet sich in einem gottverlassenen, zwielichtigen Sträßchen unweit einer Kinderklinik wieder, wo die Temperatur sich der 40-Grad-Marke nähert und jemand nachgemachte Prada-Handtaschen verkaufen will. Flehentlich blickt man zu den kleinen Babyputten empor. Man wendet sich nach rechts, nach links und wieder nach rechts – und schon steht man wieder am Duomo. Aber den Duomo hat man bereits gesehen. Wo immer man in Florenz hinwill, stets landet man wieder am Duomo, der offenbar ständig den Standort wechselt. Die Hitze steigt, die Wände rings um die Gassen wirken sehr hoch; der Gedanke an eine grüne Oase ist quälend-verlockend, doch das letzte Gras, an das man sich erinnert, war der kleine Grünstreifen vor dem Bahnhof. Ob man den jemals wiedersehen wird?

Unterwegs versuchten wir, uns bei Laune zu halten. Harvey, ein begabter Hobbyfotograf, lichtete die schönen Frauen ab, die von Schattenfleck zu Schattenfleck eilten. Ich, sehr viel weniger fähig, machte ein schlechtes Foto von einem ironischen Graffitispruch: *Willkommen im Disneyland Florenz!* Es wurde immer heißer. »Wo sind wir?«, fragte ich meinen Vater. »Auf der Piazza mit dem Fisch«, brummte er, wurde dann aber von plötzlicher Klarsicht erfasst: »Ich glaube, wir hätten über die Brücke gehen müssen.«

Ich weiß noch, dass uns beiden diese kleine geographische Eingebung wie eine Offenbarung erschien: Es gab tatsächlich einen Weg hinaus aus dem bedrückend-schönen Gewirr von Straßen, der uns hinauf in höhere Gefilde führte, und Höhe war tatsächlich der wesentliche Eindruck, den die Boboli-Gärten hinterließen. Als wir ihnen entgegenstiegen, fühlten wir uns nicht mehr wie britische Ratten, die durch einen mittelalterlichen italienischen Irrgarten rannten – nein, wir hoben uns jetzt empor in die klare, begünstigte Luft der Renaissance, um ein für alle Mal über den wanderfreudigen Duomo zu triumphieren.

Durch geometrische Gärten wanderten wir, einer gepflegter und durchkonstruierter als der andere, unsere Fotoapparate hingen uns untätig um den Hals, denn die Boboli-Gärten lassen sich nicht in Bildrahmen bannen. Als ästhetische Erfahrung bringen sie ihren Rahmen bereits mit, und man hat nur wenig Freude damit, eine Abfolge streng bemessener Hecken zu fotografieren. »Nicht direkt wie ein englischer Garten, oder?«, wagte Harvey angesichts eines Bacchus zu äußern, der dick und rund auf einer Schildkröte hockte und seinen knubbeligen Penis direkt auf unsere Stirn gerichtet hielt.

In einem See war ein nackter Neptun im Begriff, seinen Dreizack in einen Felsen zu rammen; in einem weiteren bäumte sich ein uns unbekannter Reiter nebst Pferd auf, als drohten die Wellen, die sich einst vor ihm geteilt hatten, ihn nun zu verschlingen. Ich kann mich weder an Enten noch an anderes umherstreifendes Federvieh erinnern, an kein Blatt und keinen Kiesel, die nicht an ihrem Platz gewesen wären. Die Boboli-Gärten sind keine Flucht aus der Stadt aufs Land, es wird einem nicht gestattet, auch nur einen Moment lang zu vergessen, wie viel stundenlange Arbeit es erfordert, eine Hecke in eine Form zu bringen, die in keiner Hinsicht mehr der einer Hecke gleicht.

Nein, ganz und gar nicht wie ein englischer Garten … wenn auch vielleicht ehrlicher in seinen Absichten. Reichtum und Macht äußern sich hier ganz unverblümt. Die Boboli-Gärten sind Florenz, sein Echo in Naturform. Entsprechend sind sie auch die einzige Gartenanlage, die mich, das weiß ich noch, mit einer gewissen Befangenheit erfüllte. Ich hätte nie gedacht, dass ich mich in einem Garten jemals falsch angezogen fühlen würde, doch so war es hier – und es ging uns beiden so. Wir waren tollpatschige Touristen, die in einer Privatphantasie herumstapften. Denn obwohl die Boboli-Gärten der Öffentlichkeit zugänglich sind, bleiben sie doch auf ihre Weise immer der Park der Medicis, und das Gefühl, sich unerlaubt dort aufzuhalten, verlässt einen nie völlig. Wir waren ganz erleichtert, als wir uns plötzlich in einer Allee aus sich einander zuneigenden Eiben wiederfanden, schattig und abgeschieden, wo wir eine gewisse Zuflucht fanden, nicht nur vor der unerbittlichen Sonne, sondern auch vor den schimmernden Standbildern und den Türmchen der Villen.

Oben auf dem Gipfel ruhten wir aus und machten sehr viel mehr Fotos von den roten Dächern von Florenz als zuvor von den Gärten. »Das war ja mal nobel«, sagte mein Vater einige Zeit später, als wir zu einem alles andere als noblen Lokal hinabgestiegen waren, um dort frohgemut ein Kälbchen in Thunfischsoße zu verzehren. Angesichts seiner Erleichterung dachte ich niedergeschlagen an Charlotte Bartlett, und ihre schnarrende Stimme hallte mir durch den Kopf: »Ich merke doch, dass unser Ausflug heute kaum der Erfolg gewesen ist, den ich mir erhofft hatte. Ich hätte das von vornherein wissen müssen.«

Villa Borghese, Rom

Einige Zeit nach dem Tod meines Vaters zog ich nach Rom. Ich war in Trauer, es war Winter, und die Stadt bestand für mich nur aus Stein und Regen, der von allen Seiten kam. Ich hatte nicht den Eindruck, dass es hier irgendwo grün sein könnte. Ich ging, dem Wind entgegen, an der Spanischen Treppe vorbei und fragte mich nie, wohin sie wohl führte. Mit dem Frühling zeigten sich kleinere grüne Flecken: der Ring aus Rasen rund um die Engelsburg, der kleine ummauerte Park unweit der Via Nazionale, gespickt mit stillgelegten Brunnen, einem tiefen, wasserlosen Teich und den Kritzeleien jugendlicher Liebespärchen. *Raffaella – ti amo!* Wir hätten diese Oasen nie entdeckt, wenn der Hund sie nicht erschnüffelt hätte. An einem Nachmittag im April machte mein Mann mit unserem Mops unter einer Hecke in diesem ummauerten Park einen sehr viel merkwürdigeren und trübseligeren Fund als einen Pinienzapfen: ein abgelegtes Freiheitsstatuen-Kostüm, eine Dose mit grüner Sprühfarbe, einen leeren Eimer und den Pass eines Einwanderers aus Indien.

Wir brauchten ein Weilchen, bis wir die Villa Borghese entdeckten. Wir wohnten am anderen Ende der Stadt, also keine Viertelstunde zu Fuß davon weg, doch unter allen dörflichen Großstädten der Welt gehört Rom zu den schlimmsten. Jedes Viertel ist so reizvoll und unabhängig, dass man selten das Bedürfnis hat, sich über seine Grenzen hinauszuwagen. Ich würde sagen, wir lebten etwa ein Jahr in Monti, bis wir schließlich den Fluss überquerten, um die vergleichsweise Wildnis von Trastevere zu erforschen. Der Auslöser war wiederum der Hund. Im Sommer hatte er uns dabei unterstützt, uns beklommen der italienischen Sprache anzunähern, und wir taten unser Bestes, mit dem Geplauder der anderen Hundebesitzer, die wir in dem ummauerten kleinen Park trafen, Schritt zu halten, während sie Tierarzttipps austauschten und mit Stammbäumen prahlten. (Ich habe in Rom nicht eine einzige Promenadenmischung gesehen. Die Hunde sahen alle aus wie direkt dem Eintrag »Hunde; Rassen« im Lexikon entsprungen.)

»E dove possiamo correre con il nostro cane senza guinzaglio?«, versuchte ich mein Glück und wurde, meiner schlechten Grammatik zum Trotz, mit einem freundlichen und trotzdem fast völlig unverständlichen Wortschwall belohnt – Verben, die in Überschallgeschwindigkeit mit Adjektiven verschmolzen, aus denen wir aber schließlich doch das ein oder andere Substantiv herausklauben konnten. Der beste Ort, um den Hund ohne Leine frei laufen zu lassen, lag an einer bürgerlichen Villa. Und wo fand sich dieses Mittelschichtsbauwerk? Na, oben an der Spanischen Treppe! Dort würden wir erst die Villa sehen und dann einen Park. Es gebe dort Museen, Fahrräder, Seen und auch einen Zoo, der allerdings nicht als Zoo, sondern als »Bioparco« bezeichnet werde. *Che assurdo!* Und natürlich Hunde, überall Hunde. Es gebe dort einen Extra-Hundebereich!

Der Park der Villa Borghese sieht aus wie der Umriss eines menschlichen Herzens, was man aber nur auf dem Stadtplan erkennt: Ist man dort, durchwandert man die verschlungenen Arterienpfade ohne jedes Gefühl für ein Schema, lässt sich hier von einem Café am Seeufer überraschen, dort von einem Museum oder einem Filmfestvial, von der Büste Savonarolas oder von einem Karussell oder einem wildwuchernden Lavendelbusch. Das Ganze ist ein schönes Beispiel für einen wahrhaft öffentlichen Park. Den Klauen eines Kardinals aus dem 17. Jahrhundert und seiner Nachkommen entrissen (die ihn immerhin an Sonn- und Feiertagen der Öffentlichkeit zugänglich machten), wurde er im 20. Jahrhundert ganz dem Volk übergeben.

Wie in Hampstead Heath, wie im Central Park gibt es dort weite Wege, auf denen sich lustwandeln, und hohes Gras, in dem sich gut lesen und küssen lässt, Kinder und Hunde dürfen frei herumlaufen – wobei beide Gruppen deutlich besser gekleidet sind als ihre Pendants in London und New York. Einmal sahen wir einen Barsoi mit gelbem Regenmantel, gelbem Regenhut und vier gelben Gummistiefelchen. Und sonntags sind es dann kleine Mädchen mit Ringellöckchen, Schleifchen und Petticoats und Jungen mit Blazer und Krawatte, wie die zu klein geratenen Geschäftsführer eines börsennotierten Unternehmens.

In dem Bereich, von dem man uns erzählt hatte – wo die Hunde ohne Leine laufen durften –, ging es legerer zu, auch wenn sich der Fetisch, den man in Rom für Barbour-Jacken, dieses Kleidungsstück gewordene britische Gräuel, hegt, nur allzu deutlich zeigte. (*Wir sind draußen in der freien Natur, so wie die Engländer*, glaubt man diese Jacken zueinander sagen zu hören, *und geben unseren Hunden Auslauf, so wie die Engländer es tun.*) Natürlich sorgen die gewaltigen italienischen Steinkiefern für ausladende Hundehindernisse; man kann elegante Jagdhunde dabei beobachten, wie sie einander in Schlangenlinien nachlaufen, während ihre Besitzer es sich auf einer der naturgegebenen Böschungen bequem machen und den Menschen dabei zusehen, wie sie in aller Öffentlichkeit ihrem Privatleben nachgehen.

It Happened in the Park – so lautet der englische Titel von Vittorio de Sicas Film von 1953 (auf Italienisch heißt er einfach *Villa Borghese**), und genau so ist das hier: als wären die Türen sämtlicher Wohnungen auf einmal abgefallen, sodass alle zufälligen Passanten ungehindert hineinschauen können. In den sechs Vignetten, aus denen der Film besteht, singt de Sica das Lob des Voyeurismus und zelebriert zugleich die Macht des Übergangs: Seine Vision eines

* Und auf Deutsch *Römischer Reigen*. (Anm. d. Ü.)

öffentlichen Parks ist wie eine Reise ohne jede Karte. Im Leben wie im Film hat man immer einen ganz konkreten Plan – ein Picknick an einer bestimmten Stelle oder einen Museumsbesuch –, doch der Park ist so randvoll mit zufälligen Verlockungen und Möglichkeiten, dass das Vorhaben, von A nach B zu gelangen, grundsätzlich durchkreuzt wird. In einer dieser Vignetten geraten zwei römische Prostituierte auf der Flucht vor dem Gesetz mitten hinein in einen Schönheitswettbewerb, der gerade im Park stattfindet. In den Gärten der Villa Borghese kann es jeder schaffen.

Dieser fließende Übergang zwischen Oben und Unten ist für den Reiz des Ortes ausschlaggebend. Niemand wird hier ausgeschlossen. Allein der Umstand, dass unter all den steinernen Büsten berühmter Männer gut lesbar ihre Namen stehen – das mag vielleicht einfach nur dem Geschmack des 19. Jahrhunderts geschuldet sein, ist jedoch ganz entscheidend. Hier muss man nicht beklommen herumwandern und sich für seine Unwissenheit schämen. Jede Hausfrau kann an Leonardo da Vinci herantreten und sich denken: *Was für mädchenhafte Wangenknochen! Und wie komisch er aussieht mit seinem dicken Bart!* Jeder Hilfsarbeiter kann sich mit seinem Eis vor Archimedes setzen, ihm in die steinernen Augen blicken und sich überlegen, dass er eigentlich genauso aussieht wie der alte Giancarlo aus dem Postamt. Harvey wäre begeistert gewesen.

In der Villa selbst wechselt die Bildhauerkunst von ansehnlich zu unvergleichlich – und bleibt dennoch absolut verständlich für zufällige Besucher, die auf der Suche nach Schatten hineingeraten. Was ist die Geschichte von Daphne und Apoll denn anderes als ein klassischer Fall unerwiderter Parkliebe? Berninis Meisterwerk wiederholt die Hauptbeschäftigung draußen in den Gärten, wo die Jungs die Mädchen beobachten, während die Mädchen die Jungs dabei beobachten, wie sie den vorbeiflanierenden Mädchen nachschauen. Und weil ich die Gewohnheit meines Fotografenvaters übernommen habe, immer das Schöne zu beäugen, weiß ich so gut wie Apoll, wie schmerzhaft es sein kann, einen schönen Menschen zu betrachten, den man niemals haben kann.

Bernini bietet uns – zumindest auf ästhetischer Ebene – eine Lösung für diese Qual des Begehrens, indem er all die zusammengewürfelten Bestandteile eines öffentlichen Parks in seiner Skulptur zusammenführt: menschliches Fleisch, Baumrinde, Marmor. In Daphnes Miene sieht man das Erschrecken über die Metamorphose, doch in Apolls Augen entdecke ich Anzeichen der Erleichterung. Es liegt eine Art Frieden darin, die Jagd endgültig aufzugeben. Für meinen Vater, der nie aufgehört hat, Frauen zu begehren, die ihn nicht wollten, hätte Daphnes absolute Verweigerung vielleicht einen Wiedererkennungsmoment enthalten. Manchmal kriegt man die Frau eben einfach nicht. Manchmal wird die Frau lieber zum Baum.

Am Anfang des Trauerprozesses gibt es eine Zeit der Sentimentalität, in der man glaubt, der oder die Verstorbene hätte alles, was man gerade tut, was man sieht, was man isst, auch gern getan, gesehen oder gegessen, wenn er oder sie bloß noch hier bei uns wäre. Diese Reiskrokette hätte Harvey geschmeckt. Das Pantheon hätte ihm so gefallen. Wie schön er diese Rossetti-taugliche junge Frau mit den dichten schwarzen Brauen gefunden hätte!

In dieser ersten Zeit der Trauer neigt man natürlich zu Übertreibungen. Und trotzdem bin ich mir immer noch sicher, dass dies der Garten ist, der uns beide glücklich gemacht hätte. Es war ein bittersüßes Erlebnis, ohne ihn dort herumzustreifen und an unsere letzte gemeinsame Reise ins volle, überteuerte Venedig zu denken, nur wenig erfolgreicher als die nach Florenz. Warum war ich bloß nie auf Rom gekommen? Wie mir hätte auch ihm der Anblick all der Neuankömmlinge gefallen: afrikanische Familien, indische Paare, Roma-Mädchen, Hand in Hand. Wie sie sich zum Picknick setzten und Speisen ausbreiteten, die so wunderbar nach frischem Koriander rochen – ein Gewürz, das die meisten römischen Einzelhändler noch für Unkraut gehalten hätten.

Harvey und ich wussten aus Erfahrung, dass Eingewanderte ein Weilchen brauchen, um zu glauben, dass ein Park tatsächlich öffentlich ist und auch ihnen offensteht: Meine Mutter hat sich früher oft beschwert, mit einem leichten Hang zur Übertreibung (und nicht ohne einen gewissen Stolz), dass sie 1975 weit und breit die einzige Schwarze gewesen sei, die einen Kinderwagen durch den St. James's Park schob. Manchmal muss eine ganze Generation der Anwohnerschaft vergehen, bis das nötige Zutrauen da ist, dass dieses Tor sich auch für einen selbst öffnen wird. In Italien, wo so vielen Menschen so viele Tore verschlossen sind, liegt eine besondere Schönheit in der Freiheit des Gartens.

Während unserer zwei Jahre in Rom wurde die Villa Borghese zu einem halbwegs regelmäßig besuchten Lieblingsort, dem es noch am ehesten gelang, uns aus unserer Monti-Starre zu holen. Jedes Mal verließ ich den Park nur widerwillig; es war nicht leicht, aus seinem fröhlichen Chaos wieder in die häufig kleinliche Konventionalität der Stadt zurückzufinden. Nein, Sie bekommen keinen Käse zu Ihrer Pasta Vongole; ja, Sie dürfen hier auf der Treppe ein Stück Pizza essen, aber nicht zu nah am Brunnen; im Dezember reisen wir alle nach Indien, im Februar fahren wir alle nach Frankreich in den Skiurlaub, und im September fliegen wir selbstverständlich nach New York. Alles, was man in Rom tut, ist perfekt und wunderbar, doch manchmal kann es auch lästig werden, dass alle immer zur selben Zeit dieselben Dinge tun müssen. Ich glaube, sie argumentieren so: Da all unsere Gewohnheiten perfekt und wunderbar sind, warum sollte dann irgendwer davon abweichen?

Wahrscheinlich haben sie recht damit, und doch ist es immer wieder eine Erleichterung, sich in ihre Gärten zu flüchten und sein Essen in beliebiger Reihenfolge einzunehmen, während man im Gras sitzt und Alkohol in typisch britischen Mengen dazu trinkt, ohne mitleidige Blicke zu ernten. In einem öffentlichen Garten in Italien findet die Britin alles, was sie an Italien so liebt – die Sonne, das Essen, den Himmel, die Kunst, den Klang der Sprache, doch ohne die lästigen Regeln, die den korrekten Genuss dieser Dinge steuern. Sie hat die Freiheit, sich auf ihre ganz persönliche nachlässige Art an diesem verblüffenden Land zu erfreuen. Sie kann an ihren Vater denken und daran, wie gut ihm die öligen *arancini* geschmeckt hätten, die sie in der Nähe des Pantheons gekauft hat (das ihm auch gefallen hätte). Sie kann den Leuten zusehen. Und danach vielleicht ein bisschen Boot fahren. Und danach vielleicht, leicht beschwipst, ein Nickerchen im Gras machen.

Nach dem Tod meines Vaters war ich überstürzt nach Rom aufgebrochen und hatte vieles unerledigt zurückgelassen. Das wenige, was ich in seinem Zimmer fand, hatte ich in eine Kiste gepackt und bei mir in den Keller gestellt. Zwei Jahre später, als ich wiederkam, musste ich seine Habseligkeiten noch einmal ordentlich durchsehen. Viel war nicht dabei, aber ich fand ein paar Fotos von unseren gemeinsamen Reisen nach Frankreich und Italien. Ich glaube, er hat diese Urlaube durchaus genossen, doch die Fotos wirken irgendwie pflichtbewusst, als hätte er sie nur gemacht, damit ich zufrieden bin. Er ließ sie immer vergrößern und schickte sie mir dann in einem großen Luftpolsterumschlag, perfekt wie Postkarten und ebenso uninteressant.

Das einzige außergewöhnliche Bild ist bei Carcassonne entstanden (seine Wahl), wo er, ganz untypisch für ihn, mitten auf der Autofahrt anhalten wollte, um dann ein paar Meter zurückzugehen, bis an den Rand eines steilen Abhangs, von dem aus sich ein Blick ins Tal hinunter bot. Hier hat er ein umwerfendes Panorama fotografiert, von Hügeln, Tälern, Wäldern und Feldern und einem schmalen Faden Blau, der sich durch alles zieht. Er hat mir dieses Foto nie geschickt, doch nach seinem Tod fand ich zwischen seinen Sachen gleich mehrere Abzüge davon, als hätte er mir niemals zeigen wollen, dass die Gärten, die er am meisten geliebt hat, trotz allem die wilden waren.

SCHATTEN DER IDEEN

Se non è vero, è molto ben trovato.
GIORDANO BRUNO

Auf der Piazza della Madonna dei Monti. Die Morgensonne behandelte uns dort bevorzugt, verbannte die Kirche und den halben Brunnen in den Schatten und traf stattdessen uns an unserem angestammten Tisch. Ich habe mein *integrale* vor mir, du dein Glas *spremuta*, der Hund springt an den Kellnern hoch, und ich bin ausgesprochen stolz auf diese Handvoll kursiv gesetzter italienischer Wörter. Ich lese die *Repubblica*, sehr langsam und mit Wörterbuch, aber voller Stolz. Manchmal bleiben auf diesem italienischen Platz ein paar Leute stehen und sprechen uns an, sie sagen *tu* zu uns, weil wir jung oder wenigstens noch halbwegs jung sind oder weil sie uns kennen oder auch beides. Wir leben in Rom, aber ich bin Touristin. Damit kann ich nicht aufhören, erst recht nicht auf den Plätzen. Selbst auf diesem einen kleinen Platz, den ich abgefackelt habe, blieb ich immer Touristin. Das Feuer war der Anfang, auch wenn es in der Erinnerung am Ende steht, was strukturell gesehen höchst unpraktisch ist. Doch meine Erinnerungen an unsere italienischen Plätze sind nicht linear, sie hüpfen von da nach dort und pfeifen auf die Chronologie. Geordnet sind sie nach einer Vielzahl persönlicher Systeme – eines davon beruht etwa auf der unterschiedlichen Intensität des Lichts. Es ist also nichts zu machen: Wir fangen auf der Piazza della Madonna dei Monti an, östlich vom Fluss, unweit des Kolosseums. Du liest den Wirtschaftsteil, wie ein Einheimischer, während ich wie eine Touristin an Vivaldi denke. Ich weiß, dass in irgendeiner Basilika ein Konzert mit den *Vier Jahreszeiten* stattfinden wird, werktags immer abends um halb sechs und samstags sogar zweimal; ich finde es schrecklich, dass ich das weiß, doch so ist es. Obwohl ich nicht nach dem durchweichten Werbezettel voller Kaffeeringe und Tabakkrümel gegriffen habe, ist die Aufforderung bei mir angekommen, weil ich weiß, dass sie sich an meinesgleichen richtet, die ganz normalen Touristen, auch wenn ich dir sofort beipflichte, als du sagst: »Vergiss es, so was ist doch immer furchtbar. Außerdem ist Vivaldi furchtbar.« Du beugst dich vor, um dem Hund etwas Mineralwasser ins hechelnde Gesicht zu schütten. Der kleine Kellner kam, der, der kein bisschen schön anzusehen war, aber schlau war er, *furbo*, er beobachtete jeden; wir ließen ihm immer einen Euro da, um uns mit ihm gut zu stellen. Er kam heran, und der Hund sprang auf. Ich zog ihn an der Leine zurück, klemmte seinen dusseligen Kopf zwischen meine Beine. In England wäre so ein Verhalten absolut korrekt gewesen, doch auf diesem Platz in Italien liebte man Hunde, sie durften frei herumstromern, die Leinen im Schlepptau, während ihre Besitzer zum Beispiel Kaffee tranken oder sich ein Kleid kauften. Der Kellner betrachtete unseren Hund mit großer Zuneigung; der Hund war schon lange kein Tourist mehr und wurde inzwischen überall dafür bemitleidet, dass er uns am Hals hatte. Der Kellner räumte die Tassen ab, und wir blickten stumm auf die Tischplatte. Kaum war er weg, stritten wir uns auf Englisch weiter. Wir sprachen ungern Englisch in der Öffentlichkeit. Die Tatsache, dass wir Englisch sprachen, war aus irgendeinem Grund ein schreckliches Geheimnis, von dem in Rom niemand wissen durfte.

»Ich finde einfach nur, wir sollten uns irgendwann mal ein Konzert anhören.«

»Ja, okay, aber doch nicht den verflixten Vivaldi.«

Es war 2007, so in etwa. Vermutlich gegen halb elf am Vormittag. Der Tag lag weit offen vor uns. Wir sollten fast fünfzig werden, bis wir wieder Tage wie diesen erlebten – aber wie konnten wir das ahnen? Wir lebten in der reinen Möglichkeit. Das Pfund stand gut. Wir schufen uns Erinnerungen – hauptsächlich an italienische Plätze –, und ich war erfüllt von einer Art vorauseilender Nostalgie. Warum sollten wir in diese Basilika gehen, wo wir doch alles Mögliche tun konnten? Wir hatten keine Kinder, wir waren zwei noch halbwegs junge Schreibende auf einem italienischen Platz, wir hätten vollkommen unbelastet durch die Stadt schlendern können, von Platz zu Platz, ohne uns um Milchfläschchen oder den nächsten Wickeltisch zu sorgen, so stillvergnügt unter dem Himmel Italiens, wie Keats es einmal war, noch mehr sogar, da keiner von uns beiden an Tuberkulose litt. Der Hund war kein Handicap, wir konnten ihn überallhin mitnehmen, in die Kirchen, in die Metzgerei, in die Post, ins Restaurant. Wir waren frei! In der Erinnerung ist Freiheit immer offensichtlich. Im aktuellen Moment lässt sie sich nicht so leicht wertschätzen oder als eine Art Verantwortung erkennen. Ich jedenfalls habe mit meiner Freiheit nur sehr wenig angestellt, fast gar nichts. Du hast zumindest den Wirtschaftsteil gelesen (und warst entsprechend weniger überrascht von dem, was kommen sollte). Ich schlenderte nur von Platz zu Platz, oft trübsinnig, vielleicht sogar leicht gelangweilt, nichts ahnend, und wartete darauf, dass etwas passieren würde.

Jetzt geht es ans andere Ende der Stadt, weiter nach Westen. Da flattert der übliche Vivaldi-Werbezettel, der sich von der jeweiligen Basilika gelöst hat und über das Kopfsteinpflaster der Straßen bis auf den Campo de' Fiori weht, wo er sich, wollte ich eigentlich schreiben, »an den Saum von Giordano Brunos Mantel heftete«, doch die Google-Bildsuche entlarvt mich als Lügnerin, zumindest aber als Touristin mit mittelmäßigem Gedächtnis: Bruno steht auf einem Sockel, der gut dreieinhalb Meter in die Höhe ragt. Ich zog den Zettel also vom Fuß des Sockels ab, während du die Inschrift last.

»Bruno zugeeignet«, übersetztest du, »dem Jahrhundert, das er vorhergesagt hat. Hier brannte einst das Feuer. Hier«, fuhrst du fort. »Und da drüben.« Du zeigtest zu dem Platz hinüber, wo wir einmal gewohnt hatten, ein paar Straßen weiter, bevor ich ihn abgefackelt hatte.

»Aber ich habe mein Feuer überlebt.«

»Na ja, der Fairness halber muss man sagen, bei dir war es auch kein Scheiterhaufen.«

»Giordano war ein Glückspilz! Solche Probleme wie ich hat Giordano nie gehabt!«

»Na klar doch.«

»Die Frage zum Beispiel, was ich mit dem Rest meines Lebens anfangen soll.«

»Stimmt, im Vergleich mit dir hatte Giordano es wirklich leicht. Du hast eine Schreibblockade. Er wurde einfach nur auf dem Scheiterhaufen verbrannt, weil er den Mächtigen die Wahrheit gesagt hast.«

»Für ihn war es immerhin nach ein paar Minuten vorbei. Existenzialistischer Weltschmerz hält ewig.«

Es verging einige Zeit. Jetzt waren wir in Venedig, auf der Piazza San Marco, und das Wasser stieg. Es war während der Biennale – alle ruinierten sich ihre schicken Schuhe. Der Regen prasselte auf die weißen Decks der Yachten ein, strömte von jeder Basilika herab. Es regnete, bis der ganze Platz zum gewaltig großen Swimmingpool geworden war, den die internationale Kunstszene durchwaten musste. Zigarettenkippen trieben vorbei, leere Bierflaschen der Marke Peroni, sicherlich auch ein paar Koksbriefchen und die ein oder andere Tochter eines Scheichs. Ich zog die Schuhe aus und raffte meinen Rock, hochschwanger, mit Kopftuch: Ich kam mir vor, als würde ich die uralten Erinnerungen einer westafrikanischen Vorfahrin nacherleben, die, ihr Kind im Bauch, einen Fluss überquerte, nur dass ich nicht auf der Suche nach Nahrung oder Zuflucht war, nach einem trockenen Plätzchen für die Niederkunft, sondern einfach nur zu einer Party auf der anderen Seite des Canale wollte, im leer stehenden Haus eines Bankers. Sein Sohn veranstaltete die Party, allem Anschein nach, ohne dass der Banker davon wusste. Im Schutz der Arkaden verschnauften wir. Hier hatten wir tags zuvor einundzwanzig Euro für unseren Orangensaft bezahlt, von denen sich zwölf als Musikzulage erwiesen: Irgendwo in der Nähe spielte jemand Geige. Und hier war nun eine Künstlerin mit ihrem Mann, die auch unter den Arkaden Zuflucht suchten und ebenfalls bis zu den Knöcheln im Wasser standen. Wir waren alle gleich alt. Halbwegs jung. Nicht mehr so richtig jung. Tags zuvor waren wir im Giardino delle Vergini gewesen, einem naturgegebenen italienischen Platz, einem piazzaförmigen Hügelchen, grasbewachsen und von Blumen eingefasst, um uns die Installation der Künstlerin anzusehen, die den Titel *Eleven Heavy Things* trug. Wir standen hinter einer Reihe hoher weißer Platten – wie Steintafeln sahen sie aus –, und jede hatte ein Loch, durch das man seinen Kopf stecken konnte, sodass die Inschrift auf der Tafel sich in diesem Moment auf einen selbst bezog. Wir stellten uns abwechselnd auf drei leere Podeste: *The Guilty One*, *The Guiltier One* und *The Guiltiest One*. Es war ein italienischer Platz, und wir, die Menschen, waren die Statuen darauf. Ich steckte den Kopf durch eine Tafel mit der Inschrift: *What I look like when I really mean it*. Dann steckte ich den Kopf durch eine Tafel mit der Inschrift: *What I look like when I'm lying*. Und jetzt standen wir mit der Künstlerin unter den Arkaden, suchten Zuflucht vor dem Regen und redeten über diese Phase unseres Lebens, über die Kinderfrage, den Regen und die Yachten am Hafen, die mir größer erschienen als je zuvor, wie ein Heer von Angreifern sahen sie aus. Dabei waren nur neun Monate zuvor, wenn die Erinnerung mich nicht trügt, die Lehman Brothers gekentert. Wie konnte auf der anderen Seite des Atlantiks etwas so Gewaltiges sinken, ohne dass man hier auch nur die kleinste Bugwelle abbekam? Doch die Yachten blieben ungerührt. Sie wirkten wie Dauerinstallationen.

Der Regen ließ nach. Wir wateten über den Markusplatz und bestiegen einen Vaporetto voller Kunstszene-Hipstern, die ihre schweren Leinenbeutel schleppten. Wir warfen noch einen Blick zurück, auf den Markusplatz, die Tintoretto-Lichter. Vor vierhundert Jahren ließ sich Giordano Bruno, der im Ausland gelehrt hatte, mit einer Einladung zurück nach Italien locken: Er sollte seine »Gedächtniskunst« hier in Venedig unterrichten. Doch gleich nach der Ankunft wurde er verraten, vielleicht ja sogar hier auf diesem Platz, und der Inquisition übergeben. Seine Mnemotechnik findet sich in einem Bändchen mit dem Titel *De Umbris Idearum*, in dem Bruno darlegt, wie man sich alles merken kann – lange Listen mit Fachbegriffen, Reden, Vokabeln, Geschichtliches –, indem man das Thema, das man sich merken möchte, mit bestimmten Referenzpunkten von persönlicher Kraft versieht, die er als »Adjekte« bezeichnet. Ein Adjekt ist schlicht und ergreifend ein starkes Bild, das einem leicht einfällt. Es kann aus dem Leben gegriffen sein, aus der Literatur, der Natur, überallher: »Ein solches Ding, welches das Herz höherschlagen lässt«, rät er uns, »welches die Kraft besitzt zu erstaunen, zu ängstigen, zu beglücken, traurig zu stimmen; ein Freund, ein Feind, gar grässlich, abscheulich, bewunderungswürdig, außerordentlich; ein Ding, auf das wir hoffen oder dem wir misstrauen, sowie all jene Dinge, die sich der innersten Gefühle kraftvoll bemächtigen – die bringe man hier zur Anwendung.« Verbrannt wurde Bruno natürlich wegen bedeutenderer Ketzereien, doch seine Erinnerungstechnik scheint mir besonders interessant: Sie ist nicht nur inhaltlich ketzerisch, sondern auch formal. Ein brunoeskes Gedächtnis umgeht nämlich das offizielle kollektive Gedächtnis, es pfeift auf die Chronologie und ist das Gegenteil des Rituellen, der Gestalt, in der Gedächtnis im religiösen Kontext erscheint. Es ist eine radikal subjektive Art, sich zu erinnern, in der das Reale mit dem Fiktiven und das Persönliche mit dem Historischen zusammenfällt.

Es war ausgesprochen dumm von Bruno, zu diesem historisch aufgeladenen Zeitpunkt nach Venedig zurückzukehren und über Erinnerung zu sprechen – und trotzdem versteht man genau, wie das passieren konnte. Venedig ist wunderschön, verführerisch. Wenn man beispielsweise zur Biennale eingeladen wird, kann man nicht widerstehen, man greift nach der Schönheit und hängt am Haken. Während wir den Kanal überquerten, sah ich auch kurz das Nobelhotel, das die Kunstszene bevorzugt, das Hotel Bauer, in unmittelbarer Nähe der Piazza, wo wir ein paar Abende zuvor einen Mann beobachtet (und gehört) hatten, der lachend eine Flasche Wodka hochhielt und verkündete: »Vor zwanzig Minuten hat die noch hundert Euro gekostet – jetzt kostet sie zweihundert!« Es war der Sommer 2009. Die letzten Tage von Rom. Diesmal allerdings blieb beim Fall des Imperiums eine gesellschaftliche Schicht zurück, die sich in keiner Weise geschwächt fühlte, sondern im Gegenteil ermutigt wirkte, erstarkt, kräftiger als je zuvor. Neben mir saß ein junger Mann, der den Ausspruch ebenfalls gehört hatte; ich sah, wie er zusammenzuckte. Wir kamen ins Gespräch. Er war wirklich jung, unsere Knie berührten sich; in der Art, wie wir miteinander sprachen, lag eine seltsame Intensität, vielleicht ja, weil wir aus derselben Schicht und derselben Ecke von London kamen.

Das Gespräch floss dahin und wurde schnell persönlich. Er erzählte mir, dass er vor zehn Jahren, noch als Teenager, unglücklich in der Schule, schwul und einsam, ganz versessen auf zeitgenössische Kunst gewesen sei, er habe überhaupt kein Geld gehabt, trotzdem aber genau gewusst, dass er nichts anderes tun wolle, als Kunst zu betrachten, und er spürte auch, dass er Geschmack hatte oder zumindest »wusste, was ihm gefiel«, und so fing er an, alle Abschlussausstellungen zu besuchen, alles, was keinen Eintritt kostete, und sich mit Künstlern anzufreunden, vor allem mit

Künstlern, die sich so fühlten wie er damals – elend, allein, deplatziert –, und er war ihnen ganz ergeben, und viele von ihnen erwiderten seine Zuneigung, sie wurden Teil seines Lebens und er Teil des ihren, und irgendwann fingen sie an, ihm ihre Werke zu schenken, und er verkaufte jahrelang kein einziges davon, nicht einmal wenn die Betreffenden weltberühmt wurden, er behielt alles in seiner Sammlung, die seine winzige Wohnung in Swiss Cottage bevölkerte. (Und währenddessen boomte der internationale Markt für zeitgenössische Kunst. Währenddessen galten zeitgenössische Kunstwerke aus angesehenen Galerien als sicherste Geldanlage der Welt.) »Als ich schließlich dann doch anfing, das ein oder andere zu verkaufen«, erzählte er, »habe ich das nur getan, um von dem Geld etwas Neues zu kaufen, ich wollte nur Schönheit, ich wollte einfach nur Schönheit in meinem Leben, vielleicht ja, weil mein älterer Bruder« – das sagte er, als wäre es ihm eben erst in den Sinn gekommen –, »mein geliebter Bruder ein einziges Mal Ecstasy genommen hat und daran gestorben ist, und ja, wenn ich jetzt darüber nachdenke, dann war vielleicht wirklich sein Tod der Grund, dass ich eine solche Sehnsucht nach Schönheit hatte, sie mehr wollte als alles andere, regelrecht danach gehungert habe.« Der junge Mann hörte auf zu erzählen und griff nach seinem Glas. Wir wurden wieder in das allgemeine Tischgespräch hineingezogen, und ich bekam leider keine Gelegenheit mehr, weiter mit ihm zu reden. Ich war seither auf etlichen Kunstmessen, doch das war das einzige Mal, dass ich jemals ein echtes Gespräch über Kunst geführt habe.

An einem glühheißen Tag auf der Piazza Navona setzten wir uns auf die eiserne Brüstung vor einem Brunnen, hielten den Hund ins Wasser und sahen zu, wie die Guardia di Finanza ein paar afrikanische Taschenverkäufer verfolgte, erst um den einen Bernini-Brunnen herum, dann an dem Brunnen vorbei, an dem wir saßen und der zwar von Giacomo della Porta entworfen, von Bernini dann aber ebenso spät wie fabelhaft ergänzt wurde. Sie sahen unfassbar schick aus, diese Schutzmänner: Ihre Uniformen saßen perfekt und waren in Hellgrau gehalten, mit Gürteln und Schulterklappen und kleinen goldenen Knöpfen, dazu trugen sie kecke grüne Baskenmützen mit einem goldenen Medaillon daran, und man sah ihnen an, dass sie diese Aufmachung selbst nicht einmal im Entferntesten komisch fanden. Da liefen sie, den Flüchtigen dicht auf den Fersen. Sie hatten einen heiligen Eid geschworen, die Markenreinheit von Prada, Fendi, Moschino und all den anderen zu schützen und das edle Recht ihres Vaterlands auf Herstellung überteuerter Lederwaren zu verteidigen. Allem Anschein nach holten sie die Afrikaner niemals ein, doch der Anblick solcher Verfolgungsjagden wurde uns so vertraut wie die Priester, die einer Gruppe Nonnen die Welt erklärten, oder die Taxifahrer, die einen Fahrradfahrer beschimpften. Weil wir, wie oben erwähnt, kein allzu konkretes Ziel hatten, brachten wir unsere Tage tendenziell damit zu, von Platz zu Platz zu schlendern, doch diese Afrikaner – die rannten. Und diesmal rannten sie direkt an uns vorbei, und einer kam uns sogar so nahe, dass sein großer – aus zusammengeknoteten Bettlaken hergestellter und mit Fälschungen gefüllter – Stoffsack mir ans Knie schlug. Ich sah, wie er sich umdrehte, um nachzuschauen, was ihn da fast zu Fall gebracht hatte, und einen Augenblick lang war das Profil seines Gesichts auf einer Linie mit dem von Berninis später Ergänzung, dem Mohren, der in der Mitte des Brunnens in einer Muschelschale steht. Das rief mir die zufälligen Spiegelungen zwischen Kunst und Natur in Erinnerung, die Nabokov so viel bedeuteten. Der Afrikaner rannte weiter. Der Mohr blieb. Ich blieb auch und blickte zu dem Mohren hinauf, bewunderte ihn. Es war ein Mohr mit einem konkreten Ziel, er rang mit einem großen Fisch, sämtliche Muskeln wach und angespannt. Die meisten Menschen, die an ihm vorbeikommen, halten ihn für Neptun, verständlicherweise, es liegt an dem Fisch, aber nein, in Wahrheit ist er ein Mohr, kein Maure, kein muslimischer Berber, sondern einer dieser dekorativen Schwarzen, die in der Kunst der Renaissance so verbreitet sind, und als ich zu ihm aufsah, befiel mich ein merkwürdiges Gefühl. Ich sah mich selbst als eine Art dekorative Mohrin, eine, die keinen Delfin oder Ähnliches niederringen muss, eine Mohrin mit viel Freizeit, eine Mohrin, die regelmäßig Mittag essen geht, eine Mohrin, die nicht auf öffentlichen Plätzen um ihr Auskommen rennen muss. Eine historisch beispiellose Mohrin. Eine spätkapitalistische Mohrin. Eine Touristen-Mohrin. Die Art von Mohrin, die sich nicht auf einen öffentlichen Platz begibt, um zu demonstrieren und zu protestieren (oder zu früheren Zeiten, um sich erhängen oder verkaufen zu lassen), sondern einfach nur, um ziellos herumzuschlendern. Eine Mohrin, die hier ist, um sich der Kunst zu widmen. Eine Mohrin, die am Rand eines Brunnens sitzt und sich fragt: »Was ist heute das Ziel von Künstlern, falls sie überhaupt eines haben?« Eine Mohrin, die sich diesen Luxus leisten kann.

Eigentlich war es nur der Garten vor einem Pavillon, doch die Kunst hatte ihn zum öffentlichen Platz gemacht. So etwas kann Kunst mitunter. Elmgreen und Dragset, provokationsfreudiges Künstlerduo und einstiges Liebespaar, hatten den Dänischen und den Nordischen Pavillon der 53. Biennale in Venedig gekapert und in ihrer Doppelfunktion als Künstler und Kuratoren die beiden schwierigen Räume in zwei benachbarte glamourös-modernistische Wohnhäuser verwandelt, die ein paar unsichtbaren Kunstsammlern gehören sollten – schwulen Kunstsammlern, wie explizit nahegelegt wurde. Die Räume waren voll mit wunderschönen Kunstgegenständen, wunderschönen Möbeln, wunderschönen Bildern und einem wunderschönen jungen Mann aus Fleisch und Blut, der nackt in einem hellbraunen Eames Chair saß, Kopfhörer mit Noise-Cancelling-Funktion trug und ein Buch las. Und doch war trotz so viel Schönheit etwas faul im Staate Dänemark. Es war der Sommer 2009: Da war überall etwas faul. Den ersten Hinweis gab eine kleine weiße ausgestopfte Ratte, die im oberen Stockwerk des Hauses auf den Hinterbeinen vor einem Fenster stand und herunterschaute. Sie war winzig, leicht zu übersehen, so wie die raffinierten Selbstporträts, die von den Meistern der Renaissance so gern in dieser oder jener Ecke ihrer Gemälde versteckt wurden. Sie blickte in den Garten hinunter, wo sich eine Menschenmenge versammelt hatte, diesmal nicht, um einer Verbrennung beizuwohnen, sondern einem Ertrinkungstod, und wir gesellten uns dazu, drängten uns zwischen all die anderen um das übliche künstliche Gewässer – in diesem Fall einen Swimmingpool – und sahen mit offenem Mund einen reichen Weißen, einen Kunstsammler, mit dem Gesicht nach unten, elendig und tot im Wasser treiben. Ein Päckchen Marlboro und seine teure Armbanduhr waren auf den Grund gesunken. Ein Selbstmord. Man sah es daran, dass er seine Schuhe ordentlich an den Beckenrand gestellt hatte. Es war der Selbstmord einer ganzen Kultur. In den Jahren seither habe ich viel an diese Menschenmenge gedacht und an das ganz besondere Bruno'sche Adjekt, das wir teilten. Dieses unvergessliche Bild lässt sich offensichtlich mit anderen, ähnlich kraftvollen Adjekten in eine Reihe stellen: der große Gatsby bäuchlings in seinem Pool, der arme Joe Gillis im Pool am Sunset Boulevard, Scarface, der in seinem eigenen Brunnen treibt … Mir kommen sie alle wie Verweise auf das immergleiche Thema vor: das Ende eines dekadenten Zeitalters und das mögliche Heraufdämmern eines anderen. Und die kleine Ratte? Ein verborgenes Abbild des/der Künstler, das neugierig aus dem Fenster blickt, hinunter auf den öffentlichen Platz, und sich fragt: Was kommt als Nächstes? Wen oder was werden wir auf unsere Podeste, unsere Sockel heben? Wen oder was werden wir auf unseren öffentlichen Plätzen verbrennen? Das ist zumindest die Erinnerung, die ich wähle. Kunst kann uns solche falschen Erinnerungen einpflanzen. Sie kann den Schatten einer Idee umreißen. »Unser Vorhaben«, schreibt Giordano Bruno, »ist es, die Kunst des Schattens der Ideen weiterzureichen, euch aus eurem schlummernden Wesen hinauszugeleiten, hinaus aus den Irrtümern, den Irrwegen und den Verführungen, hinaus aus all dem Mangel an Lebenskraft. Wir wollen euch stützen und stärken, Fehler beheben, vollkommene Ergebnisse erreichen und euch zum Abbild der Emsigkeit machen.« Vier Jahrhunderte später ist es schwer vorstellbar, dass ein Künstler dieses Vorhaben so direkt äußert: Die Mode verlangt nach Indirektem. Und doch bestehen solche Vorhaben mit Sicherheit immer noch.

An der Piazza Sforza Cesarini war eine Halogenlampe das Problem, die in ein Bücherregal eingebaut war und extrem heiß wurde. Vielleicht ist ja eine Buchseite daran gekommen oder der Zipfel eines Kissens, das werde ich nie genau erfahren. Ich wurde am nächsten Morgen in New York erwartet, zu einer Lesung in Brooklyn, mein Koffer war gepackt, der Hund gefüttert, ich hatte meinen Pass schon in der Hosentasche, da rief mich eine Freundin an und fragte: »Wie wär's mit einem Abschiedsdrink?«, und ich sagte ja und dachte mir: Den Hund lasse ich hier, ach nein, ich nehme den Hund doch mit, oder nein, ich lasse ihn hier, doch dann zog der Hund eine besonders heftige Mitleidsnummer ab, mit traurigen Augen und allem Drum und Dran, also nahm ich ihn in letzter Minute doch noch mit, was sich als Glück für den Hund erwies, denn andernfalls wäre er jetzt tot. Ich ging, eine halbe Stunde nur. Du warst in Washington, hast dort Lyrik vorgelesen. Du sagst, ich hätte den Platz abgefackelt, aber wer rechnet denn schon damit, dass gleich ein italienischer Platz niederbrennt, wenn man eine halbe Stunde lang eine Halogenlampe anlässt? Außerdem habe ich gar nicht den ganzen Platz abgefackelt, nur das eine Haus, auch wenn es natürlich stimmt, dass in den zwei Jahren danach, während die Fassaden restauriert wurden, im Grunde der ganze Platz verschwunden war, verdeckt von gewaltigen Tüchern mit aufgemalten Trompe-L'Œils, die ihrerseits eine Art Adjekt bildeten: die Erinnerung an den Platz, wie er einmal war.

Ich sah das Feuer erst, als ich die Steintreppe schon recht weit hinauf war. Genau genommen sah ich es selbst an der Wohnungstür noch nicht, ich spürte es nur: die Hitze, den Rauch. Ich lief zum Fenster des Hausflurs und suchte in meiner Erinnerung nach dem Wort für Feuer. *Incendio!*, rief ich. (Was man sich in etwa so vorstellen muss, als würde man sich in New York aus dem Fenster beugen und *Conflagration!* rufen, *Feuersbrunst!*) Die Leute blickten zu mir hoch, doch keiner rührte sich. Der Hund kreischte regelrecht. Ich öffnete die Wohnungstür, um nachzusehen, was noch zu retten wäre. Ich griff nach meinem Laptop: verbrannte mir die Finger, ließ ihn wieder fallen. Es war ohnehin kein Roman auf der Festplatte, nur jede Menge Fotos, die den Hund zeigten. Dahinter sah ich, dass alle meine Kleider bereits verbrannt waren, mitsamt dem Koffer, in dem sie lagen, alle Bücher und Familienfotos, das Telefon, der Kühlschrank, sämtliche Möbel, jedes Messer, jede Gabel, jeder Löffel. Und ich begriff endlich, was es heißt, Geld zu haben. Damals hatte ich schon seit sieben Jahren Geld, doch am Tag des Feuers wurde mir zum ersten Mal klar, was das mit mir gemacht hatte. Die Angst vor dem Geldautomaten, die Beklommenheit im Supermarkt, die Diskussionen am Bankschalter, die erbitterten Streits mit den Eltern, weil wieder mal *jemand* das Licht angelassen hatte, weil *jemand* offenbar glaubte, »wir hätten Aktienanteile am Elektrizitätswerk« (ein Lieblingsspruch meiner Mutter, ein kraftvolles Adjekt für mich). Das alles, dieser tägliche Kampf ums Geld, war vorbei. Ist das Geld knapp, wird das Leben zur täglichen Notsituation, alles ist mit potenziellem Verlust aufgeladen, man hat das Gefühl, schon der kleinste Fehltritt könne einen ruinieren. Ist Geld da, dann ist das anders, dann kann einem selbst eine echte Notsituation nicht viel anhaben, man bleibt stets vom Risiko abgeschirmt. Man ist, in gewisser Hinsicht, zu groß zum Scheitern. Und als ich mein Leben dort brennen sah, hatte ich einen Gedanken, den vermutlich kein Mensch in der Geschichte meiner Familie – auf beiden Seiten, über viele Generationen – jemals auch nur erwogen, geschweige denn wirklich gehabt haben kann: Alles Verlorene lässt sich ersetzen. Ja, das war ein beispielloser Gedanke in der Geschichte meines Clans. Und was wird sein, dachte ich, wenn meine künftigen Kinder mit dieser Idee aufwachsen, wenn es für sie keine Offenbarung mehr ist, sondern integraler Bestandteil ihres natürlichen Erbes? Was, wenn ihnen diese Idee schon bei der Geburt eingepflanzt wird, wie eine genetische Erinnerung, die sie dann an ihre Kinder weitergeben und diese wiederum an ihre Kinder und immer weiter vorwärts und aufwärts, hinein ins nächste Jahrhundert und darüber hinaus? Diese künftigen Nachkommen – was würden das wohl für Menschen sein? Wie würde die Welt für sie aussehen? Würden sie das Bankwesen für eine gute Berufswahl halten? Welche Erinnerungen würden sie wählen? Und was würden sie vergessen wollen?

Ich schnappte mir meinen realen Hund und rannte nach unten. Draußen erwartete mich eine sehr römische Szene. Alle hatten sich auf dem öffentlichen Platz versammelt, um dem *incendio* beizuwohnen, die Stimmung war großartig. Die Feuerwehr war unterwegs, hatte es aber nicht besonders eilig. Die freundlichen Kellner bei Luigi gaben dem Hund Wasser und versuchten, ihn wieder zu beruhigen, doch der Hund war total hysterisch, als wüsste er, dass sein digitales Fotoarchiv verloren war, und nähme das sehr persönlich. Schließlich tauchte die Vigili del Fuoco doch noch auf, fast ebenso flott gekleidet wie ihre Freunde von der Guardia di Finanza. Sie löschten das Feuer, stellten fest, dass niemand tot oder verletzt war, und als ich wissen wollte, ob noch irgendetwas übrig sei, schüttelten sie bedauernd den Kopf: *»Tutto distrutto.«* Unser erster und letzter italienischer Platz. Nur noch Asche. Ich wandte mich an die Feuerwehrmänner. Ich flehte sie an, mich hineinzulassen. Die Feuerwehrmänner sagten, nein, auf keinen Fall, viel zu gefährlich. Ich flehte noch etwas mehr. Die Feuerwehrmänner wechselten Blicke, seufzten und sagten: *Va bene*. Als ich die Treppe hinaufstieg, fielen mir zwei Zeilen aus einem alten schwarzen Spiritual ein: »*God gave Noah the rainbow sign / No more water but the fire next time.*« Ich trat in die Überreste unserer Wohnung. Ich atmete so viel Rauch ein, dass ich noch tagelang hustete. Und sie hatten recht, es war alles weg, deine Sachen, meine Sachen, dein Leben, mein Leben, es war unsere eigene kleine Finanzkrise, zumindest bis ich um die Ecke bog und dort dein Buch unversehrt vorfand, es lag im Wäscheraum, dem kleinen dunklen Eck, wo du immer zum Arbeiten saßt – du warst so vorausschauend gewesen, es komplett auszudrucken –, und dort lag es noch, auf deinem Schreibtischstuhl (der ebenfalls unversehrt geblieben war), unter einem Bild der Madonna, vor der die Feuerwehrmänner, angesichts dieses Wunders, ihre Helme abnahmen.

›FIND YOUR BEACH‹

Gegenüber unserer Wohnung – an der Houston Street, vermutlich – hängt eine neue wandhohe Werbung. Die Werbefläche ist zwölf Meter hoch und sechs Meter breit. Ein, zwei Mal im Jahr wird gewechselt. Was immer diese Wand zeigt, bildet meine Aussicht: Ich schaue es mir sehr viel öfter an als den Himmel oder das neue World Trade Center, öfter als die Wassertürme, die vorbeifahrenden Taxis. Es wirkt auf mein Unterbewusstsein. Letztes Semester wurde dort für eine edle Wodkamarke geworben, und während ich Kinder in Schneeanzüge stopfte, bis zum Überlaufen voll von häuslichem Groll, träumte ich immer wieder von einem kühlen Martini.

Die Werbung davor war so edel, dass ich nie herausfinden konnte, wofür sie warb. Es war kein Text dabei – zumindest sah ich keinen –, und das Bild zeigte einen gelben Feuervogel vor einem Hintergrund in Höllenrot. Es wirkte wie eine weise Botschaft, nur dort angebracht, um schlaflose Frauen um den Verstand zu bringen. Einmal, als ich mit dem Neugeborenen im Arm dort stand und hinüberstarrte, sah ich im Hochhaus gegenüber eine andere Mutter mit ihrem Baby im Arm. Es war vier Uhr morgens. Da standen wir beide an unserem Fenster, nur getrennt durch dreißig Meter überteuerte New Yorker Luft.

Das Hochhaus, in dem ich wohne, beherbergt Universitätsmitarbeiter – das Haus gegenüber genauso. Das legte den Gedanken nahe, dass sich die Frau am Fenster ihren Lebensunterhalt höchstwahrscheinlich auch mit Bücherschreiben verdiente und gerade nichts schrieb, genau wie ich. Vielleicht erwog sie Antidepressiva. Vielleicht nahm sie auch schon welche. Das war schwer zu sagen. Fest stand nur, dass sie die besagte Werbung nicht sehen konnte, es sei denn, sie würde ihr Fenster öffnen, rausspringen und sich im Fallen einmal umdrehen. Ihre Aussicht war ich. Ich war die Werbung für das, was sie längst hatte.

Doch das ist alles schon länger her. Jetzt steht auf der Werbefläche: *»Find Your Beach«*. Die Bierflasche – es handelt sich um eine Bierwerbung – ist auffallend gelb, der Hintergrund luxusurlaubblau. Ich finde sie ausgesprochen gut platziert, wie ein in Auftrag gegebenes öffentliches Kunstwerk, perfekt im Einklang mit seinem urbanen Standort. Der Ton ist Manhattan in Reinkultur. Er findet seinen Widerhall in der Abteilung für Bewusstes Leben in der Buchhandlung *(»Find Your Happy«)*, im Fitnessstudio *(»Find Your Soul«)* und in der Praxis der Psychotherapeutin *(»Find Your Self«)*. Ich finde es bezeichnend, dass es von dieser Werbung noch eine längere, landesweite Version gibt, die in Zeitschriften abgedruckt wird und im Fernsehen läuft.

In diesen Fällen werden Fotos verwendet, der Strand ist echt und in seiner Gesamtheit zu sehen. Mitunter ist auch der Slogan länger: *»When life gives you limes … Find your beach«*. Doch die Wand, die ich von meinem Fenster aus sehe, markiert auch die Grenze nach SoHo, einem Viertel, das Medienmogulen, Medienanwälten, Prominenten jeder Couleur, ein paar Studierenden sowie einem verschwindend kleinen Untergrüppchen aus Künstlern und Akademikern mit Mietpreisbindung eine Heimat bietet.

Gemeinsam halten wir, die Leute aus SoHo, uns für recht anspruchsvolle Medienkonsumenten. Mit kitschigen Anzeigen kommt man bei uns nicht durch. Und deshalb wurde die Werbung aufs Wesentliche reduziert – eine gelbe Wellenlinie vor einem Feld aus Blau – und im peppigen Pop-Art-Stil direkt auf die Wand gemalt. Die Werbefritzen wissen, dass wir wissen, wie hier auf SoHo verwiesen wird: das SoHo eines Roy Lichtenstein und eines Ivan

Karp, das SoHo, das schon vor Foot Locker, Sephora, Prada und Frozen Yogurt da war. Natürlich gibt es dieses SoHo längst nicht mehr, es ist aber doch mit ein Grund dafür, dass wir alle hier sind und uns auf diesem schmalen Zipfel einer schmalen Insel drängen. Wer immer die Werbung dort angebracht hat, kennt uns gut.

Find Your Beach. Such dir deinen Strand. Eine eigenartige Formulierung. Die leicht bedrohliche Mischung aus Imperativ und Possessivpronomen, die Wandlung eines Substantivs zu einem inneren Zustand. Vielleicht lese ich auch zu viel hinein. Einerseits heißt es doch einfach nur: »Zieh los und finde heraus, was dich glücklich macht.« Verfolge dein Glück aktiv, so wie es die Amerikaner für ihr gutes Recht halten. Und dann ist es auch noch eine Werbung für Bier, das für die ganz spezielle Form von Glück eines jeden Rausches sorgt, indem es die Realität zu einer Empfindung umgestaltet, die nur man selbst erlebt. Genauer gefasst heißt diese Werbung also: »Trink ein Bier und lass dich davon glücklich machen.« An sich nicht weiter merkwürdig. Nur, dass Bier früher immer über den Traum vom gemeinschaftlichen Spaßhaben verkauft wurde: Trink ein Bier mit einem Kumpel oder mit vielen Kumpels. Die Leute drängten sich förmlich ins Bild, lachend und strahlend. Über den Alkohol wurden wir belogen, so wie uns auch diese Werbung über den Alkohol belügt – aber es war eine andere Art von Lüge, eine Weitwinkellüge, die auch andere Menschen umfasste.

Hier ist der Fokus enger, fast schon obsessiv. Alles, was zum Glück nicht absolut notwendig ist, wurde aus dem visuellen Horizont entfernt. Der Traum ist nicht mehr nur ein Traum vom Glück, sondern von einem aus absoluter Abgeschiedenheit geborenen Glück. Such dir deinen Strand mitten in der Stadt. Such dir deinen Strand, egal was sonst passiert. Lass dich nicht abbringen von der Suche nach deinem Strand. Such dir deinen Strand, selbst wenn er, wie im Fall dieses Wandgemäldes, gar nicht da ist. Erschaffe den Strand in dir. Nimm ihn mit, wohin du auch gehst. Das aktive Verfolgen von Glück erschien mir schon immer wie eine durchaus schwere amerikanische Last, doch hier in Manhattan wird daraus eine seltsame Form der Verpflichtung.

Neulich im Fitnessstudio schrie mich der Trainer an, er schrie uns alle an: »Lass nicht zu, dass dein Kopf dir Grenzen setzt, die gar nicht da sind!« Diese Haltung findet man überall hier auf der Insel. Sie wird von der Populärkultur befeuert und gespiegelt, vor allem in Filmen, die ja so oft hier, in Manhattan, ihren kreativen Anfang nehmen. Den Filmen zufolge hält uns nur unser eigenes begrenztes Gehirn vom Glück ab. In Zukunft werden wir alle Pillen schlucken, die uns entgrenzen (und damit zu den idealen Bewohnern Manhattans machen), oder wir verwenden hundert Prozent unseres Gehirnvolumens statt der sagenumwobenen zehn Prozent, so wie Scarlett Johansson in *Lucy*. In diesen Inkarnationen kann die Welt, wie sie ist, keinen echten Anspruch auf uns erheben. Unser Glück, unser Unglück, unser Strand oder unsere raue Küstenlandschaft – es liegt in unserer Macht, das alles zu erschaffen oder zu zerstören. In Tina Feys Fernsehserie *30 Rock* löst Jack Donaghy – ein vorbildlicher Bewohner dieses neuen Manhattans – Probleme, indem er sie in den »mentalen Schraubstock« nimmt.

Der Strand ist immer da: Man muss ihn sich nur schaffen. Daraus folgt natürlich, dass diejenigen, die ihren Strand nicht finden können, letztendlich als mental fragil gelten müssen – oder nach Manhattaner Maßstäben einfach zu schwach. Jack Donaghys verbale Fechtkämpfe mit Liz Lemon waren die humoristische Umsetzung der diversen Dinge, die von den Bewohnern Manhattans inzwischen als gefährliche Schwächen betrachtet werden: Kinderlosigkeit, Übergewicht, Armut. Um sich seinen Strand zu suchen, muss man erbarmungslos sein. Manhattan ist nur etwas für die körperlich Kräftigen, die geistig Entschlossenen, die Multitasker, die Alphamütter und -väter. Der perfekte Ort zur Stärkung des eigenen Egos – vorausgesetzt, man besitzt schon von vornherein ein starkes Ego. Vorausgesetzt, man gehört zu den Menschen, die einfach nicht zulassen, dass auch nur irgendetwas – und sei es die Realität – in dieses Feld aus klarem Blau eindringt.

Es gibt eine bestimmte Form von schonungslosem Individualismus, der schon fast mit einer existenzialistischen Überzeugung zusammenzufallen scheint: Genau an diesem Schnittpunkt liegt Manhattan. In Manhattan ist man pures Potenzial, man ist grenzenlos, erschafft sich jeden Tag selbst. Wenn ich im Sommer wie immer in England bin, ist es umgekehrt: Dort sehe ich nichts als die Grenzen meiner Existenz. Das Gehirn, das die Haarbürste in den Kühlschrank legen will, das Bein, das von der Hüfte bis zu den Zehen schmerzt, die hinreißenden Kinder, die meine ganze Zeit verschlingen, die Bücher, die ungelesen und ungeschrieben bleiben.

Und über alldem liegt der Schatten dessen, was Philip Larkin den »Berg des Todes« nennt, kein stabiler Gipfel in der Ferne mehr, sondern bereits eine merkliche Erhebung im Boden. In England finde ich meinen Strand nicht einmal am echten Strand. Ich sehe mir das eisige Wasser an, die in schlecht sitzende Neoprenanzüge gequetschten Familien, die sich hinter ihrem Windschutz zusammenkauern und diesen Tag am Strand mit demselben Stoizismus angehen, mit dem man früher Situationen wie die Luftschlacht um England überstanden hat, und dabei denke ich mir nur, was für komische, begrenzte Kreaturen wir doch sind; jedem Wind, jeder Welle unterworfen, bauen wir unsere Sandburgen, nur damit die Generation, die sich hinter uns schon an den Aufstieg macht, sie wieder zerschlagen kann.

Sobald ich am JFK lande, ändert sich das alles. Die ersten paar Tage sind wie ein Schock: Ich muss mich erst wieder an die alten New Yorker Damen gewöhnen, die sich vor Zorn kaum halten können, wenn ich ihre reibungslose Aufzugfahrt unterbreche, um mit Kindern zuzusteigen. Ich muss mich aktiv daran erinnern, auf der Straße nicht stehen zu bleiben und auch andere fließende Großstadtbetätigungen nicht abrupt zu unterbrechen, wenn ich die Menschen hinter mir nicht gegen mich aufbringen will. Jeder Mann und jede Frau in dieser Stadt ist auf der Suche nach seinem oder ihrem Strand, und gnade einem Gott, wenn man sie dabei behindert. Eigentlich sollte ich daraus jetzt wohl folgern, dass ich im pragmatischen England glücklicher bin als im idealistischen Manhattan, aber das kann ich gar nicht ehrlicherweise behaupten. Man kommt nicht zum Leben hierher, wenn der Wahn einer Realität, die sich nach den eigenen Wünschen formen lässt, nicht auch ein starker Bestandteil der eigenen Persönlichkeit ist. »Eine Realität, die sich nach den eigenen Wünschen formen lässt« – ein solches Ziel hat schon etwas Soziopathisches an sich.

Außerdem beschreibt es ziemlich gut, was es heißt, Romane zu verfassen. Und wenn man in einer Stadt lebt, in der jeder im Grunde den gleichen Tunnelblick hat, sich genauso obsessiv auf etwas fokussiert wie eine Romanautorin, kann man sich mit den eigenen soziopathischen Tendenzen in der Herde verstecken. Objektiv betrachtet bin ich in Manhattan genau denselben Grenzen unterworfen wie in England. Ich bewege mich täglich im selben Radius von zehn Straßen, bin auf die altbekannte Weise vom häuslichen Leben eingeschränkt, gezwungen, über das zu schreiben, was ich direkt vor der Nase habe. Und doch bleibt die Tatsache bestehen, dass ich tatsächlich *schreibe*, dass die Arbeit erledigt wird.

Selbst wenn meine Produktivität in Manhattan von der soziopathischen Illusion meiner eigenen Grenzenlosigkeit befeuert wird, bin ich doch dankbar dafür, zumindest solange ich schreibe. Es gab Gründe, dass früher so viele Schreibende hier gelebt haben, und die finden sich nicht nur in den praktischen Waschsalons und den Take-out-Läden, den Bibliotheken und den Cafés. Wir haben immer von der Energie profitiert, die diese Stadt erzeugte, vom großen Geld und den Hochhäusern ebenso wie von der Straßenkunst und den Subkulturen. Inzwischen hat sich die Energie verändert: Die Subkultur hat sich fast völlig verflüchtigt. (Man kann nur hoffen, dass sich in Washington Heights, im Barrio oder in Stuyvesant

Town noch junge Künstlerinnen und Künstler finden, aber wer weiß, wie lange die sich noch halten können?) Stattdessen strahlen die Mütter in den Soulcycling-Stunden und die achtzigjährigen Marathonläufer, die Medienanwälte, die an ihren iPhones hängen, und die Mogule, die dort, wo früher ein Krankenhaus stand, fünf »individuelle« Luxusstadthäuser bauen, eine verdrehte Form von Energie ab.

Schön ist sie nicht, diese Energie, und trotzdem hält sie den Laden beziehungsweise das, was noch von ihm übrig ist, am Laufen. Ich trage auch dazu bei. Ich strampele genau wie alle anderen auf meinem feststehenden Fahrrad. Und dann verzweifle ich schier, wenn *Shakespeare & Co.* zugunsten einer weiteren Foot-Locker-Filiale schließen muss. Es ist ganz unmöglich, auf dieser Insel nicht den Glauben zu verlieren. Es gibt so vieles, was man in seinen »mentalen Schraubstock« nehmen muss, um einfach nur durch den Tag zu kommen. Das wiederum erscheint mir wie ein weiterer Aspekt der Werbung vor meinem Fenster: der freiwillige Rausch. Oder um es etwas schmissiger zu formulieren: »Man muss nicht high sein, um es hier auszuhalten, aber es hilft.«

Und schließlich ist das Beste an Manhattan auch das Schlimmste an Manhattan: die Selbstverwirklichung. Man hat hier die Freiheit, bis an die eigenen Grenzen zu gehen, sich den Strand zu suchen, der einem ganz allein gehört. Doch früher oder später sitzt man dann an diesem Strand und fragt sich, was als Nächstes kommt. Ich sehe meinen eigenen Strand schon vor mir, jetzt, da die Kinder größer werden, die rein praktischen Begrenzungen weichen; ich kann wieder das ungeheuer Privilegierte an meiner Position erkennen, es wird erneut klarer. Unter dem Schutz einer Universität darf ich an einem der privilegiertesten, eng bebauten Strände der Welt leben, unter Menschen, die daran glauben, keine Grenzen zu haben, und die mich, allein durch die räumliche Nähe, in die gleiche nützliche Wahnvorstellung drängen, damals wie heute.

Die Stadt eignet sich so gut dafür, ohne Ende zu arbeiten. Hier kann man seinen Strand finden, trügerisch und doch überzeugend, man kann Manhattan immer noch als Insel der Autorinnen und Künstler, der wilden Subkultur in Downtown und der Intellektuellen in Uptown sehen, allen gegenteiligen Beweisen zum Trotz. Ja, hin und wieder entdeckt man sie sogar noch, hier und da, aber wenn sie nicht gerade unter dem Schutz einer Universität stehen – oder gerade eine Fernsehserie verkauft haben –, dann findet man sie allesamt, jeden und jede Einzelne von ihnen, in Brooklyn.

FREUDE

Es könnte ganz nützlich sein, eine Unterscheidung zwischen Vergnügen und Freude zu treffen. Vielleicht fällt das allen anderen auch ganz leicht, und ich bin die Einzige, die diesbezüglich verwirrt ist. Viele scheinen ja der Ansicht zu sein, Freude sei nur die intensivste Ausprägung von Vergnügen, zu der man auf demselben Weg gelangt – man muss einfach nur noch ein Stück weiter gehen. Meiner Erfahrung entspricht das nicht. Und wenn Sie mich jetzt fragen würden, ob ich mir mehr Freude im Leben wünsche, dann wäre ich mir da gar nicht so sicher, gerade weil es so schwierig ist, mit diesem Gefühl umzugehen. Für mich ist es alles andere als offensichtlich, wie wir es anstellen sollten, die Freude mit dem Rest unseres Alltags zu vereinbaren.

Vielleicht sollte ich als Erstes sagen, dass ich jeden Tag mindestens ein kleines Vergnügen empfinde. Ob das wohl mehr ist als üblich? Das war schon in meiner Kindheit so, wo ja die meisten Menschen unglücklich sind. Und es liegt sicher nicht daran, dass mir so viele großartige Dinge passiert wären, sondern vielmehr daran, dass kleine Dinge bei mir eine große Wirkung haben. Beispielsweise scheint mir, dass mir Essen überdurchschnittlich viel Zufriedenheit bringen kann – jedes beliebige Essen. Schon ein Eiersandwich von einem der schmuddeligen Imbissstände am Washington Square hat die Macht, mir allen Ernstes den Tag zu retten. Was immer mir essenstechnisch vorgesetzt wird, bekommt in aller Regel die Höchstwertung.

Man sollte meinen, dass die Leute sich deswegen darum reißen würden, mich zu bekochen oder mit mir zu essen – stattdessen bekomme ich zu hören, das sei langweilig. Wo nicht differenziert wird, da kann auch kein Bewusstsein für echtes Können sein oder Dankbarkeit für besonderen Aufwand. »Sag jetzt bloß nicht, das war lecker«, warnt mich mein Mann. »Du findest alles lecker.« »Aber es *war* lecker.« Das macht ihn wahnsinnig. Auf ein Eis am Stiel kann ich mich den ganzen Tag freuen. Die ständigen Sorgen, die mein Leben sonst erfüllen, beruhigen sich, sobald ich einen guten Geschmack im Mund habe. Und auch wenn die Sorgen natürlich umgehend zurückkommen, sobald der Geschmack verschwunden ist, haben wir in unserem Leben doch keinen solchen Überfluss an zuverlässigen Quellen des Vergnügens, dass wir über eine, die vor allem hier in den USA so leicht zu haben ist, die Nase rümpfen sollten. Ein Ananaseis. Für die acht Minuten, die es dauert, ein Ananaseis zu essen, ist selbst die gewaltige Sorge des Schreibens gestillt.

Meine zweite Quelle täglichen Vergnügens sind – auch wenn ich wünschte, ich könnte das irgendwie anders formulieren – »die Gesichter anderer Leute«. Ein kleines rothaariges Mädchen, mit einer wunderbar großen Nase, die es selbst vermutlich hasst, grünen Augen und diesem sonnenscheuen Teint, der mehr aus Sommersprossen zu bestehen scheint als aus Haut. Oder ein untersetzter erwachsener Mann, der im Regen eine Zigarette raucht, sein durchweichter Schnurrbart und dazu eine Überraschung: die lebhaften Augen, die Stupsnase und der Engelsmund seines achtjährigen Ichs. Wenn ich abends aus der Bibliothek komme, gehe ich oft ein bisschen schneller nach Hause, um meinem Mann von dem knochigen Jungen mit den Katzenaugen zu erzählen, in Skinny-Jeans und Plateauschuhen, einem ganz normalen grauen Sweatshirt, der verlaufenen Schminke von gestern und einer seidigen Pocahontas-Perücke, die ein bisschen schief auf seiner Afrokrause saß. So stolzierte er mit fliegenden Zöpfen die Straße entlang und nutzte den gesamten Broadway als seinen ganz persönlichen

Laufsteg. »So eine Art Diva für Arme.« Das füge ich zum besseren Verständnis an, doch mein Mann nickt nur leicht ungeduldig: Die Ergänzung war gar nicht nötig. Er ist genauso gut im Gaffen wie ich.

Normalerweise sollte man die Ratschläge aus Frauenzeitschriften ja tunlichst meiden, doch an der alten Kamelle mit den »gemeinsamen Interessen« ist durchaus etwas dran. Das hilft tatsächlich. Ich lasse mir gern von der Chinesin mit dem dicken medizinischen Fachbuch unter dem Arm erzählen, die er auf dem Flur gesehen hat und die so schön war, dass sie aussah wie eine Buchillustration. Oder von dem großen Kenianer aus dem Fahrstuhl, dessen langgliedrige Eleganz jeden anderen Körper in seinem Dunstkreis zum mickrigen, knorrigen Troll verkommen ließ. Meistens habe ich diese Leute selbst nicht gesehen – mein Mann arbeitet im achten Stock der Bibliothek, ich im fünften –, allein die Beschreibung verschafft mir aber fast so viel Vergnügen, als wären sie mir begegnet. Noch vergnüglicher wird es, wenn wir den Gang, die Gestik, die Stimmen dieser Fremden nachahmen oder uns ganze Gespräche nacherzählen – zwischen zwei Leuten aus der Schlange vor dem Geldautomaten, zwischen zwei Studierenden auf einer Bank vor dem Brunnen.

Und dann sind da noch all die vielen Dinge, die der Hund macht und sagt, vermenschlicht bis zum Gehtnichtmehr, versteht sich, und meistens sehr anstößig, Ausdruck einer ganzen Welt von Dingen, die wir nicht sagen oder tun können, weder voreinander noch vor anderen. »Ihr macht den Hund«, sagte unsere Tochter neulich zu unserer Überraschung. Sie ist fast drei, und allmählich verlieren all unsere Privatsprachen ihre Privatheit und erschließen sich ihr. Wir wussten natürlich, dass sie irgendwann ein voll entwickeltes Bewusstsein erreichen würde und dass wir vorher möglichst aufhören sollten zu streiten, zu rauchen, Fleisch zu essen, im Internet zu surfen, uns von den Gesichtern anderer Leute zu erzählen und mit der Stimme des Hundes zu sprechen, doch jetzt, wo es so weit ist, bekommt sie alles mit, und wir stellen fest, dass wir uns nicht ändern können. »Hört auf, den Hund zu machen«, sagte sie, »das ist albern«, und zum ersten Mal in acht Jahren musterten wir unseren Hund und schämten uns.

Gelegentlich ist auch die Tochter ein Vergnügen, meistens ist sie aber eine Freude, was im Grunde heißt, dass sie uns überhaupt kein Vergnügen bereitet, sondern vielmehr das merkwürdige Gemisch aus Angst, Schmerz und Entzücken in uns auslöst, das ich als Freude zu identifizieren gelernt habe und mit dem ich nun irgendwie täglich leben muss. Das ist ein ganz neues Problem. Bis vor Kurzem hatte ich nur fünf-, vielleicht auch sechsmal in meinem Leben Freude empfunden, und jedes Mal habe ich versucht, das gleich wieder zu vergessen, aus Angst, die Erinnerung daran könnte alles andere zersetzen und zerstören.

Sagen wir sechsmal. Dreimal davon war ich verliebt, doch nur einmal war diese Liebe tragfähig beziehungsweise dazu angetan, mir auch auf lange Sicht noch Vergnügen zu bereiten. Zweimal war ich auf Drogen – sehr unterschiedlichen Drogen. Einmal befand ich mich im Wasser, einmal in einem Zug, einmal saß ich auf einer hohen Mauer, einmal war ich auf einem hohen Berg, einmal in einem Club und einmal in einem Krankenhausbett. Es fällt schwer, aus einer so kleinen und vielfältigen Sammlung von Daten etwas Allgemeingültiges abzuleiten. Unsicher bin ich mir mit dem Club, und weil es sich dabei alles in allem um eine Gemeinschaftserfahrung handelt, kann ich die Frage halbwegs getrost zur Diskussion stellen. Ich wende mich dabei vor allem an meine Mit-Britinnen und -Briten. Mit-Britinnen und -Briten! Zumindest diejenigen unter Ihnen, die das Glück hatten, die erste Generation des Amphetamins Ecstasy probiert und trotzdem keine der schädlichen, mitunter sogar tödlichen Nebeneffekte erlebt zu haben, die, wie wir alle wissen, andere erleben mussten – genau an Sie habe ich eine Frage. War das Freude?

Besonders interessiert bin ich an Rückmeldungen von Menschen, die an einem Abend im Jahr 1999 (konkreter geht es leider nicht) im *Fabric* ganz in der Nähe des alten Fleischgroßmarkts in Smithfield waren, als der DJ erst »Can I Kick It?« und dann »Smells Like Teen Spirit« in den Deep-House-Track mixte, den er gefühlt die letzten vier Stunden lang ausschließlich gespielt hatte. Ich kam gerade aus der höhlenhaften Unisex(!)-Toilette und hätte wirklich gern meine Freundin Sarah gefunden, und wenn schon nicht sie, dann meinen Freund Warren, und wenn schon nicht ihn, dann sonst jemanden, der oder die sich einer jungen Frau erbarmen würde, die Ecstasy geschluckt hatte, mit einer baldigen Wirkung rechnete und ansonsten alles und jeden verloren hatte, einschließlich ihrer Handtasche. Ich stolperte zurück ins Getümmel.

Die meisten Männer trugen kein Oberteil, die meisten Frauen, so wie ich, eine komische Sorte Schürze, die damals in war, die Vorderseite des Oberkörpers bedeckte und nur durch ein paar schwächliche, hinten zu hübschen Schleifchen gebundene Schnüre an Ort und Stelle gehalten wurde. Ich zwängte mich durch diese Masse verschwitzter nackter Rücken und fragte mich zunehmend verzweifelt, wo in einem solchen Superclub man wohl ein Nachtlager finden könnte (Auf der Treppe? Vor dem Notausgang?). Aber wo ich auch hinschaute, alles zerplatzte sofort und setzte sich zu einer Reihe fragmentierter Muster neu zusammen, als säße ich mitten in einem Kaleidoskop. Wo wollte ich überhaupt hin? Es gab keine »Bars« oder »Chill-out-Zonen« mehr – nur noch Tanzfläche. Alles war Tanzfläche. Alle tanzten. Ich stand ganz still, von allen Seiten durch Tanzende bedrängt und fest überzeugt, gleich durchzudrehen.

Dann hörte ich auf einmal Q-Tip – den wunderbaren Q-Tip! Keinen Synthesizer, keinen Vocoder, sondern Q-Tip, der mit seiner Menschenstimme zu einem menschengemachten Beat rappte. Mein Schädel öffnete sich, um den Menschen Q-Tip einzulassen, und ein spindeldürrer Mann mit riesigen Augen griff über das Meer von Körpern hinweg nach meiner Hand. Er fragte mich ständig dasselbe, immer und immer wieder: *Fühlst du es?* Das tat ich. Meine absurd hohen Absätze schmerzten wie verrückt, ich hatte Angst zu sterben, und trotzdem war ich überwältigt vom Entzücken darüber, dass genau in diesem konkreten Moment der Weltgeschichte »Can I Kick It?« gespielt wurde und jetzt in »Smells Like Teen Spirit« überging. Ich nahm die Hand des Mannes. Mein Kopf flog weg. Wir tanzten und tanzten. Wir gaben uns der Freude hin.

Jahre später, als ich den Song »Weak Become Heroes« der britischen Band The Streets hörte, fand ich dieses Erlebnis fast bis ins Detail im Text beschrieben, und mir wurde klar, dass, so wie fast alle Kinder in den USA, die es 1969 schon gab, die Mondlandung im Fernsehen gesehen haben, praktisch jeder Brite und jede Britin, die in den Neunzigern zwischen sechzehn und dreißig waren, irgendeine Inkarnation des mageren Ecstasyfreaks kannte, dem ich in jener Nacht im *Fabric* begegnet bin. Die Streets nennen ihn »European Bob«. Ich vermute, er ist ein Archetyp meiner Generation. Die Figur »Super Hans« aus der britischen Comedyserie *Peep Show* ist ein weiteres Beispiel dieses Typs, wobei es vielleicht zutreffender wäre, Super Hans als »altgewordenen« European Bob zu bezeichnen (er ist vierzig). Den Namen meines Ecstasyfreaks weiß ich nicht mehr, aber nennen wir ihn Smiley. Er war einer dieser Fremden, die einem ausschließlich auf der Tanzfläche begegneten, oder vielleicht noch am Stand von Ibiza. Sie hatten meist unerklärliche Spitznamen und, soweit sich das feststellen ließ, kein Zuhause und keine Familie, dafür eine grenzenlose Drogentoleranz und ein allumfassendes Gefühl von Wohlwollen für alle Männer und Frauen, unabhängig von Hautfarbe, Religion oder jeweiligem Rauschzustand.

Ihre liebenswerteste Eigenschaft war die Großherzigkeit. Für diese eine Nacht tat Smiley alles für dich. Rief ein Taxi, lief auf der Suche nach etwas Essbarem kilometerweit durch die frühmorgendlichen Straßen, hielt dir das Haar aus dem Gesicht, als du dich übergeben musstest, hörte sich an, wie du dich ausführlich über Eltern und Freunde beschwertest, und stimmte allen Beschwerden bereitwillig zu, obwohl ihm sämtliche Beteiligten dieser Dispute gänzlich unbekannt waren. Allen anfänglichen Befürchtungen zum Trotz wollte Smiley auch nicht mit dir schlafen, dich ausrauben oder sonst wie übers Ohr hauen. Es war ihm einfach nur unglaublich wichtig, dass du heute Nacht, hier, mit ihm, eine gute Zeit hast. »Wie fühlst du dich?«, lautete seine ewige Frage. »Fühlst du's schon? Ich fühl's. Fühlst du's schon?« Und dabei war es ihm offenbar fast wichtiger, dass *du* es fühlst, als dass er es selber fühlte.

War das Freude? Vermutlich nicht. Aber es ahmte die Grundvoraussetzungen von Freude doch ziemlich gut nach. Es enthielt, wenn auch in verminderter Form, den großen Kampf, der der Freude in aller Regel vorausgeht, ebenso wie das Gefühl – sobald man erst einmal »in« der Freude ist –, dass das erlebende Subjekt irgendwie in der Empfindung »aufgeht« und verschwindet. Vergnügen »habe« ich, es ist ein Gefühl, das ich erleben und behalten will. Ein Strandurlaub ist ein Vergnügen. Ein neues Kleid ist ein Vergnügen. Doch damals auf dieser Tanzfläche *war* ich die Freude oder zumindest ein kleiner Teil der Freude, zusammen mit all den vielen hundert anderen Menschen, die auch Teil der Freude waren.

Die Smileys dieser Welt müssen den grundlegenden Unterschied auf ihre Weise wohl erkannt haben; das könnte erklären, warum sie so besorgt um die Erfahrung anderer waren. Solange der Rausch anhielt, konnten sie auf irgendeine Weise über ihr eigenes Ego hinauswachsen. Und vielleicht hätte es ja tatsächlich Freude sein können, wenn nicht unweigerlich der nächste Morgen gekommen wäre. Und damit meine ich nicht nur die grauenhaften Kopfschmerzen, den Nebel vor den Augen und die Magenkrämpfe. Wirklich zerstört wurde die Möglichkeit, es könnte sich um Freude gehandelt haben, wenn man anfing, die konkreten Ereignisse der vergangenen Nacht im Kopf noch einmal durchzugehen, und mit der brutalen Erkenntnis konfrontiert wurde, dass jeder dieser erhabenen Augenblicke – jedes Gespräch, das dem Sinn des Lebens so nahe zu kommen schien, jeder Beat, der an ein Meisterwerk grenzte – im Hier und Jetzt, im grellen Licht des Morgens, seinen Gehalt verlor. Der demütigendste Moment kam dann, wenn man sich schließlich doch aus dem Bett ins Wohnzimmer schleppte. Anstelle des menschgewordenen Shakespeare-Narren, Totemtiers oder Schutzgeistes, dem man in der Nacht zuvor begegnet zu sein glaubte, hatte jemand dort auf dem mütterlichen Sofa einen entsetzlich langweiligen, spindeldürren Ecstasyfreak hinterlassen, der bereits den ersten Joint rauchte und sich zwanzig Pfund fürs Taxi leihen wollte.

Trotzdem war das nicht alles Zeitverschwendung. Auf der neuronalen Ebene bekam man durch solche Erfahrungen einen Eindruck davon, wie sich Freude ohne Drogeneinfluss anfühlen könnte. Man hatte gelernt, die Freude zu erkennen, als sie dann tatsächlich kam. Ich bin überzeugt, die Neurowissenschaften könnten uns sehr genau erklären, woher das ekstatische Gefühl stammt, das man direkt nach der Niederkunft empfindet oder wenn man mit einem geliebten Menschen in einem Bergsee in Wales schwimmt. Vielleicht werden die durch Ecstasy fälschlich befeuerten Synapsen vom frischen Quellwasser, von bestimmten Epiduralanästhesien und Oxytocin ja tatsächlich befeuert. Und wenn man auf einem hohen Berg in Südfrankreich sitzt und jemand, der Zugriff auf ein Telefon besitzt, den Hang hinaufgerannt kommt, um einem mitzuteilen, dass zwei Jahre voller Anspannung, mühseligen Lernens und akademischer Ängste nicht umsonst waren – vielleicht vollführen dieselben Synapsen, oder was das sonst sein mag, dann ja auch ihre Freudentänze.

Auf jeden Fall brauchen wir keine Neurowissenschaftler zu sein, um zu wissen, dass heftiges Verliebtsein – vor allem wenn es noch mit einer gewissen Gefahr einhergeht – etwas wie Ekstase in unserem Gehirn auslöst, auch wenn, wie bei den gleichnamigen Pillen, Schrecken und Enttäuschung selten weit sind. Als ich mit dem heftigen Verliebtsein dran war, streiften wir so lange durch ein Museum, dass wir gar nicht merkten, wie es schloss; gefangen auf dem Grundstück erklommen wir eine hohe Mauer, nur um festzustellen, dass sie auf der anderen Seite noch höher war. Wir wogen die Alternativen ab: gebrochene Knöchel oder eine lange Nacht auf dem Rücken eines steinernen Löwen. Am Ende half uns ein Passant herunter, es wurde zunehmend prosaischer, und nach ein paar Monaten war alles verpufft. Was wie Liebe ausgesehen hatte, war nichts als *Teen Spirit* gewesen. Doch wie wunderbar es war, ganz schwindelig vor Freude auf einer hohen Mauer zu sitzen und selbst einen gebrochenen Knöchel nicht zu fürchten!

Die echte Liebe kam viel später. Sie lag am Ende eines langen, steinigen Weges, und bis zur allerletzten Sekunde war ich überzeugt, es würde nie passieren. Als die Liebe dann kam, war ich so überrascht davon, so unvorbereitet, dass ich am Tag ihres Eintreffens bereits einen Besuch im Holocaustmuseum von Auschwitz für uns geplant hatte. Im Zug zu dem Bus, der uns dorthin bringen sollte, hieltest du meine Füße. Wir waren unterwegs zu allem, was das Leben unerträglich macht, und empfanden das Einzige, was es lebenswert macht. Das war Freude. Und doch bringt es nichts, darüber nachzudenken und es zu diskutieren. Es hat keinen Platz neben den wilden Streitigkeiten darüber, wer den Hausputz übernehmen oder die Tochter abholen soll. Es spielt keine Rolle, wenn man friedlich zusammensitzt und einen alten Film schaut oder zwei alte Damen aus einem Laden nachmacht oder wenn ich ein Eis esse und du mir missmutig dabei zuschaust oder wenn wir auf zwei verschiedenen Etagen der Bibliothek arbeiten. Es passt einfach nicht in den Alltag. Eines verrät einem nämlich keiner über die Freude: wie wenig echtes Vergnügen sie enthält. Und doch, wie sollten wir leben, wenn sie niemals käme, nicht wenigstens ein einziges Mal?

Eine letzte Überlegung noch: Manchmal kann sich Freude auch in gefährlichem Maß vervielfältigen. Kinder sind da ein besonders berüchtigtes Beispiel. Ist es nicht schon schlimm genug, dass einem der Geliebte, mit dem man echte Freude erlebt hat, eines Tages genommen werden wird? Weshalb fügt man diesem Albtraum dann noch das Kind hinzu, dessen Verlust, sollte er jemals eintreten, nichts weniger als die eigene völlige Vernichtung bedeuten würde? Man darf hier nicht vergessen, dass viele eine ähnlich gefährliche Freude in einem Hund oder einer Katze finden, da Beziehungen zu Tieren durch die Garantie ihrer Endlichkeit in gewisser Weise verstärkt werden. Man hofft, vor dem eigenen Kind aus dieser Welt zu scheiden. Man weiß aber genau, dass der Hund vor einem gehen muss. Freude ist ein so menschlicher Wahnsinn.

Der Schriftsteller Julian Barnes hat einmal im Hinblick auf die Trauer gesagt: »Es tut exakt so weh, wie es die Sache verdient.« Genau genommen hat eine Freundin von ihm diesen Satz in einen Kondolenzbrief geschrieben, und Julian hat ihn meinem Mann zitiert, der ihn wiederum mir zitiert hat. Die Worte blieben uns in all ihrer Klarheit und Brutalität noch monatelang im Kopf. *Es tut exakt so weh, wie es die Sache verdient.* Was für eine Abmachung! Warum lässt sich eigentlich irgendwer auf so einen schrägen Deal ein? Wären wir auch nur halbwegs vernünftig und bei Sinnen, müssten wir doch jederzeit dem Vergnügen vor der Freude den Vorzug geben, so wie Tiere es klugerweise tun. Wenn ein Vergnügen zu Ende geht, nimmt schließlich niemand groß Schaden dabei, und es lässt sich jederzeit durch ein mehr oder minder gleichwertiges ersetzen.

NACHWORT

Die meisten in diesem Buch versammelten Essays wurden im Auftrag von Bob Silvers, David Remnick und Deborah Treisman verfasst. Ihnen danke ich für ihre Ermutigung und Unterstützung. Ich habe das Glück, über viele Lektor/innen und Erstleser/innen zu verfügen: Ein großer Dank an Cressida Leyshon, Simon Prosser, Georgia Garrett, Ann Godoff, Darryl Pinckney, Nikita Lalwani, Hilton Als, meinen ehemaligen Assistenten Devin Jacobsen und meinen aktuellen Assistenten Porter Yelton. Ich danke Gemma Sieff für die Idee, mich eine Zeitlang für *Harper's Bazaar* zu verpflichten. Ich danke Catie Marron, die einen Text über Plätze haben wollte, den über die Kreisbewegungen dann aber auch genommen hat. Ich danke Christopher Sweet für den Auftrag, mir ein paar Gedanken über Billie zu machen. Besonderer Dank geht an Devorah Baum, Erstleserin, Freundin und die klügste Frau von ganz London. Nick: *grazie infinite* für den Titel, die ersten Lektüren, die Korrekturen, Artikel, Links, Bücher, Ideen – und für alles andere.

BILDNACHWEIS

S. 199 Billie Holiday vor dem Sugar Hill in der Broad Street mit ihrem Chihuahua Pepi auf dem Arm; 18. April 1957, Newark, NJ. Foto von Jerry Dantzic (c) 2017 Jerry Dantzic Archives. Alle Rechte vorbehalten.

S. 208 Balthasar Denner, *Alte Frau*, 1721. Abdruck mit freundlicher Genehmigung des KHM-Museumsverbands.

S. 217 Mark Bradford, *Niagara*, 2005. Video in Farbe, ohne Ton, 3,17 Minuten.

S. 240 Sarah Sze, *Centrifuge*, 2017. Diverse Materialien, Spiegel, Holz, Bambusstangen, rostfreier Stahl, Pigmentdruck, Videoprojektoren, Keramik, Acrylfarbe, Salz. Maße variabel. Mit freundlicher Genehmigung der Künstlerin, der Tanya Bonakdar Gallery und der Victoria Miro Gallery. © Sarah Sze.

S. 425 Harvey Smith, *The Family Is a Violent Event*. Abdruck mit freundlicher Genehmigung der Familie Smith.

S. 427 Luca Signorelli, *Männlicher Akt von hinten, einen Leichnam auf den Schultern*. Paris, Louvre (Cabinet des Dessins). (c) 2017. Foto: Scala, Florenz.

S. 485 Elmgreen & Dragset, *Tod eines Sammlers*, 2009. Foto: Anders Sune Berg. Mit freundlicher Genehmigung der Colección Helga de Alvear, Madrid / Cáceres.

REGISTER